陈礼荣 ◎ 著

张居正
大明首辅的生前身后

中国文史出版社

目　录

第一辑　荆楚俊彦　一代人杰

第二辑　古今毁誉　评说千秋

第三辑　厘正廓清　正本清源

第四辑　风华再展　墓园重光

第 一 辑

荆楚俊彦　一代人杰

第一节　两岁识字的"荆州神童"

在明朝时期，荆州府城是一处繁华所在——作为长江中游地区军事、政治、经济中心的一座重要城镇，这里王宫府署隔街相望，茶肆酒楼鳞次栉比。由于是江汉平原上的首善之区，所以承平日久，人们安居乐业，城垣内外到处都洋溢着一派安宁、祥和的气氛。

明嘉靖四年（1525）五月初五，有个男婴在一个军户家庭里呱呱坠地。这个家庭的户主张镇，是荆州城内辽王府的一名护卫；他的儿子张文明，是府学的一名生员（秀才）。一家人虽不愁衣食，日子却也过得紧紧巴巴的，不甚宽裕。如今，张文明婚后不久家里便添丁进口，自然使老爷子张镇格外喜爱这个长孙。

这时，张镇的父亲张诚还在世，他跟着长子张钺在过日子。尤为令人称奇的是，当这个男婴出生之日，老太爷张诚夜里做了个梦，他见窗外天井中的那口大水瓮中，落下一轮明月；在白晃晃的月光中，有一只乌龟从瓮底浮上了水面。

在我国从远古时期流传下来的神话中，龟曾经有过一段与人类生存紧密相关的经历。相传，当年女娲补天，就是靠一只神龟为她送来的五彩石；大禹治水，也是多亏一只神龟帮他驮运"息壤"。从目前流传下来的甲骨文看，正因为殷商时代人们常用龟甲卜占凶吉，所以中国汉字的起源才以龟甲为载体而启其滥觞。

另外，古代天文学家将地球赤道附近的天空，划分为二十八个不等的部分，用以观测日、月、星的运行，称为二十八宿。二十八宿以北斗星斗柄所指的角宿为起点，分别将东、南、西、北四个方位和青龙、白虎、朱雀、玄武四种动物相配，组合为独具东方神秘色彩的天象图，其中那"玄武"即为龟蛇合体，主北方。

东汉年间，张道陵倡道教于四川崇庆鹤鸣山。这个源于中国本土的宗教便将龟蛇与青龙、白虎、朱雀并奉为四方四神灵。南宋学人赵卫彦在《云麓漫钞·卷九》中称，道教祀玄武，辄以龟蛇二物之象置于其旁。其时因讳"玄"字，改称真武。据称，道教中的真武大帝披长发，着黑衣，脚踏龟蛇，随从者皆执黑旗。如今武当山天柱峰金殿门前，就矗立着一座铜铸的龟蛇塑像，即为其神灵造像。

在早期汉语言文字的表达语系中，由于乌龟以其长寿而在人们心目中有着十分尊崇的地位，因而汉朝时在皇太子、列侯、丞相、大将军的金印上，都以龟为雕饰，称为龟钮。曹植在《王仲宣诔》中所称"金龟紫绶，以彰勋则"①，指的就是龟钮金印的珍贵品位。唐朝时，武则天改前朝旧制，命五品以上的官员用龟为佩饰：三品以上的龟袋用金饰，四品用铁饰，五品用铜饰。由此，李商隐才在《为有》中写下了"无端嫁得金龟婿，辜负香衾事早朝"的诗句。

荆州军户张家老太爷张诚做的这个梦，令他无比振奋，次日就传来二房张镇新添长孙的消息。为此，便由这位太爷爷做主，给张家这个第四代的新生儿取名叫张白圭。"圭"，取其与"龟"谐音，意寓古代帝王诸侯举行盛典时手捧的一种玉牌。寒门添娇子，张白圭的出生，为张家几代人带来了极大的希望。

张白圭的先祖可考证者叫作张关保，乃安徽凤阳（一说庐州）人，他年轻时随着太祖高皇帝朱元璋起兵，南征北讨，立下战功。大明建国后，论功行赏，张关保授职为归州长宁所世袭千户。据时人冯明博士考证，张居正高祖张旺与其父张唐去世后，墓冢设在宜都县白洋驿，而张居正的曾祖父张诚，就是张旺之子，以其"自秭归徙家江陵，遂为江陵人"②。

明朝时，归州、宜都、枝江、江陵等地，均隶属荆州府所辖，而白羊驿位于归州与江陵之间，皆在长江以北。按照朝廷规制，军户享有免除杂役的优待政策，自明中叶之后，随着国防形势的日趋稳定，军队的作用和地位逐渐走向正常化，武官世袭职务逐渐发生转变。张诚虽是军户出身，但因其不是长子，没有世袭职务的继承权，所以他就迁到府城荆州，来到此地谋生。由此，依张居正的谱系而论，张诚是张家在江陵这一支的始祖。

---

① 夏传才主编，王巍校注：《曹植集校注》，河北教育出版社，2013年，第475页。

② 张敬修等撰：《张文忠公行实》，张舜徽主编：《张居正集》第四册，附录一，湖北人民出版社，1994年，第409页。

张诚有三个儿子，分别叫张钺、张镇、张钋。据说，长子张钺擅长治家理产，小日子越过越殷实；小儿子张钋爱好读书，还补上了县学生员的一个名额；偏偏次子张镇无所事事，而张诚偏偏又最喜欢他，所以，当张镇成年后只在城内的辽王府里谋得个护卫的差使，支一份薪资勉强能维持一家人的清寒生活。因此，张诚平日总会从另两个儿子那里弄些钱物来贴补张镇的生活。几年后，张镇成家，也有儿子了，取名叫张文明。这时候，张诚更是倾注全家族之力，尽力帮衬张镇一家，让张文明一心"业儒"（指在科举时代以儒学为业，一门心思地读书，不从事其他任何职业）。张文明果然没辜负祖父的心愿，二十岁上考上了府学生员，也就是人们通常所说的中了秀才。尤为让张家老太爷张诚无比欣慰的是，张文明中秀才的这一年，岁在乙酉（即嘉靖四年，1525 年），他得了儿子张白圭。这一"双喜临门"的祥瑞征兆，令老太爷冥冥之中看到了家族兴旺的曙光。于是，他叮嘱自家的其他儿孙，都要在生活上帮衬张镇、张文明一家。

在明朝时期，这府学生员虽然是由公家发了廪饩银子的，但那数额不多，并不足以用来维持一家人的温饱。作为科举时代拥有最低一级资质的士人，张文明想要出人头地，就不得不再向科举考试的上一级层面，也就是乡试的目标发起冲刺。

张文明的父亲张镇在辽王府内当护军，每年的收入大约也只八到十两银子，哪里还有余钱供儿子去参加考试？所以，当张居正稍稍懂事之后，便知道家里的生计艰难，直到后来当了内阁首辅，他都总是说自家"草茅孤介""羁单寒士""一介草茅""发迹寒单""少苦笃贫，家靡儋石"……可见在那种"贫贱夫妻百事哀"的清寒之家，生活拮据的蹇促，给他留下的印象太深。每当张文明要去应乡试，都得去荆州东门外的草市坐船，舟行水上，通长湖，走汉水，再过沔阳州，途经汉阳县，最后才能到达湖广首府武昌。此行一跨几个县份，张文明在途中的船资、饭钱，再加上到武昌后的车马费、店铺费、吃喝费，那一趟盘缠累计起来，便都是一笔不小的开支。而这些钱，其父张镇显然拿不出来，这也就都得由张家老太爷张诚从其他儿孙的腰包里去掏了。

所以，荆州张家后来能出张居正这么个能当上内阁首辅的杰出人才，可以说是老太爷张诚倾尽全家族之力，经过几代人的努力而悉心培育出来的优秀后生。

张文明先后考过七次乡试，始终没被录取。明朝的乡试是隔三年考一次，这就意味着张文明来来往往共考了二十一年。一直到他四十三四岁，其子居正都进了翰林院且三年秩满了，他这才彻底死心，不再去应科考乡试，而终以"青衿"（古代秀才惯常衣着为青领长衫，后遂以此指读书人）了其一生。

张镇、张文明这父子两代人的时运不济，让成年后的张居正也难免有些尴尬，所以他除了在不可避免的场合提及祖父与父亲之外，更多的时候只讲其曾祖父张诚。他每每说，从小就听家里的人讲，曾祖父张诚是心地善良、急公好义、生性豪爽之人，尽管自家生活艰难，一向却肯尽力周济他人。因其爱讲话，却又有些结巴，于是当地人依荆州方言给他取了一个外号，叫"张謇子"。终其一生，张诚便以其种种善举而在地方上为自己，也是为家族儿孙博得了好名声。

试想，作为有军籍却又没有世袭千户的职务，必须要靠本人自谋生路的一介城市平民，张诚如果没有超越众人的优长，何以能单身到郡城荆州生根、立足，并在当地养育一大家人？

张居正后来秉政之际，每每在给友人的书信中都无比真诚地提起这位可敬的长辈。他说："昔念先曾祖平生急难振乏，尝愿以其身为蓐荐，而使人寝处其上。使其有知，决不忍困吾乡中父老，以自炫其闾里。"① 又说："二十年前曾有一宏愿，愿以其身为蓐荐，使人寝处其上，溲溺之、垢秽之，吾无间焉。此亦吾子所知，有欲割取吾耳鼻，我亦欢喜施与，况诋毁而已乎？"② 这两封书信，都作于万历元年。若是上溯二十年，即为嘉靖三十二年，也就是他给内阁大学士徐阶写《谢病别徐存斋相公》的当年；此时他不过二十九岁，为翰林院编修，正是在这封信中，他比较简要地阐述了自己对内阁大学士在朝堂之上应有的地位和作用的基本看法："夫宰相者，天子所重也，身不重则言不行。"③ 换言之，也就是当他进入仕途的早期阶段，即是以天下为己任，并且树立起了愿学曾祖父张诚的那

① 张居正：《答楚按院陈燕野辞表问》，张舜徽主编：《张居正集》第二册，书牍三，湖北人民出版社，1994年，第234页。

② 张居正：《答吴尧山言宏愿济世》，张舜徽主编：《张居正集》第二册，书牍五，湖北人民出版社，1994年，第379页。

③ 张居正：《谢病别徐存斋相公》，张舜徽主编：《张居正集》第二册，书牍十五附录翰林时书牍，湖北人民出版社，1994年，第1255页。

种"身为蒻荐，使人寝处其上"之献身精神。

蒻荐，又叫稿荐，是荆楚一带的乡村农户以稻草挽成绳，再经编织，聊可替代棉絮制作成的一种卧具，地方上俗称"草垫子"。张居正以"蒻荐"为喻，表达出自己愿为天下苍生承载福祉的宰相抱负。由此可见，当张居正身膺国家重任之后，他真正做到了以先祖为精神导师而献身国家的毕生"宏愿"。他的这样一种品格、操守与气度，绝不可等同于一般政客的"作秀"，也不是偶尔的心血来潮，而是有着无比坚实的思想基础。

应当说，张居正是当之无愧的华夏儿女的楷模，他在立身处世、治国理政方面所展示出来的思想情操，无疑是中华优秀传统文化的美好结晶。

当张白圭长到两岁时，有一天太爷爷张诚接他去玩，刚好其堂叔祖张钺在书案边读《孟子》。张钺抱起正牙牙学语的白圭，指着书上两个笔画简单的字，逗他说："乖孩子，来跟着学念——'王曰'。对，就是这两个字!"

张钺真没想到，他逗乐子教张白圭识的这两个字，这小娃娃居然从此就认会了，无论在何处见到它们，白圭都能准确地读出来。这下子可让全家人惊喜万分！民间谣谚称：万般皆下品，唯有读书高；学得文武艺，售与帝王家。尤其是明朝开国之后，朝廷对于科举考试有了愈加明确而严格的规定。张家的长辈知道，张白圭这么小就能识文断字，将来若是发愤苦读，荆州张家一定出头有望！

在学业上原本无大长进的张文明更是开心极了。他期待着，在儿子的身上能圆自己的以"业儒"而入仕的梦。为此，家里人早早就给白圭开了蒙，希望他在人生之路上早起步，早发达，早一些实现全家人孜孜以求的宏大理想。

第二节　得遇贵人的少年英才

在荆州城里，张家虽是个外来户，但到嘉靖初年已传四代，家道小康。在"神童"张白圭还在母亲肚子里时，张家的左邻右舍便都认定他不是一个普通的孩子。相传母亲赵氏在怀他的时候，就曾经对邻家大嫂说过，在前一年的那一日，她梦见室内倏忽间亮如白昼，不一会儿，走出来一个青衣童子，这童子绕床左右环行，她猛地惊觉，不久就发现怀了孕。张白圭的孕期比平常人长，竟达整整十二个月，所以当他才来到人世之初，人们便都预测这个孩子肯定不同凡人。

张白圭五岁入学读书，十岁通六经大义，因年少聪颖，才华出众，早在少年时期，便在当地称得上是个小有名气的"神童"。那时，全社会实行的是私塾教学，张家老太爷张诚打听到，在城东门外有位老塾师熟通经史，学富五车，在荆州府这一带很有些声名。于是，老人家亲自捧着束脩（古时候弟子向先生交纳的学费），带上小白圭前去拜师读书。

那家学塾设在荆州城东关（城垣外廓的居民生活区）外的泰山庙，小白圭自入学之后，进步很快。到了八九岁，他见学塾和家离得不是太远，于是就让家里人不再陪送，自己背上一个盛放书本纸笔的小包袱，每日一早便单独出门上学。

那时节，张家住在荆州城的东门内街，要去城外泰山庙就必须要过东门城门。旧时章程有定，城门实行"宵禁"，入夜关，清晨开。门官要待到城中教场的号炮响过之后，才可打开城门。

小白圭上学后，日子一长，守城的门官已经认得他了。这天一早，进出城门的人不多，这门官里有个粗通文墨的人想开个玩笑，便拦住小白圭说："每天见你辛辛苦苦地跑来跑去，不知能不能对个对句？"

小白圭停下脚步，真诚地回答说："有劳大伯赐教。"

门官搔了搔脑袋，说出上句："出对易，对对难，有请学士来对。"

小白圭瞅了一眼城门，落落大方地对道："启关早，关关迟，好让晚生过关。"

说起来，明朝开国之后，由于太祖皇帝朱元璋的提倡，对对子不仅是文人雅士的风雅逸趣，同时也是塾师教学童的一种教学基础课程。然而，这副对句的难度却相对较大，特别是第二句的"对对难"，那前面一个"对"是动词，而后面一个"对"是名词，想要对得好，还真是有点不容易。

不过，小白圭的对句确实高人一筹，重点也在第二句"关关迟"，正好跟上句对得珠联璧合。这事传开之后，凡是知道他的人，个个都夸这孩子聪明。

张白圭十二岁那年，荆州府要举行府试，父亲张文明见儿子在"时文"的写作上已经是中规中矩、驾轻就熟了，于是早早地给他报上了名。

府试，是科举考试中最基本的一种应考程序，通常由各地知府主持考试，应考的读书人，无功名者即称之为"童生"。张白圭在父亲的陪同下，来到县文庙应考。过庙门时，由于那里的门槛太高，而他人小个子矮，一时还迈不过去，所以就由父亲挟住两腋，把他抱了过去。

刚好这时荆州知府李士翱到了，他见眼前有这么个小小年纪的孩子，颇觉好奇，便问起孩子的名字。身后有人凑上来告诉他，这就是城里久负盛名的荆州"神童"张白圭了。李知府微微一笑，虎着脸对小白圭说："娃娃，这文庙可是天下读书人拜祭至圣先师的圣地，你乳臭未干，也敢来滥竽充数？"

张白圭落落大方地看了李知府一眼，见他冠带袍服气象俨然，知道这来人是位官员，便徐疾有致地朗声答道："大人此言差矣，殊不闻史称项橐童牙做师，却知学高，甘罗孺口为相，勿论年雏耶？"

李士翱为之一怔：这项橐乃是春秋时期的鲁国人，相传他很小年纪就教过孔子，而甘罗十二岁拜相，也是历史上的出名人才，此二人的事迹，确实在童蒙读物中有过记载。他不由得连连称道："嗯，小小年纪，果然伶牙俐齿，不错；但只背得几句书，也算不上什么学问，小官人既敢前来赶考，但不知对句如何？"

张白圭对府台大人再施一礼，侃侃而言："承大人谬奖，多谢了。对句为学生发蒙的功课，自认为还差强人意。敬请大人出题就是。"

李知府呵呵一笑，放眼看去，见文庙内有两棵古银杏，树大根深，枝繁叶茂，当下就说出上联："大文庙，两棵树，顶天立地。"

张白圭不假思索，朗声而对："小顽童，一支笔，治国安邦。"

这副对联既对仗工稳，器量宏大，又不失小孩子的天真稚气，当时便博得围观者的一片喝彩声。

李士翱扫了周围众人一眼，大家顿时安静下来，不敢吱声。他再低头一看，张白圭仍神态安详，平静如常，故意沉声喝道："小娃娃妄言治国安邦，你好大的口气！须知天下事难为，你凭什么修身、齐家、治国、平天下？"

张白圭并不畏葸，有板有眼地说："一等人，正身立志；两件事，耕种读书。"

"好一个正身立志，说得不错！"李士翱见他风姿奇瑰、气度不凡，心中暗暗称奇，不由鼓励他说，"聪明自为天纵，苦学方为捷才。盼你好自为之。"

这一年，张白圭在府试中顺利过关，获得了府学生员（俗称秀才）的资格。

府试公榜过后，李知府在署衙客堂特地款待张白圭，张文明在一旁作陪。交谈中，李士翱恳切地对张文明说："以'白圭'为名，古已有之，《史记》中便有'天下言治生者祖白圭'的说法。那白圭本是战国时人，他不仅辅弼梁惠王把国家治理得井井有条，而且还极善经商理财，在与别国的商贸往来中明于取舍、长于信义，将国家经营得财货丰裕、府库充实，所以太史公司马迁要在书中褒奖他。其实，名字与某一位古人相犯，虽不是大事，历史上同名的人多的是，但一个人真正出名，靠的却是个人才识的卓荦超群，处世的秉公居正。你家的公子年少才高，前程远大，将来的成就也许不在这位战国时的白圭之下。我想，不如就趁这次进学之机，为他更名叫居正吧？"

张文明听了，连忙下座拉起儿子作揖道谢，谢知府大人的更名之恩。李士翱谆谆告诫少年张白圭的一席话，说得情深义重，令在座的人无不为之动容。① 不久，李士翱离任而去，前来接替荆州知府一职者，为云南大理名儒李元阳（字中溪）。

---

① 参看张居正：《答姜巡抚言李公恤典事》，张舜徽主编：《张居正集》第二册，书牍十五，湖北人民出版社，1994年，第1214页。

这时，李元阳已逾不惑之年，恰是年富力强、春秋鼎盛之际。他于嘉靖五年（1526）科举入仕，先授翰林院庶吉士，因在嘉靖初年为所谓"大礼议"一案所累，因而被贬至江西分宜，再改授江苏江阴知县。在任职期间，他兴利除害，体恤民生，颇有政绩，并以廉洁著称，当地百姓曾为之立碑建祠，记载其种种善举，以昭示后人。不久，他再度奉调进京，出任户部主事，继而转任监察御史。此番来荆州出任知府，是其入仕之后首次来做府一级的地方主官。所以，这一职务对李元阳而言，是他仕途生涯中尤为关键的一站。

在荆州府任上，李元阳关注民生，体察民间疾苦，深受百姓爱戴。有一年，荆襄大地遭逢旱灾，稻田缺水，眼看百里之内的禾苗渐渐枯干。李元阳通过实地走访，发现这一带地下水位较高，适合打井取水。于是他带头捐出俸银，帮助各处百姓分头打出了几十眼井，同时又劝缙绅富户捐钱助赈，并限令各县按期修复河堤池塘，使府属州县少受或不受旱灾危害。事后，当地百姓遂以"李公井""李公堤"为这些水利设施命名，以兹纪念。相传当年他主持修建的沙市三清观会仙桥，经1934年移址重建后，至今还基本完好地保存在当地中山公园内①。

明朝嘉靖年间，严嵩把持朝政，跟其子严世蕃卖官鬻爵，把朝政搞得一团糟。李元阳在严嵩的家乡江西分宜做过官，跟他也还说得上话，可因其生性耿直清介，一直未搭理这个以阴鸷狠毒著称的首辅。他对官场黑暗、政治腐败的现实极为不满，于是嘉靖二十年（1541）因父丧而借丁忧之机，脱离官场。

李元阳在家乡大理隐居四十年，于万历八年（1580）去世，人们在其身后留下的手稿中，才发现他与当朝首辅张居正曾有过师生关系。其文中称："尝试诸生，得太岳张居正卷，大器之，拔为六百人之冠。时太岳年方十三（此误，考诸史籍，张居正当年应为十六岁），后果然，皆以先生为知人。"② 这是说，那年李元阳在例考中，发现一张文卷写得非常出色，大为推重，将其拔为第一；后来，拆开试卷"封钉"，发现其作者就是张

① 王百川：《沙市志略》，建置第五，沙市市地方志编纂委员会翻印本校注，1986年，第122页。

② 李选：《中溪家传汇稿序》，《丛书集成续编》第一百一十五册，上海书店，1994年，第633页。

居正，于是对他倍加赞赏。果然，张居正在当年赴武昌应乡试，便高中榜首。

李元阳是明中后期著名的"理学巨儒"。在哲学上，他继承和发展了王阳明的心学，成为明朝中晚期全国知名的理学家；他身体力行、毕生倡导"济世安民"的儒学精义，衣钵传承，为张居正在实践中大力弘扬。至今，细检《张居正集》，仍可得见张居正当年写给李元阳的三通书札。在信中，张居正每每称其为"有道恩师"，足以得见这位前辈硕儒给青年张居正带来的深远影响。

正是在李士翱、李元阳等勤廉清正的优秀士大夫影响和擢拔下，张居正这个名字，自此就伴随着一位伟人在中国古代的科举制度中脱颖而出。由此，他从荆州民间走来，步履稳健，一帆风顺，由秀才、举人，而至进士、翰林、大学士，最后一直升迁为两朝帝师、内阁首辅，从而为明朝中后期营造出为期十年的"中兴"局面，给明朝隆庆、万历年间的历史，写下了一段辉煌绚丽的华章。

第三节　巡抚赠带的苦心砥砺

要说张居正的仕途一帆风顺，也是相对而言之。其实，当他中了秀才之后，也曾遭到过一场摧抑，让他受挫三年。其实，这三年的冷板凳坐下来，对他一生都极有好处。唯其在经受过了这场摧抑过后，张居正也才真正懂得了读书务得实学、做官务求实效的深刻道理。

应当说，张居正经受的这次人生坎坷是人为的，是当时的湖广巡抚顾璘为了让他能够更茁壮地成长，与有关僚属商量过后而有意为之的"做作"之举。

顾璘，号东桥，明代长洲（今江苏省吴县）人，寓居上元（今南京市）。他少负才名，青年时代即科场得意，于嘉靖九年（1530）二十一岁时中进士，始授广平知县，又升南京史部主事，再晋郎中。年轻时因苦读力学，诗文俱佳，故与陈沂、王韦与其后继起的朱应登并称为"金陵四大家"。

顾璘为湖广巡抚时，刚过耳顺之年。人到了这个年纪，对身后的事就想得多一些。那天，他在衙署办公，湖广学政田顼前来拜会。这位田顼是福建尤溪人（今属福建省三明市），两年前以礼部郎中出任湖广佥事，继而"奉敕视学政"，是个满腹才华、办事干练之人。田顼对顾璘说，此番他去荆州府视察，知府李士翱推荐了一个聪慧少年张居正，说这孩子是如何如何颖敏绝伦。于是，他就把张居正招来面试，出的试题是《南郡奇童赋》。张居正拿到试题，略做思忖，然后欣然命笔，很快就交了卷。依田顼所见，这张居正确为奇才，所以回到武昌后，他就把张居正的文章带来呈送给巡抚看。顾璘读罢此文，也不由暗自称奇，当下在心中暗自赞叹："此子真国器也。"

再说张居正自从补了府学生员的学额，那生活的视野也就开阔多了。平时除了在先生的指导下专攻一经外，还要学习"礼、射、书、数"四科课程。这"礼"科就是学习由朝廷颁发的律条、诏令、大诰等书，不仅必须要熟读精通，而且还要行止有度，循规蹈矩；"射"科，就是在"射圃"（练兵场）练习骑马射箭；"书"科，即为依照名人法帖，研习揣摩，且临池作书，每日须写完五百个大字；"数"科，则须粗通术数干支，精研九章算法。

应当说，张居正于嘉靖十五年（1536）中秀才，进府学，这便意味着他有了"功名"，算是从此就在国家选拔后备官员的科举考试制度中挂上了号。往后，府学不仅每年都会发给他一份银子，叫作廪饩（俗称膏火银子，意寓作为夜间读书的灯油钱），以补贴家用；更重要的是，他同时也拥有了按照科举制度到省里去参加乡试，以博取那做"举人"的资质了。

明朝时，乡试每三年举行一次，凡是逢子、卯、午、酉年，朝廷就会派官员以钦差大臣的名义，来各省主持乡试。因为乡试在秋天举行，故又称"秋闱"，考中者就是"举人"，以后便拥有了进京城参加由礼部主持的会试的资格。

嘉靖十六年（1537），张居正十三岁，他和父亲张文明一道，首次来到了湖广布政使司衙门所在地武昌，参加这一年的乡试。湖广乡试每考一次，都要接纳来自全省的上千名考生，考试地点设在位于武昌古得胜桥至戈甲营（即今武昌实验中学和武汉市幼儿师范所在地）一带的贡院内。

贡院，也称试院，是在用围墙栅栏圈定的一大片平坦宽阔的空地上，搭建出成百上千间小房间。这些连成一片设有过道、悬有编号的小房间合称考棚。每个小房间的门板，拆下来可搭成书案，放下去即成为床铺。所以这考棚既是考场，又是考生应试时的临时寓所。每十个小房间为一排，相互间用木板分隔为室，每室一人；每排考室两侧留有甬道，各排房间前面均设有过道，以便考官巡视。若是从空中鸟瞰，整个考场就如同纵为列、横成排的一方大棋盘。各省的考试，一般在中秋节后的第二天举行，每次考三天，考生入棚之后，答题写卷、饮食起居都在考棚内进行，不得越雷池一步。所以这次考试，对于考生来说，不仅是智力、才华的检测，同时也更是对其生活自理能力与心理承受能力的严峻考验。

一场乡试，对绝大多数的成年考生而言也许不算什么，然而对年仅十三岁的张居正来说，却颇为不易。试想，当一个尚在懵懂之中的青葱少年来到这戒备森严的贡院之后，看这森严场面原本便难以适应，更何况不仅要完成历时三天的考试，而且还得料理好自己的饮食起居，实在是勉为其难。

不过，张居正对这一切总算是都十分顺利地应付过来了。在三天中，他相对圆满地完成了自己一生中最为艰巨的一场初试。

阅卷工作大体完成后，各分房考官相继呈送上来初拟选中者的试卷。湖广巡抚顾璘抽看了张居正的那份卷子，认为那文章确实无可挑剔，字也写得圆润饱满，应该说这一房的分考官眼力很准。这时，顾璘的考虑似乎显得要更加深远一些。他觉得，在人的一生中，个人往往并不能主宰自己的命运；尤其是在官场上，想要在前途莫测的政治生涯中把握准机会，首先就得有一副好气度，尤其要具备一种抗击逆境的能力。唯其这样，才能抓住关键时刻，发挥中流砥柱的作用。这个张居正天生是副好材料，可也要切实打磨碾琢，才能砥砺其品格心性，如果调教得法，将来或可大有作为……顾璘又看了看张居正的卷子，特意将它转给这次由朝廷派来监考的冯御史，正色说道："此子虽然年幼，但器识超群，殊为不凡。但一个人少年成名，不一定就是好事，将来反倒可能会为少年高中的声名所累。若是那样，岂不辜负了他？所以，我想于本科最好将他往后压一压，让他多经受一些历练，以免将来反倒成为一个不谙世事、心浮气躁、轻狂冒失的浮华之人。"

顾璘的话说得情深理切，冯御史自然也不会不赞同本省巡抚的意见。于是到最后发榜时，张居正果然名落孙山。

公榜已毕，监考御史会同本省巡抚以及地方三院，以及各府、道官员设宴款待新科举人。宴会结束后，顾璘特地派人接来张居正，将他领到楚王的一座别墅内，让他陪同自己一道观赏省城名胜的秋山风物、江天美景。

原来，明朝开国之初藩封于武昌的楚王，乃是太祖高皇帝朱元璋的第六子朱桢。这一系亲王传到了嘉靖年间，历时已近二百年，其王府宗室已经成为一个谱系庞大、人数众多的支脉。为了让宗室子弟有一个读书问学之处，前代楚王便在蛇山一侧的高观山旁，划出一片园子，再建上几座楼阁，用作学宫。平时，这里一般人不准进来，但为着督促宗室子弟潜心苦读之便利，楚王便特邀巡抚顾大人及本省其他的几名耆学宿儒，经常进园来查看那些宗学生员的课业。

顾璘让张居正陪着，一路沿山间甬道游览过来，观赏这里的池荷曲廊、亭树假山。二人边走边聊，海阔天空，随兴而发，老少二人相处得十分欢洽。时值中秋过后，一阵风吹过来，伫立在山顶也还颇有些凉意。这时，但见眼前万木萧萧、黄叶翩翩，满目一派秋时景象，唯有竹枝挺拔，竹叶青翠，在秋风中飒飒拂动。顾璘触景生情，指着面前一丛修长苍翠的竹子，命张居正作首诗以助游兴。

张居正颔首略思片刻，然后朗声吟道："绿遍潇湘外，疏林玉露寒。凤毛丛劲节，只上尽头竿。"

顾璘听罢，击节赞道："好一个'只上尽头竿'！小友张秀才果然是前程未可限量，国士是也。"

随后，顾璘让人领来自己的幼子顾峻，让他和张居正当面订交。这次高观山秋游，张居正陪同顾家父子谈诗论文，宾主之间交游甚欢，兴尽始归。最后，顾璘还从个人的薪俸中拿出一笔银子，送给张居正作盘缠，让他回乡继续发愤努力。

三年后，嘉靖十九年（1540），时逢庚子，张居正第二次参加乡试，榜上有名，成为新科举人。

这时，顾璘正在安陆汉水堤工一线，督率兵卒、民工增筑堤防。张居正赶到安陆，拜见为了他的成长而用心良苦的顾大人，同时也报告自己中举的喜讯。顾璘见到张居正，非常高兴，他当场解下自己用犀牛角打磨制作的腰带，郑重相赠，还动情地说："我知道，这条腰带不足以陪伴你度完一生。将来你的官做大了，该用玉来做腰带的缀饰，这条犀带赠送给你，那么就请用作一份念想吧。"

张居正知道，古训中久有以玉譬德的说法：温润光泽，其仁而居；纹理外露，其义而现；音色清亮，其智而显；不挠而折，其勇而刚；瑜璞并处，其廉而洁……他深深懂得顾大人的良苦用心，此后多年间常以此自励自勉，直到晚年还多次提起这位可敬尊长对自己的深恩大德。他说："仆自以童幼，岂敢妄意今日？然心感（顾）公之知，思以死报，中心藏之，未尝敢忘。"[①] 于中可见，张居正能够由一介草根平民，自少便屡遇贵人，这是跟顾璘、田顼等人悉心为朝廷培养和选拔人才的执着追求分不开的。后来，张居正当过隆庆五年（1571）一科春闱的主考官，也有了自己的门生，他也曾像恩师顾璘一样，对属下及弟子既注重教化，优恤关怀，择机

---

① 张居正：《与南掌院赵麟阳》，张舜徽主编：《张居正集》第二册，书牍十五，湖北人民出版社，1994年，第1218页。

掖提，也正面激励，细心栽培，从严要求。

可惜，在张居正擢拔的那帮门生弟子中，却再也没有如他本人这样善于体察恩师良苦用心之人了，有的只是如傅应祯、刘台、吴中行、赵用贤之流。这些人为着能越位超升，早日攫夺高官厚禄，恨不能从座师身上踏过去！这种情形的出现，充分证实明朝中后期的士林风习已日益浇薄，社会道德愈加败坏，而一旦这个社会演变到"世间已无张居正"时，明王朝的统治也就日趋寿终正寝了。

那是后话，不提也罢。到了嘉靖二十年（1541），又是朝廷开科取士的年份，十七岁的张居正可能因年纪尚幼，没有去京城参加这一届会试。

按朝廷科举规制，每当进入各省乡试后的第二年，即地支为丑、辰、未、戌年的春天，全国十三行省以及南北两直隶的举人，都会云集京师，参加由礼部主持的会试。这种考试，因在春天举行，故称"春闱"，考中者称"贡士"。此后，这些幸运的人接着便要去参加由皇帝亲自主持的"殿试"。时至嘉靖二十三年（1544），岁在甲辰。张居正过完元宵佳节，早早地便辞别父母，离乡赴京赶考。三月间考完公榜后，他却未能考上，于是黯然回乡。

当年的五月初三，是张居正虚龄二十岁的生日。荆楚大地一向有以虚龄纪岁的习俗，按照我国古代民间的礼俗，这一天也该是为他举行"冠礼"（中国古代男子的成年礼）的日子。依照本地民俗，到了这一天，阖家老少还要在家里欢聚一堂，置酒摆筵，为张居正操办"升号匾"的礼仪。

张居正的名字，是前任知府大人李士翱给取的，而在举行冠礼之后，则要依据本名的含义另取别名，此即通常所称的"字"。在择定自己的字时，张居正十分豁达，他就以张家二房长子的辈行，取字为"叔大"，至于其号"太岳"，他却很动了一番脑筋。众所周知，"太岳"为高山之称，江陵境内广有平原，少有丘陵，绝无崇山峻岭，张居正何以会取号"太岳"？原来，在荆州城东五里处，有一处残存的土垣（即用土垒筑而成的寨墙），相传是元朝末年朱元璋的大将徐达领兵来取荆州，在这里安营扎寨时所砌垒的辕门。后来，战争结束，这一带全被开垦成良田，唯有辕门的城台高矗于平地之上，故乡人即以"岳山"相称。张居正的始祖张关保本是安徽凤阳定远人，他年轻时入伍从军，跟随大将徐达来湖北。明朝开国后，张关保以军功授归州长宁所世袭千户……张居正一心缅怀先祖功业，于是就以这岳山为家族福祉，自号太岳。从此以后，除了本家长辈和老师之外，人们通常便只会称他的字和号，而不再直呼其名了。

嘉靖二十六年（1547），时逢丁未。张居正束装就道，赴京参加会试。他一路考过来，发挥良好，成绩卓异，终于顺利地进入了殿试阶段。

殿试，在明清两朝被称为朝廷选拔人才的"抡才大典"，通常于四月二十一日在紫禁城内保和殿举行。殿试只考策问，应试者自黎明入，日暮交卷，经受卷、掌卷、弥封等官收存。到了阅卷日，全部试卷分交八位读卷官初阅，而后再将选中的卷子按得分最高者进呈十本，报送主、副考官定评。最后，由皇帝御笔钦定，择优排出"一甲"头三人，授以"进士及第"，即为民间惯常所称的状元、榜眼、探花；此后再是名列"二甲"的若干人，通常会占录取总数的三分之一，被授以"进士出身"；接下来便是入选"三甲"的若干人，要占录取总数的三分之二，被授以"同进士出身"。全部考中者还要在保和殿再考一次，综合前后考出的成绩，从中另行择优，其入选者，便充作翰林院的庶吉士……一切考试都结束后，皇榜发布出来并悬挂在午门之前，张居正的名字赫然排在前面一个方阵：他以殿试二甲第九名的优异成绩，入选为翰林院庶吉士。

据《嘉靖丁未（二十六年）登科录》载，张居正的名字项下叙为："张居正，贯湖广荆州卫军籍府学生，治《礼记》。字叔大，行二，年二十三，五月初五日生。曾祖诚，祖镇，父文明；母赵氏，重庆下。兄居仁，弟居敬、居安、居易、居宽、居业、居学、居中，娶顾氏。乡试第三十名，会试第一百之十名。"[①]

一位起自民间的青年读书人，终于凭借自己寒窗苦读的发愤努力，得以在科举考试中脱颖而出。这是他人生的一次腾飞，不仅足以告慰乡邦父老，耀祖光宗，而且也让他在未来之路上借此发迹，步步高升，在仕宦生涯中去奋力打拼，以充分施展平生抱负。

面对这份荣耀，张居正长长地舒了一口气：面前的通道终于打开，自此，他便将充分把握好已进入"储相"（明朝设立内阁后，从官员中选拔大学士通常要求其具备在翰林院内任职的资历）位置的特优机遇，刻苦自励，奋发上进，庶几可为国家竭尽报效之力啦。

数年之后，当张居正在一篇题为《谢病别徐存斋相公》的书信中，曾

---

① 《嘉靖二十六年进士登科录》，上海图书馆藏明嘉靖刻本。

有过这样一段话，颇能表现出他对于这一位置的远大抱负与无限期待："伸独断之明计，捐流俗之顾虑，慨然一决其平生；若天启其衷，忠能悟主，即竹帛之名可期。"① 从中可见，青年张居正初出茅庐，即对未来充满希望；他是怀着一腔忠忧热血，而凭借其自幼所涵育出的浩然之气奋身投入到大明官场中来的。他下定决心，一定不辜负自己到人世间来走一遭的种种幸遇，必将要以慷慨激越的人生奋斗，迎接一个平民子弟在上升过程中所必须经历的严峻挑战。

---

① 张居正：《谢病别徐存斋相公》，张舜徽主编：《张居正集》第二册，书牍十五附录翰林时书牍，湖北人民出版社，1994年，第1255页。

第四节　埋头典章的苦学寒士

成为翰林院庶吉士的张居正自进京之后，从来都不跟随那班阀阅子弟、富家公子们一道混迹于歌台舞榭、酒馆茶楼，更不会陪伴那些风流才子酬酢往还、吟诗会文；他只是一味地离群索居，以一个清寒士人的身份，谢绝一切热闹聚会的邀约，扎扎实实地做着他认为该做的事。

总之，青年张居正绝不涉足于任何热烈欢闹的场所，但凡有与友人或同僚相聚之时，他都是默默地静坐其间，倾听着他人的高谈阔论，咂摸着在座各人的习性、喜好，自己一般并不怎么出头露面。在旁人看来，他是一个既沉稳又安静的少年老成之人。历夏经秋，几载寒暑下来，他凭着刻苦攻读，不仅深入学习了大量的本朝典籍，为其日后的仕宦生涯打下了坚实的基础，同时也对同朝为官的众多不同学养、不同性情、不同品位之人，各自都有了比较明晰的了解与评定。

自明至清，翰林院与科举制犹如一双比肩并举的双翼，共同托举起了中国封建社会后期的仕儒体制。翰，是为鸟的羽毛，因古代曾用鸟羽的翎管为笔，故也称笔为翰。翰林这个词，意即文翰为林的比喻，故用以作为朝廷精英人才最为集中的地方。明朝时期，官场上流传着这样一句俚语："非进士不入翰林，非翰林不入内阁。"[①] 有学者统计，纵观有明一朝，内阁宰辅一共一百七十余人，其中百分之九十以上都有着为官翰林院的资历。从官职品级上讲，翰林院只是个五品衙门，在高官如林的政府机构中，却有着如此举足轻重的地位，那是因为其职能直接关乎朝廷政务的正常运作，并同时起到了皇室秘书处与智囊团的特殊作用。

---

① 屈超立：《论明代科举发展与选官世袭制的终结》，陈文新、余来明主编：《科举文献整理与研究》，《第八届科举制与科举学国际学术研讨会论文集》，武汉大学出版社，2013 年，第 471 页。

鉴于翰林院几乎拥有融政治、文化、教育于一体的多种职能，故从表面上看，它只是国家考议制度、详正文书、咨议政事与记录国家大事的职官署衙，但实质上却是国家培养精英人才、储备高等文官的重要培训基地；若是更深入一层地看，在以儒学为道统的中国政治结构体系中，它更是国家在科举制度下为确保仕儒体制的长治久安、代不乏人而进行后备人才挑选、培训、检测与输送的特设机构。

翰林院教养、训导庶吉士的运作方式也较有特色，每当三年一科的春闱结束后，便从二甲以上录用的人员中选入一些人品优秀、文才超卓的新科进士，作为庶吉士，让他们在翰林院集中学习。在随后三年左右的日子里，庶吉士们主要是学习各种典章制度、治国方略，以及行政运作的规则与程序，同时还能享受到非常优厚的待遇与补贴，一般不负担任何行政事务。一俟学成后，经过统一考试，成绩优异的人可以留在翰林院，稍差一些的人则被安排到中央六部，担任主事、御史等之类的官职；其中，最不济事者也可能会外派到地方府、县，去从基层知县干起。所以，自明朝中期开始正式确立以内阁作为朝廷中枢治国理政的办事机构以来，几乎所有的大学士都具有庶吉士出身的资历。故在明朝的文官集团中庶吉士久有"储相"之称，绝非过誉。

明朝的各项行政制度均比较完善，而其中尤以对于官员的管理、监察制度更为健全而著称于史。作为一个平民出身的青年官员，张居正深知时艰。在做庶吉士的三年期间，他刻苦学习，完全进入一种忘我的境界。在一篇《翰林院读书说》中，他便曾明确地阐释了自己的政治抱负和学习宗旨：

> 盖学不究乎性命，不可以言学；道不兼乎经济，不可以利用。故通天、地、人而后可以谓之儒也。造化之运，人物之纪，皆赖吾人为之辅相；纲纪风俗，整齐人道，皆赖吾人为之经纶；内而中国，外而九夷八蛮，皆赖吾人为之继述。故操觚染翰，从骚客之所用心也；呻章吟句，童子之所业习也。二三子不思敦本务实，以眇眇之身任天下之重，预养其所有为，而欲借一技以自显庸于世，嘻，甚矣其陋也！[①]

---

① 张居正：《翰林院读书说》，张舜徽主编：《张居正集》第三册，文集六，湖北人民出版社，1994年，第377页。

作为一位青年庶吉士，张居正自幼胸怀大志，年纪轻轻便将读书学习与济世经邦的宏图伟业联系起来，这无疑为他日后能在治国理政方面做出卓越贡献奠定了牢固的基石。在他看来，吟诗会文、寻章觅句的风雅流俗，都是没出息的文士做派；真正成大事业者，就是要拿出"究乎性命""兼乎经济"的心劲，以期操练出真本事，切实展现出"敦本务实，以眇眇之身任天下之重，预养其所有为"的动力与目标，方可算是"真儒"。

张居正的这种人生志向，显然与其家世生平、性情阅历紧密相关。他家为军户出身，老祖宗张关保虽有归州长宁所千户的世袭头衔，可到了他曾祖父张诚的头上，却只是以一个平民百姓的身份，辗转移居至当时的郡城。在荆州城里，张家因财力窘困、家境清寒，非奋力劳作则一家人难得温饱，故当张居正成为首辅之后，还每每以此自诫自勉。

他说："念臣猥从寒薄，蹶致台司"①；"臣以草茅孤介，荷先帝顾托之重"②；"臣发迹寒单，赋才谫劣"③；"余少苦笃贫，家靡儋石……"④ 从这些用以自称的话语中，可见这位平民子弟出身的青年官员自入选为庶吉士之日始，便深知眼前的这份职位来之不易，所以每每用须奋发学习、以酬答朝廷所赐予的厚恩等信条来激励自己。

张居正的这种人生志向，同时也与其刚登科甲时国家遭逢的内忧外患紧密相关。就在他得中进士的当年，亦即嘉靖二十六年（1547），张居正恰好在北京度过他入仕后的头一年，朝中就不断传来警报：俺答驱使鞑靼骑兵一再犯边，极为猖獗，北方九镇屡遭强虏入寇，疲于奔命；而东南沿海一带倭寇登岸、大肆烧杀掳掠的消息，更是旋踵而至……大明王朝势如累卵，而昏聩荒淫的嘉靖皇帝却于国势风雨飘摇间只是一味沉溺在西苑烧香炼丹，寻求长生不老的仙方。再加上朝廷内部政治风潮此起彼伏，达官

① 张居正：《谢恩赉父母疏》，张舜徽主编：《张居正集》第一册，奏疏三，湖北人民出版社，1994年，第146页。

② 张居正：《再辞恩命疏》，张舜徽主编：《张居正集》第一册，奏疏三，湖北人民出版社，1994年，第154页。

③ 张居正：《再乞休致疏》，张舜徽主编：《张居正集》第一册，奏疏九，湖北人民出版社，1994年，第422页。

④ 张居正：《学农园记》，张舜徽主编：《张居正集》第三册，文集九，湖北人民出版社，1994年，第555页。

巨宦矛盾盘根错节；各地封疆大吏大多数贪墨渎职，下面的府、县官员伙同属吏巧取豪夺，敲诈勒索，搜刮民财……随着岁月的流逝，如此繁复的矛盾冲突恶性循环，不断吞噬、剥蚀着帝国的躯体。

嘉靖二十七年（1548），内阁发生严重政潮：首辅夏言于正月间罢官，不久即下诏狱论罪，竟在当年秋天即惨遭"弃市"（杀头）。

事情的原委其实并不复杂：前一年，兵部侍郎总督陕西三边军务曾铣，决定抗击俺答鞑靼骑兵的进犯，收复河套地区。首辅夏言极力支持曾铣，嘉靖帝也表示同意，并拨银二十万两用作军费。可没想到的是，此时陕西澄城突发山崩，而严嵩则趁机散布谣言，口称此为上天示警，恐有"土木之变"重演。

嘉靖皇帝为严嵩所蛊惑，心存疑虑。这时，曾因贻误战机而被曾铣弹劾罢官的前总兵仇鸾趁机跳出来，诬告曾铣掩败不报、克扣军饷等罪；严嵩再勾结锦衣卫头目陆炳，公然陷害曾铣，称首辅夏言收受曾铣贿赂，二人本为一丘之貉。随后，严嵩再发动自己所控制的言官纷纷上疏，指责收复河套会"轻启边衅"云云。

嘉靖信以为真，先罢免掉夏言、曾铣的官职，又命廷臣议二人之罪。最后，曾铣被扣上交结近侍之罪，被处以斩首之刑，其老妻与两个儿子被流放两千里。而对夏言则有意见分歧：吏部、礼部等奏其罪不可免，而刑部与都察院等大臣则认为应看在他效劳多年的分儿上，从宽发落。嘉靖皇帝初定："论斩系狱待决。"

严嵩犹不甘心，竟无中生有地火上浇油，称夏言"怨望讪上"。皇帝顿时暴怒，下旨将其"弃市"。可怜这六十七岁的夏言竟被西市斩首，老妻也流放广西。

张居正亲眼目睹了发生在夏言和严嵩之间的这场内阁斗争，官场上黑暗政治的极端残酷性，令他战栗不已。可是，身为一个新科进士，他在朝堂上连说话的份儿都没有。这时，他唯有蛰伏在种种政潮的旋流之外，冷眼旁观，以期对当朝政局有点清晰的认识，力图让自己逐渐适应这样纷繁复杂的政治环境。

嘉靖二十八年（1549），翰林院庶吉士散馆，张居正通过考核，被留下任编修。这时，他凭一股青春血性，靠着与众不同的才华和卓尔不群的楚人血性，奋笔疾书，撰写了一份《论时政疏》，呈奏朝廷。

这份《论时政疏》陈述当下宗室骄恣、庶官疾旷、吏治因循、边备不修与财用大亏等事涉大明王朝"臃肿痿痹"的五大弊端，展示了作者自己透彻的洞察力与鲜明的政治见解，无疑是青年张居正首次提出改革政治的一份宣言书①。其中，这位年轻的翰林院编修以激情洋溢的政治责任心和忧国忧民的执着情怀，强烈呼吁皇上励精图治，振奋乾纲。张居正认为，尽管眼下国家内忧外患，千疮百孔，但只要奋发求治，就一定能重新振作起来，让天下苍生过上太平盛世的好日子。

这份《论时政疏》写得倒是不错，可它根本就没引起嘉靖皇帝的注意，呈上之后，便如同石沉大海。然而，张居正呕心沥血撰成的这份奏疏并没有因皇帝漠视而被完全付之于流水，其最为突出的收效，就是引起了他在翰林院的指导老师、前国子监祭酒、礼部右侍郎徐阶的关注。从此，徐阶着意教导青年张居正，并时时调护、保全这位朝气蓬勃、英锐奋发的青年编修，以期让他在关键时刻能够发挥出更大的作用。

在恩师徐阶的引领下，张居正从此不再冒进躁动，而是沉下心来，苦心孤诣地研修本朝政事，同时也加意留心时务，由此对前代先贤留下的执政经验和教训，有了愈加透彻而明晰的了解与掌握。

过了些年，也就是在后张居正时代的士人当中，有个名叫丁元荐的中书舍人，也曾向神宗皇帝上呈过万言书，以"极陈时弊"。因他所批评的失误之处，如征敛苛急、赏罚不明、忠贤废锢、辅臣妒忌等皆切中要害，故遭奸人攻讦，最后不得不挂冠离去。此人为万历十四年进士，还乡后，在浙东老家长兴县的西山杜门谢客，埋头写书，他的著述即题称《西山日记》。出于惺惺相惜之故，他记叙了早年间张居正在翰林院埋头苦读典章制度的一则往事，读来令人赞叹不已：

> 居正熟于典故，读会典百日而尽终身不忘。每出朝，辄呼六垣入直者，卒然问以某疏云何事，某事作何处分。其人频赤，左右顾不能发一语。未几，外转矣。诸给事入直者细搜剔各奏揭，考核会典，以备不时话问。江陵间发一语，时出耳目意外。即有条对，惴惴重足，十不吐一。一时台省往往受其钳束，若门隶，

① 张居正：《论时政疏》，张舜徽主编：《张居正集》第一册，奏疏十二，湖北人民出版社，1994年，第495页。

则其才胜也。①

　　这段话讲述的内容，细品起来真是叫人惊叹叫绝：张居正出任首辅之后，读了一百多天的《大明会典》，熟记全篇且终身不忘。他经常抽查考核那些好招惹是非的六科给事中及十三道监察御史，并随机提问，查询某项政务依照国家律令应该做何处分？那一个个被问到的人，在猝不及防之中总是面红耳赤，左顾右盼地答不出来。时隔未久，这类人便会被认为不称职而调离出京。日子一长，那群年轻气盛的言官们一个个见到张居正便觉得心慌气短，每到轮值之时，丝毫不敢掉以轻心，全都认真查看各地督抚报上来的奏疏，然后细检《大明会典》，以备不时查考。这样一来，弄得那些在有明一朝最为专横跋扈的"愤青"个个像孙子似的，一见到张居正便全都屏声静气，就像是守门的差役……丁元荐说，这都是因为张居正以"才胜"而显示出来的智力优势。

　　殊不知，一部《大明会典》可谓洋洋大观，全书的内容堪称无所不包：举凡行政体制、经济制度、市场商税、茶政盐课、户籍赋役、科举学校、兵役卫所、武官京军、营操制度等，以及六部诸司职掌、各级官员待遇……总之，它全面而系统地汇集了有明一代的典章制度，囊括了明朝全部刑事立法的内容，是整个国家机构正常运转的法制依据。据初步测算，《大明会典》的内容约为一百七十万字，若依丁元荐所说，张居正"读会典百日而尽终身不忘"，可能有些夸大其词。但是，联系到他本人在《翰林院读书说》中所畅谈的学习动机和读书志向，我们不难发现，其对国家典章制度了然于胸，甚至达到了熟记能背的程度，全是年轻时下过一番苦功所致。所以，丁元荐称张居正收服六科给事中的那些"愤青"，手段高超，"一时台省往往受其钳束，若门隶"，这也是在他身后有言官们率先发难的重要原因，此祸端实肇始于这种令对方感到物伤其类的"钳束"之苦。

　　正因为张居正在翰林院任庶吉士期间，曾经扎扎实实地下过一番苦功，全面而系统地研修了国家的典章制度，因而使他在主政之后，不仅能够以首辅的赫赫威势慑服群臣，游刃有余地驾驭国家机器，强力推进各级

---

　　①　丁元荐：《西山日记》，《丛书集成续编》第八十九册，上海书店，1994 年，第 449 页。

官员严禁遵循"考成法"，不断提升各级官衙的政务效率与劳绩水平；而且还能以其超卓的才华，正气凛然地与那些同样是熟读四书五经的官员们展开激烈的智谋博弈和思想交锋。

所以，作为杰出政治家的张居正，之所以能在经历过嘉靖、隆庆的倦怠荒政之后，及时推出"万历新政"的各项举措，并取得良好收效，促使明朝中晚期的政局为之焕然一新，这完全得益于他对国家机构正常运转的法制依据有着相当透彻的了解；并同时以其深刻的社会洞察力，把握好国家政治经济的发展趋向，再根据形势变化的需要，不断总结、不断提炼、不断丰富自己治国理政的才华，从而执明镜以区分是非，立规矩以矫正时弊，由此得以顺利引领大明帝国这艘本已千疮百孔的航船绕开重重暗礁浅滩，在艰危之中迎来了十年复苏的生机。

第五节　乐志学农的返乡编修

嘉靖三十三年（1554），张居正时任翰林院编修，因严嵩当道，倒行逆施，朝政不修，纪纲废弛。他以官卑职微，无以申其志而忧愤国是，再加上他的原配夫人顾氏早逝，伤心过度，一时难以抚平心中的痛楚，遂上疏告假，托归田养疴之名，返归故里。

回乡前，张居正以自己对时局极度失望的心境，给他的恩师——礼部尚书兼文渊阁大学士徐阶写了一封信。在这封信中，张居正倾诉心曲，表达了对社会、对朝廷、对徐阶的那种既有愤激，又有诘难，同时还对未来也抱有希望的一种非常复杂的心情。信中写道：

> 相公雅量古心，自在词林即负重望，三十余年；及登揆席，益允物情，内无琐琐姻娅之私，外无交关请谒之衅，此天下士倾心而延伫也。然自爱立以来，今且二稔，中间渊谋默运，固非谫识可窥，然纲纪风俗，宏谟巨典，犹未使天下改观而易听者，相公岂欲委顺以俟时乎？……况今荣进之路，险于榛棘，恶直丑正，实繁有徒。相公内抱不群，外欲浑迹，将以俟时，不亦难乎？盍若披腹心，见情素，伸独断之明计，捐流俗之顾虑，慨然一决其平生。若天启其衷，忠能悟主，即竹帛之名可期也。吾道竟阻，休泰无期，即抗浮云之志，遗世独往，亦一快也。孰与郁郁颟顸而窃叹也？夫宰相者，天子所重也，身不重则言不行，近年以来，主臣之情日隔，朝廷大政，有古匹夫可高论于天子之前者，而今之宰相，不敢出一言。何则？顾忌之情胜也。然其失在蓁縻人主之爵禄，不求以道自重，而求言之动人主，必不可几矣。愿相公高视玄览，抗志尘埃之外，其于爵禄也，量而后受，宠至不惊，皎然不利之心，上信乎主，下孚于众，则身重于泰

27

山，言信于其蓍龟，进则为龙为光，退则为鸿为冥，岂不绰有余裕哉！①

在张居正看来，徐阶对自己有知遇之恩，因而当朝政几近糜烂之际，他认为只要阁臣中还有徐阶在，就还应当抱有希望。因为，徐阶那种"雅量古心，自在词林即负重望"的俊朗丰神的士人领袖，对那些立朝正直的官员还能产生一定的影响；故他殷切地希望老师"渊谋默运"，并能带头扫除阴霾，以期令朝政有朝一日能够"使天下改观而易听"。

张居正愤慨于时局的败坏，更是非常痛恨那个残害正直忠良的权奸及其党羽，由此对眼前的政局深感痛心。正如他在信中所说"今荣进之路，险于榛棘，恶直丑正，实繁有徒"，所以他在高度称颂徐阶在士林中享有厚望的同时，也恳切地盼望他能勇敢地担当起天下的重任。最后，他劝徐阶"以道自重"，抓住时机，一举而成为"竹帛之名可期"的一代名相。

应当说，这封直抒胸臆的书信，表达出了英气盖世、热血喷张的青年张居正的满腔豪情。它的存世，载录下了一个二十九岁年轻人在"愤青时期"的心路历程。尽管有些提法显得过于冒进，个别字句看来有些唐突，但因其承载着一个年轻人的信念、志向和情怀，所以极能打动人心。

对此，一向以阴柔练达、老谋深算而称著于世的徐阶不以为忤，反倒对张居正另眼相看。其实，徐阶这时正在蓄积力量，准备一举扳倒权奸严嵩。由于当时政治环境极为险恶，为着保全性命、庇佑儿孙，所以他在接信之后，表面上并没跟张居正说过什么，但他认定这个来自楚地的青年翰林，是个足以与之推心置腹的"忘年交"。他为自己获得这样一个盟友而暗自庆幸。自此，张居正与徐阶便结下了深厚的友谊。事情的发展也确实如此，最后到了关键时刻，正是托庇于张居正的周全和回护，他才能在高拱的恶意打压下保全了阖家老少的身家性命，这对徐阶那极不平静的晚年生涯尤为重要。此为后话，按下不提。

张居正回到了故乡荆州城，此时最为开心者，莫过于与他同龄的辽王朱宪㸅。

同为"老庚"（荆州方言对同龄人的称呼）的朱宪㸅与张居正，其交

---

① 张居正：《谢病别徐存斋相公》，张舜徽主编：《张居正集》第二册，书牍十五附录翰林时书牍，湖北人民出版社，1994年，第1255页。

往经历直可回溯至他们十三岁那年。据地方史志记载，朱宪㸅"父王（第六代辽王朱致格）薨"的那一年，为嘉靖十六年（1537）。参加乡试的张居正尽管未能中举，但却因湖广巡抚顾璘的看重，早已使他才名远播，声扬遐迩。辽王府的太妃毛氏夫人听说本府护卫军士张镇的这个孙子少年有为，不免生出疼爱之心，于是，她便派王府管事去找张镇，传谕要召小居正进府。

张镇不敢违拗，赶紧安排张居正随管事来王府拜见太妃。

毛太妃知书达理、贞静娴雅，她对小居正热情款待，闲谈间还询问了一些关于平日读书、习字方面的事。张居正虽小小年纪，但进止雍容，起坐之间，举手投足无不礼仪端方，极招毛太妃喜爱怜惜。

开饭的时候到了，毛太妃留下小居正共同进餐。她想王府世子朱宪㸅正好与居正同龄，就让管事去请世子前来陪同吃饭。其言下之意，也是想让这两个孩子将来能相互做个伴，并希望小居正也能随同世子在王府里读读书、会会文。

这段往事给张居正的少年生活留下了一段美好回忆。后来，他荣登科甲，离家远居京师，平时得暇，总会跟汪道涵、王世贞等几个年岁相近的年轻人聚在一起。众人谈天说地，相互间难免会夸耀一下各自的阅历，以排遣思乡之苦。张居正便于闲聊中，提到在十三岁那年便被迎入亲王府做客的事。这在当时，怎么看都可算得上是值得炫耀的幸遇。未料到他去世之后，王世贞也行将就木，竟于临死之前将这一素材写入《嘉靖以来首辅传》。结果，其原味儿便全变了，竟成为这样一副状况：

> 王宪㸅者，其父王薨，以幼未立；而居正之祖父为护卫军，太妃闻居正少警颖，且与王同岁，召而奇之，赐之食，而坐王节其下。且谓："儿不才，终当为张生穿鼻。"王宪㸅以是惭居正。而会居正登第，召其祖，虐之酒至死。居正心衔王，然王淫酷暴横，其国除时居正虽在阁，然不甚当事，所谓金宝者，仇语也。[①]

殊不知，王世贞的这段记叙是以真带假，故意让张居正和辽王朱宪㸅

① 王世贞：《嘉靖以来首辅传》（下），张舜徽主编：《张居正集》第四册，附录一，湖北人民出版社，1994 年，第 469 页。

在十三岁时便开始存有过节，乃至给后人修纂《明史》时误指张居正霸占辽王府，埋下隐患。其实，朱宪㸅虽是辽王的庶出之子，但依照朝廷规制，王府正妃毛氏乃为其嫡母。试想，身为亲王正妃，毛氏何尝不知道王府继承人跟平民家的孩子有着天壤之别！即便是"训子"之举，也绝不会如同民间母亲训儿子那般，以被第三者"穿鼻"之说来予以威胁恫吓。再说，以毛妃这样的贵妇人，《明史》尝称颂她"明书史，沉毅有断，中外肃然，贤声闻天下"①，其威而不怒的尊贵身份，如何还会以"不才"来训斥世子？显而易见，像王世贞这样对亲王府邸全无亲身感受的胡编乱造，竟将堂堂的明朝王妃视同寒门媪妪，真叫后人笑掉大牙。

至于王世贞所叙"会居正登第，召其祖，虐之酒至死"之说，更是穿凿附会之谈。因为张居正在嘉靖二十六年"登科"（即考中进士）时，朱宪㸅已袭爵十年②，且正在追随世宗皇帝崇奉道教。他身为亲王，与那仅具王府护卫身份的张居正祖父之间不啻相隔十万八千里，在当年等级森严的社会里，何至于会"召其祖"，而又"虐之酒"（意谓恶意地劝酒）？

总之，由王世贞编下的这些谎言，那都是后来的事，按下不提。而当张居正于嘉靖三十三年（1554）返回故乡荆州时，其中最觉惬意的人，应当是与这位当朝翰林同龄，且又为儿时熟人的辽王朱宪㸅。那时节，身为藩王的朱宪㸅觉得日子过得无趣透顶，因为依照朝廷规制，平素若无事他不得擅离城垣，即或有事出城，亦须预先向地方官打招呼。正在人生躁动期的朱宪㸅整日被关在王府大院内，尽管享用着荣华富贵，却也觉得腻味够了。如今，张居正从京城回来，无疑令同样也雅好写诗度曲、填词作赋的朱宪㸅格外开心。

朱宪㸅派王府管事去找张居正，又请来几个帮闲厮混的清客，在王府里摆酒谈诗。张居正的爷爷张镇生前隶籍于王府护军，如今他本人虽是朝廷命官，但回到老家在这一亩三分地上，也容不得自作矜持。于是，他只有随着王爷的性子，陪着逗趣。

这天，张居正在王府陪着朱宪㸅一顿酒饭吃下来，竟架不住几个清客的软磨硬劝，酒喝过了量。掌灯的时候到了，他晕晕乎乎竟迈不开步子，

① 张廷玉等：《明史》，列传第五，《辽王植》，中华书局，2000年，第2373页。
② 张廷玉等：《明史》："嘉靖十六年，致格薨。子宪㸅嗣，以奉道为世宗所宠，赐号清微忠教真人，予金印"；见列传第五，《辽王植》，中华书局，2000年，第2373页。

朱宪㸅见状将手一摆，吩咐管事："今晚就留翰林公在这儿住下，再派人到他府上去知会一声。"言罢，管事领命而去。

第二天，张居正醒来，酒醒了一大半，待要起床，却怎么也找不到自己昨天穿来的衣服。这时，王府管事推门进来，后边跟的仆人捧着里外三新的裤褂袍服，伺候他换上。原来，朱宪㸅昨天见他的一身袍袖均已磨毛了边，于是故意安排几个人灌醉了他。到了夜间，他叫来府中的匠师、佣妇，在府库里选出上好的袍料锦缎、绫罗丝绸等一应物品，连裁剪带缝纫，通宵不停地挑灯赶工，终于在天亮前为张居正完成了内外三新全部袍服衣褂的制作。

张居正本是性情中人，面对此情此景，他十分感动。说来这倒不完全是事涉钱财耗费等物质上的馈赠，而是为辽王朱宪㸅的这份情义所深深感动。后来，当朱宪㸅把戊午（嘉靖三十七年，公元1558年）诗稿交到他手上并请之作序时，他便在文中褒赞说："盖天禀超逸，有兼人之资，得司契之匠。其所著述，虽不效文士踵蹑陈迹，自不外于矩矱。每酒酣赋诗，辄令坐客拈韵限句，依次比律，纵发忽吐，靡不奇出。或险韵奇声，人皆燥吻敛袂，莫能出一语；王援毫落纸，累数百言，而稳贴新丽，越在意表，倾囊泻珠，累累不匮。"①

这段话白纸黑字，至少说明了张居正与辽王朱宪㸅在那段时间内的交往是正常的，也是合乎礼仪的。至于隆庆二年（1568）辽王被废一事，说到底也还是由于其骄奢淫逸、妄生事端，并且一再违反规制而为地方监察御史依律弹劾所致。总之，朱宪㸅的倒台，应当与他跟张居正之间的个人恩怨无关。

张居正是平民家长大的孩子，自幼即受长辈训诲："民不与官交，贫不与富交。"这意思是说，这种不对等的交往关系，会让弱势的一方在接受对方的恩惠后无以酬报，最后不得不因情理有亏而受人挟制。他这次因病请假回乡，主要目的是休息疗养，可住在城里却有许多意想不到的麻烦，令他每每感到困扰不堪。他毕竟是才华超逸的当朝翰林，而地方上那些闲居无事的王孙公子、贵戚豪族则为着附庸风雅，今天请他去饮酒作诗，明天又邀他郊游散心。这样一来，弄得他穷于应付，不堪其扰。再加

---

① 张居正：《种莲子戊午稿序》，张舜徽主编：《张居正集》第三册，文集八，湖北人民出版社，1994年，第555页。

上张家平素清寒，全家老少一年开支不算小数，而周边府、县则有些富商巨贾、达官贵人都知道张翰林的文章名满天下，于是有些人往往仗着手头有大把的银子，不是来求他为亡父写一篇墓志铭，就是来请他给娘亲书一帧寿幛……张居正文采超群，写起来笔走龙蛇，文不加点，对方付的银子也出手阔绰，慷慨大方。这样一来，他的名声传扬开去，求文求字者纷至沓来，弄得他劳碌难耐，事后想来觉得十分无趣。

为远避尘嚣，张居正就在荆州城东门外的天井渊，选高岗地购置了数十亩田，随即他乃"卜筑小湖山中，课家僮。锸土编茅，筑一室仅三五椽"，在这里隐居下来，"植竹种树，订茆结庐，以偃息其中"，并为此地命名"乐志园"。①

荆州位于江汉平原腹地，这一带地势平坦开阔，为长江、汉水多少年间挟大量泥沙冲积而成。作为洪泛平原，这里原为长江中的大块沙洲连片而成，因江流屡屡改道，大水在曾经冲刷过的地方便留有无数渊、塘、湖、池等大小不一的多处水面；其中，其水较深的池塘或湖泊，皆命名为"渊"。这"乐志园"所在的天井渊，因其早年间水深岸阔，因而关于它的神话传说，早就特具撼人心魄的神奇之处。其中最为引人瞩目者，当数公元六世纪前后问世的南朝盛弘之《荆州记》中所撰："江陵东北十里有天井渊，周回（围）二里许，深不可测，其中潜室见之，则有兵寇，祷雨亦多验。"

天井渊的地望，实际上与出现在南朝时期古乐府《西曲歌》中的"江津湾"相毗邻，自古即为荆州府的人文荟萃之地。正是在这一处历来民间传说中认为有神灵出没的地方，出现了"潜室之异"，这就意味着它在古代堪舆学中的地位不可小觑。所以，尽管在儒家经典中向有"子不语怪力乱神"之说，但在一向奉孔夫子学说为道统的历朝荆州地方史志中，却对此都有过或繁或简、言之凿凿的述录。潜室，在古代汉语中通常是龙宫的代称；盛弘之说这里"其中潜室见之"，就显然给"天井渊"蒙上了一层神秘的面纱。

"乐志园"一带的地理区位绝佳：它南濒长江沙市渡口，西邻荆州城，北靠楚故郢都纪南城遗址，东边是荆襄河古长堤。堤的东南端，是市廛繁

---

① 张居正：《学农园记》，张舜徽主编：《张居正集》第三册，文集九，湖北人民出版社，1994年，第517页。

华、舟车辐辏的华中商埠重镇沙市；堤的西北端是衙署林立，自古便以坚城雄关称著于世的荆州城。荆襄河堤历来为自沙市走陆路进出荆州城的咽喉要道，古代时曾依水凭堤，筑一道沙桥门为其关钥。据史籍记载，此处屡发战事，仅在南北朝时期，为官修正史所记载影响到南朝政局走向的重大历史事件即达十数起。

荆襄河的水上交通更是四通八达，借助于江汉平原上河湖密布、港汉纵横的航运水系，它得以借舟楫之便，连长江、接汉水，往还通畅，无所不达……到了张居正生活的时代，作为一处平原水乡的风景胜地，这里湖山多情，令人流连忘返：其天光水色，交相辉映，莲荷环植，蒹葭葳蕤，修竹拂云，芙蕖遍野……张居正称这里为"小湖山中"，实际上它乃是大范围水面之中的一方岗阜台地，伫立其间，放眼四望，但见晨间朝霞染红烟村阡陌，傍晚夕晖映照雉堞长垣，晴日看长空一色湛蓝澄澈，雪天赏无垠原野素裹碧纱……总之，一年四季这里都是一片风光如画的碧水蓝天、绿原翠地，满目一派野趣横生的旖旎景象。

张居正选择这一带作为自己归隐乡野、修身养性的处所，不仅是因其自然风景优美，还因为此地与岳山阡陌相连，近在毗邻。自从他安顿下来后，便长年安居于"乐志园"内，偃息其中，杜门谢客。在那篇《学农园记》中，张居正曾经这样写道：我家一向清寒，每年全家的收入相当有限，自己年纪轻轻地当上了官之后，家境也没有多大的改善，不过有田数十亩而已。如今，我身患疾病，不能为国家投力报效了，假使还无所事事，只是贪图悠闲，整天与别人清谈度日，那不是愈加增添了自己的罪过吗？所以就静下心来，"唯力田疾耕，时得甘膬以养父母"①，认认真真地学习着躬耕垄亩的本事与技能。

此时，他心如止水，形似云烟，或潜心攻读，任思绪纵横驰骋于诸子百家之中；或兼习稼穑，荷锄镰时复周行于阡陌垄亩之上；或内省反思，仰古俯今以探求宁神养气之道；或优游湘衡，察山川苦索冥思江山兴替之秘，借以寻求治世理国之策……时至嘉靖三十四年（1555），地方府署打算将曾经担任荆州知府一职的历任主官以及重要属员的姓氏里籍勒石铭碑，以资后人景仰，于是乃由当时担任荆州知府的"定山袁公"出面，邀

---

① 张居正：《学农园记》，张舜徽主编：《张居正集》第三册，文集九，湖北人民出版社，1994年，第555页。

请张居正趁此番在家休养之机，代笔写一篇《荆州府题名记》以垂训后世，传承久远。

张居正觉得，此举原本是地方上的一项德政，无由推托，于是也就欣然命笔，一挥而就。在这篇碑记中，张居正感于时艰，联想到近百年前民风淳厚、官员质朴的风习，大发感慨。为分析当下人心浇薄、世风日下的社会成因，他对故乡的"人情""土俗"之流变，做出了一定的概括；同时又对当下的社会现实，予以了一定程度的揭露，并且对眼前风习浇薄的演化趋势深表担忧："其继也，醇俗渐漓，网亦少密矣，变而为宗藩繁盛，猾权挠正，法贷于隐蔽。再变而田赋不均，贫民失业，民苦于兼并。又变而侨户杂居，狡伪权诈，俗坏于偷靡。故其时治之为难。非夫沉毅明断一切，以摘奸剔弊，故无由胜其任而愉快矣。"①

在本文的结尾，他情辞恳切地坦露心迹："语曰：圣人不能违时，振敝易变，与时弛张，亦各务在宜民而已。"显然，张居正也知道，时移势易，时代变了，居官者不可一成不变地墨守成规，而要与时俱进。最后，他是在大声疾呼："后之治者，非随俗救弊，又将安所施乎？"

至于文中所称"宗藩繁盛"一说，确实是他对明王朝所面临的突出问题给予的准确揭露。应当看到，明朝在立国两百年后，藩封荆州的辽王已通过七八代的繁衍，其嫡传与旁系宗亲，已是数逾千人。亲王之下的郡王、辅国将军、镇国将军等宗室凤子龙孙，就如同附之于社会躯体之上的寄生虫，尽情吮吸着民脂民膏。他们的种种作为，在当地不仅是巧取豪夺，闹得民怨沸腾，更为可恶的是揽权干政，阻挠了政权法令的严正执行。

在乡养病的张居正也正是在老家生活了这几年之后，通过他对现实生活做过的一番深入细致的考察研究，才对大明天下的国家政权及其基层社会所存在的种种弊端，有了较为真切而透彻的认识。

张居正基于对各地宗室藩王势力给社会躯体所带来的侵蚀、伤害，有着清晰而又确切的了解，所以当他后来执掌权柄之际，便依据这些看法和认识，主持修订了《宗室条例》等重要政策文献；并据此对宗室势力予以了必要的压抑与遏制。从根本上讲，在他的主政之下，朝廷所采取的这一

---

① 张居正：《荆州府题名记》，张舜徽主编：《张居正集》第三册，文集九，湖北人民出版社，1994年，第560页。

整套行政措施，也都是出自对国家根本利益的通盘考虑，绝非仅仅因为他本人对某个藩王的憎恶与反感。从这个意义上讲，张居正遏制宗藩的出发点，乃是出于公愤，而非私仇——至于后来《明史·辽王传》之中，竟有关于"大学士张居正家荆州，故与宪㸅有隙……其后居正死，宪㸅讼冤，籍居正家"①，《明史纪事本末》诬蔑他攘夺辽王府等，则完完全全地是某些人出于一己私利的诬陷与造谣，与张居正本人无关。

　　总之，当张居正这个名满天下的翰林公在而立之年回到故乡休息养病期间，他为桑梓之地的乡土风物所陶醉，沉潜其间，悉心感受和体察着生活的脉动，这为他后半生的政治伟业奠定了坚实的基础。

---

　　① 张廷玉等：《明史》，列传第五，《辽王植》，中华书局，2000年，第2373页。

第六节　意气飞扬的在籍翰林

在故乡休息养病期间，张居正写了不少的诗文，咏叹桑梓风物，抒发个人情志。其中以《登仲宣楼二首》颇为引人瞩目。诗曰："一楼雄此都，万里眼全开。孤嶂烟中落，长江天际来。看题寻旧迹，怀古寄新裁。不见操觚者，临风首重回。""百雉忱江烟，危楼倚碧天。望随云共没，心与日俱悬。柳暗迷通浦，沙明辨远川。登高愧能赋，空羡昔人贤。"[①]

古仲宣楼，在荆州古城东南角的公安门上，以东汉末年文学家王粲撰辞赋名篇《登楼赋》而著称于世。北宋时期，参知政事、同平章事（当朝宰相）陈尧佐坐镇荆州时，依据梁元帝萧绎《出江陵还》一诗中有"朝出屠羊县，夕返仲宣楼"的诗句，将前朝南平王高季兴筑的望沙楼改名为"仲宣楼"，以纪念前朝先贤。

张居正伫立在城楼上，远眺江流，但见云烟缥缈处，柳暗津浦，沙渚迷蒙；联想到前代先贤在这里写下的传世名篇，心中滋生出一种惘然若失的感觉：在这块涌现过无数历史文化名人的大地上，那些旧痕斑驳的题咏，载录下了传诵古今的动人诗篇。而到如今，自己的一切愿望和心志都像过眼云烟似的出没悬浮，了无所成，就算自己也有登高能赋之才，可那又算得了什么呢？

荆州府的外港沙市，自古以来就是江汉平原的货物集散地。在张居正看来，荆州沙市榷关"居吴、楚上游，舟楫鳞萃，称会区焉"。他在老家休养期间，刚好派到这里驻关的工部都水司主事周汉浦即将任满离荆，当周即将返京还朝之际，本地官员依照当时惯例要聚会雅集，为其设宴饯行，而众人见张居正恰好乡居闲住，于是就把他请来写一篇文章记叙此

---

① 张居正：《登仲宣楼二首》，张舜徽主编：《张居正集》第四册，诗三，五言律，湖北人民出版社，1994 年，第 1125 页。

事，以流传久远。

十六世纪以后，明朝的商业已经发展到了一个相对兴盛的阶段。作为朝廷工部派驻在本地的"抽分"（即依三十抽一的比率征收国税）衙门，荆州府沙市榷关为张居正零距离地考察朝廷税收政策与商务流通状况，提供了一个实践基地。张居正找周汉浦切实了解过当地商旅过往的情形，通过深入实地的观察了解，他发现过关货物已经明显地不如早年间那样繁盛，而造成这种状况的根本原因，主要在于沿途关卡太多，商人利益受到损失，以致有人便弃商归农了。

张居正清醒地认识到，要转变商业寂寥萧条的景象，只有从整顿榷税制度、减少重复征税入手，以期促进与推动物畅其流，从而保证工商业的正常生存和发展，促进市场繁荣。由此，他在《赠水部周汉浦榷竣还朝序》一文中，鞭辟入里地写道："古之为国者，使商通有无，农力本穑。商不得通有无以利农，则农病；农不得力本穑以资商，则商病。故商农之势常若权衡，然至于病通，无以济也。异日者，富民豪侈，莫肯事农，农夫藜藿不饱，而大贾持其盈余，役使贫民。执政者患之，于是计其贮积，稍取奇羡，以佐公家之急，然多者不过数万，少者仅万余，亦不必取盈焉，要在摧抑浮淫，驱之南亩。自顷以来，外筑亭障，缮边塞，以捍骄虏，内有宫室营建之费，国家岁用率数百万，天子旰食，公卿心计，常虑不能弹给焉。于是征发繁科，急于救燎，而榷使亦颇骛益赋，以希意旨，赋或溢于数矣。"说到这里，张居正觉得意犹未尽，故进一步倡言道，"故余以为欲物力不屈，则莫若省征发，以厚农而资商；欲民用不困，则莫若轻关市，以厚商而利农。"[①]

在此，张居正借给周汉浦送别而众官员一致"征余言以为赠"的机会，充分阐述了自己关于"农商互倚"的观念。他认为，农与商虽然是社会职能的分工不同，但异业而同心，都是社会生活不可缺少的有机组成部分，都能够对社会做出不同的贡献；在他看来，为着给国家培育元气，既要"厚农而资商"，也要"厚商而利农"，唯有让经济发展了，国家岁用才有保障，天下苍生也才能安居乐业。这一观点，既继承着中国历史上代相承传的那些先进经济理论的精粹，又具有极强的现实针对性，无疑是张居

---

① 张居正：《赠水部周汉浦榷竣还朝序》，张舜徽主编：《张居正集》第三册，文集八，湖北人民出版社，1994年，第465—466页。

正通过深思熟虑而提炼出来的真知灼见。

接下来，张居正又列举西汉武帝、昭帝之际搜粟都尉兼大司农桑弘羊关于"盐铁论"的讨论为例，对朝廷理财方面的开源、节用等方面的问题，进一步阐明他的思想。他说："故古之理财者，汰浮溢而不骛厚人，节漏费而不开利源；不幸而至于匮乏，犹当计度久远，以植国本，厚元元也。贾生有言：'生之者甚少，靡之者甚多，天下财力，安得不困？'今不务除其本，而竞效贾竖以益之，不亦难乎？"由此，后世有专家认为，张居正当此以在野翰林之身，深入探讨国家的财政经济大计，提出了"厚农资商"与"厚商利农"相互依存的观点。这一思想的形成与展示，构成了张居正毕生经济改革理论和制定经济政策的重要基础，从而使之成为推行"万历新政"指导措施的组成部分，也是他在日后大力改革赋役制度，推行"一条鞭法"的理论基础。

明朝初期，鉴于社会生产力破坏太甚，朱元璋采用了"重本抑末，厚农轻商"的政策，这对当时恢复生产、发展经济，起到了一定的推动作用。然而，随着社会的进步，"贱商"思想发展到极致，形成了一种社会风习，即如张居正在这里也对商人蔑称作"贾竖"，由此可见其遗患之深。当此之时，他能以"征发繁科，急于救燎，而榷使亦颇骛益赋，以希意旨，赋或溢于数矣"这样的愤激之辞，来抨击官府摧抑商人的做法，确属难能可贵。

尤其是在明中叶以来商品经济已经得到蓬勃发展的历史条件下，张居正关于农、商之间休戚与共、荣枯相因的论断，较之桑弘羊当年仅为重商辩解的理论，也就显得愈加深刻与全面。

当然，明朝以农业立国，张居正最为关心的还是农村赋役、农民生计、农村生产等问题。同样是在《学农园记》当中，他也曾大声疾呼："农，生民之本也。周家用稼穑兴王业，即治天下国家，固亦由力本节用，抑浮重谷，而后化可兴也。"

综上所述，身为政治家的张居正绝不是一个横空出世的天才，他执政理念的形成、培育、充实与完善，也遵循着自身的演进过程。可以说，在其初始阶段，他明显地接受了王阳明"心学"理论的熏陶与影响，而同时跟他堪称亦师亦友的前任政治家如徐阶、高拱等，相应也对他政治上的成熟产生了一定影响。然而，张居正不同于徐阶、高拱等人的优异之处，在于他在应对社会实际问题上，更切合现实生活，贴近普通民众，因此他成为当时先进思想的代表人物。

其实，早在嘉靖二十九年（1550），当张居正还在翰林院任职初期，他便开始对相关的理论问题进行了深入的探索与研究。当时，由荆州府所辖的宜都县要重修县学，因其主事者曾力邀他执笔为之撰写一篇《宜都县重修儒学记》，使他得以有机会一展襟抱，坦露心迹。

正是在这篇文章中，张居正直抒胸臆，慷慨陈词，抒发了他个人对于时务的关切，以及对于当时士林风习的深刻反思。张居正在文章中说：

> 自孔子没，微言中绝，学者溺于见闻，支离糟粕，人持异见，各信其说，天下于是修身正心、真切笃实之学废，而训诂辞章之习兴。有宋诸儒力诋其弊，然议论乃日益滋甚，虽号大儒宿学，至于白首犹不殚其业，而独行之士往往反为世所讪笑。呜呼！学不本诸心而假诸外以自益，只见其愈劳愈弊也矣。故宫室之弊必改而新之，而后可观也；学术之弊必改而新之，而后可久也。①

看得出来，张居正对混迹于士林中那些专司“训诂辞章之习”的腐儒迂翁十分反感，而他本人则是身体力行“修身正心、真切笃实”之道的诚笃之士。由此可见，在纵览社会发展大势的基础之上，张居正以恢宏的气度、磊落的胸襟，自大处着眼，谋划着心中理想社会的发展蓝图。他从不讳言有弊必改的宏大志向，而其终极目的乃是为着国家民族“而后可久也”的光辉未来。

可以说，张居正这种献身社稷的坚强决心，是与其长期以来孜孜不倦的忘我追求分不开的。

在家乡休养期间，形同闲云野鹤的张居正偕几位湖广老乡，如应城李义河、汉阳张甑山、湘潭王会沙、长沙李石棠等，趁嘉靖三十五年（1556）十月的秋凉之时，各自从湖广老家出发，南游衡山，遍历湘沅大地。

衡山位于今湖南省中南部，在张居正生活的时代，这里与荆州同辖于

---

① 张居正：《宜都县重修儒学记》，张舜徽主编：《张居正集》第三册，文集九，湖北人民出版社，1994年，第564页。

湖广省布政使司，是我国南方著名的名山胜景。这一带，山势蜿蜒，连绵八百里，其南达衡阳回雁峰，北抵长沙岳麓山，计有祝融、天柱、紫盖、石廪等大小七十二峰；其间寺观林立，林壑幽深，瀑飞泉涌，古木参天，历朝历代的文人学士在这里留下了无数脍炙人口的精构佳作。在衡山，张居正和朋友们一共游玩了八天，尽情品赏山水之乐，他们或在山巅啸傲放歌，或在溪畔解缨濯足，或在寺观参神礼佛，或在路亭酌酒品茗，过得畅快欢乐。这座自古以来即享有盛誉的南岳名山，令众人大开眼界。

那一天，他和李义河在二贤祠住了一夜，晚上下起了大雨。第二天，两人出门，发现山上大雾弥漫，对面的峰峦山岗都被遮隐到了帐幔式笼罩的雾幔之中，连下山的路也迷迷蒙蒙地看得不甚清楚，"自谓不复似世中人矣"。他俩冒险向山下摸去，磕磕撞撞地走了几里路，骤然见天地间豁然开朗：青湛湛的蓝天上，如蓬松絮团般的白云随风飘去，一轮红日当空，光照大地……二人惊异不已，问山下的人，别人告诉他们，说是山下这天一早就是个大晴天。由此，令张居正顿生感慨："乃悟向者吾辈正坐云间耳。"

到底是翰林院出来的大才子，张居正游览之余，写下了那篇传诵不衰的《游衡山记》。在文章中，他将南国大地的绝妙风情，予以了充分的刻画和展示。尤其是登祝融峰观日出那一节，写得更是流光溢彩，文采飞扬："晨登上封观，海日初出，金光烁烁，若丹鼎之方开。少焉，红轮涌于海底，火珠跃于洪炉，旋磨旋莹，苍茫云海之间，徘徊一刻许，乃掣浮埃而上。噫吁嘻，奇哉伟欤！"由此，他禁不住发出由衷的感慨："今潇湘苍梧，故多舜迹。殆治定功成，乃修禋祀与？张子曰：'余登衡岳，盖得天下之大观焉。'"①

在游乐之中，张居正还有段奇遇：那天，他们一行数人在衡山福严寺里，遇见了一位江湖奇士沈山人。在交谈中，这位沈山人给众人讲了个故事，这衡山福严寺，原是佛教禅宗七祖怀乱的道场。唐朝时，李泌曾隐居于此闭门读书。一天，他遇到一位明瓒和尚，发现此人食不择味，卧不择居，独来独往，高深莫测，就悄悄随行到其住处。不料那和尚根本不理李泌，还没等他开口，就把一口浓痰吐到他脸上。李泌隐忍不发，擦掉痰渍

①　张居正：《游衡岳记》，张舜徽主编：《张居正集》第三册，文集九，湖北人民出版社，1994年，第541页。

悄悄地守在一边。半晌，明瓒和尚从堆在墙角的残烬中，拨出一个烤熟了的芋头，自己吃掉一半，把剩下的一半扔给李泌，不耐其烦地说："吃掉它快快下山，去做你的十年宰相吧！"后来，李泌下山，果然在唐朝历经四帝，先后共做了十年宰相。

现在，很难臆测张居正在听了沈山人这个故事后有过什么样的想法，不过，他曾以李泌自况的思想倒是很真切的。正是在一首《赠沈山人次李义河韵》的诗中，他就如此写道："此时结侣烟霞外，他日怀人紫翠巅。鼓棹湘江成远别，万峰回首一凄然。"[①] 果真是一诗成谶——当张居正还朝之后，官运日隆，当他成为当朝首辅之际，再来怀念这些"结侣烟霞"的朋友，那种难以排遣的孤独感，不正令人感到凄然悱恻吗？

纵观张居正的一生，南岳衡山之行，应当是他生平最松轻、最惬意而又最怡情的一次旅游。后来，有人在一部笔记文中写有一段逸闻，说是他曾在某座庵堂求得一签。签文为："一番风雨一惊心，花开花落第四轮。行藏用舍皆天定，终作神州第二人。"[②] 依推算，时至明万历元年（1573），张居正刚好四十八岁，是其第四轮本命年；而刚好这一年他出任当朝首辅，正好可称"神州第二人"。

今天看来，这道签的确有其神奇之处。不过话又说回来了，庵堂中设定的竹签是供世人求验的，古往今来，在此庵摇过签筒的人不知凡几，而历朝历代曾有几个敢称"神州第二人"？所以，这一段笔记野史，想必亦为后世的多事者穿凿附会而成。

然而，张居正《游衡岳记》中所谓的"得天下之大观"，倒是他的由衷之言。拿其自身的话来说，也就是通过对祖国大好河山的观感，意识到身为读书人所肩负的责任；自此，前贤所一再传颂的那种"忠肝义胆事君，诚心直道相与"[③] 的儒家入世之理念，已被真正地植入他的心间。所以，尽管他从衡山回来已经认识到了"物唯自适方可永年"的道理，但是，他依然慷慨地表示，只要国家和人民需要他，他仍然会不避斧钺，不

---

① 张居正：《赠沈山人次李义河韵》，张舜徽主编：《张居正集》第四册，诗五，七言律，湖北人民出版社，1994年，第316页。

② 转引自任杰编著：《张居正隐忍蛰伏官场之道》，《经济日报》出版社，2004年，第52页。

③ 张居正：《答省中罗泾坡论士风》，张舜徽主编：《张居正集》第二册，书牍七，湖北人民出版社，1994年，第545页。

畏讥诮，义无反顾地奔走国是，鞠躬尽瘁而后已。

所以，当他们一行数人在归途中经汉口溯江西行、舟过三国古战场赤壁时，张居正便禁不住大发感慨："慷慨悲歌，俯仰古今，北眺乌林，伤雄心之乍血刃；东望夏口，羡瑜亮之逢时。遐思徘徊，不知逸气之横发也。"①

话说三国时期，曹、孙、刘三家聚集重兵，会战于赤壁。曹操谋士如云，猛将似虎，其挟以平定中原之声威，南下江汉，却不料一战而败，锐气尽丧；孙刘联军所有的这些战绩，全靠周瑜、诸葛亮巧为筹划，用兵如神；而此时周瑜不过三十三岁，诸葛亮才二十七岁。或许一想到这些历史上的英杰之士，其时刚至而立之年的张居正又怎能不为之"遐思徘徊，不知逸气之横发"呢！

逢时不逢时，往往决定着一个人的政治前途和事功业绩。回想在翰林院的日子里，别的新科进士都在谈古诗、论时文，说一些不着边际的玩笑话，而唯有张居正"独夷然不屑也，与人多墨墨潜求国家典故与政务之要切者衷之"②，可这又有多大的作用和价值呢？当下严嵩当道，朝纲不振，除了那些巧言令色、巴结逢迎之徒，朝中正直之士莫不噤若寒蝉。面对如此政局，张居正一筹莫展，只好借在家休养之机，继续寄情山水以悠游岁月而闲度时光。

嘉靖三十六年（1557），张居正已经三十三岁，正值壮年。其父张文明见他还是无所事事地读书、种地或游玩，心绪十分烦躁，他甚至有些迫不及待地要敦促儿子及早还京赴任。要知道，张家数代人孜孜以求的功名，这时候似乎全都寄托在这位年轻人的身上，指望由他来弥补前辈人"业儒"一无所获的种种遗憾。如今，眼看儿子业已进入"储相"的行列，张文明岂能容他长久在家逗留，把生命的大好时光都浪费在闭门读书与游玩休闲上？

总之，国运的召唤、父命的督促，又促使张居正肩负着兴国、兴家的双重使命，重返政坛。不久，张居正即从老家荆州出发，经过一个来月的

---

① 张居正：《游衡山·后记》，张舜徽主编：《张居正集》第三册，文集九，湖北人民出版社，1994年，第547页。

② 王世贞：《嘉靖以来首辅传》，张舜徽主编：《张居正集》第四册，附录一，湖北人民出版社，1994年，第439页。

晓行夜宿，返回北京，还朝销假，依然做他的翰林院编修。这年二月，俺答率兵犯边，入侵大同等地；时隔未久，倭寇于四月间也在东南沿海地区大举登岸骚扰，并攻击通州（今江苏南通市）。一时间，朝野上下，又弥漫起那种惊悸而郁闷的氛围。

嘉靖三十七年（1558），北方的俺答也先后侵扰大同、宣府、蓟州、辽东等地，而东南沿海一带的倭乱未息，杀人越货的倭寇多次进犯江苏、浙江、福建等处。这时，藩封于汝宁（今河南省汝南，属驻马店地区）的崇王世子继位，朝廷循例要派一位司礼官到汝宁参与册封盛典。张居正以翰林院编修的身份，得获这趟"美差"。考虑到汝宁离荆州较近，当局同意让他顺路回老家一趟。于是，张居正就又回家闲住了一段时间。照其后来在《先考观澜公行略》中所记："甲寅，不肖以病谢归，前后山居者六年，有终焉之志。"① 显而易见，这"前后山居者六年"，实际上即包括这次因崇王册封而回家的一段日子。

这六年的乡居生活，在张居正的宦海生涯中只是段插曲，但这中间有过低沉、彷徨，也有过忧国忧民的困惑和焦虑。然而，只有在经过了这段时间的休整、反思和对民众疾苦的考察之后，张居正才会对当时的社会弊端有了深刻的了解。因而，为了解除天下苍生的苦难，他的心中便又燃起了一股希望的火光。

---

① 张居正：《先考观澜公行略》，张舜徽主编：《张居正集》第三册，文集十，湖北人民出版社，1994年，第629页。

第七节 志存高远的裕邸讲官

张居正再度从家乡返回北京了。嘉靖三十九年（1560），得获恩师吏部尚书（这是一个崇衔，因为据有实缺的吏部尚书为吴鹏）徐阶的援引，时年三十六岁的张居正终于从沉滞、郁闷的翰林院脱颖而出，升任右春坊右中允，兼管国子监司业事，从而结束了他的十年编修（含回乡休息期间）生涯。

这次擢升，张居正不仅是自从六品的官阶连升四级，进而成为从四品的国子监司业，而这看似寻常的右春坊右中允一职，更是令其所有的同僚艳羡不已。

众所周知，在封建宗法社会的权力结构中，皇太子历来被视作"潜龙"，是为未来的皇帝。这右春坊右中允乃为皇太子东宫的属官，所以，这职务一旦跟东宫挂上了钩，那前途可就真叫无限辉煌啦！

不过，这时张居正所随侍的这位皇室成员，暂时却还没有皇太子的正式名号，他就是嘉靖皇帝的第三子——裕王朱载垕。

说来，这朱载垕虽是嘉靖皇帝的亲生儿子，而且已于嘉靖十八年（1539）与庄敬太子和景王同时接受册封。可是，当庄敬太子死后，一连数年他与景王的名分却又迟迟确定不下来，因此这不能不令他惴惴不安。

原来，景王仅小朱载垕一个月，若论出生先后之序，皇太子当立裕王；可此时景王也尚未就藩，而坊间每有传言，称老皇帝似乎还愈显偏爱景王。时间一长，朝野上下难免对此议论纷纷。眼下，这裕王朱载垕的日子不好过的主要原因还在于老皇帝嘉靖的怪异。他崇奉道教，不知哪个江湖术士教给他一句"二龙不相见"的谶言，令他根本不想翻过册封继承人的这道槛。这原本不算什么，可朱载垕作为儿子见不到父亲，连他后来自己添了个儿子，居然还没法将这个喜讯报告给嘉靖老皇帝，弄得裕王邸里的这个皇孙一直长到五岁，都没个正经名字。直到老皇帝驾崩，裕王朱载垕的儿子才拥有了属于自己的名字——朱翊钧,他就是未来的万历皇帝。那是后话,不提也罢。嘉靖老皇帝对朱载垕的冷淡,让权奸严嵩及其儿子严世蕃钻了个空子。据野史记载,因户部没接到严氏父子的直接命令,一连三年都没给裕王府发放"岁赐"。后来,朱载垕实在撑不下去了,设法凑出一千五百两银子送给严世蕃,严欣然接受,这才让户部将银子划过来。

裕王朱载垕的窝囊不自待言,但要说嘉靖皇帝在内心深处对裕王朱载垕绝无亲子之爱,那也不尽然。比如,他给裕王府配的侍读学士,无论是官职品级,还是才学人品,皆为当时翰林院学士中的才俊,如高拱、陈以勤、张居正、殷士儋等,此后都是干出了一番事业的铮铮汉子。

当张居正升任右春坊右中允的第二年,时政发生了根本性的好转:"世宗以王长且贤,继序已定,而中外危疑,屡有言者,乃令景王之国。"①景王朱载圳到湖广德安府(今湖北安陆)就藩去了,裕王朱载垕终于确定了其皇储地位。

裕王府邸里的首席讲官、国子监祭酒(又叫司成)高拱,是张居正在裕王府供职期间结交的一位好师长。高拱(1513—1578)字肃卿,河南新郑人,是明中后期颇有才干的政治家之一,史称其相貌瑰奇,为人快意恩仇,性情急躁。他比张居正大八岁,但入仕时起步稍迟,直到二十八岁,亦即嘉靖二十年(1541)才中进士。张居正和高拱在同一年进国子监,张居正兼国子监司业时,高拱是他的顶头上司,正在担任国子监祭酒。除此之外,高拱还是正三品的太常寺卿,要比张居正的官阶高两三级。这段时期,他俩由于在政务上交往密切,所以使得私人之间的交谊同时也有了明显的增长。

张居正初进裕王府邸的时候,高拱在那里已经度过了九个春秋。由此,张居正想要在这个新岗位上站稳脚跟,首先就必须要与高拱处好关系。说来,他俩之间还有些缘分,正如高拱后来说的那样:"荆人(荆、楚同义,此处指张居正)为编修时,年少聪明,孜孜向学,与之语多所领悟。予爱重之,渠于予特加礼敬,以予一日之长,处在乎师友之间,日相

---

① 张廷玉等:《明史》,本纪第十九,《穆宗》,中华书局,2000年,第169页。

与讲析理义，商榷治道，至忘形骸。"①

张居正自知资历稍浅，因而在一向矜才自许、专横跋扈的高拱面前，表现得非常谦逊。他总是以尊崇的口吻推重这位同事、朋友及上司说："若拨乱世，反之正，创立规模，合下便有条理。堂堂之阵，正正之旗，即时摆出，此公之事，吾不能也。然公才敏而性稍急，若使吾赞助，在旁效韦弦之义，亦不可无闻者。"

严格地说，张居正在这里并没有丝毫巴结、奉迎高拱的意思。比如，他指出其"性稍急"的弱点，即非常确切。在裕王府中，正是由于他俩的融洽交往，关系亲密，以至于二人曾相互约定："他日苟得用，当为君父共成化理。"

后来，高拱出任《永乐大典》的总校官，张居正亦为分校官，佐理其事。由于两个人团结协作，毫无嫌隙，戮力同心，堪称珠联璧合，故双方的这种战友情谊"久而益加厚焉"。

国子监一下子派来高拱与张居正这两位才华超群的人出任正副职，顿时气象为之一新。然而，此时国势艰危，险象环生：嘉靖四十一年（1562），土蛮部进犯辽东，吉能部进犯宁夏等地，倭寇在福建烧杀抢掠，无恶不作。嘉靖四十三年（1564），因地方官员历年积欠岁禄，韩王府甚至有宗室的多人拥至西安，包围巡抚府署，鼓噪诟骂，最后竟发展为在街市中心繁华地段公开抢夺事件，以致商人罢市；俺答攻扰陕西，又两次攻扰山西；京畿顺天府发生编户民众大量外逃事件，因额外加编（采办、加派、劝借之类）重于两税，宛平、大兴二县民户多逃，有全里无一丁者，有仅存二三户者。嘉靖四十四年（1565），口外蒙古骑兵攻扰辽东宁前，继而又袭扰肃州，俺答的儿子黄台吉率军攻掠宣府内地，倭寇攻福建福宁；沛县河堤决口，溃漫的泥沙淤塞二百余里水道；自此，河分两股，一股又散成十数支，事实上这一段河道成为大范围的漫流状，十数万灾民鹄立水中，嗷嗷待哺……正是在这一年，张居正给湖广老乡、时任甘肃巡按御史的耿定向写了一封信，直接反映出了他对当时政局如此混乱衰颓的真实情感。

在这封著名的书牍中，张居正以宏大的志向、广博的胸襟、超卓的意

① 高拱：《高拱全集》上册，卷之二《矛盾原由上》，中州古籍出版社，2006年，第632页。

志与深刻的识见慨然宣称：

> 长安碁局屡变，江南羽檄旁午，京师十里之外，大盗十百为群，贪风不止，民怨日深。倘有奸人乘一旦之衅，则不可胜讳矣。非得磊落奇伟之士，大破常格，扫除廓清，不足以弥天下之患。顾世虽有此人，未必知；即知之，未必用。此可为慨叹也。①

张居正以其深沉的忧患意识，表达出了自己对国家、对民族未来前景的无比担忧。在他看来，这种局面的造成，根子全在朝廷，因而乃用"非得……不足以弥天下之患"这样的句式，表达出了对"磊落奇伟之士"的无限期待，渴望通过"大破常格，扫除廓清"的强硬手段重振朝纲的迫切追求。至于最后那句话，只能算作其悲戚而又愤懑的一声浩叹："顾世虽有此，人未必知，即知之，未必用。此可为慨叹也。"

可以说，张居正《答西夏直指耿楚侗》中的这段话，为他这一生的所作所为提供了一个生动的注脚：国事糜烂，内外交困，民生艰难，官场腐败，非有花大力气以非常手段廓清政治，不足以拯救民众于水火之中。张居正自信有这份能力，可惜机遇未至，他唯有在对同乡畅叙心曲的同时，发发牢骚而已。

其实，早在上一年，亦即嘉靖四十二年（1563），张居正作为分校官，正在审读重新抄录的《永乐大典》。这时，他就给当时正担任宁国（安徽宣城）府知府的朋友罗汝芳写过同样一封剖白心迹的重要书信。

罗汝芳（1515—1588）字惟德，号近溪，江西南城人，明中后期著名哲学家、教育家、文学家、诗人，泰州学派的代表人物。他自幼聪明好学，稍长则博览群书，后独钟情于王阳明"心学"。十六岁时，他专赴南昌，师从泰州学派代表人物颜钧（山农），尽受其学，得王艮泰州学派真传。嘉靖三十二年（1553），罗汝芳赴京参加殿试，得中三榜进士，授太湖（今安徽太湖）知县，两年后，朝廷提升他为刑部山东司主事。嘉靖四十一年（1562），出任宁国府知府。

张居正给罗汝芳写信时，他正在宁国知府的职位上。写信的诱因，发

---

① 张居正：《答西夏直指耿楚侗》，张舜徽主编：《张居正集》第二册，书牍十五，湖北人民出版社，1994 年，第 1284 页。

轫于邸报上的这样一条消息，吏部尚书严讷向皇帝反映吏治腐败的恶化程度，说是各行省巡抚、按察使一级的封疆大吏，其贪赃枉法已到不能容忍的地步……嘉靖皇帝虽然表示要依法查处，但却也只空谈数言，接着又去搞他的祭坛炼丹的事去了。张居正对此非常愤懑，于是写信给罗汝芳，推心置腹地说：

> 学问既知头脑，须窥实际。欲见实际，非至琐细、至猥俗、至纠纷处不得稳贴，如火力猛迫，金体乃现。仆颇自恨优游散局，不曾得做外官。今于人情物理，虽妄谓本觉可以照了，然终是纱窗里看花，不如公等只从花中看也。圣人能以天下为一家，中国为一人，非意之也，必洞于其情，辟于其义，明于其分，达于其患，然后能为之。人情物理不悉，便是学问不透。孔子云："道不远人。"今之以虚见为默证者，仆不信也。①

张居正跟一个"阳明心学"方面的泰斗级人物谈"学问"这个话题，是出于一个特殊的社会背景：当明朝延续到了中晚期之际，好些封建士大夫都酷嗜讲学，这些人终日谈玄说妙，而罗汝芳作为泰州学派的代表人物，他恰好是"致良知"虚寂说的主要传承人。在这封信中，张居正结合整个国家吏治腐败，政以贿成极度窳劣的现实景况，有针对性地提出做学问该如何联系实际问题。他认为，想达到如先圣前贤那样"能以天下为一家，中国为一人"的境界，既要紧扣本人的思想实际，也要针对社会实际，此即所谓"人情物理"。张居正说，古代圣贤以仁义为宗之儒学来整合人们的思想，绝不是凭空臆说，而是"必洞于其情，辟于其义，明于其分，达于其患，然后能为之"，由此，孔夫子所说的"道不远人"这句话，也就是激励后世学人应通过践行圣学，来达到掌握儒学精髓的目的。当下，有些以讲学为要务的士大夫们不顾士林芜杂、世风日下之现实，而一再强调所谓"以虚见为默证"的类似做法，显然是脱离实际的，不啻是痴人说梦。

自进入仕途以来，张居正就一直在翰林院任职，没能做过亲民之官，

---

① 张居正：《答罗近溪宛陵尹》，张舜徽主编：《张居正集》第二册，书牍十五，湖北人民出版社，1994年，第1288页。

所以他对此感到有些遗憾："自恨优游散局，不曾得做外官。"他认为自己对于人情物理的切察和感受，虽然也能窥其堂奥，但终究是"纱窗里看花"。因而他希望像罗汝芳这样身在基层，对世习民风有着直接把握和了解的官员们，能够真正从"洞于其情，辟于其义，明于其分，达于其患"的角度，来为眼前的社会把把脉，以期共同探讨，寻求疗治痼疾的良方。在这封信中，张居正便已经充分展示出了他在深入研究治国安民思想路线和教化措施方面所做出的刻苦努力。

为着补救自己长年"优游散局"而形成的缺憾，张居正勤于实践，细心考察，切实践行着他的务实思想，矢志不渝地关注现实，剖析政务。据明人林时对在《荷锸丛谈》中记叙王思任的话说："昔江陵为翰编时，逢盐吏、关使、屯马使，各按差使还朝，即携一壶一榼，强投夜教，密询利害厄塞、因革损益、贪廉通阻之故。归寓，篝灯细记。留心如此，容易造到江陵。"①

于中可见，在体验民情，查核国土疆域、山川险隘的实证工作中，张居正是下过死功夫、花了大力气的。每当他听说有从边关要塞、口岸税关、盐局马场或边防重地还朝回京的参佐吏员，他都会提一壶酒、拎上一个菜盒前去探访。通过与这些从一线归来人员面对面的"零距离"调查访问，使他对各地的山川形势、风俗民情、民众好恶等基本情况，不断地有了新的认识。回家后，他会连夜将询访所得一一追记在簿，隔段时间再归纳整理一次，并在簿记纸的空白处写出自己的意见与判断。为此让他常常挑灯熬夜，乃至彻夜不眠。

似乎连张居正也没想到，到了嘉靖四十三年（1564），权倾一时的内阁首辅严嵩的儿子严世蕃被御史林润弹劾，以致一时政局骤变。林润的奏疏上称，严世蕃"乘轩衣蟒，有负险不臣之心，日夜与龙文诽谤朝政，蛊惑人心"。

嘉靖皇帝得知此情，龙颜大怒，将严世蕃逮捕下狱。其后乃以"以嵩溺爱世蕃，负眷倚，令致仕，驰驿归，有司岁给米百石"②，将严嵩罢官，

---

① 王思任：《与周延儒书》，林时对：《荷厢丛谈》卷一，江苏广陵古籍刻印社影印，1990年版。

② 张廷玉等：《明史》，列传第一百九十六，《严嵩传》，中华书局，2000年，第5302页。

放归故乡。

嘉靖四十四年（1565），严世蕃、罗龙文案结，严世蕃被斩于市。从严家搜查出家财"金三万二千余两，银二百余万两，另有珠玉宝玩数千件"。

也就是在这一年，景王朱载圳在藩邸德安死去，裕王朱载垕的皇储地位获得了完全确立。

嘉靖四十五年（1566）十二月十四日，嘉靖皇帝病危，守候在他身边的大臣们将其移居到乾清宫。在老皇帝弥留之际，首辅徐阶请来皇储朱载垕，让这一对恩怨父子做最后诀别。嘉靖皇帝看到平时很少一见的亲生儿子朱载垕，心存慰藉，这时竟也哭得哽咽抽泣，终于在御榻上咽下了最后一口气。他一辈子独断乾纲，尽管到了晚年后身不挨御书案、足不履紫禁城，但朝中大小事无不尽在掌握之中。然而，寿限已至，阎罗计穷，判官索命，无常绝情，嘉靖皇帝哪怕炼了大半辈子金丹，但这时也只好撒下他控制了四十五年的天下，含恨归天。他没能活到六十岁。

嘉靖四十五年（1566）十二月廿六日，裕王朱载垕正式御极即位，改元隆庆。他就是明朝的第十二个皇帝明穆宗。

第八节　进止雍容的睿智阁臣

做了皇帝的前裕王朱载垕果然是感恩图报。这一年开春不久，张居正即由从四品的翰林院侍读学士，晋级为礼部右侍郎（正三品）；二月，再迁为吏部左侍郎兼东阁大学士，入阁参与机要；四月，张居正升礼部尚书兼武英殿大学士，加少保兼太子太保（从一品）。仅在这一年之内，张居正便官升五级，成为朝廷中枢机构内阁最年轻的核心成员，此时他才四十三岁。

明王朝的中晚期，内阁在整个政权机构中有着举足轻重的作用。张居正入阁时，内阁成员除了同时入阁的陈以勤，其他的都是旧有成员，但陈以勤却是他会考时的房师（直接审读试卷的分房考官），凭这种关系自然不会对他见外。

内阁成员中，先他两年入阁的李春芳，还是他们科举会考时的"同年"，出生在江苏兴化县的李春芳人生起点要更高一些——他是张居正那一科殿试的钦点状元。不过，李春芳要比张居正大十五岁，其做状元时已经将近不惑之年，算得上是一位老成持重的稳健派官员。

这时的内阁首辅是徐阶，另外几人分别是李春芳、高拱、郭朴、陈以勤、张居正。从整个班子的配备结构看，对于张居正而言，既是莫大的机遇，更是严峻的挑战：徐阶是他的恩师，正是由于有了这位首辅的擢拔和奖掖，他才得以从其援引和推荐中崭露头角，成为当时朝臣之中刚刚升起且又最为耀眼的一颗政治新星。次辅李春芳是位谦谦君子，再加上跟张居正为同年，所以双方关系一直和谐融洽。郭朴和陈以勤与张居正没什么利害关系，相互间亦相安无事。唯独高拱不是盏省油的灯，张居正要处好跟他的关系，可真叫煞费心血。

在明朝官员中，高拱也算是个异类。此人从政资历较深，平素每每以政见超卓而在同僚中自命不凡，但他却举止狂躁，脾气暴烈，盛气凌人，品行乖张，稍不如意便假以辞色，叫人难堪。隆庆元年（1567），张居正经常参与由徐阶主持的机要政务。那时，北部边防是国家安全的重中之重，张居正积极推荐由谭纶、戚继光来主办蓟州练兵事宜。这两个人跟徐阶都有着较深的渊源，故徐阶焉有不准之理？再加上谭纶和戚继光也确实是一时人杰，在处置防务事宜上高人一筹，故此事尚容不得高拱置喙，张居正便顺理成章地分管了边防事务。

隆庆二年（1568）五月，因受胡应嘉、欧阳一敬等人的弹劾，原本鼓动门生齐康力劾徐阶的高拱猝然失事，三月之内论劾高拱的奏疏竟多达三十余份，高拱不得不伤神落魄地黯淡离京。此时，除了一个叫吴兑的门生送他到潞河船上泪泣作别之外，其他几乎所有的门生故旧都因为心存忌惮，不敢公然出面相送。

高拱致仕后，户科左给事中张齐再度发起攻势，矛头直接指向徐阶。徐阶此时徒为盛名所累，实际上并不能获得隆庆皇帝的完全信赖，加上年事渐高，本人对政务也已心灰意冷，于是便写了封奏疏，提出乞休。隆庆皇帝开始没有允准，后来经徐阶再次恳请，皇帝也就顺水推舟，批复照予准行。

李春芳、陈以勤和张居正闻讯之后，力请皇帝挽留徐阶，皇帝只表示要尊重老臣意见，未予收回成命。按惯例，皇室这时往往会赐予各种恩典，向致仕的首辅示以优恤，可皇帝并没怎样优待徐阶。这时，有人将先前高拱致仕时所得皇恩赏赐与徐阶所得做一比较，发现后者竟然不如前者，都不觉为之感到有些寒心。

这年秋天，徐阶将未了政务与今后的儿孙家事，在临别前都托付给张居正，然后怆然离去。张居正对恩相徐阶慷慨承诺："大丈夫既以身许国家、许知己，唯鞠躬尽瘁而已，他复何言。"[1]

然而回想事前，即当徐阶与高拱之间在发生了两强相争的"火拼"时，张居正却始终保持中立，基本上没有明显地介入到这场阁潮政争之中来。虽然张居正感念徐阶的知遇之恩，但此时此刻，他却保持了相对清醒的头脑，没有轻率地意气用事，搅入到这场纷争之中。此举应当为张居正一生当中最为英明的一个抉择，因为他跟高拱毕竟是意气相投的朋友，所

---

[1] 张居正：《答上司相徐存斋》，张舜徽主编：《张居正集》第二册，书牍十四，湖北人民出版社，1994年，第1101页。

以当徐阶从政坛黯然退场后，他的心情虽然沉重，但绝不沮丧。他知道，自己肩头的担子很重，这时还有更多、更重要的事情需要自己及时来做，而绝不能因为某一个人的去留而妨碍大局。

徐阶离职后，继任者依次排位，由李春芳替补升为首辅。到了第二年，即隆庆三年（1569）的八月，礼部尚书赵贞吉兼文渊阁大学士，进入内阁。由于这个新阁员颇不安分，李春芳根本压不住他，为了遏制赵贞吉的势头，李春芳与张居正商议，两人合力举荐，皇帝于这一年的岁末再度请高拱入阁。其实，隆庆皇帝一直还是在思念高拱，毕竟当他尚处在潜邸（皇子未登基前所住的府邸）之中时，是当时的侍读学士高拱给他带来慰藉。因此，当高拱与徐阶内讧之际，尽管言路交章论劾齐康在高拱嗾使之下诬陷徐阶的种种罪过，甚至群集阙下，吐唾辱骂齐、高二人之时，皇帝出于不得已才放高拱离职返乡，心中却是多有不忍。当时，为了抚慰这位股肱老臣，皇帝甚至还批准高拱佩以"少傅兼太子太傅、尚书、大学士"的荣衔，并遣行人护送回乡。或许正是由于有着这份特殊的眷顾，因而当高拱再度还朝入阁时，不免神气十足地指明要以大学士而兼掌吏部事，以执掌整个朝中官员的任免大权。

在高拱面前，张居正仍然还是十分敬重他在处置政务时的正确决策，对其各项具体措施，则完全采取毫无保留的"补台而不拆台的"合作态度，予以全方位支持。因而，他与高拱合作共事期间，两个人和衷共济，优势互补，堪称是一对好搭档，故史书上颂扬他们是"谋断相资，豪杰自命"。

张居正以内阁大学士分管边防事务，而高拱在对边务和军备的决策，如选将、调兵、组训和练兵备战等方面，其见解往往又与张居正所见略同，这样，双方在政务上达成一种默契：一切以加强边备，巩固国防为准。由于首辅与分管大学士协力同心，隆庆一朝在边防政务上获得了极大的成功，如在俺答封贡、擒捉叛贼、消弭祸患、开设马市、互通贸易、发展汉蒙双边友好关系等方面，都取得了明朝建国以来二百年间前所未有的政绩。

明朝立国之初，蒙古残部退到塞外，分裂为鞑靼、瓦剌和兀良哈三部，长期与明朝为敌，不断越境骚扰汉族边民。明朝前期，朝廷依仗强盛的国力，数次痛击蒙元残军。可自从宣德以后，军备不振，边防废弛，明军出征基本上是败多胜少，以致边患日益严重。嘉靖以后，鞑靼部首领俺答占领河套，势力坐大，仅嘉靖二十一年（1542）之后的两年间，便连年侵犯山西的大同、太原、平阳等三十八州、县，平民百姓饱受蹂躏，死亡人数多达二十余万，被掳掠的牛羊牲畜更是不计其数……张居正曾为之痛心疾首地慷慨陈言："声容盛而武备衰，议论多而成功少，宋之所以不竞也。不图今日复见此事！"① 如今不过短短数年工夫，困扰了明王朝历朝历代皇帝二百年的北部边患，基本上已告平息。作为内阁之中一个新锐后进之士，张居正便凭此成为对国家要务拥有较大发言权的重要一员，这如何不叫其下属僚佐钦敬备至。

此时，张居正的实际威望已经愈加见重于其他阁僚，这正是由于他创造出了有目共睹的政绩，因而同时也获得了较为可观的威名。难怪他的另一位同年王世贞对此亦颇有感慨，甚至到了晚年还酸溜溜地发出赞叹："居正最后拜，独谓辅相体当尊重，于朝堂倨见九卿，他亦无所延纳；而间出一语，辄中的，人以是愈畏惮之，重于他相矣。"②

鉴于嘉靖年间吏治混乱不堪的景况，隆庆皇帝在位期间，两任首辅徐阶与高拱对于吏治的改革，都做出了不少的努力。但由于当时的人事纠纷盘根错节，派系势力根深蒂固，结党营私、党同伐异，已成为阁臣间打击异己的斗争手段，故使得"内耗"已成为急剧腐败的文官集团难以治愈的一个痼疾。

张居正也想努力矫正这一大顽症。隆庆二年（1568），他向朝廷上呈《陈六事疏》，其中的第一件要务便为"省议论"。

所谓省议论，也不是不让众人讲话，而是要求朝廷力避"多指乱视，多言乱听"的弊端，尤其要防止群臣事无巨细都爱搞些评头论足、说长道短的无谓争端，而这在明朝中后期，几乎成为阻碍政务实施的一个巨大的动乱源。但凡有件事提出来后，朝臣中总有人借机发难，通常是显宦要员暗居幕后，兴风作乱；憨头"愤青"当庭指斥，或明嘲暗讽，或当头棒喝。若是争议一旦形成，即有更多意气用事的官员加入起来，或小题大做、摇唇鼓舌，或挟私修怨、捕风捉影，甚至蓄意造谣戕害他人……到后

① 张居正：《答藩伯施恒斋》，张舜徽主编：《张居正集》第二册，书牍二，湖北人民出版社，1994年，第138页。

② 王世贞：《嘉靖以来首辅传》（上），张舜徽主编：《张居正集》第四册，附录一，湖北人民出版社，1994年，第440页。

来，事情本身的孰是孰非已经不重要了，竟发展成为双方大佬的一场"血拼"，即如隆庆初年徐阶与高拱之间的冲突与决战，就是这样一种毫无价值的内讧。成功者固然欣慰有加，弹冠相庆；失败者也忍辱含羞，弃卒保车，然后再窥伺机会，力图在下一轮搏击中胜出。

这种体制的形成，是明太祖朱元璋在规划时，为着无限度地强化皇权而有意设计出来的。其终极目的是：每当朝臣们夸夸其谈，意见横出，党同伐异，甚至飞短流长，黑白混淆，唇枪舌剑难分难解的时候，众人间的一切争端，都只有仰仗于皇帝的裁定才能决断，而此风一开，久而久之便形成一种谁能得到皇帝的宠信，谁就能在政争中胜出的"潜规则"。

在这个基点上，各级大小官员的政策水平与执政能力都是无所谓的，谁能够得势，关键是要在人事政务的纷争混战之中"站对队"；而身为朝廷股肱的内阁大臣们为保自身权益不受侵害，也就刻意网罗党羽，市恩卖好，纠合一帮附和者卷入混战，或联手攻击，或冤冤相报，甚至发展到互相诬陷和仇杀的地步，以致最高统治集团的内部因此严重失和，势如水火。日子一长，决断的是非依据早已不是对朝廷政务所做出理智、明晰的谋划与决断，而是官员本人身家性命的"押宝"式赌博；其最终的结果，便是政多纷更，事无统纪，执政机构的固有职能往往被撇到一边，官僚群体的活力与生机也就被彻底窒息了。

张居正提出的对策是："虑之贵详，行之贵力，谋在于众，断在于独。"① 他希望各级政府机构都要提倡务实、力行的作风，在行政过程中须考虑周全，部署具体；应当"扫无用之虚词，求躬行之实效"，强调以实效作为判事论人的标准，不得互相推诿、徒托空言。同时也请求隆庆皇帝在决策中要善于依照时局的需要与发展，妥善处理"谋"与"断"的关系，在听取臣下的意见并及时做出结论时，要有定见、有主张，合理协调"众"与"独"的辩证关系。

身为明王朝的臣属，张居正自然不可能也不敢对明太祖朱元璋的皇权专制主义做出任何非议。他的高明之处，只在于提高了中枢决策的思考水准，并从理论上对众多为官者浮言虚语的"众见"予以了否定，进而阐明哪怕是有众多人议论的纷纭干扰，最终也只能作为谋划决断的参考意见，

---

① 张居正：《陈六事疏》，张舜徽主编：《张居正集》第一册，奏疏一，湖北人民出版社，1994年，第2页。

而最终的裁决权却只在于皇帝个人的主宰。

张居正的《陈六事疏》，历来被后世研究者评定是其改革思想的总纲，假如真能照他说的这样做起来，无疑是明王朝的一大幸事。只是他的想法过于天真了。常言道，牵一发而动全身。古往今来的任何一项改革，甫一动手，就要触动一大批既得利益者，而蒙受侵害的那些人又都是在朝官员，他们在仕途上挣扎到这一步也都不容易，谁岂能就此罢休？

远的姑且不论，仅当下就有高拱这样一个刺头儿难以应付。道理很简单，那就是在上一轮与徐阶的近身拼搏中，他因失风而仓皇离朝，那么这次以大学士而兼掌吏部事，就是要以执掌所有官员任免大权的职务之便，来寻找机会打击报复那次为袒护徐阶而对自己群起而攻之的众多官员。

李春芳是位好好先生，遇事谦让，处事稳健，可希望独掌内阁大权的高拱却容不下他。这是因为当初高拱想重重惩治徐阶时，李春芳曾在一旁挡过驾。现如今，高拱统管着整个官僚系统的任免、调配大权，也就掌握了内阁的核心权力，再加上隆庆皇帝对他的倚重愈来愈甚，所以他认为时机已经成熟，乃以咄咄逼人之势，开始对李春芳的首辅位置发动了进攻。

李春芳原不想弄得两败俱伤，他刚一受到高拱门生的弹劾，当即便以"亲老身衰"为由，表示不能再承担内阁首辅的重务，恳请退休。隆庆皇帝当然知道李春芳的苦衷，于是下旨安慰，并予以挽留。其实，李春芳自从继任首辅之后，面对咄咄逼人的高拱，心存畏葸，老是觉得惴惴不安。以往，他就曾私下里对人说过，以徐阶这样耆年硕德之人尚且不保，"我安能久？容旦夕乞身耳"。过了两年，他又上疏乞休，说自己"血疾陡作，不能供职"。这一次，他的话说得有几分真，主要是前段时间心火太旺，左边的鼻孔内几次血流如注，几不能止。皇上派来太医为他诊治，但仍然不允所求。

隆庆五年（1571），南京的给事中王祯揣摩高拱的意图，竟然上疏公然指责李春芳"亲已老而求去不力，弟改职而非分希恩"，是为"不忠不孝"。当时，李春芳面对高拱的这种步步进逼之势，已是觉得彻底寒心了。于是，他很快便上奏自陈心迹，除了对王祯的攻击予以了必要的辩白外，慨然表示："忝居丞弼，既经丑诋，岂可复玷班行之首。"

隆庆皇帝下旨挽留，可李春芳去意已定，竟连上五道奏疏，执意求归。皇上最后只得下了一道《赐大学士李春芳归田敕》御书，并赐驰传，遣官护行，放其安然返乡……①这种政潮纷争，张居正看在眼里，痛在心中。他深深知道，高拱的权力欲过于亢奋，加之生性孤傲，褊狭狂戾，遇事冲动，少有耐心，跟他共事，真叫难之又难。更何况这人在内阁中老爱与他人过不去，总是想在同僚间的左搕右攘中，以不正当手段而谋求自身权力最大化，以致弄得人人自危，难免心存怨怼。他认识到，若是高拱像这样不断地折腾下去，叫人时时处在明争暗斗、你争我夺的状态之中，实在是难以安身。然而，尽管如此，张居正还是觉得既是身为国家大臣，还是应以国事为重。眼下大厦将倾，一木难支，所以他还是不遗余力地尽量争取跟高拱搞好关系，希望大家都能同心协力地逐渐缓解朝廷当下所面临的种种危机，以利于天下苍生暂获休养生息的难得时机。

明朝的隆庆国祚虽前后延续不过短短六年，但由于皇帝的怠惰，造成了内阁的空前专权之势，由此而酿成阁臣间的攘斗纷争，此起彼伏。先是高拱要敲打徐阶，再是徐阶掀翻高拱；接着徐阶黯然离去，高拱随之也昂首归来；到最后，李春芳被高拱逼走……内阁作为官僚系统的高层核心指挥机构，是封建专制帝国中央集权的最高政治代表。如今，内阁首辅往往是没两年便有一变，一个首辅被轰跑，便会牵连一批官员被贬谪，弄得人人自危；更可悲的是，代表朝廷体面的大臣们皆无心政务，为了个人意气相争，有的人竟然连朝堂礼仪也不顾，在内阁中吐唾辱骂，甚至大打出手。难怪王世贞也在《嘉靖以来首辅传》中说高拱"为人有才气，英锐勃发，议论蜂起。而性迫急，不能容物，又不能藏蓄需忍，有所忤，触之立碎，每张目怒视，恶声继之"，看来实有所本。

隆庆三年（1569）入阁的赵贞吉本身就不是个等闲之辈。他自幼酷爱读书，成年后以博学闻名，因其才华卓著，故在朝臣中每每恃才傲物而目空一切。再度入阁的高拱尤其与赵贞吉谈不到一块儿。高拱把持吏部，抓住了人事大权；而赵贞吉乃以阁臣身份兼掌都察院，一手掌控着监察权，由此他俩便时常会为某个官员的升降罢黜而发生冲突。一旦这两个脾气暴躁的"牛人"接上了火，便不可避免地将内阁搅得个人仰马翻。高拱对此深为恼怒，便利用主管吏部的职权，大肆策动门生故旧党同伐异，要先将赵贞吉手下的追随者一个个敲掉或者是搬开；不久，便逮住一个空子，打

① 印夏：《清廉从政四明臣》，扬州博物馆编：《江淮文化论丛》第二辑，文物出版社，2013年，第186页。

算一举扳倒赵贞吉。

武英殿大学士殷士儋因极为看不惯高拱的霸蛮相，平时便对他啧有烦言。在一场纠纷中，殷士儋对高拱恶语相向，甚至还当着众下属的面，对其"奋臂欲殴之"。事后，他自知在内阁难以存身，当即挂冠而去。

接着，赵贞吉也愤而离去。这时，高拱除张居正以外，几乎容不下任何人，甚至对那位正直忠厚的陈以勤也看着不顺眼了。他不仅对其处处刁难，还策动门生肆意羞辱这个跟自己共同随侍隆庆皇帝多年的老同僚。于是，陈以勤便以年迈多病为由，提出乞休，很快便获准离京回乡了……就这样，从隆庆四年（1570）以来，在短短不过一年多的时间内，内阁中除李春芳外，陈以勤、殷士儋、赵贞吉等几位大学士也皆因高拱不能相容，忿忿然辞职离去。

内阁乱成一团糟，下面的官员更是混乱不堪。有的府、县官不懂政务，而那些稍懂一二的官员进了衙门也不理事。面对这种严重的渎职和腐败现象，张居正忧心如焚。他在给陈以勤的一封书信中十分无奈地说："目前景象，庶几小康，可以縻禄而守拙；但揣时度势，每抱隐忧，将来又不知孰为收拾耳。"①

实际情况也确实如此，张居正在高拱手下做事，若是仅为着"縻禄而守拙"，当然可相安无事。然而，他却是个胸怀大志、以天下事为己任的人，所以高拱对他也难免有着周密的防范与私下的算计。

事情的根子，似乎还是出在前首辅徐阶身上。隆庆五年（1571），在李春芳和殷士儋相继辞职后，内阁中只剩下高拱与张居正两人。对于阁僚一个个被赶走的现实，张居正不能不有所警觉，但也只能加倍小心，委曲求全以自保。

这时，松江府兵备副使蔡春台秉承高拱的意旨，抓住徐阶家有仆役犯法的机会，一举将徐阶的三个儿子全部逮捕下狱，声称还要将徐家的田地充公。张居正想要回护徐阶，以保自己的恩师渡过晚年的这一大难关，但真正做起来却实属不易。他既不便私下里向高拱开口求情，又不能贸然在这风头上公开提出异议。后来，他想了个办法，便径直给蔡春台写信说：徐阶和高阁老的关系，可谓路人皆知；这次，徐家出事，你对他的处理应

---

① 张居正：《答松谷陈相公》，张舜徽主编：《张居正集》第二册，书牍四，湖北人民出版社，1994年，第270页。

该尽量做到公平与公正才对。这时有不少人都在看着你,你可要秉公处置,千万别让人家说高阁老是要公报私仇呢。

张居正这话说得极有策略,蔡春台就是再蠢,也知道眼下自己尚不具备与他真正对垒的本钱,于是当下便顺水推舟,网开一面:对两个大些的儿子,以充军结案;留下徐家幼子,革职为民,如此终于保全了徐阶晚年生活的依靠。

张居正使的这一招,无疑也被高拱看在眼里。他心想,这荆人(高拱从来都是这样背后称呼张居正)究竟还是看重徐阶,岂不辜负了我对他的一番真情厚意!自此,他俩的关系顿生嫌隙,随后这矛盾不断地扩大、加深,以致最后闹到了不可收拾的地步。

第九节　锐意改革的内阁首辅

隆庆六年（1572），穆宗驾崩，当此最高皇权交替更迭之际，性情暴烈的高拱因势而动，可是当他在与宫内司礼秉笔太监冯保打算进行一场火拼，就要"摊牌"的关键时刻，由于被冯保抓住弱点，乃至失宠于两宫皇太后的面前，故当下被褫夺职务，逐出京城。此番因缘际会，最终促成了张居正即以顾命大臣的身份，受两宫皇太后的饬命担当朝纲，辅弼幼主。从这时起，他便牢牢抓住这一重大机运，在运筹帷幄中充分展示出了自己的政治才干，拨乱反正，鼎故革新，鞠躬尽瘁，砥柱中流，终于成就了"万历中兴"之显赫功业。

作为一位平民出身的内阁首辅大学士，张居正在执政之初，便全力着手部署实施自己在隆庆二年（1568）于《陈六事疏》中所提出的各项施政措施，全面而扎实地推行着以"考成法"保障下的全体文武官员的制度建设。

针对当时纲纪废弛、政以贿成的严重弊端，《陈六事疏》在全面提出对时局的分析时，张居正重点突出了依法治国的重大方略。他严正指出：

> 人情习玩已久，骤一振之必将曰：此拂人之情者也。又将曰：此务为操切者也。臣请有以解之。夫徇情之与顺情，名虽同而实则异。振作之与操切，事若近而用则殊。盖顺情者，因人情之所同欲者而施之，《大学》所谓民之所好好之、民之所恶恶之者也。若徇情则不顾理之是非、事之可否，而唯人情之是便而已。振作者，谓整齐严肃，悬法以示民，而使之不敢犯。孔子所谓道之以德、齐之以礼者也。若操切则为严刑峻法，虐使其民而已。故情可顺而不可徇，法宜严而不宜猛。[①]

---

① 张居正：《陈六事疏》，张舜徽主编：《张居正集》第一册，奏疏一，湖北人民出版社，1994年，第3页。

在张居正看来，经过了嘉靖、隆庆朝后，国家机构大小官员的法纪意识已极为淡薄。纪纲不肃，法令不行，人情玩忽，上下姑息，肇成豪强违法而不敢过问，越理逾矩而不知羞耻的社会风气。然而，若是骤一振作，实施整顿，就会有人出面嚷嚷，说是违反人情，"过于操切"。究竟是"顺情"还是"徇情"？这是必须弄明白的问题。张居正认为，"顺情"者因人情之所同欲，有善有恶，需要择善而从；"徇情"则是不顾是非良莠，唯人情是从。两者名虽似而实质相异。在整顿中究竟是"振作"还是"操切"？这是必须要面对的问题。"振作"乃是严格法纪，大张旗鼓地公示于众，使民众不敢犯法；"操切"则是不分青红皂白，施以严刑峻法，虐待民众。两者看似相近，后果却大不一样。因此"情可顺而不可徇，法宜严而不可猛"。怎样振扬法纪？首先必须秉持公论，做到法所当加，虽贵近不宥；事有所冤，虽疏贱必申。树立朝廷和法令的权威，各级衙门必须雷厉风行地执行诏旨号令，革除拖沓怠政、积压章奏的积弊，做到人思尽职、事无壅滞，使法令畅通无阻。因此，张居正在执政之初，便紧紧把握纲常法纪，辅弼小皇帝明神宗朱翊钧以法绳统驭天下。

隆庆六年（1572）六月二十九日，也就是大行皇帝明穆宗宾天一个月零三天之际，吏部尚书杨博向朝廷上呈一道奏疏，其中表明：自隆庆元年奉命考察京官以来，这六年间有五年都在考评内外官员。现在又到了依例考评官员的时候，他奏请皇帝，准予如期施行。当日，小皇帝朱翊钧在张居正的辅弼下，于杨博进呈的官员考察条例上做出御批："卿等务必要虚心甄别，毋纵匪人，毋枉善类，以称朕简才图治之意。"①

事实上，就在上一个月的二十七日，也就是穆宗刚刚驾崩，十岁小皇帝明神宗朱翊钧才登基御极的当天，内阁首辅大学士张居正便借新皇帝初次诏告天下的机会，颁旨扬言："朕初登大位，欲简汰众职，图新治理。"同时便首先饬命南北两京文武官员中四品以上者，以及各地总督、巡抚等封疆大吏，一律向朝廷述职；其做法是让众官员各人先做自我鉴定，最后再由朝廷审定，以决定去留。

到七月初六，吏部等衙门对这次考察做出了决定：黜斥吏部员外郎穆文照，都给事中宋之韩、程文等三十二员；吏部主事许孚远、御史李纯等

① 《明神宗实录》卷之二，六月乙卯朔，"癸未条"。

五十三员降调外任；光禄寺寺丞张齐等二员闲住；尚宝司卿成钟声调外任，司丞陈懿德闲住……①经过此次考察，京师各衙门的大小官员均经受了一次心灵上的震撼，众人心知肚明，若是再不识时务、怠惰职守，这头上的乌纱帽可就戴不稳了。

杨博算是张居正的官场前辈。在高拱当初掀起政潮，要对徐阶及其追随者赶尽杀绝之时，他曾经微服造访高拱，恳请他以大局为重，凡事应留有余地，此事一度在朝臣中传为美谈。就在高拱被小皇帝明神宗朱翊钧逐出朝堂时，他正任兵部尚书。张居正深知，当此人心浮动、政局动荡之时，唯有像杨博这样稳重端方的正人君子，才能稳得住人心，于是力荐他出来接受吏部尚书一职。

隆庆六年（1572）七月十六日，小皇帝朱翊钧在张居正的辅弼下，针对当时吏治腐败的现象，又一次下令，务必要剔除奸弊，重整朝纲。诏令中说："近年以来，士习败坏，官府柔弱，钻营投机，越分巧取，拉派结帮，专事排挤；诬老成清廉为无用，谓谗佞取巧者为有才，爱恶横生，恩仇交错……自今以后，当以精白为心，忠勤职守，不得怀私罔上，不得持禄养交，不得随风阿谀，不得沽名乱政。大臣要有正色立朝之风，小臣要有退舍自公之节。若有不奉公尽职，无视祖宗法律者，朕将严惩不贷。"

十月二十三日，湖广随州知州周行因贪赃被劾，送交巡按御史究问，革职为民。小皇帝朱翊钧为此专门责问吏部："近来查勘官员，久不奏报，贪吏无所惩，或冤枉者久不得获伸。抚、按官所干何事？今后务必上紧完报，不得推诿故纵。"

在这一段极为短暂的时间内，张居正便辅弼小皇帝朱翊钧，通过重整朝纲，严肃法纪，整饬吏治，反贪倡廉，有效地掌管起了驱使政务时顺利推行的庞大国家机器。由于这一整套措施切实具体，全体官员一体凛遵，由此朝廷各行政机构均准确无误地执行起各自的职责，完成了在权力交接过程中的平稳过渡。

杨博大力协助张居正渡过了这一难关，至万历元年（1573），以事功进少师兼太子太师。不久，他本人因病乞休，获准归返故乡山西蒲州（今运城永济）。

张居正深深懂得，想要使国家实现长治久安的良好局势，法制建设应

---

① 《明神宗实录》卷之三，七月甲申朔，"庚寅条"。

当超前推进。早在隆庆五年（1571）由他主持这年会试时，就曾在其所撰写的《辛未会试程策》中，提出了一个旗帜鲜明的观点：

> 法无古今，唯其时之所宜，与民之所安耳。时宜之，民安之，虽庸众之所建立，不可废也。戾于时，拂于民，虽圣哲之所创造，可无从也。①

当张居正主持政局时，朝廷的很多法规、法令都已严重滞后于现实社会了。如何才能使之"时宜之，民安之"呢？万历二年（1574）四月，刑科都给事中乌升向皇帝上奏，说是根据实际情况，有必要续修《问刑条例》。小皇帝才十一二岁，什么都不懂；于是，张居正顺理成章地推行了健全法律第一步：续修《问刑条例》。

所谓《问刑条例》，实际上就是明代刑法实施条例的法规汇编。

明洪武三十年（1397）五月，由太祖高皇帝朱元璋主持编修的《大明律》终于完工了。当时的刑部尚书刘惟谦等官员在《进大明律表》当中介绍有关对在职官员实施反贪肃贿的刑法条文时，突出了一个指导思想，那就是：

> 天生蒸民，不能无欲。欲动情胜，诡伪日滋。强暴纵其侵凌，柔懦无以自立。故圣人者出，因时制治，设刑宪以为之防，欲使恶者知惧而善者获宁。②

这就是说，朝廷所制定出的法律，其目的也就是止暴禁邪，令恶人存惧心而让良善获安宁。朱元璋曾明确批示，对于《大明律》要严格实施，他的要求是："万世所宜遵守，一字不容差误。"然而，随着社会的发展和进步，真想实现"一字不容差误"的目标根本不行。过了一段时间之后，世情发生了变化，到了弘治年间（1488—1506），朝廷以修纂《问刑条例》

---

① 张居正：《辛未会试程策二》，张舜徽主编：《张居正集》第三册，文集三，湖北人民出版社，1994 年，第 129 页。

② 高绍先：《中国历代法学名篇注译》，中国人民公安大学出版社，1993 年，第 624 页。

的方式，对《大明律》予以增补和完善，使之得以与时俱进。到了嘉靖年间（1522—1565），朝廷又主持续修了一次。

张居正具有深厚的法学素养，他懂得法治的真谛应在于立法贵慎、执法贵明、有法必依、违法必究。因而当其主政之后，为了适应社会的需要，彻底打破嘉（靖）、隆（庆）以来所形成吏治窳败、政以贿成的贪风恶习，他先后选用了一批才识超卓、耿直廉洁的杰出官员出任刑部尚书，再度开展重修《问刑条例》的具体工作。

据我国当代著名史学家、美国哈佛大学东亚研究中心客座研究员、英国牛津大学东亚研究系客座教授、中国人民大学教授韦庆远先生（1928—2009）在其代表著作《张居正和明代中后期政局》中援引明朝档案文献显示，这次由张居正主持重修的万历版《问刑条例》，首先即在反贪肃贿方面增强了法治的力度，令对惩处贪官污吏的刑法条文愈加完善，也愈加严密，从而充分体现出了他在《陈六事疏》中所提出关于"振纪纲"的治国思路。如条文中规定："凡监临主守，将系官钱、粮等物，私自借用，或转借与人者，虽有文字，并计赃，以监守自盗论。"

另外，还如《户律》附例的第五十三条："凡监临主守，自盗仓库钱粮等物，不分首从，并赃论罪（所谓并赃，就是参与人共贪钱粮等物，均按总量落实到每个人，并以此作为处以刑罚的数额），并于右小臂膊上刺'盗官钱（或粮或物）'三字。"《刑律》附例的第十一条："凡犯侵欺枉法充军、追赃人犯，所在官司务严限监并，至一年以上，先将正犯发遣，仍拘的亲家属监追。"《名例律》附例的第二十三条第一款："官员得赃，一贯以下，杖八十；五贯，杖一百；二十贯，杖一百，流二千里；四十贯，斩决……"与此同时，该刑律还重申明太祖在建国之初便诏告天下的政令：但凡是官员贪污钱粮等物，在处以刑罚的数额的时候，跟"常人"即普通人相比较，都要成倍加重。

为了让万历版《问刑条例》的续修工作能够顺利推行，张居正亲自擘画，精心挑选得力重臣来承办其事，甚至首先召回了身负边镇重任的宣大总督王崇古，让其加少保衔担任刑部尚书。之后又陆续委派原任四川司郎中须用宾、湖广司员外郎王贻德、河南司员外郎王镟、云南司主事沈思孝等一批精通法律、文笔兼优的饱学之士，进入刑部参与纂修专班。到了万历四年（1576），新版的《问刑条例》通过逐条参酌，重加修订，其续修进程已初步告一段落。这时，王崇古也因政务需要，调回兵部，于是刑部将修纂初稿上呈朝廷。

面对这一朝廷要务，张居正于万历五年交代，由吏部牵头会同刑部列衔上奏，另交刑科抄出若干副本，分头送交各部主要官员如刑部尚书臣舒化、刑部左侍郎耿定向、吏部尚书杨巍、吏部左侍郎李世达、吏部右侍郎兼翰林院侍读学士沈一贯、户部署部事总督仓场左侍郎宋纁、礼部尚书兼翰林院学士沈鲤、礼部左侍郎兼翰林院侍读学士朱赓、礼部右侍郎兼翰林院侍读学士王弘海、太子少保工部尚书杨兆、工部左侍郎何起鸣、右金都御史张岳、太子少保都察院左都御史赵锦、右通政陈瓒、右少卿王用汲等协力参与，做终审复核，以期让其愈加完善。

万历十三年（1585），新版《问刑条例》正式颁布并实施了，而为确保其完备简直是操碎了心的张居正，却早因其死后遭明神宗的彻底清算而被搞得"破家沉族"。可见，在那皇权至上的社会体制下，要想实现张居正梦寐以求的所谓"法治"，从根上讲是难以兑现的，其家族儿孙遭逢到的这一泼天灾祸，便是对《问刑条例》的一种莫大的讽刺……这是后话，暂且不提。

总之，张居正辅弼小皇帝朱翊钧的前十年当中，他的执政理念与施政措施，无不涉及对明王朝既有政治体制与经济体制的重新调整、变革与创新。他深深懂得，这些都是关系到整个王朝的兴衰成败与天下苍生安身立命的重大事宜，因而在行动时既做到了审时度势，极为审慎地稳步实施，同时也讲求在程序上照章办事，按朝廷规制全面部署，并且也切实做到了务求实效，不走过场。因其措施得力，办法稳妥，故而取得了显著成效。

回顾起来，张居正在主持政局时，着重抓好了以下三个方面的大事。

首先，他以法治为理政的宗旨，示大信于天下，使改革获得了广泛的群众基础。比如，当时的驿递制度是官方奴役百姓的主要弊政之一，各级官员及其眷属乃至戚友利用权势，套取"勘合"（驰驿的印信），在各地驿站颐指气使，百般勒索，无偿地占用民间资财及人工畜力。张居正决心从此开刀，痛加裁革，将抨击不法权贵与革除弊政挂起钩来，继而从规章制度上堵塞漏洞，从而一扫多年积弊，使黎民百姓稍得解脱。

在整顿驿递的过程中，张居正不仅自己率先垂范，以身作则，同时还言传身教，杜绝弊端。比如，他的儿子要回老家湖广应试，他便吩咐其自雇骡车，千里返乡；他的父亲要过生日了，他便吩咐仆人带上寿礼，骑着毛驴回到江陵给老父祝寿。万历八年（1580），他的次弟张居谦因病返乡，在路过保定时被当地巡抚张卤发给"勘合"（使用驿站的文书）。张居正听到这个消息，立即派人追回勘合，交还张卤，并亲笔附信向对方剖白心迹，申言大义，并表明自己以身作则的拳拳衷情。

其次，张居正以理财监察为中心，整饬吏治，使新政收获了明显的财政效益。他颁行"考成法"，以言核事，以事核效，从而提高了政权机构的运行效率。在实施考成法时，他以六科控制六部，再以内阁控制六科。对于各项公事，从内阁到六科，从六科到衙门，各级衙门均以公文册簿一一载明其某项政务交办的时限、各个时段完成的进度，以及办完结案的时间，并予以层层考核，改变了以往"上之督之者虽谆谆，而下之听之者恒藐藐"①的拖拉现象。

考成法的实行，提高了各级衙门的办事效率，而且责任明确，赏罚分明，令各项政务在贯彻实施的过程中实现了无阻碍通行，故史称其"虽万里外，朝发而夕奉行"②。

比如，在万历四年（1576）时朝廷做出规定，地方官征赋不足九成者，一律处罚。同年十二月，据户科给事中奏报，地方官因此而受降级处分的，山东有十七名，河南两名；受革职处分的，山东两名，河南九名。这些降罚的措施步步到位，使得各级官员惧于责罚，丝毫不敢有所懈怠。由于各地都改变了以往随意拖欠税粮的状况，使国库日益充裕。至万历四年（1576），北京通州诸仓储粟已"足支八年"，财政状况大为改善。在此情况下才有可能把漕粮的部分改收折色（银两）。到万历五年（1577），全国岁入的钱粮数目折银达四百三十五万，比隆庆时的二百五十余万两增长百分之七十四，这年收大于支，结余达八十五万余两，扭转了财政长期亏损的状况。这一措施取得重大成效，正如万历九年（1581）四月张居正自己所说的："近年以来，正赋不亏，府库充实，皆以考成法行，征解如期之故。"③可见考成法对整顿田赋、增加国家财政收入起了很大作用。

同时，张居正不拘一格擢用人才，诸如破格起用行伍出身的李成梁为镇边大将，越级重用残疾小吏黄清为两淮运司同知，重新起用被一度罢官

---

① 张居正：《请稽查章奏随事考成以修实政疏》，张舜徽主编：《张居正集》第一册，奏疏三，湖北人民出版社，1994年，第131页。

② 张廷玉等：《明史》卷二百十三，《张居正传》，中华书局，2000年，第3762页。

③ 张居正：《文华殿论奏》，张舜徽主编：《张居正集》第一册，奏疏十，湖北人民出版社，1994年，第452页。

的水利专家潘季驯治理黄河等，这些举措都为他建树新政、推进改革提供了保障。尤其是他擢拔、重用抗倭名将戚继光坐镇蓟辽，进一步巩固了北部边防，由他所主持的开边贸、通利市的招抚和议，促成了俺答等蒙古部族势力的归附，进而使当时的国防建设空前稳固，实现了兵戈偃息、四方安靖的大好局面。

张居正强力推行的整饬吏治、擢用人才等改革举措，自实施以来，收效极大，但因其触动了当朝文官集团的既得利益，因而他从这一方面接受的压力无疑是最大也是最明显的。

仅以发现、使用能员贤吏，并将这些人放到关键岗位上发挥作用这一点而论，便令张居正煞费苦心。众所周知，明朝官场历来以科考名位定官职，尤其是中期以后，没有进士及第资历的吏员，别说做到中上层官员，就是当个县令，往往也会受到士人们的欺负和羞辱。《万历野获编》的作者沈德符讲了一个故事：山东费县的新任知县杨果以其"干局开敏，能肩繁巨"的优长，而由吏员出身受到破格的提拔。他受命到职视事之初，便来到县学视察并循例查考儒生们的课业。可是当他到县学坐定之后，全县竟无一个儒生按章程前来参见。杨果不动声色，吩咐差役在县学前贴出一张告示，宣布将于某月某日举行"季考"。那一天，儒生们来是来了，他们欺负杨果没有科举功名，私下串通一气，存心要耍弄一下这位县太爷。作文时，各人皆在试卷上画鬼桃符：或故意写一篇文理不通、生僻字成串的文章；或仅写下数行文字聊以塞责；或戏为俚词，以寓嘲谑……杨果见状竟不愠不躁，反而在考试已毕后，用好酒好肉招待这群大爷饱餐了一顿。

事后，杨果连夜作出一篇呈文，并扬言要将全部试卷打包封好，说是要将其原封不动地送给府里的督学，口称："我这人没有功名，所以评不出文章的优劣，烦请督学大人俯尊评定，以定高下。"按朝廷规制，假如儒生在县学举办的季考中成绩不合格，府里的督学追查起来，是要对这些玩忽课业的生员予以处分的，轻则罚没膏火银子，重则取消头上的那顶方巾（指撤销秀才资格）。杨果要将这些考卷直接送到府城去，其结果可想而知，那些试图耍弄知县的人，注定会搬起石头砸自己的脚。

消息传开之后，县衙前顿时就热闹起来，"诸生闻之，囚服叩首求哀，乞就明府手定，文章司命，孰敢不心服。从此洗肠涤胃，以听指南。两学师又代为恳，遂恣胸臆发案，终其任，无一青衿敢哗者"①。杨果使的这一招虽然狠了一点，但也属迫于无奈——明朝无科举功名地方官的处世之难，由此亦可略见一斑。

张居正主政之后，一再告诫吏部官员，"良吏不在甲科，甲科未必皆良吏"，并要求各地督、抚充分留心擢用下层吏员中的能干人才。虽然他自己就是两榜进士出身，但也从不守门户之见，仅以沈德符在《万历野获编》中同时提到的两淮运司同知黄清而论，他就是个因获其知遇之恩，而被越级重用的微末小吏。

黄清为江西上饶人氏，他不单相貌丑陋，还瞎了只眼睛，所以在官场上多年，谁都不待见他。但是因其原系基层司狱出身，办事能力极强，史称"才智四出，应变无穷"，故经苦苦挣扎，终于爬到了浙江嘉兴府同知的职位上。万历三年，朝廷在漕运治理上遇到了一个大难题，那就是每年的漕粮北运须走运河水道，可漕粮归漕运总督主管，而运河却归河管总督主管，一遇天象、水文发生异常，出现交通堵塞，两个衙门就扯皮拉筋个没完。张居正在广泛听取各方面意见后，决定在高邮、宝应增筑内堤，以防因偶遇洪潦，淮河、黄河的出海口受到淤塞，溃水乱注，导致漕运出现阻碍状况的发生。此事说来容易做来难，与之直接有关系的淮、扬二府都互相推诿，计划因之搁浅。张居正在前期调查中发现黄清办事举重若轻、极有章法，认为人才难得，极力主张委以重任，于是便力排众议，擢拔黄清为淮安知府，授命他直接主持指挥这一工程的全面开工。

黄清到任后全力以赴，结果还没到一年，工程便成功逾半。张居正闻讯大喜，再加委黄清为两淮运司同知，留下他以促成后半段工程竣工。随后，黄清不分日夜寒暑，长年坚持在堤工一线，督率夫役加紧施工，前后不到两年，就完成了全部工程。由于张居正对黄清的越级使用，触动了一些人的既得利益，致使黄清不久即惨遭人暗算。据《万历野获编》记载："（黄清）功且报完，一日谒台使者于舟中，误践板堕水中，因中寒死。盖上官憎其忮，妒其能，令能挤之也。"

张居正听到噩耗，悲愤无比，并代表朝廷特别破格为其后事做出妥善安排："赐特祭，赠太仆卿，荫一子入胄监。"所以，后人在评价张居正的

---

① 沈德符：《万历野获编》卷十一，"异途任用条"，中华书局，1979年，第295页。

人事改革措施时，都以黄清为例，称颂张居正：“是时用人，能破格如此。”①

为了推进政务机关的办事效率，张居正煞费苦心。因为从名义上讲，他虽然身为内阁首辅，但顶多只能算是皇帝的侍从之臣。由于明太祖朱元璋明诏取消宰相一职，朝中文武百官均由皇帝直接统辖，故从法统上讲，所谓“内阁”并无宰相权力。换句话说，因为明神宗朱翊钧才只十岁，张居正才可能以顾命重臣的名义，借助于“票拟”（即代皇帝草拟圣旨）而代为小皇帝打理政务。

为了克服在行使权力上遇到的障碍，推动整个国家机器的正常运转，张居正以极高的政治智慧，妥善地协调好了“府”（即内阁）与“宫”（即皇室）之间的关系。首先，他将自己关于政务处置方面的谋划和思考，通过书信的渠道，分头报送给各处的地方督抚；其后，再由这些人拿出具体实施意见，上报内阁；接下来，张居正也就以“票拟”的方式，代表小皇帝做出必要的反应和批示……说到这里，还有一个重要的环节，那就是圣旨一旦“票拟”出来后，尚需由宫中身为司礼秉笔太监和司礼监掌印太监的冯保代表宫廷，对其批红盖章，这道谕旨方可生效。由于冯保本人有着较好的文化素养，加上他对张居正的人品与处事能力又特别钦佩，另外再有小皇帝的生母李太后也坚信“元辅张先生”一定会竭智尽忠，代她儿子守护好这个国家。这样一来，张居正、冯保和李太后便自然组合成为一个坚实无比的“铁三角”，从而让明王朝在万历初年平稳地度过了这个特定时期的“权力真空”阶段。

在有明一朝，这种为此前历朝所罕见的“宫府一体”新机制，确保了张居正能够在历史给定的有限范围内，最大限度地运用合法程序，促进和推动各项政务决策的及时贯彻，从而为万历初期前十年的政治运作开创出一个新局面。

张居正自执政以来，一直倡言治国理政须以近民便俗为宗旨，为此他策定出一整套厚商利农、发展经济的大政方针。到其执政后期，由他主持并在全国推行的“一条鞭”法，即对当时商品经济的发展起了巨大的推动作用。

在调整经济政策的同时，张居正又把兴修水利作为发展生产的重要举

---

① 沈德符：《万历野获编》卷十一，“异途任用条”，中华书局，1979年，第295页。

措，采取了潘季驯关于将漕运与民生相兼顾的正确主张，全力推行治河疏淮的系统工程，由此使黄河两岸"十年弃地转为耕桑，河上万艘捷于运输"，可见事关民生的水利工程成功兴建，既保障了生产，又稳定了政府的财源。

应当说，在中国漫长的封建社会中，张居正作为一位罕见的杰出政治家，在明朝万历年间，辅弼十岁的小皇帝明神宗朱翊钧厉行改革，把衰败、混乱的明王朝治理得国富民安。有人说，由他执政的十年，是明朝两百七十六年国祚当中政治最为清明、国力最为强盛的十年。

正是由于张居正的勇于任事，锐意改革，乃使濒临败落的明王朝重新获得生机。据史料显示，嘉靖末年，国家粮仓不足一年之储，府库空虚，入不敷出，财政赤字超出三分之一；而在改革之后，"太仓粟充盈，可支十年……太仆金亦积四百余万"①。其赫赫勋绩，彪炳史册，被后人誉为在中国历史上熠熠生辉的"宰相之杰"。

---

① 张廷玉等：《明史》，列传第一百十，《张居正传》，中华书局，2000年，第3762页。

第十节 "洞瞩机要"与器使群臣

张居正生活的年代，正值我国古代历史上皇权高度强化、形成专制主义的极盛期，而由太祖皇帝朱元璋所建立的明朝政权，也已经过二百余年的统治，正在由盛而衰。此时，各种社会矛盾纠结缠绕、互作经结，其中最为突出者，就是自进入中晚期之后，由于在位的皇帝严重怠政，朝中大臣派系纷争、内讧不断，乃使其在政治、经济等各方面都遭遇到严重的危机，其败象更是为当时的哲学家王阳明概括为："贪官酷吏，肆虐为奸；民为困穷，恣肆交作。"①

面对危局，张居正首先不惜耗费大量精力，用以调整各种权力关系与利益关系。然而，事涉国家大政，一步步都要稳健推进，因为每当有项政务方案将要具体部署实施时，庙堂内外所面临的种种阻力几乎会在一夜之间转变为各种人事纠葛，扑面而来，倘或调配失当，一切良好愿望便都会陷入漫无休止的扯皮拉筋之中，永无平息之日。这就意味着在杂乱纷呈的人事关系面前，张居正无论采取什么举措，都必须先以超卓的智慧、精明的手段、迅捷的作风尽快地平息纷争，才可能带领官员开展治国理政的新举措。

自明朝中叶以后，人心浇薄，士风日衰，封建士大夫们的社会责任感和政治抱负日渐沦丧。在皇权至上的体制重压之下，身为社会精英的士人群体早已丧失了明朝前期的峥嵘气象，而自诩饱读圣贤书的文官集团成员也因精神扭曲，显现出一种鱼龙混杂的窳败景况：有的人心地褊狭，凶狠歹毒，苛刻乖戾，矫情做作，几近于疯癫；有的人又险躁悖情，妄逞胸臆，挟私报复，叵测难料，几为狂徒；有的人甚至还蝇营狗苟，觅缝钻隙，淆乱国政，败坏舆论，贪墨好货，唯利是图，争权夺利，腐化

---

① 赵家三郎：《唯心有物王阳明正传》，江苏人民出版社，2012年，第171页。

堕落……

可以说，在明朝中后期的官场上，充斥着的正是这样一群形形色色的官员。用张居正的话来说，就叫作："恶直丑正，实繁有徒。"①

即使置身在这个士习浑浊、官场腐败的客观环境中，身为首辅的张居正依然坚信"幽兰之生空谷，非历遐绝景者，莫得而采之"②。他认为，只要自己悉心寻求，一定可以找到志同道合的战友。然而，当下他既不能将此前留任的这些大小官员全部铲除，来个"大换血"；又不可将原班人马照章全收，让其固有的颟顸习气、庸鄙流俗继续蔓延下去。那么，最好的办法莫过于在任用贤良的同时，也须大刀阔斧地罢黜贪庸，以期尽快发现、使用那些洁身自好的官员，让官场风气为之振奋一新，迅速开创出一个政治新格局。

张居正入阁多年，通过长期的静观默察，他发现素以铁腕著称的原内阁首辅高拱，同时也一直是个十分干练的吏部尚书。在其主政时期，他不知安插过多少门生亲信，也不知曾逐斥过多少被其视作异己的官员……这是高拱一再掀起政潮、驱赶阁僚的社会基础，也是可供其调配的政治力量，还是他获取政绩的权力保障。尽管如此，那些由他所一手提拔的人当中，有不少人确实都堪称一时之人选。所以，张居正尽管非常反感高拱这种偏私躁烈的品性，但对他当年慧眼独具而选拔出来的人才，依然还是大量使用。

张居正精明过人，他知道想要在整个官场上树立起自己的权威，切实解决文恬武嬉、政务懈怠的多年积弊，便一定要在较短的时间内，抓住一个众人瞩目的难点问题，迅速打开局面，以期尽快地在自己的身边，团结起一批共同开创万历盛世的干将能臣。所以，张居正刚一走到朝廷枢要的位置上，他首先便开宗明义地宣称"为国家爱养人才，不敢以私意用舍"③，以稳定人心。

此时，他率先将目光投向了跟自己政见相合、正直清廉且又胸富韬略

① 张居正：《谢病别徐存斋相公》，张舜徽主编：《张居正集》第二册，书牍十五附录翰林时书牍，湖北人民出版社，1994年，第1255页。

② 张居正：《七贤吟》，张舜徽主编：《张居正集》第四册，诗一，湖北人民出版社，1994年，第33页。

③ 张居正：《谢召见疏》，张舜徽主编：《张居正集》第一册，奏疏二，湖北人民出版社，1994年，第52页。

的右佥都御史、辽东巡抚张学颜身上，哪怕张学颜曾是高拱的亲信班底。

张学颜，字子愚，河北肥乡人（今邯郸市肥乡区）。他的老家位于古漳河东岸，因村旁的河堤距城三里而得名为三里堤村。张学颜生下来仅九个月，母亲就去世了。他成年后，侍奉继母竭诚至孝，被方圆数十里的乡亲誉为名孝子，史称其"亲丧庐墓，有白雀来巢"①。嘉靖三十二年，张学颜荣登进士榜，此后相继由曲沃知县升为工科给事中，再迁山西参议。后来，他以永平兵备副使平调至蓟州，自此开始进入辽东国防前线地区任职。隆庆五年（1571）二月，辽东巡抚一职空缺，高拱认为此人"卓荦倜傥"，是一个难得的人才，后经侍郎魏学曾介绍，遂将其延揽到自己的营垒中，授命他"进右佥都御史，巡抚辽东"。

明代的辽东镇，是其北部边疆的九个重要驻军重镇之一。这九镇分别为辽东镇（辽宁辽阳）、蓟州镇（河北蓟县）、宣府镇（河北宣化）、大同镇（山西大同）、山西镇（太原偏关）、延绥镇（陕西榆林堡）、宁夏镇（银川）、固原镇（宁夏固原）和甘肃镇（甘肃张掖），全线长达一万三千余里。

张学颜所领辖的辽东镇，管辖范围东起鸭绿江、西至山海关一线，陆路防御系统长达一千九百六十多里；另外，因其地域西、南、东南濒临渤海、黄海和鸭绿江，西起山海关外芝麻湾，东至鸭绿江，共"千三百余里"，再加上"岛夷（海盗）、倭夷（倭寇），在在出没，故海防亦重"，是明朝东北边防的重要关钥。

张学颜莅任辽东之后，整军经武，加强战备，"请振恤，实军伍，招流移，治甲仗，市战马，信赏罚。黜懦将数人，创平阳堡以通两河，移游击于正安堡以卫镇城，战守具悉就经画"，不久，遂以军功加右副都御史衔。

张居正知道，张学颜既是当时有名的贤臣，也是个出名的能吏，为了笼络住这位优秀人才，他多次亲笔写信给张学颜，表达自己的嘉勉之情。其间更为可贵的是，他对于这种志存高远、忠于国家的血性之人，特别注重以忠义相激励、以功业相期许，故在信中一再申明自己求贤若渴的拳拳之心。

---

① 张廷玉等：《明史》，列传第一百十，《张学颜传》，中华书局，2000 年，第 3903 页。

由于张居正此举乃是以实际行动及时表达出要为国家爱养人才的施政方略，故当高拱离去之后，他得以迅速地稳定了人心，使得在权力交接过程中朝廷的政局稳定，各项政务都及时走上了正轨；尤其是像张学颜这样的行省封疆大吏，都坚守在自己的岗位上，继续着隆庆以来的未竟事业。

万历初年，辽东署金事督李成梁向张学颜提议，要求重新部署辽东部分军队的分布态势，以重兵驻扎在各战略要地，筑堡设防，以期遏止建州女真部落首领王杲部的侵犯。张学颜通过认真调查，也认为这些地方均有"据膏腴，扼要害"之区位优势，当即上报兵部。张居正接到奏疏，一概照准。

辽东各地的边防工程如期开工了。事情传开以后，朝臣照常也是议论纷纷。有些人认为，此举劳民伤财，纷纷劝阻，再加上建州女真部族的首领王杲经常派兵马出动袭扰，其间还杀死了明军正五品衔的游击裴承祖，所以包括该省巡按御史在内的众多官员都纷纷上疏，强烈要求"亟请罢役"。张学颜觉得压力太大，有些招架不住，便向张居正倾诉心曲。

张居正对北部边防极为看重，当下旗帜鲜明地支持张学颜。为此，张学颜即日便登程出行，巡视各地筑堡工程进度，并招抚了王兀堂等女真各部，为女真部族的牧民和关内汉民展开双边贸易，提供了极大的方便。

张学颜这次巡视东北边防，取得了极大的成功，仅在宽佃（今辽宁省宽甸满族自治县）一地，即开拓边地二百余里。自此，抚顺以北、清河以南的女真各部，皆自觉凛遵朝廷法纪约束，不仅使辽东一镇的边防实力为之大增，同时也为关内外汉、女真两族人民共同营造出一个安宁康乐的生活环境。

当时，辽东海上盗匪横行，最强一股海盗号称踞有三十六岛。万历元年（1573），兵部阅视侍郎汪道昆抵达辽东之后，经实地巡视，主张派兵缉捕。张学颜认为海盗中的大多数人都是为了逃避差役赋税的平民百姓，用跨海征服的手段去讨伐平定，并不一定是个好办法。于是便一边命李成梁陈兵海上，以武力相威胁；另一边则温言抚慰，"别遣使诏谕，许免差役"。未过半年，辽东一带被招安的海盗就达四千四百余人，使多年的积患一朝消弭。

建州右卫女真部落的首领王杲（1528—1575）是个桀骜不驯之人。他本名阿突罕，幼年聪明敏捷，机智善变，更兼生来笃志好学，故青年时代即能通晓女真以及汉、蒙等多种语言文字。其父多贝勒为猎户出身，因救过哈达部首领王忠，被王忠收到部下，主管建州女真部落。后来，多贝勒被海西女真首领王台设计害死，王杲得以统率其父名下的建州部众。

那年秋天，王杲为索回本部投降明军的族人一事，与抚顺地方官发生冲突。辽东镇副总兵赵完唯恐擅自启衅，主张息事宁人。张学颜认为，对王杲这种人应恩威并用，尤其不要在他们面前示弱，否则边境将无安宁之时。于是他一面以武力征服相威胁，一面设法让王杲交出掳掠去的平民和财产，向明军投降。王杲因势单力孤，只好约王台做中人，领罪纳降。

张学颜将王杲带往抚顺，示以怀柔政策，为让其涉猎书史，稍知礼仪，还命人教授其汉文和礼仪。有史料说，王杲的这个汉文名字也是张学颜所取。张学颜是真诚地希望他从此死心塌地地归附朝廷，不再与明朝为敌。王，既为汉族大姓，而他本人又是建州女真部落的首领；杲为会意字，它的意思是说就像早上八九点钟的太阳，刚升上树梢，以明亮、光明之意，意喻前途远大。王杲深感其诚，情愿归顺中央政府。

然而世事难料，为了答谢张学颜的知遇之恩，王杲初期尚能听命于朝廷。后因明朝官员对女真部族经常采取压迫政策，强索恶要，贪得无厌，因而双方矛盾一触即发，而王杲也萌发反志了。

王杲控制的地区，扼制着建州各部通往抚顺、清河等马市的货源，他据此优势地理区位，大肆贩卖貂皮、人参、松子等辽东特产，"结毂连骑，炫潢于道，获取重利"，经济实力的日益增强，使得他的个人野心急剧膨胀。万历二年（1574）夏，由于明朝官员贾汝翼在进行边贸时为验马一事与对方发生冲突，王杲见贾汝翼自恃兵力雄厚，已率明军先期进入抚顺关市，故联合速把亥、歹青、委正等蒙古三卫的众首领，决意与明廷决裂，并密谋乘机煽动暴乱。

鉴于边境局势迅速恶化，张学颜立即上奏朝廷，暂时关闭了辽东马市。同年十月初十，他协同总兵李成梁率军誓师，出兵讨伐王杲。

李成梁率数万明军西出抚顺关，两军相会，激战多时。李成梁军威强盛，而王杲则兵弱将寡，激战之中，该部与蒙古"三卫"抵挡不住，溃败逃进古勒城中。

古勒城地势险要，城坚堑深，易守难攻。李成梁以夜战接敌，其部属用当时最新式的火药枪攻城，连破数座栅寨。明军把总于志文等将领兵冒死登高猛攻，王杲力不能支，乘乱只身逃脱。不料官兵追捕甚急，王杲因穷途末路，投奔哈达部王台。王台捕得王杲，于万历三年（1575）七月初四押往边关，送交明军。

辽东御史张学颜见王杲已被俘获，大喜过望，遂命部下以囚车将其押往北京"阙下献俘"。万历三年（1575）八月二十九日，明神宗朱翊钧下诏，将王杲"磔杀"示众，当时小皇帝亲自登上午门城楼，集结百官，诏告天下；然后再将其首级悬于蒿街（当时京城内少数民族贡使集中居住的地区，四夷馆的所在地），以耀武扬威。一代建州女真枭雄王杲，就这样死于北京，时年四十七岁。

在由张学颜、李成梁指挥的这场讨伐王杲战役中，有两个人引起了朝廷的关注，分别是觉昌安和塔克世，是一对父子。在明朝与女真边贸互市、和平交好的年代，觉昌安身为女真建州左卫的都指挥使，他在抚顺马市如鱼得水，将本部所产的粮食、麻布等物品拿到市场上进行贸易，换回大批的生产、生活必需品。明朝边境的官员认为觉昌安诚心归附，不仅多给便利，同时还时常馈以丰厚的赏赐。这一时期，建州左卫女真人在觉昌安的带领下，农耕经济得到了快速发展，为其社会的稳定、武力的强盛奠定了坚实的基础。不久，因明廷的赏识，觉昌安被晋升为都督佥事。

觉昌安也是建州右卫王杲的亲家。在张学颜、李成梁剿灭王杲的战斗中，朝廷以觉昌安、塔克世父子有功，授其为建州左卫指挥之职。而这位塔克世，就是后来的清朝基奠人、清太祖努尔哈赤的父亲。努尔哈赤的母亲，乃是王杲的长女喜塔腊氏额穆齐……其间，张学颜、李成梁甚至包括张居正在内的明朝文武大臣肯定未曾料到，万历三年（1575）辽东前线的这次战斗，竟会为建州女真在后来的迅速崛起，乃至清朝最终入主中原埋下了伏笔。

讨伐王杲之役大获全胜，张居正认为巡抚张学颜的功劳在总督杨兆之上，特为其加兵部侍郎衔。明万历四年（1576），张学颜与辽东总兵李成梁协力同心，联手主持修筑辽东边墙，使其由本溪县经过宽甸而与鸭绿江相连，将山海关西北至鸭绿江西岸的辽东镇长城连为一体。

当张学颜、李成梁正在辽东痛剿建州右卫王杲反叛势力之际，张居正同时也将目光关注到西北边防问题上。

这时，张居正首先是大力嘉奖为俺答封贡、互开边贸做出了突出贡献的右佥都御史、宣府巡抚吴兑，并于万历二年（1574）为其加兵部侍郎衔，以期让他在西北边防战线上发挥更大的作用。

吴兑（1525—1596），江南山阴（今浙江绍兴）人。因他乡试中举的时候，高拱是主考官，故当高拱第一次从内阁罢职还乡时，其他的人都未便送行，唯有吴兑以门生的名义，单独送他到潞河驿上船，并与之在船头泪泣作别。当高拱再返回内阁后，趁兼管吏部之便，马上便"超擢"吴兑，升了他的官。所以，朝廷中有好多人都认为，吴兑一向就是高拱的死党，必定会与之同进退。

张居正却不这样看。他认为，吴兑是位极有才华的方正君子，就算当年在潞河送高拱，也是他出于道义，对其不该存畛域之见。更何况，眼下西北贡市才开未久，应当要多多借重吴兑的才华，尽可能地让他真正地发挥出自身的才干。

据张居正所知，鞑靼部首领俺答的如夫人三娘子非常敬重吴兑为人，她极力主张维护与明朝的友好关系；而她本人每次到宣府，就径直住进吴兑的军营中。吴兑也特别注重仰仗她的威信，据以约束鞑靼各部。由此，他便非常注意加强与三娘子的联系，并与之建立起了良好的私人关系，认她做干女儿。遇有边境冲突，他就直接派人去请三娘子前来处理，还经常给她送去礼品，如赠送她八宝冠、百凤云衣、红骨朵锦裙等汉家女儿的装束。这样一来，吴兑就成为明朝政府在西北边境跟鞑靼各部友好交往的重量级人物。

为了激励吴兑尽心搞好巩固贡市、绥靖边疆的各项政务，张居正还给他写去亲笔信，特别嘉勉其要和总督宣化、大同、山西军务的兵部尚书方逢时一样，悉心调处西北边境汉、蒙两族人民的关系。信中写道："前有书与方公，方答书云：'耐烦二字，边臣宜书诸绅。'诚然。"①

信中所称的方公，为当时明朝的边疆重臣之一方逢时（1523—1596），他在隆庆、万历两朝，身份极为特殊：他既是前首辅高拱的同年，又为现首辅张居正的湖广同乡，更是一位才略明练、"处置边事皆协机宜"的杰出封疆大吏。隆庆四年（1570），正是在他和前宣大总督王崇古的协力策划下，促成了明廷与俺答汗签订了通贡互市的协议，从而确保边境地区的近百年安宁。

万历初年，王崇古被召回京城主理戎政，张居正推荐方逢时接替了宣大总督的职务。此时，方逢时正是吴兑的顶头上司，张居正将方逢时在信

---

① 张居正：《答吴环洲》，张舜徽主编：《张居正集》第二册，书牍八，湖北人民出版社，1994年，第641页。

上所写"耐烦二字，边臣宜书诸绅"一语转达给吴兑，既是对方的嘉许，也是对吴的激励，足以得见他在调处这两位边境地区督、抚官员的关系上用心之切与倚重之深。

到了万历五年（1577），当方逢时调离职务时，张居正便举荐吴兑接替了总督宣府、大同、山西军务一职。

总之，自张居正主政以来，明朝北方边境的"九镇"防御体系，得到了空前的加强。他一再饬命并安排各地军政要员亲自出马，修筑堡垒，加固边墙，使其在军事上的重要作用也就愈来愈突出。十年间，在东起山海关、西至居庸关的万里长城上，相继加修了"敌台"三千余座，从而使这道国防壁垒在防止北方的蒙古、瓦剌和女真等外敌的入侵中，发挥了重大作用。

在整饬边防的过程中，张居正知人善任。他以戚继光等主持蓟州防务，以李成梁镇守辽东，从而自根本上扭转了此前东北边防松弛败坏的衰弱局面；接着，他又通过归顺的鞑靼首领俺答，同西藏喇嘛教格鲁派首领达赖三世建立了封贡关系，进一步改善了民族团结。随着北部边防的日益巩固，张居正的改革也相继由军事、政治领域逐渐延伸向经济领域。

明朝初年，朝廷颁布的赋役制度十分繁杂。尤其是当时的赋税征发，强调要以粮为主，银、绢为辅，分夏秋两季征收。至嘉靖、万历年间，由于大地主疯狂地兼并土地，再加上吏治的腐败，各地豪强地主与衙门吏胥相勾结，大量隐瞒土地，逃避赋税；而无名征求，多如牛毛，均加之于普通百姓头上，导致民力殚竭，贫富两极分化日趋严重，而地方官府在催征钱粮时，竟对"势豪大户，侵欺积猾，皆畏纵而不敢问，反将下户贫民，责令包赔"①。

万历六年七月，张居正见户部再度奏请下诏，要追征田赋积欠，每年带征三成，对此不由深以为虞。所谓带征，即各省应征之钱粮，凡因故而积欠未交者，即将其数额匀为数份，再分年与各该本年的钱粮一同征收。他想，各地旱涝有差，丰歉各别，往年积欠往往因灾而致，一经带征，普通民众很难有宽心之日。因此他愈加坚定了要从根本上改变赋役制度的决心，毅然选调张学颜来主管户部。

---

① 张居正：《请择有司蠲逋负以安民生疏》，张舜徽主编：《张居正集》第一册，奏疏五，湖北人民出版社，1994年，第214页。

张学颜一向精明持重且善于理财，他到任后，深入各地调查研究，掌握了切实依据。回京后，他向张居正汇报，并感叹道："赋役之弊，确乎到了非变不可的地步了！"

　　此前在辽东巡抚的任上，张学颜虽也曾在力所能及的范围内抑制豪强，清查田地，整饬溢额，酌减科派，但因条件所限，往往费力十分，其收效仅余一二，无济于事。由此，他向张居正建议：为今之计，只有敕令天下，推行一条鞭法。

　　一条鞭法，也称条编法，是中国封建社会中晚期出现的一种新型赋役制度。早在嘉靖初年，它即由福建巡抚庞尚鹏最早提出，后来也有地方官如王宗沐、刘光济、海瑞等曾先后在浙江、江西、南直隶等地陆续试行。其内容为："总括一县之赋役，量地计丁，一概征银，官为分解，雇役应付。"① 就是把各州县的田赋、徭役以及其他杂征总为一条，合并征收银两，按亩折算缴纳。这一则大大简化了征收手续，再则使地方官员难于加额作弊，保护普通百姓。这种办法实行后，可使失去土地的农民解除劳役负担，让有田的农民更便于耕种土地，对发展农业生产会带来推动作用。同时，把徭役改为征收银两，农民获得了较大的人身自由，便于流入市镇，这就给手工业的发展提供了更多的人力资源；而没有土地的工商业者可以不纳丁银，这对工商业的兴盛也有积极的促进作用。

　　要推行一条鞭法，首先就得将天下田亩丈量清楚，这样才好合理分配。张居正及时提出先在全国范围内丈地亩、清浮粮，并请朝中大臣就此各献良谋。然而，由于清丈田亩首先便触及了官僚、贵族、豪强地主的既得利益，所以遭到了他们的抵制和反抗。有些地方官不仅对清丈田亩一事漠然置之，坐待观望，敷衍塞责，甚至还有人顶风作乱，公开庇护豪强，

---

　　① 《明神宗实录》卷之二百二十，万历十八年二月癸酉朔，"戊子条"：户部奏言，工科右给事中曲迁乔议行条鞭之法，以差银必兼丁地，定地必较肥瘠，觅役必厚工食。我国家因田以制赋，按丁以审差，即古有田则有租，有身则有庸之意。但法久弊滋，于是不得已立为条鞭之法：总括一县之赋役，量地计丁，一概征银；官为分解，雇役应付，虽非祖宗之旧制，亦革弊之良法矣。但有司行之，有善有不善，是以地方亦间有称不便者。今宜行各抚按将见行条鞭之法或有司奉行未善者，则随宜酌处；如病在雇役，则宽其工食，使人不苦于应募；如病在里甲，则严禁其暗用，使人得安于田亩。或则壤成赋，勿使下地暗包上地之粮；或九则征银，勿使贫民概应富户之役，调停既当，人自乐从。诏：如议行。

以致迟迟打不开局面。

张居正认为，清丈一事，实属百年旷举，其阻力之大，不言而喻。万历九年（1581）春，由户部尚书张学颜领头主持，朝廷"明旨将应查地土，依法查核"，可山西代王府的一伙宗室贵胄却违反敕令，口称"赴关陈情，擅出镇城"，竟然还在衣领处插上小黄旗招摇过市，公开聚众抵制。为此，张居正责成巡抚大同贾应元、巡按茹宗舜等及时查处此事，并以明神宗朱翊钧的名义颁谕警示百官："但有执违阻挠，不分宗室、宦官、军、民，据法奏来重处。"①

随后，张学颜乃以户部的名义，颁行《清丈条例》，规定了各级官员的职责及其完成期限。事实上，明朝自嘉靖以来，即不断有人提出关于要清丈天下田亩的动议，而只是到了这时，此项震撼朝野的重大政务才在张居正矢志不渝的努力下，终于付诸实践了。至万历十年，据户部奏报，清丈田亩之事大体告成后，全国通过丈量共清查出历年来所诡寄、隐漏以及开垦未报的土地约一百四十七万余顷。从而使明朝政府的财政收入有了显著的增加，社会经济有所恢复和发展，国库积银达六七百万两之巨，太仓储备的粮食多达一千三百多万石，足够支用十年。

据此，《明史·张学颜传》明确指出："时张居正当国，以学颜精心计深倚任之。学颜撰会计录以钩稽出纳。又奏列清丈条例，厘两京、山东、陕西勋戚庄田，清溢额、脱漏、诡借诸弊；又通行天下，得官民屯牧湖陂八十余万顷，民困赔累者以其赋抵之。自正、嘉虚耗之后，至万历十年间最称富庶。学颜有力焉。"②

清丈田亩之事告竣，继而为在全国改革赋役制度，推行一条鞭法提供了可靠依据。与此同时，由张学颜与王国光主编的《万历会计录》，也于万历九年（1581）成书。此书共分四十三卷，包括人户、田粮、军饷、俸禄及各种税收和交通运输等统计资料。其特点是"分理则以司冠郡，以郡冠县；分欸则以总冠撒，以撒合总"③，其全书编排井然有序，数据先后可循，并突出了财政收支项目的对比关系，便于分析研究，是我国古代会计

① 《明神宗实录》卷一百一十二，万历九年五月癸亥朔，"庚午条"。

② 张廷玉等：《明史》，列传第一百十，《张学颜传》，中华书局，2000 年，第 3903 页。

③ 王国光：《万历会计录·进书表》，徐蜀：《明代重要经济文献万历会计录》，"北京图书馆藏善本书叙录"，《文献》，1989 年，第 241 页。

学的一项突出成果。

一条鞭法从明中叶酝酿至万历年间遍行全国，历时一个半世纪，几经波折，时行时停，最后定为国策，不能不归功于张居正顺应历史潮流、因势利导的努力；同时也充分证实，他在推行新法、起用人才方面所取得的丰功伟绩。

上述这些事实都说明，张居正在人才的使用上，完全以国家大事为重，从不存畛域之见。这正如他曾说的那样：“仆一念为国家为士大夫之心，自省肫诚专一，其作用处或有不合于流俗者，要之，欲成吾为国家士大夫之心耳。”[①]

张居正能够以如此宽阔的胸襟和博大的情怀来治国理政，诚为后世史家所推重。所以，综观其在推行万历新政的进程中所倚重的这批骨干成员，如张学颜、王崇古、方逢时、张佳胤、王国光、吴百朋、徐学谟、马自强、殷正茂、朱衡、葛守礼、谭纶、郭朝宾、陈瓒、万士和等，皆堪称一时之干才。诚如《明史》在评上述名臣文治武功时的“赞曰”所称：“谭纶、王崇古诸人，受任岩疆，练达兵备，可与余子俊、秦纮先后比迹。考其时，盖张居正当国，究心于军谋边琐。书疏往复，洞瞩机要，委任责成，使得展布，是以各尽其才，事克有济。观于此，而居正之功不可泯也。”[②]

---

①　张居正：《答奉常陆五台论治体用刚》，张舜徽主编：《张居正集》第二册，书牍八，湖北人民出版社，1994年，第581页。

②　张廷玉等：《明史》，列传第一百十，“赞曰”，中华书局，2000年，第3908页。

第 二 辑

古今毁誉　评说千秋

第一节　海瑞"宁为天下第一品人"的殷切期待

据 2003 年 9 月 6 日的《海南特区报》报道：不久前在海南省海口市发现明代著名清官海瑞的书信真迹拓片两幅，每幅长三十三厘米、宽二十五厘米，各分两页。其中一幅中的文字为："宣城吴仕期上江陵书曰：'宁为天下第一品人，毋为天下第一品官。'期言诚留鉴，不可以草莽忽之。海瑞拜言。"

这封书信的文字内容，听口气显然是冲张居正来的。海瑞乃是借宣城吴仕期的话，在这里提醒位高权重的张居正，说是与其做"天下第一品官"，倒不如做"天下第一品人"；而海瑞的本意，无非想借这句话，让张居正以此作为戒鉴，并劝张居正千万不要以人废言，而漠视其真谛。

海瑞这封书信的内容，牵涉当时的一段公案，此事在《明史》上有这样一条记载："初，张居正不奔丧，宁国诸生吴仕期欲上书谏。未发，太平同知龙宗武告之操江胡槚，以闻于居正。会有伪为海瑞劾居正疏者，播之邸抄。宗武意仕期，遂置狱，榜掠七日而卒。"[1]

事情的来龙去脉是这样的：万历五年（1577）九月二十五日，张居正接到父亲去世的消息，按照明朝规制，次日便未到内阁办公，托请阁中同僚吕调阳、张四维向神宗皇帝告假，说是要星夜返乡，依制"丁忧"。当天，神宗皇帝下诏，称："今宜以朕为念，勉抑哀请，以成大孝。"同时，派司礼太监李佑恭到张家宣读谕旨。紧接着，又派司礼随堂太监魏朝送来银钱纻丝等大宗赙仪，以示恩赏。同时，两宫皇太后也相继派太监送来不菲赙仪，而皇帝则提出让吏部、礼部"各差官前去祭葬"，要求张居正"父制当守，君父尤重，准过七七不随朝"，不允其返乡。随后，举朝上下众官员为张居正该不该"夺情"之事，引发一场骚动，众人议论纷纷，群

---

[1] 张廷玉等：《明史》，列传第一百十五，《孙维城传》，中华书局，2000 年，第 3981 页。

情激动。十五岁的小皇帝生气了，还在朝堂上对几名力谏放张居正返乡守制的官员予以杖责。不料，这场风波尚未完全平息之际，在留都南京街头竟出现了一些揭帖（即小字报），对张居正横加攻击，而这些揭帖的署名，竟为曾出任过应天巡抚的海瑞。随即又有人将其登上邸报（由通政司汇集各类题奏和地方上报的信息，或由六科收集和发布有关的诏令和题奏等，均由各省派驻兵部的提塘官将其抄出，经过筛选和复制传发到省，再传到府、县，并通过辗转抄录而在官绅中传阅的手抄报），恶意扩散。后来，此事经过查证落实，揭帖却与正在海南岛琼山县乡居的退休官员海瑞全不相干，而据太平府同知龙宗武派人侦缉，发现干这事的祸首，乃是宁国府宣城县的秀才吴仕期。案发之后，操江御史胡槚依律将吴仕期锁拿下狱，并将破案经过报告给张居正。

张居正接信之后，心绪纷乱。这一场"夺情"，闹得他心力交瘁，他也真不想再为此事折腾了。可树欲静而风不止，吴仕期如此干犯律令，依制应当受到惩处；可他又深深知道，吴仕期个人并不可怕，令人担忧的倒是有人包藏祸心，还故意将这揭帖刊上了邸报。他担心的是，若是将胡槚的奏疏上呈御览，皇帝若加意追查，那么这一案件就会牵连到更多的人，但倘若为此事再兴大狱，其后果难以预测。于是，为着稳定政局，控制事态的恶性扩散，他当即给胡槚回信，叮嘱他说：

> 承示狂犯之狱，不胜骇异，诈传诏旨，律有明条，彼自罹于辟，谁得而贳之！但详其伪疏之意，不过以海君为世望人，故托之以阴鼓异类，窥窃虚名，而不知先陷于大辟之罪，所谓喷血以自污，求名而不得，可恶也，亦可哀也。近年以来，人心不正，邪说横行，包藏祸心，欲伤善害正者，何限特斯人，不幸而败露耳。大疏一上，主上必且震怒，根求党与，其所芟除，将恐不止斯人，虽群小自作之孽，无所归咎，然于宇宙太和之气，得无少损乎？吾闻国君不仇匹夫，虮虱之流，杀之不武。公若不以告我，死生唯命，不敢与闻，今既已知之，则愿以解网之仁，乞之于左右。大疏特令差人停进，唯高明裁之。①

---

① 张居正：《答操江胡玉吾》，张舜徽主编：《张居正集》第二册，书牍十一，湖北人民出版社，1994年，第795页。

从法理上讲，这个由吴仕期伪托海瑞编造文字、恶意攻击当朝首辅一案，是一桩造谣惑众、扰乱朝纲的恶性案件。然而，从张居正的本意看，他却不想为此事而酿成一场轩然大波。由此，他还特意叮嘱胡槚，"愿以解网之仁，乞之于左右"，请其放吴仕期一马。至于后来此人怎么会如《明史》所称，是被龙宗武"榜掠七日而卒"，其事恐怕连张居正本人也未必知道其真相。

单说张居正致胡槚的这封书信，至少有一点可以肯定，那就是他对海瑞毫无成见，即如其在信中所写"以海君为世望人"的说法，便可见他乃视海瑞为正人君子。而竟会有人将戕害自己的文书恶意栽赃到这位已久离官场的旧交身上，便完全是一种"伤善害正"的不齿之行。

海瑞（1514—1587），号刚峰，广东琼山人。此人是明朝中后期的著名清官，由于他大张居正十一岁，而又比张迟五年去世，所以他俩的人生轨迹颇多重合之处；而又因二人间平素貌既不合，神又疏离，故后人对他俩的关系多有猜测。

嘉靖年间，海瑞以举人的资历入仕，初授南平教谕，继升淳安知县，后因忤明世宗被逮下狱。隆庆三年（1569），他获释出狱，在不长的时期内，历任尚宝司丞、大理寺右寺丞、左寺丞、南京通政司右通政，官至正四品。翌年夏天，出狱不到两年的海瑞即被二度还朝的大学士兼吏部尚书高拱相中，任命他为应天巡抚，一下子便成了个威风八面的封疆大吏。

明朝的应天府，亦称南直隶，驻节苏州。此处因系直隶州特设巡抚，而辖地极广，包括江宁（今南京市）、苏州、扬州、淮安、松江（今上海市），以及安庆府和江浦县、六合县等大片地区，故足可谓位高权重，胜过一般行省。这一带不仅是全国最富庶的地区，更兼之一向为人文渊薮，历朝所出的乡宦缙绅多如过江之鲫，甲于天下，故来这里做官的人，均因穷于应付，而将此视为畏途。

以海瑞的仕途阅历而论，朝廷任命像他这样一位不是进士出身的人前来担任应天巡抚，实属罕见；加上他疾恶如仇、刚介耿直的秉性，所以其任命刚一发表，便有识见高的人预料他到此地任职，必然会引起一场风波。

事实果然不出所料，他陛辞出京后尚未到应天莅任，当地很多府、县官员就相继自动离职，或请求他调；辖区内有不少缙绅之家为韬晦避祸计，还纷纷把家里原先漆为朱红色的大门改涂作黑色，以免炫人眼目。

尤其为海瑞所不曾预料的是，当高拱再度还朝之时，他这个应天巡抚便已被其卷入到了官场斗争的旋流之中难以自拔。其原因在于，原任内阁首辅徐阶被罢官返乡之后，其宿敌高拱早就处心积虑地要彻底地搞掉他；而又由于徐家在当地凭借多年的巧取豪夺早已霸占了大量土地，当地许多失去田地的人家要讨还公道，于是此番派来一向以"为世望人"著称的海瑞，就是要将他当作拱倒徐阶的一枚"马前卒"。

海瑞上任后，果然发现将矛头直指徐阶的告状信、弹劾状便如雪片般地纷至沓来。海瑞这人眼里揉不得沙子，他马上派人去依法查勘松江徐家非法侵占他人田地的案件。可是，他应该知道，徐阶就是前年曾经搭救过自己的恩相。

海瑞不以徐阶对个人一己之私的恩德为念，乃以国家利益为最高准则，强力推行平抑土地兼并。他一面把事涉徐家的有关诉状封送徐阶，责成他设法解决；另一面逮捕了其弟徐陟，公事公办地力请松江徐氏家族一定要尽快地退田还佃，以抚慰民心。

海瑞的这种毫不留情、罡风兀立、不事权变的做法，无疑直接威胁到包括徐阶在内明朝整个士大夫阶层的公愤。于是，当时有个叫戴凤翔的吏科给事中便上疏朝廷，参劾其不识大体，矫枉过正，"庇奸民，鱼肉缙绅，沽名乱政"[①]，并以更严厉的措辞参奏海瑞，说他仅凭一己冲动便武断乡曲，在他的治下，佃户不敢向业主交租，借方不敢向贷方还款……更为耸人听闻的是，戴凤翔还说，七个月之前，海瑞的一妻一妾在某个晚上一起死去，很可能就是海瑞本人进行的谋杀。

显而易见，海瑞的所作所为，已经与文官集团的整体利益发生了无法调和的冲突，所以无论其出于什么目的，文官集团都不会允许他再如此独断专行、为所欲为，一致要求吏部罢免海瑞并将其调任闲曹。

戴凤翔的奏章无疑给海瑞带来极大的伤害。尽管他后来答辩说，其小妾因故在八月十四日自缢，而妻子则在八月二十五日病死，这两起家人死亡事件并无直接联系，但无论如何，戴凤翔的这件参劾案，已经收到了预

---

① 《明穆宗实录》卷四二，隆庆四年二月己亥朔，"癸亥条"：调巡抚应天都察院右佥都御史海瑞以原官总督南京粮储。先是，吏科给事中戴凤翔论瑞沽名乱法，不谙吏事，每日开门受讼，动盈千纸；凡衣冠之族，饱暖之家，近年祖产，悉听刁徒告赎。故民间有"种肥田不如告瘦状"之谣。……下吏部覆议，言瑞志大才疏，宜改授两京他秩，故有是命。

期的效果。

总之，不论事实真相如何，人们都已坚信海瑞此人不仅性格怪僻，而且不近人情。于是在他出掌应天南直隶八个月之后，还是那个捧他出来的高拱便断然将其从应天巡抚的职位上罢黜，免了他的官，赶他回海南岛闲居度日去了。

海瑞闻讯，异常愤懑。在他离开应天之前，曾特地给张居正写了一封信，倾诉自己的悲怆之情，并请他出面主持公道。

张居正原本认为，海瑞在平抑土地兼并的具体做法上，固然因急于求成、处事操切而"宜其不堪"；但江南一带像徐阶这样的大地主巧取豪夺，无限度地扩充家产，也会造成极大的社会危害。吏科给事中戴凤翔哗众取宠，传播流言以致"讹言沸腾"的无聊攻击，有弊无利，但海瑞因无人支持，且他本人又不宜自己出面来澄清事实，导致"听者惶惑"，令人痛惜。总的来说，张居正在特别同情海瑞的前提下，也顾虑到自己暂时还不具备为此事而冒与高拱割袍断义的风险。因为，此时的首辅李春芳毕竟只是个谦谦君子，而高拱又是个性情刚烈、暴躁如火之人。于是他也只好无可奈何地在复信中劝慰海瑞说："三尺之法不行于吴久矣。公骤而矫以绳墨，宜其不堪也。讹言沸腾，听者惶惑。仆谬忝钧轴，得参与庙堂之末议，而不能为朝廷奖奉法之臣，摧浮淫之议，有深愧焉。"[1]

张居正的无能为力，使海瑞对朝廷的政治生态产生了深深忧虑。隆庆四年（1570），五十七岁的海瑞被迫辞官回乡。行前，他为此事耿耿于怀，更对满朝文武无一正直敢言之人而倍感忧愤，因而曾愤愤不平地詈骂这班位踞要津，当然也包括张居正在内的衮衮诸公以宣泄心中的怨毒："举朝之士，皆妇人也！"

从此，海瑞就只好待在老家海南琼山，孤苦伶仃地度过了长达十五年的闲居生活。事实上，张居正此后还曾为海瑞尽可能地做过一些回护性的补救工作。比如，翌年他便写信给继任应天巡抚的朱大器，请他设法斡旋此事，不要轻易变更海瑞的做法，并特别交代说："至于海刚峰之在吴，其施虽若过当，而心则出于为民；霜雪过后，少加和煦，人即怀春，亦不

---

① 张居正：《答应天巡抚海刚峰》，张舜徽主编：《张居正集》第二册，书牍二，湖北人民出版社，1994年，第133页。

必尽变其法以徇人也。"①

高拱对徐阶的宿怨积重难返，在这场风潮当中，松江徐家在劫难逃。他家里的全部土地，最后落实为可保留者计六万亩，其余均悉数没收；徐阶的三个儿子被褫夺功名，降为庶民；两个大些的儿子徐璠、徐琨，连同其手下数十名仆人，也被发配充军，唯留下幼子徐瑛以奉养徐阶。如果不是张居正及时地施以援手，恐怕连徐阶本人也难免在这场"退田"风潮中逃过劫难。

在明朝中晚期高拱、徐阶两个政治大佬间所爆发的这场政治较量中，海瑞、徐阶都吃了亏，而高拱才是唯一的大赢家——松江的徐氏家族垮了，不仅缓解了当地百姓对朝廷的强烈不满，同时也有效地惩处了徐阶，高拱的威信则大大增强。

两年后，万历皇帝登极，张居正出任内阁首辅。照理说，他与海瑞在政见上都主张要整肃朝纲，兼济法治，对百姓施仁政，反对土地兼并；同时，也都深感朝廷积弊日深，亟待振衰起瘝，为国家的复兴积极思索出路……可张居正却为何一直拒绝起用海瑞呢？这中间除了两个人在道德评价、官场运作方式上实际存在的距离之外，想必张居正更主要的还是出于双方性格差异上的考虑。

张居正承认，他对海瑞的态度是"惮公刚直"。毕竟，政治运作须得尊重一定的游戏规则，他担心海瑞"骤而矫以绳墨"，会使他在推行新政之时树敌过多，招致怨尤而寸步难行，更主要的恐怕还在于他对海瑞那种横空出世的做派抱有一种审慎与提防心理，故一直将其投闲散置，未予擢用。

在人才的选拔和使用上，张居正一向主张："为国家爱养人才，不敢以私意用舍。"但他在十年执政期间，似乎没想过要起用海瑞，却也是不争的事实。

有史料称，在张居正出任内阁首辅后，也曾派一个去南方莅任的巡按御史专程去琼山，到海瑞家侦伺过其行迹。那人看到，乡居期间的海瑞安贫乐道，仅以祖传的四十亩土地糊口度日，并供养母亲。家境的困窘没有损害海瑞的节操，他虽然也接受邻里乡亲的馈赠，但又把这些馈赠用来周

---

① 张居正：《答应天巡抚朱东园》，张舜徽主编：《张居正集》第二册，书牍十四，湖北人民出版社，1994年，第1116页。

济清寒的族人和刊印书籍。总之，一贯俭朴的家庭生活，为海瑞保持住了人格底线。

海瑞对张居正好像也没什么敌意。其实，2003 年 9 月为《海南特区报》所报道的海瑞书信真迹拓片本是两幅，除前面所说到的那一幅之外，另一幅也跟张居正有关。其文字内容为："今年春，公当会试天下，琼公以公道自持，必不以私徇太岳，想太岳亦以公道自守，必不以私干公也。"①

据有关专家考证：万历二年春，朝廷将举行会试，已内定内阁次辅吕调阳为主考大臣。海瑞听说张居正的次子张嗣修将前往应考，而社会上久已风传其此试必中的消息，于是便给吕调阳写来这封短信，以期让吕早做防范。

当初，在张居正次子张嗣修将要参加本届科考的消息传播开后，曾引起天下举子大哗：人们认为首辅的儿子来应考，而主考官为其主要助手吕调阳，这中间定有猫腻！海瑞的这封书信一经传开，群情激愤；然而众人未曾料到的是，正是在这科会试中，张嗣修名落孙山，铩羽而归。此事终究说不清楚到底是张居正、吕调阳原本就无"以私干公"的用心，让海瑞写的这封信算是放了个"空炮"；还是他俩真的不敢冒天下之大不韪，采纳了海瑞的忠告，有意让张嗣修退了下来。

总之，事实就是这样，但海瑞对张居正这种既执正人君子之期许，又怀着警戒之心的提防，恰好证实了他俩之间这种不即不离、若即若离的特殊关系。

后世的研究者认为，张居正与海瑞在那个时代同为优秀士人的杰出代表，他俩在襟怀、抱负方面相同相似的地方太多，但各自在性格与行事方式上的差异又格外显著：前者的性格过于强悍、精明而自恋情结过重，而后者的秉性则过于峻峭、坚僻而执拗；所以，这两个人之间的关系，就刚好跟磁极两端相似，不过是同性相斥而已。

---

① 清嘉庆十六年（1811），嘉庆进士、琼台书院教谕莫绍德在苏州发现海瑞草书信件手迹，遂题跋装裱。嘉庆二十四年（1819），携归广州刻石。次年，移至琼山县琼山书院。1949 年，移海口市五公祠内。石刻高 29.5 厘米，长 44 厘米。正面刻海瑞原信件手迹，背面刻莫绍德跋文。书信内容复录如下："今年春，公当会试天下士，琼公以公道自持，必不以私徇太岳，想太岳亦以公道自守，必不以私干公也。唯公亮之。豫所吕老先生。海瑞载顿首。"嘉庆以后《琼山府志》据石刻载入《艺文志》。

就拿海瑞对张居正所引的吴仕期那句话而言，"宁为天下第一品人，毋为天下第一品官"，前后两句看起来仅一字之差，但其意义相差甚远。官，看重的是权威；而人，看重的却是品德……海瑞以下属而对上司的品德做出这种最高期许的要求，其话语中虽然多少也含有一份轻慢、一种训诫，但却饱含着一个长兄对幼弟（海瑞比张居正年长十一岁）的劝勉之情。

当张居正去世后，明神宗朱翊钧趁其尸骨未寒，心急火燎地查抄了荆州张家。自此往后，终万历一朝三四十年，天下士人愤其沙汰生员、整饬学官、拆毁书院而对张居正几乎是骂声一片。其间，唯有一向对张居正并不曾套过近乎的海瑞乃以"工于谋国，拙于谋身"而为这位前首辅做盖棺论定——应该说，迄至今日，世人对张居正的所有评价，几乎都不如这一句精准。

海瑞这句话是什么时候说的、到底是对谁说的，已经不重要了。重要的是，到了万历四十八年（1620）四月十七日，户科给事中官应震在向朝廷上呈题为《为救时旧相论定，多年仰祈昭雪沉冤，以慰忠魂，以开相业事》①的奏疏时，即以海瑞这句话为中心论点，力请已近垂暮之年的神宗皇帝要为其先师张居正平反昭雪。或许，神宗皇帝从这道奏疏中，看到了童年时代的自己在张居正面前用功读书的身影；或许，他悔不该自己误听新任左副都御史丘橓的断言，为着贪图传说中的二百万两银子而查抄了并非富豪的荆州张家；或许，他已看淡了世间的一切，包括这社稷江山，只想将天下所有未了之事全扔给儿孙……总之不过一月之后，这个少年时代精明英睿、青年时代犯浑胡来、中年之后倦勤荒政的万历皇帝，终于撒手

---

① 官应震：《为救时旧相论定，多年仰祈昭雪沉冤，以慰忠魂，以开相业事》，见载于董其昌：《神庙留中奏疏汇要》，户部分卷，文中曰："臣髫年读邹元标论核夺情一疏，忠肝义胆，如揭日月，职亦深恨居正专权违制。今通籍二十余年，夷考居正立朝，总之功在国家，过在身家。先臣海瑞评其'工于谋国，拙于谋身'，确为定案。身家之过，身家受之，不为不惨；国家之功，国家受之，皇上独无念乎？"文中还说："借令后人循居正成规，但稍济以宽，亦似可收拾人心，固护元气；乃不深唯国家之计，而但尽反其所为，以怂愚人请，保全禄位，卒使纪纲日益凌弛，宫府日益携贰，海内日益骚扰，财用日益耗绌，边陲日益蠢动。以居正十年功效，度量相越，岂不愧死？乃皆生食显融，殁膺异敕，而以独受奇祸。此忠臣所为拊心，志士因而饮泣者也。"载《续修四库全书》，四七十，史部，诏令奏议类，上海古籍出版社，2013年，第36—43页。

而去。至于官应震的奏疏，则被一直"留中"，唯海瑞对张居正"工于谋国，拙于谋身"的评语，被其传诵开来，并从此铭刻在天地间，浩气长存。

到万历十三年（1585），已经七十二岁的海瑞才被重新起用。那时，内阁首辅申时行亲自写信给他，称其"维公祖久居山林，于圣朝为阙典"。事实上，这就在含蓄地向他表示，这次起用不过是偏顺舆情，是朝廷需要您这位久负盛名的直臣聊做点缀而已……可海瑞依然锐气未减地慨然出山，赴任南京右佥都御史，不久即升南京吏部右侍郎，次年再擢迁南京右都御史。那年，有个御史在家里招了个戏班子排戏，海瑞得悉此事，扬言要按太祖皇帝于洪武年间定下的规制，将对其责以杖刑，结果是招来一场嘲讽的哄笑。不久，便有监察御史房寰抓住口实，借机上疏朝廷，参劾海瑞，其疏文中蔑称他这个老怪物"莅官无一善状，推务诈诞，矜己夸人，一言一论无不为士论所笑"①。

在士人们众口一词的诘难、讥笑、嘲讽与戏谑中，海瑞终于由失望而变得绝望了。他先后七次向朝廷提出辞呈，但每次都被神宗挽留。万历十五年（1587）岁暮，海瑞也如张居正一样，倒在了他的岗位上。

到了清朝乾隆年间，纪晓岚等人主撰《四库全书总目提要》，对海瑞《备忘集》的评价，显然高于张居正的《张江陵集》。他说："（海瑞）孤忠介节，实人所难能，故平日虽不以文名，而所作劲气直达，侃侃而谈，有凛然不可犯之概。当嘉、隆间士风颓靡之际，切墨引绳，振顽醒聩，诚亦救时之药石，涤秽解结，非大黄、芒硝不能取效，未可以其峻利疑也。"②

看来，海瑞对张居正"工于谋国，拙于谋身"的评价，其实也是在评价自己。他俩一先一后辞别人世，喻示着一个王朝的鼎盛时期就此宣告结束。

总之，无论是褒是贬，海瑞与张居正无疑是中国历史上几乎同期出现

---

① 房寰原文见《海瑞集》630页，转录自黄仁宇：《万历十五年》，生活·读书·新知三联书店，2014年，第250页。

② 纪昀等：《四库全书总目提要》卷一百七十二，集部二十五，别集类二十五，《备忘集》（十卷），河北人民出版社，2000年，第4472页。

的两颗明星，他俩虽是各有其自身的运行轨迹，但在时间的长河中都闪烁出了特有的光华，熠熠生辉，经久不灭，让后世的人们据以校正前行的路径，继而为民族复兴的大业继续奋进。

第二节　刘一儒"养敦浑之体"的善意劝勉

在万历八年（1580）的八月间，张居正的儿女亲家、刑部侍郎刘一儒曾写信给这位当朝的内阁首捕，提醒他留心处理好与朝中大小官员之间的关系。

如今看来，这封信在对张居正的研究中占有十分突出的地位：它既表明了当时朝廷中的文官集团对于张居正的基本评价，也从另一个角度揭示出了他在改革中所面临的巨大阻力，同时折射出其个人在性格上的某些弱点。总之，刘一儒的这封信为后人研究张居正与他所处的时代，保存了一份弥足珍贵的文献。

刘一儒是张居正的湖广同乡，荆州府夷陵州人，为嘉靖三十八年进士。《明史》记叙："一儒独以高洁名。寻拜南京工部尚书。甫半岁，移疾归。"[1] 可见，此人在官场上给人的印象，是清高、廉洁，至于他在政务上的建树，几乎毫无涉及；唯独他写给张居正的这一封信，被《明史纪事本末》于不经意中竟全文保留，乃至让其至今亦久享盛名。刘一儒信中写道：

> 窃闻论治功者贵精明，论治体者尚浑厚。自明公辅政，立省成之典，复久任之规，申考宪之条，严迟限之罚，大小臣工，鳃鳃奉职，治功既精明矣。愚所过虑者，政严则苛，法密则扰，今综核既详，弊端剔尽，而督责复急，人情不堪，非所以培元气而养敦浑之体也。昔皋陶以宽简赞帝舜，姬公以惇大告成王，沧洽

---

① 张廷玉等：《明史》，列传第一百八，《王之诰附刘一儒传》，中华书局，2000年，第3859页。

当代，矩矱后世，愿明公法之。①

应当说，作为张居正的至戚亲友，刘一儒的这封信首先是基本上肯定了张居正主持的万历新政，并对他强力推进改革的社会成效也予以了充分的褒奖。其具体内容，重点反映在以下四个方面：

（一）立省成之典，即精简机构，裁汰冗员。嘉靖、隆庆年间，朝廷行政机构庞杂臃肿，人浮于事；张居正将各种政府职能依据其应有的隶属关系，重新划定责任，明确规章，并将有些办事机构也做了必要的归并，再通过严格官吏考核制度，加强了人事管理，从而使政府工作状况得以迅速改善。如主管天下钱谷赋税的户部，原先划分为十三个司，分头掌管部务，可是一有纷争，各司即互相推诿。张居正在户部尚书、中国古代著名理财专家王国光的协助下，实行了统收统支，将不尽职或只拿钱又无事可干的官吏尽行淘汰。这样一来，既减轻了朝廷开支，又鞭策官吏们更好地工作，提高了行政效率。

（二）复久任之规，即让基层的府、县亲民之官，在这个职位上尽量为地方百姓做点实事、好事，以期让天下苍生确实能享受到应有的实惠。这事还需从万历二年（1574）说起。那时，吏科左给事中张楚城上疏呈奏，陈述了他对当时吏治状况的见解。张楚城说："今后知县必历俸六年上下，乃许升取知府；知州必历俸六年上下，乃许升迁。间有才不宜于官，或官不宜于地者，听抚、按查实，量行更易。其藩（布政）、臬（按察）二司参政升布政使，参议升参政，副使升按察使，佥事升副使，皆约以三年左右为限；在内科、道、部属大约六年上下升取司、寺、参政、副使，三年上下升取参议、佥事、知府。"② 张居正身为内阁首辅，当下对此事非常重视，即刻将张楚城的奏疏下发到吏部，让其"集议"。不久，吏部妥善采纳其议，拟定规制，上呈御览，不久即准奏颁布，全国照行。

（三）申考宪之条，即整饬纲纪，澄清吏治。"宪"，有宪章、法令之意。早在隆庆六年（1572）夏，张居正就奏请应于当年举行"京察"。所谓京察，就是凡五品以下的官员，都由吏部、都察院会同考察；四品以上

---

① 谷应泰：《明史纪事本末》卷六十一，"江陵柄政"，中华书局，1977 年，第955 页。

② 《明神宗实录》卷之二十四，万历二年四月乙巳朔，"丙寅条"，

的官员，则责令自陈（即陈述自己的任职功过），接受皇帝与内阁的考察。通过这种考察手段，促进各级官员凛遵职守的责任意识，以期做到严肃法纪、信赏必罚。张居正认为"赏罚功罪，须至公至平，人心乃服，人心服，而后可责其用命"。因此，在他执政期间，凡是违法犯纪的人，不管是皇亲国戚还是地方豪强，一概绳之以法。比如，万历三年（1575）的五月十六日，明神宗朱翊钧临朝大会臣僚，张居正发现到场的文武百官的人数似有不足，便命人逐一查照。这一查不打紧，竟发现其中无正当理由而旷到者多达两百八十三人，当下要求挨个落实，予以责罚。有人从旁谏议，说是罚不责众，批评一番就罢了；而张居正断然决定，凡无正当理由不至朝会者，各罚俸一月。

（四）严迟限之罚，即对荒殆政务、办事不力的官员从严处罚。比如，在万历三年（1575），张居正提出整顿驿递的方案，规定："凡官员人等非奉公差，不许借行勘合；非系军务，不许擅用金鼓旗号。虽系公差人员，若轿扛夫马过溢本数者，不问是何衙门，俱不许应付。抚、按有违明旨，不行清查，兵部该科指实参治。若部、科相率欺隐，一体治罪。"① 明代从北京到各省的交通干线，都设有驿站，主要是为过往官员提供交通便利。日子一长，官员们便将无偿占用沿途百姓的人力、畜力和物力，视之为应有特权。鉴于陈规陋习积重难返，所以张居正在整顿驿递制度中，首先就把重点放在整治"相率欺隐"的官场恶习上，以加重处罚的行政手段，来确保政令的畅通。

刘一儒在信中所陈述的这些见解，无论是从其动机还是从其内容上看，都是好的。身为一个在宦海浮沉中煎熬打拼了许多年的过来人，他深知张居正做到这一点殊为不易。就拿第二点"复久任之规"来说，便可见其用心良苦，备尝艰辛。

当时，朝野内外的大小官员，个个都知道张居正为内阁首辅，而这位吏科左给事中张楚城本身便是江陵人，乃是其同乡，如今朝廷将这奏疏发下来讨论，岂能不是当朝首辅想要办成的政务？于是，这群官油子明知官职升转愈快、得利愈高的常理，可在朝议中却略无非议，人人都还是伸出大拇指，异口同声地称赞张楚城的这一建议甚好。于是就在张楚城的条陈上呈不久，到了四月二十二日，朝廷便以皇上的名义颁布诏令，要求各地

---

① 万历本《明会典》卷一百四十八，驿传四，中华书局，1989年，第757页。

藩、臬、守、令皆一体遵行。

由此，以前那种官似流水，点一下就走的弊端基本上得到了遏制。地方上无论哪个级别的官员，一个个都得靠自身才华做出实绩，才可能超迁；否则，朝廷察问下来，谁都没有好果子吃。总之，这项施政举措的贯彻，让各地大小亲民之官都尽心于公务，这对万历前期的社会进步与经济发展，起到了推动作用。

后来，有个明朝官员叫李乐，是浙江吴兴人（今属浙江省湖州市）。他在《见闻杂记》中记叙道："江陵柄国，力能骤贵显人，人望而趋之，唯恐不出其门下。予同年张楚城，江陵人；陈蘉，应城人，蘉又李尚书之甥。二君同在省垣，江陵所深注意者。乃不愿为都给事，各以左给事中补宪副去，其贤加人一等矣。江陵没，物议不及张，官至光禄卿，以足疾致仕，陈今为户部尚书。"[①]

这话是说，当张居正秉政之际，张楚城虽然为其同乡，但他一向并不刻意巴结张居正；而张居正从来也不曾让张楚城来曲意奉承自己，只要其提议对国务有利，他便虚心采纳。所以，张楚城给外人的印象，乃是以"贤加人一等"。几年后，尽管张居正身后惨遭"破家沉族"的厄运，但张楚城并不因此蒙受牵连。

再说第三点"申考宪之条"，做起来也尤为不易。万历七年（1579）四月初四，吏科都给事中陈三谟上疏，力请"更定官员至在违限事例"。这份奏疏是说：凡两司方面、行太仆、苑马、运司以及府州县正官，到任日期超过规定时间一个月以上者，应予问罪；三月以上者，改为别用；半年以上者夺职。其余庶官及两京各官，一月以上者，应予问罪；半年以上者，降职调用；八个月以上者夺职……这一章程若能得到实施，实际上杜绝了大小官员借到职或卸任之机，肆意于途中流连的种种不正之风。比如，有的人访友探亲，有的人游山玩水，有的人诗酒淹留，甚至还有的人会去青楼眠宿。张居正对此深表认可，明神宗即刻颁布诏令，让全国大小官员上自封疆大吏，下至知府、县令等一体遵行。

鉴于张居正在整饬吏治、崇奉纲纪等方面不遗余力地严加督察，故使官场风习振厉一新。因此，史称由他主持颁布的一切政令，"虽万里外，朝下

---

① 李乐：《见闻杂记》，台北伟文图书出版有限公司影印，万历戊戌餐英馆刻本，"明代史料集珍"，1977年。

而夕奉行"。其令行禁止之规制，在整个明朝时期不亚于洪武、永乐年间。

实事求是地说，社会舆情也是人心价值取向的一种标志。刘一儒在信中所陈述的这些见解，确实值得张居正深思；至于他提出的关于"政严则苛，法密则扰"的那些说法，也相当中肯地反映出朝中一批士大夫对首辅及其所推行新政的评价。究其本意，刘一儒与他所代表的那些正直臣僚，也是以善言劝谏的方式，希望张居正在取得初步成效后，在政策和策略上做些适当调整，以利"培元气而养敦浑之体"，更好地巩固既得成果。

然而，张居正到了执政后期，尤其是在发生"夺情"事件之后，他的心境已经不再如前期那样安宁与静谧，先前他那足以自诩的"默坐澄心"调息宁神之法，早被眼前这扰扰攘攘的纷争碾得粉碎。他变得暴躁不安，听不进任何不同意见。看过这封信后，他未置可否，于是刘一儒也就渐渐地疏远了这位官居一品的亲家。从这件事情上可以看出，张居正到了晚年之后，其性格已经发生明显变化，诚如《明史》中所指出的那样："居正自夺情后，益偏恣。"

张居正不是普通人，他位居首辅，爵拜三公（太师、太傅、太保），其本人在个性心理品质上所出现的某些弱点，同时也会随着他官衔品级的提升而被逐渐放大，甚至在一定程度上影响到国家政务的推行。

比如，在张居正的同年进士中，有位陆光祖是个正声卓著的好官。此人为浙江平湖人，因立朝忠直，力持清议，故以知县做起，累获升迁，一直做到大理寺卿，乃至官拜吏部尚书。明清之际的著名学者查继佐在其《罪惟录》中称赞他说："掌铨（铨为吏部尚书的别称）不图报复，世以为难，乃益用推引提护，岂非有得于好知恶、恶知美之旨者乎？"

道家学说的创始人老子说："天下皆知美之为美，斯恶已；皆知善之为善，斯不善已。故有无相生，难易相成，长短相形，高下相倾，音声相和，前后相随。"这就是说，如果天下的人都知道美好的东西是美的，就显露出"丑"了；都知道什么是善，就显露出"恶"来。所以，有和无，因相互对立而依存；难和易，因相互对立而形成；长和短，因相互对立而显现；高和下，因相互对立而依靠……换句话说，在查继佐的心目中，陆光祖正好是个因憎恶那些为非作歹之人，故而特别推重一个人之善良本原的方正君子。于中可见，陆光祖在当时整个士大夫阶层之中，其社会声望是何等之高。

原本张居正也十分推重这个坦诚忠实、极有识见的同年。可是，后来只是因为二人在"漕粮改折"的问题上政见不合，张居正就给了点颜色给陆光祖看。不久，便有御史张一鲲望风弹劾，而张居正又未能及时回护，由此便眼睁睁地看着这位好朋友提前上疏"乞休"，回乡隐居到浙江平湖的乡野之中了。

再如万历初年的吏部封验郎中陈有年，也是一位清廉正直的好官。当时，勋戚成国公朱希忠去世，其弟锦衣卫都督朱希孝希望继承兄长爵位，便给冯保行贿，希图周全。张居正不便驳冯保的面子，打算违规操作，而陈有年上疏力谏，劝阻此事。张居正授意吏部左侍郎刘光济删改陈有年的奏疏，陈极力抗争，乃以原奏奉上，张对此极为不满。陈有年当天便挂冠而去，以示抗议。事实上，张居正到了晚年，基本上听不进反面意见。这样一来，让许多本该属于其战友的人纷纷离他而去；进而他又将其他一些原本可以站到他的旗帜下，可以与之结为统一战线的官员，也相继有意或无意地冷漠相待。因此，在他去世之后，这些人便全都站在对立营垒中，对他进行口诛笔伐了。

其中，张居正最不该故意疏远、不该假以辞色的，就是像丘橓那样心地褊狭、睚眦必报的人。

丘橓，字茂实，诸城人。《明史·丘橓传》称此人："强直好搏击，其清滞为时所称。"另据朱国祯的《涌幢小品》记载："丘司寇橓，本清方之士，然其胸次浅隘，好为名高，不近人情。此种人最不足取。其在省中时湖广抚臣方廉，馈之五金，疏发其事，方以此去。人颇不直之，遂谢病归里。其后居乡，力却上官馈遗而多负国税。有县令恶其矫，积所却馈遗数十百金，请于两台以抵其逋税。丘大惭。方在告时，有荐之江陵（指张居正）者。江陵曰：'此君怪行，非经德也。'……终不肯起。"①

丘橓这个人喜欢以矫情博取浮名，他这种为了彰显自己，不惜危及他人的恶劣品质，本来令人极为讨厌，可他毕竟是个清介之士。别人送他五两银子做礼物，他居然去告发此人行贿，害得这人丢了官，也实在是不近情理。可是当他告假还乡时，他交不出国税银子，而知县为了讽刺他，竟通过请示"两台"（即巡按使与布政使），把他退回县衙的那些礼金充作税银缴公。此人乖戾做作的怪癖行径，虽然令人生厌，但也证明了他确实能

---

① 朱国祯：《涌幢小品》卷十三，见《笔记小说大观》第十三册，江苏广陵古籍刻印社，1983年，第228页。

廉洁自处的"清方之士"本色。

张居正出任内阁首辅后，对百官应有包容之心，即如丘橓这种人，尽管他有其讨人嫌的地方，但只要驾驭得当，亦不失为一个可用之才。所以，当有人向张推荐丘橓时，他却出于对这种人的厌恶而轻慢地说："此君怪行，非经德也。"

张居正的这句话传入丘橓耳中，深深地伤害了这个"强直好搏击"的在野官员。因其长期沉沦乡野，那郁郁而生愤世嫉俗的阴暗心理，让他对压制自己十年之久的张居正积压了太过深重的愤懑和仇恨。所以，当张居正死后，神宗皇帝刚一扳倒冯保，马上便有人在御座前举荐了丘橓。

神宗皇帝当即将丘橓召回朝廷，并授之以左副都御史要职；不久，再度加封他为刑部右侍郎。此前一直困厄于山东诸城荒郊乡野中的丘橓一下便获得皇帝的恩宠，不由激动得血脉贲张。此时，他像被打了鸡血似的猛地亢奋起来，一道又一道地连上奏疏，开始以十倍的疯狂、百倍的狠毒，来宣泄自己对张居正的不满。紧接着他就利用职务之便，积极着手开始清洗张居正曾经信任过的人。

万历十二年（1584）四月初九，随着神宗皇帝的一声令下，丘橓便与司礼太监张诚、锦衣卫指挥贾应魁等一道奔赴荆州，前往籍没（彻底查抄）张居正的家产。此前，也就是四月二十一日，籍没张居正家产的谕旨经兵部派五百里加急驿递，传至湖广省。湖广巡抚任养心不敢怠慢，连夜出发，马上赶至荆州，亲自督率荆州知府郝如松带领衙役兵卒急奔张府，进行戒严，并封了张家大门。

张家大宅门内的数十口男女老少，全部被差役们关进空房子里，不许随意走动。这么多被囚妇孺的饮水与食物等生活必需品，也只能靠四周乡邻与少数仆婢的家人亲友尽力接济供应。丘橓、张诚等在路上昼夜兼程，加紧赶路，这三千余里路紧赶慢赶，大约也走了半月有余。当他们抵达荆州后，丘橓刻意挑选了个十分特殊的日子，也就是农历五月初五这天，带领一群如狼似虎的锦衣卫登堂入室，宣布查抄张家。

丘橓发现，农历五月初五不仅是端午节，也是张居正的生日，换句话说，若在太平日月，这天还是其六十冥寿的日子。丘橓将对荆州张家的"籍没"之日有意选在这一天，就是要让九泉之下的张居正知道，什么叫作"破家沉族"！

荆州张家的大宅院，顷刻间便被抄了个天翻地覆。过惯了上慈下孝、衣食无忧、书声盈耳安宁岁月的全家妇孺，一时间老哀少怯，阖家惶惧。而张敬修兄弟几个更是枷锁横披、镣铐银铛。他们面对着凶神恶煞的锦衣卫，于鞭飞血溅间涕泪滂沱，一个个痛不欲生。

事后回过头去看，当初刘一儒在劝张居正时所称"以培元气而养敦浑之体"，实际上也就是希望他在任用官员时，应该尽量舍弃个人的好恶，注意培补朝廷正气，以期让朝堂上下的文武百官都能以敦诚浑朴的平常心，来调处相互间的关系。然而，张居正却未能听从这话，尽管他任用了不少能臣贤吏，但也重用了许多如曾士楚、曹大野、朱琏，乃至大学士张四维、申时行与潘晟等巧言令色、劣迹斑斑之辈。所以，一当神宗要拿他开刀，庙堂中则落井下石者众，而他的家人也就只能陷身于墙倒众人推的凄楚境地之中了。

从某种意义上说，张居正的悲剧，既是时代的悲剧、社会的悲剧，同时也是其性格上弱点未能得到有效遏制而造成的恶果。张居正主政期间，虽清名远播，然而人们却洞悉他喜听奉承话的性格弱点，专门设法巴结讨好、曲意逢迎与他套近乎。尤其是在"夺情"期间，有些意欲拍马屁的人更是纷纷前往表示亲近，"门生上谒者多用白刺，以示亲昵"。这"白刺"，也就是用白色锦缎特制的名片。故清代学者赵翼的《陔余丛考》亦称其"不通贿赂，独好尊大，故人以此媚之"①。

京师为仕宦麇集之所，"门生上谒者多用白刺"，显然包含有巴结、讨好的意思。张居正对这类人的巧伪做派丧失了必要的警惕与戒备，故招致物议，为害不浅。赵翼还引述明人朱国祯《涌幢小品》的记载，进一步阐述道："张江陵盛时，谄之者名帖用织锦，以大红绒为字，而绣金上下格，为蟒龙蟠曲之状，江陵见之嬉笑，然不以为非也。"这说明，张居正尽管官居一品，亦未能免俗，接到下属送来设计新奇、创意独特、做工精美、价值不菲的名帖，便也"见之嬉笑"，面露嘉许之色。所以，这就为他人留下了可乘之机，以至于在当时有些下属为了博他一笑，甚至花重金请能工巧匠专门设计、制作这种价值不菲的织锦名帖，继而给后人落下话柄。

换句话说，刘一儒曾苦心劝勉张居正"培元气而养敦浑之体"，事实上也是对其本人的一种期待、一份砥砺。可惜，张居正当初没能听进去，最终被丘橓这类虎狼之性的恶徒趁人之危，恣意妄为，反倒伤害了自家的亲人。

---

① 赵翼：《陔余丛考》，"名帖条"，河北人民出版社，1990年，第528页。

第三节　油干灯尽的遽然辞世

万历八年（1580），神宗皇帝已年满十八岁了。这个青年帝王以他早熟的敏锐和直感，早就意识到了来自张居正"威权震主"的压力。他不是不想早日亲操政柄，以逞独断专行之威势，但面对如此广袤的国土、如此纷繁的政务，若想要独力驾驭，也殊非易事，于是他还不能须臾离开这位鞠躬尽瘁的"元辅张先生"。

九年来，张居正力肩重任，勉力支撑，已经积劳成疾。他不过才五十多岁的年纪，给人的印象就已经是未老先衰之态：形神疲惫，气血壅塞，须发花白，精神委顿……再说，作为一个绝顶聪明的人，他如何不知道故乡民谚当中早有"当家三年狗都嫌"说法的深刻道理？

万历八年（1580）三月，神宗皇帝到天寿山举行"谒陵礼"，这是小皇帝成人仪式中的最后一项。此礼行毕，就标志着他身为皇帝，即可亲政了。

随驾谒陵时，张居正偶感风寒，回来后在家中调理。销假后，他便上了一道《归政乞休疏》，正式向神宗提出了"乞休"的请求。他说："伏望皇上特出睿断，亲综万几，博简忠贤，俾参化理，赐臣骸骨生还故乡。"①

这位已经五十六岁的首辅把话说得无比凄楚、恳切。他只不过是希望在有生之年，能够平平静静地退休，再去看一看荆州的田园美景，重履"乐志园"那竹林曲径，重归钟山堂去再续"谢家庭树依然在，为报新枝已满林"的旧作。

张居正是一个饱读经史之人，不会不知道汉代霍光"威权震主"的悲

---

①　张居正：《归政乞休疏》，张舜徽主编：《张居正集》第一册，奏疏九，湖北人民出版社，1994年，第419页。

剧下场。史有前鉴，触目惊心。然而，此时神宗还没有做好亲政的思想准备，对张居正乞休的要求甚感突然，于是很快下诏婉言慰留，并恩赐"白金麒绣御膳坐蟒"等贵重器物，以达诚意。这"坐蟒"就是袍服正襟用金丝彩绣蟠蟒图案，因龙、蛇同源，坐蟒袍服一向唯有王公贵戚才可着装。然而，尽管这种恩赐对张居正是一种极大的褒奖，但于两天后，他仍再次上疏乞休，除了重申自己"惴惴之心，无一日不临于渊谷"的苦楚和难处之外，同时还以良好的意愿提出一个善后方案：我此次求去，只是请假休息，并不敢以辞职而"决计长往"；国家或有大事，皇上一旦召唤我，本人一定"朝闻命而夕就道"，就是拼上性命也不敢推辞。

这时，张居正的心绪十分复杂。尽管他非常希望将自己所开创的新政推行到底，因而热衷于掌权主政，甚至连被人视为贪恋权位也在所不计；但是，面对已经成年的皇上，他不得不做久长计议，以防止"弩力免于中蹶"的祸患临头。

张居正深深知道，宦海险恶，前途莫测，因其执政以来招致的怨尤太多、树敌过众，中途翻车并非没有可能。而一旦有点闪失，那半道遭谪的后果是相当可怕的。前内阁首辅严嵩倒台之后黯然返乡，那简直就是梦魇般的日子。其凄楚悲凉之惨状，就如王世贞在《大学士严公嵩传》中所说的那样："死时寄食墓舍，不能具棺椁，亦无吊者。"寄居在墓地守坟人家栖身的茅房里，到处从别人给先祖上供的食品中觅饭菜吃。没过多久，他即在孤寂悲伤中死去，从而结束了这个嘉靖朝权相那大起大落的一生。

对于严嵩的倒台，后世学人沈德符在其《万历野获编》中记叙甚详：

> 严分宜（严嵩的籍贯为江西分宜）败后，乃子世蕃从粤东之雷州戍所私归，偕其密友罗小华（龙文）游乐于家园，广募壮士，以卫金穴，物情甚骇。其舍人子，更多不法，民不能堪，诉之有司，不敢逮治。袁州推官郑谏臣者，稍为申理，辄罹其诟詈，且有入奏之语。郑乃与上巡江御史林润谋，直以闻之朝，谓世蕃招集劲勇，图不轨，且与龙文日夜诅上。时世宗方在斋宫祈长年，见疏大怒，直批就着林润拿来京。[1]

① 沈德符：《万历野获编》卷八，"严东楼条"，中华书局，1979 年，第 213 页。

沈德符的祖父当时是巡江御史林润手下的仪郎，所以对这一事件的细节十分了解。明世宗的圣旨下达后，林润星夜出发，当即统兵赶往南方，要去雷州戍所缉拿严世蕃。这时，严家还蒙在鼓里，而世蕃之子严绍庭尚在锦衣卫任职，得到警报之后，当即奔往雷州向其父报信。后来，林润的追兵还是抓住世蕃父子，"都用叛臣法，与龙文俱死西市"。

严世蕃的伏法，固然是"自作孽"所导致的必然结果，然而，"伴君如伴虎"的现实性恶果，也正是从这个典型案件中充分地暴露了出来。严嵩尽管贪婪无比，罪有应得，但其罪乃是祸害天下苍生，他在世宗皇帝面前倒也是尽心竭力、鞍前马后地奔走了二十多年。姑且不论他始终小心翼翼地侍奉过皇上，就算说他危害国家、罪大恶极，那也有世宗的一份。可皇上一旦认为此人成了绊脚石，竟会先杀掉他的儿孙，再把年逾八十的这个前任首辅放归故里。所以，严嵩回家不到两年，便郁郁而亡。对这些前朝掌故，张居正肯定是深有所知，即如前朝英宗皇帝对待于谦、世宗皇帝对待夏言、穆宗皇帝对待徐阶……这些皇帝都跟他们的老祖宗太祖皇帝朱元璋一样，全都翻脸不认人。那么，皇室对大臣这种极其残酷的处置手段，不能不令他引以为鉴。

张居正还知道，当初，他的恩师徐阶与前内阁首辅严嵩互相猜忌，面和心不和，但为了防止受到严嵩的挤兑，徐阶就把自己大儿子徐璠的次女，许配给严世蕃最爱的幼子。到嘉靖四十四年（1565）严世蕃即将伏法时，此女刚刚十六岁，也就是才到"及笄"的年龄。徐阶这时要谋求内阁首辅的职位，竟然授意儿子徐璠"鸩其女"。政坛的险恶已经凶残到这一步，他不能不及早自谋退路，至少也希望尽可能地保全自己的儿孙，以及家族至戚。

从某种意义上看，张居正这种"乞休"之举，同时也是试探皇帝恩眷的一种政治姿态，当然也不失为一种自我保全的策略——如不早日归去，恐将使"王事不终"，前功尽弃。

其实，神宗挽留张居正，也有些故作姿态，只不过面对如此重大的人事更动，没有其生身母亲慈圣皇太后的表态，他做不了主。这件事情反映到太后那里，太后的态度却异常坚决：一定要恳留张先生！她同时还叫太监传话给张居正，说："我深居后宫，不能监管皇帝去裁决那么繁重的政务，先生亲受先帝付托，有师保之责，与诸臣异，'其为我朝夕纳诲，以辅台德，用终先帝凭几之谊'①。"

但是，神宗皇帝毕竟觉得位高权重的张居正压在上面束缚太多，祈望能早日自由，所以难免有点跃跃欲试。可此时太后根本信不过儿子的执政能力，斩钉截铁地答复："待辅尔到三十岁，那时再做商量，先生今后再不必兴此念。"②

太后这话交代得如此明白，且又毫无商量余地，张居正听了转述，只好表示愿意肝脑涂地来报答皇家两代人的知遇之恩。殊不知此番留任，令张居正失去了他晚年时唯一可抽身离去的机会。

神宗对张居正抱有怨恨的种子是这样播下的：万历八年（1580）十一月的一天晚上，已成长为大小伙子的神宗寻求消遣，在乾清宫管事太监孙海、客用等人的簇拥下，又一次身穿窄袖小衣，持刀走马，夜游到文曲阁狂闹一番。这年，他正好十八岁，恰处在青春期，精力充沛，内心躁动不安；而紫禁城内深宫重重，郁闷壅塞，他一旦淘气顽皮起来，更是难以自制。结果越闹越凶，最终惊动了冯保，冯保不敢怠慢，急忙跑到慈宁宫去说给太后听。

皇帝的生身母亲慈圣皇太后一听急了，火速将皇帝召来痛加严责。皇帝见母后动了真气，惶惧万分，长跪受教。太后仍不干休，急宣张居正进殿。

当此之时，张居正犯了一个无可挽回的绝大错误，他不仅未对神宗皇帝稍做回护，而且还顺着太后的心意，除了重罚肇事太监孙海、客用等人之外，还为皇上起草了一份罪己诏，并遵太后懿旨将其颁示给其他内阁大臣。③ 这个突然事件，令神宗皇帝从此恨透了冯保，并又迁怒于张居正。

事实上，当张居正在起草这份罪己诏时，在行文命意上便觉得殊为犯难：若是用词过于轻忽，太后肯定不会答应；要是行文稍涉贬损，皇帝的面子上又挂不住。他这一辈子，不知为嘉靖、隆庆和万历这祖孙三代皇帝起草过多少诏谕，唯独这份罪己诏令他最为犯难。但张居正最终还是屈从

---

① 张廷玉等：《明史》，列传第一百一，《张学颜传》，中华书局，2000 年，第 3763 页。

② 张居正：《谢圣谕疏》，张舜徽主编：《张居正集》第一册，奏疏九，湖北人民出版社，1994 年，第 425 页。

③ 参看张居正：《请处治邪佞内臣疏》《请清汰近习疏》，张舜徽主编：《张居正集》第一册，奏疏九，湖北人民出版社，1994 年，第 430—432 页。

于太后的压力，不得不将其写完；文后还依严师口吻，对皇帝痛加劝谏。

这事无疑重创了神宗皇帝的自尊心，以至清朝人后来修纂《明史》时，还在《冯保传》中称其"词过挹损，帝年已十八，览之内惭，然迫于太后，不得不下……由是保所不悦者，斥退殆尽，时八年十一月也"①。

此事在神宗皇帝与辅政的元老重臣张居正两人之间蒙上了一层浓重阴影。殊不知，这君臣二人虽有师生情谊，但毕竟一个是一言九鼎的天子，一个是受命辅政的臣僚，神宗皇帝从此便对"元辅张先生"开始疏淡，此后愈离愈远，最终做出了让其"破家沉族"的暴戾之举。

当然，在张居正还活着的时候，神宗皇帝对他表面上还是那般恭敬，无论是上朝听政，还是出阁读书等，也都还是那般认认真真。但仇恨的种子既已播下，只要环境、温度适宜，便会随之萌芽、生长；而其偏执、暴戾、刻毒之帝王恶习日甚一日，彻底盖过了张居正十年来灌输给他的儒家"恕道"，最后竟酿发为必欲清除而后快的仇恨心理。

公正地说，对这件事如此处置，李太后难辞其咎。但她毕竟只是个小户人家出身的女子，从小虽也从《三字经》中听懂了"昔孟母，择邻处"的道理，但仅知道对儿子要严加管教，以成君德；再加上自从进了裕王府后，眼见得她男人无论当王爷还是做皇帝，都只会玩女人，结果不过三十岁就一命呜呼，所以她立志要让儿子做个永保天年的有德之君。为了实现这个目标，她甚至还将"元辅张先生"搬出来以威胁儿子："你这样不争气，再胡闹下去，看你老师不把你撤下去，另换潞王（神宗皇帝的弟弟）坐到这御榻宝座之上来！"

李太后对神宗皇帝叛逆期的冲动与冒失举措失当，情有可原；但张居正却不该犯这种错，想来他自己也有过青年时代，还曾因叛逆期的亢奋与躁动跟父亲赌过气，再说他也教导过几个儿子，作为过来人，他完全应该帮神宗分担一下由太后所施的压力。想不到他精明一生，才气过人，在治国理政、立身处世、待人接物与事亲教子等方面不知应付过多少复杂局面，最终却让自己在这件事上摔了个大跟头！

说来，在这件事上智商几近为零的张居正，唯因将"帝师"的责任看得太重，才令自己和整个荆州张家陷入万劫不复的深渊。事后，他或许也

---

① 张廷玉等：《明史》，列传第一百九十三，《冯保传》，中华书局，2000年，第5223页。

有所醒悟，但一切已来不及了，就算他有心再走回头路，可大错已然铸成。他在给四子简修的岳父、前刑部尚书王之诰写信时，就惕然万端地写道：

> 弟德薄享厚，日夕栗栗，惧颠跻之遄及耳。顷者乞归，实揣分虞危，万非得已。且欲因而启主上以新政，期君臣于有终。乃不克如愿，而委任愈笃，负载愈重，羸弱之躯，终不知所税驾矣，奈何，奈何！①

张居正的痛悔之情溢于言表。然而，此时此刻他就算有好多心里话，也都不宜对亲家公王之诰宣之于口，但这一段忧思愁虑却怎么也排遣不掉。

张居正思前想后，似觉唯有跟自己曾经追随过一二十年的恩师徐阶一诉衷肠才好。于是他在给徐阶的信中，心情沉痛地写道：

> 去秋及今，四奉台教，以公私多故，久稽裁候。中间以典成乞休，关出处大节，且妄心诐陋，师心独任，不请先生长者之明训，率尔行之，罪死罪死。正膺重任，九年于兹，恒恐不保首领，以辱国家。兹幸主德日清，内外宁谧，诸大典礼，皆已竣事，乃以其间，乞不肖之身，归伏垄亩，以明进退之节，不得已也。重蒙主上暨圣母诲谕谆谆，恩礼申笃，正诚迫于大义，不敢自爱其死，复黾勉就列，然自是羁绁愈坚，忧危愈重矣。吾师何以教之？②

极难想象张居正在权势最为鼎盛、事业最为成功的时候，会忽发悲声："恒恐不保首领，以辱国家……"这位万般无奈的当朝首辅，瞻望前途，惶惶不可终日，乃至乞求恩师，探问"何以教之"，究竟有没有一个

---

① 张居正：《答司冠王西石》，张舜徽主编：《张居正集》第二册，书牍十二，湖北人民出版社，1994年，第933页。

② 张居正：《答上师相徐存斋二十八》，张舜徽主编：《张居正集》第二册，书牍十四，湖北人民出版社，1994年，第1175页。

既可平安离去又不至于得罪皇家的两全之法，让自己全身而退啊？可以说，在妥善处理自己的去留问题上，张居正感到从来没有过的无力。

接着，张居正再度找到同年的状元公，也是当年的内阁首辅李春芳，在那封亲笔信中，他以前所未有的惶惧之心向这位老大哥倾诉道：

> 弟以谫劣，谬膺重任，恒恐中道颠蹶，有负凤昔期许之心。兹幸主德日新，国家无事，弟乃以其间乞身而归，未蒙俞允，付嘱愈重，早夜兢兢，诚不知死所矣。翁素怜我，何以策之，俾获全于末路乎？[①]

可以肯定地说，徐阶、李春芳这两个在官场上厮混过大半辈子的人，都从张居正"主德日清，内外宁谧""主德日新，国家无事"的话语中，听出了他的弦外之音。但是，在那种皇权至上的社会体制下，徐、李二人各自亦都是曾经从政治斗争的旋流中，万般无奈地一步步走过来的，各人身上也全都是伤痕累累，没能自保，所以到头来谁也没能为张居正提供一个万全之策。

这时，张居正所能够做的，也只有"鞠躬尽瘁，死而后已"了。

万历九年（1581）秋，张居正病了，他呈上一道奏疏，想请"旬月假限，暂解阁务"，休息一下。文章写得哀哀切切，读之令人动容：

> 臣自入夏以来，因体弱过劳，内伤气血，外冒盛暑，以致积热伏于肠胃，流为下部热症，又多服凉药，反令脾胃受伤，饮食减少，四肢无力，立秋以后，转更增剧。自以身当重任，一向勉强支持，又恐惊动圣心，未敢具奏调理，乃蒙宸衷曲轸，特遣御医诊视，传奉温纶，饮以良剂。念臣狗马微躯，不自爱慎，以上贻君父之忧，沐此鸿恩，捐糜难报。但臣自察病原，似非药饵能疗，唯澄心息虑，谢事静摄，庶或可瘳，仍乞圣慈垂悯，特赐旬月假限，暂解阁务，俾得专意调理。倘获就瘳，臣即勉赴供职，

---

① 张居正：《答石麓李相公》，张舜徽主编：《张居正集》第二册，书牍十二，湖北人民出版社，1994年，第925页。

不敢久旷，臣不胜感激恳祈之至。①

　　神宗皇帝看到这份奏疏，不由轻松地哂然一笑：母后不是说要等到朕三十岁过后，再商量亲政之事吗？现在看来这话说过头了。他心里做如此想，嘴里的话却说得格外温存，并且还又传谕特颁厚赐，以示慰问。

　　张居正没有办法，唯有谢恩：

　　　　仰唯天光荐被，宸眷郅隆，非臣捐躯陨首，所能报答，亦非敝楮殚毫，所能宣谢，唯有镂之肺腑，传之子孙，期世为犬马，图效驱驰而已。②

　　经过几天调理、静养，张居正的身体还没有康复。神宗皇帝再赐以银八宝、甜食、干点心等物品，并派文书官太监邱得用专程前来"探病"（查看其是真病还是假病）。张居正十分无奈，请予续假五六日，以期病体稍得平复：

　　　　臣养疴旅邸，倏已再旬，虽违远天颜，旷离官守，而犬马依恋之心，无时无刻不在皇上左右。③

　　到了这时，张居正大约已经预感到，自己留在人间的时限已快到尽头了。于是，他向与其有着数十年交情的前兵部尚书王崇古痛陈肺腑：

　　　　贱体入夏即病，荏苒数月，殊觉委顿。今虽眠食稍复，然病根未除，缘弱质谫才，久负重任，筋力既竭，而鞭策不已，遂致颠蹶耳。顷欲借此乞骸，而主上先觉此意，频遣中使，荐赐宠

---

　　① 张居正：《患病谢遣医并乞假调理疏》，张舜徽主编：《张居正集》第一册，奏疏十，湖北人民出版社，1994年，第454页。
　　② 张居正：《谢圣谕存问并赐银两等物疏》，张舜徽主编：《张居正集》第一册，奏疏十，湖北人民出版社，1994年，第457页。
　　③ 张居正：《谢遣中使趣召并赐银八宝等物》，张舜徽主编：《张居正集》第一册，奏疏十，湖北人民出版社，1994年，第459页。

问，又促令早出视事，使仆无所启齿。①

张居正或许已经明白，正是神宗皇帝的"促令"，令其"无所启齿"，这份无所置措的尴尬与日渐疲羸的身躯，将自己一步步驱赶上了死亡之路。

这一年，正当张居正以一品历俸十二年考满时，神宗皇帝大加赏赐，所赐份额似乎多得有些过分：白银三百两，钞一万贯，岁加禄米二百石；纻丝四表里，大红坐蟒一表里，蟒衣一表里；茶饭五桌，羊十只，酒五十瓶……

张居正依然还是将事情朝好的方面想。他唯有以一谢、再谢、三谢来酬答无比深重的浩荡皇恩，并一再申言，他无以为报，唯有"碎首陨躯"而后已。

> 臣闾巷韦布之士耳，非有硕德鸿才，可以庶几古人之万一。幸逢英主在上，臣得以谫劣佐下风，效启沃，十年之间，志同道合，言听计从，主德昭宣，圣化旁洽，伊尹之所愿见者，臣亲见之，其所愧耻者，臣幸无之，即千万世而下，颂我皇上圣德神功为尧舜之主，臣亦得以窃附于尧舜之佐矣。此之荣遇，虽万钟之享，百朋之锡，岂足以拟之哉！故臣向者每被恩命，辄控辞而不已者，良以所庆幸者大，而爵禄非其所计也。乃若诏禄、诏爵，虽朝廷所以驭臣之典，亦宜稍加节制，而不至横溢，乃足为劝。三公穹阶，五等厚禄，上柱崇勋，在先朝名德，咸不敢当，乃一朝悉举而畀之于臣，所谓溢恩滥赏也。至于符节世赏，部宴大烹，臣前九年考满，皆已冒叨，兹又岂可重领？反复思惟，如坠渊谷，故不避烦渎，再控于君父之前。伏望圣慈，谅臣之衷，素无矫饰，矜其愚而俞允焉。碎首陨躯，不敢忘报。②

---

① 张居正：《答司马王鉴川言抱恙勉留》，张舜徽主编：《张居正集》第二册，书牍十三，湖北人民出版社，1994年，第1067页。

② 张居正：《再辞恩命疏》，张舜徽主编：《张居正集》第一册，奏疏十一，湖北人民出版社，1994年，第467页。

这时的张居正，其实已经病入膏肓了。"血气大损，数日以来，脾胃虚弱，不思饮食，四肢无力，寸步难移……"也就是在万历九年，故乡荆州来了一位民间医师给缠绵卧榻的张居正治病。治疗了一段时间，有了一些效果，医师提出此病不能过于劳累，病人至少要静养半个月到二十天。张居正实在没有办法，只好向皇帝请假，希望能把到宫中"朝参侍讲"之事暂时停下来，至于内阁的公文批复，容其"私寓办理"；直至这时，他竟然还俯趴在卧榻上签发公文，其情之可悯，古往今来，似乎唯此一人而已。

在病重期间，张居正写下应该是他毕生最后一首诗《病怀》。

　　白云黄鹤总悠悠，底事风尘老岁年？
　　自信任公沧海客，敢希方朔汉庭仙？
　　离居可奈淹三月，尺疏何因达九天？
　　独坐书室不成寐，荒芜虚负北山田。①

在昏昏沉沉的病榻缠绵中，张居正思接千载，虑骋八极，思念着荆楚大地白云黄鹤往还返归的遥远乡邦，回想到自己奔走风尘的奔忙与仓促，那一桩桩往事，全都过去了；念头一转，联想到楚人庄周的那则寓言，神话中那位魔力无穷的沧海客可还安在？而本为汉武大帝所器重，且已被传为仙人的东方朔又在干些什么呢？唉，这一切都与我无关了。想到了自己矢志以求的世间功业，怎会是仅凭个人所想的那样，能在极为有限的空间、时间内，把那些该做的事做得尽善尽美的呀！悠悠岁月，时光已逝，可我目下的最后心愿已经很难上达天听了。夜深人难寐，独自坐书房，此时此刻，诗人所唯一牵挂的，就是他当年准备用来安度晚年的故乡田园啊！

他的病势日渐加重。就在这生命之火行将熄灭时，张居正自思肩头所负责任重大，还是先后数次将自己的身体状况、治疗经过、病情现状等，通过疏奏的方式，向明神宗朱翊钧做书面报告。这些文字，目前均妥善地保存在留传于世的《张居正集》之中，让后人读来，禁不住为之唏嘘

---

① 张居正：《病怀》，张舜徽主编：《张居正集》第四册，诗四，七言律，湖北人民出版社，1994年，第263页。

不已:

> 臣久婴疾病，仰荷圣慈赐假治疗。数日以来，试用医人，委觉有效。从此专意静摄，庶几瘥可有期。①

> 缘臣宿患虽除，而血气大损，数日以来，脾胃虚弱，不思饮食，四肢无力，寸步难移，须再假二十余日，息静休摄，庶可望瘥。②

> 臣自患病以来，静摄调治，日望平复，乃今三月，元气愈觉虚弱，卧起皆赖人扶，肌体羸疲，仅存皮骨。③

> 窃谓人之欲有为于世，全赖精神鼓舞，今日精力已竭，强留于此，不过行尸走肉耳，将焉用之……④

现今若有对张居正研究颇有兴趣的医界人士，通过对这些文字及其他可见资料的检视，不难看出：明神宗朱翊钧出于深愤其揽权理事的阴暗心理，完全不顾一个垂危病人的死活，刻意不允其在病重之时得到起码的休息，还逼着他俯卧在病榻上批阅公文。事实上，张居正是个何等聪明之人，他之所以会上呈这一道道交织着血泪与悲鸣的奏疏，就是想借用这声声悲鸣、句句哀诉的字句，来向后人做自己在人生最后一刻既无可奈何又悲愤满腔的真情告白。

万历十年（1582）六月十二日，张居正给他辅弼了十年的神宗皇帝写下了人生最后一道奏疏——《再恳生还疏》。他无比哀切地说，我现在已经完全不能为君上办事了，"伏望皇上怜臣十年拮据尽瘁之苦，早赐骸骨，生还乡里"。此时此刻，他哀哀切切地恳求着皇上，让我在有生之年回归故乡吧，假如万一不幸客死京城，也会连累皇上"亦亏保终之仁"哪！

---

① 张居正：《给假谢恩疏》，张舜徽主编：《张居正集》第一册，奏疏十一，湖北人民出版社，1994年，第484页。
② 张居正：《恭谢赐问疏》，张舜徽主编：《张居正集》第一册，奏疏十一，湖北人民出版社，1994年，第486页。
③ 张居正：《乞骸归里疏》，张舜徽主编：《张居正集》第一册，奏疏十一，湖北人民出版社，1994年，第489页。
④ 张居正：《再恳生还疏》，张舜徽主编：《张居正集》第一册，奏疏十一，湖北人民出版社，1994年，第489页。

生为一代人杰，连张居正自己肯定也没想到，"早赐骸骨，生还乡里"，居然会成为他留在人世间的最后一声哀鸣。

此时，倒卧在病榻上苟延残喘的张居正会想到当年在故乡写下的《临湖曲》吗？当时，他息影林泉，在荆州城东的"乐志园"度过了一段极为难得的闲散生活，这种轻松和散淡的岁月，使他不止一次地从幽居隐士鸥夷子范蠡的人生际遇中去寻找个人归宿。正是在这方曾经孕育出了《沧浪歌》古楚民谣的大地上，如果这位青年编修就此以归隐为念，那么中国古代也许会多出一位声播古今的学苑先哲或田园诗人；而在群星璀璨的历史天空中，注定会少一颗精忠贯日、气冲斗牛的熠熠明星。

不久之后，六月二十日，劳伤过度的张居正，终于在昏睡中停止了人生的最后一息，未及花甲之龄，便不幸英年早逝。

张敬修等在《太师张文忠公行实》中写道："已而，天子闻太师不粥，遣中使问太师天下大计；太师迷惑昏聩，且数语报上。使者既去。明日，太师欲迁正寝，未起休浴，而溘然长逝矣……"[1]

张居正临终前，似乎只交代了国事，而未曾言及家务，便撒手而去。这个死在工作岗位上的当朝首辅，自此丢下了高堂老母，撇下了一门儿孙，也抛开了庙堂恩怨，斩断了官场情丝，仅以不过五十八岁的年纪，就这样悄无声息地走上了是天堂也是地狱的不归之路。

在张居正死后相当长的一段时间内，人世间发生的事匪夷所思。先是十年间对其感恩戴德、尊崇有加的神宗皇帝抄了这位首辅兼恩师的家，不仅搜走了自己多年来无事不赏、无时不赏且赚了不少感激之情的超额馈赠，而且还刮走了荆州张家阖族老少三代人辛苦劳作蓄积起来的全部合法家产；同时，逼死了张居正的长子张敬修，另外又发配荆州张家的张居易、张嗣修及其他儿孙充军，远戍至三千里开外的烟瘴之地……至于对张居正本人，有人歌颂他，是因为其操劳国事，不惜家身，振衰起隳，为本已腐败不堪的明王朝支撑起了十年"中兴"的基石。然而，却有更多的人刻毒地诅咒他，因为其亲爹死了不奔丧、不守制，大权独揽，专横跋扈，刚愎自用，不通人情；更有甚者，在不断地诋毁着他的禁绝空谈议政、严防聚徒讲学、清除施教腐儒、削减生员学额、禁止私事驰驿、处罚瞒报田

① 张敬修等：《太师张文忠公行实》，张舜徽主编：《张居正集》第四册，附录一，湖北人民出版社，1994 年，第 429 页。

产、清丈权贵土地、杜绝姑息养奸等铁腕手段。其间，尽管也有不少人对其持彻底否定的态度，但并不妨碍这些大大小小的官员们几十年间躺在由张居正创造的政治经济成果之上，拿着高额俸禄，过着幸福生活，并又在当时的主流舆论、大众传媒中对其横加诬蔑，肆意辱骂……不过时隔六十年后，国库到了赤字高扬的地步："三饷"横征暴敛，百姓穷不聊生，各地民变蜂起，官府捉襟见肘；当李自成率军进入北京之时，崇祯皇帝煤山自尽，八旗铁骑重叩雄关……那些浑浑噩噩的大小官员一路难逃，最后依然在吃香的、喝辣的，酒醉饭饱之余吵吵嚷嚷闹个不休，一路由肇庆、桂林等地，骂到缅甸，直至明朝的最后一个亡国之君朱由榔被缅王出卖，而后被吴三桂押解到昆明城外的篦子坡用弓弦绞杀，大明王朝终于彻底烟消火灭了。

由此，关于对张居正的评价，在中国历史上形成一个数百年间争讼不休的话题，到底该如何评价这样一个或者是功勋盖世，或者是劣迹昭彰的显要人物？时间过了两百年，当清朝乾隆皇帝诏修《四库全书总目》时，主撰人纪昀等到最后还拿不定主意，唯有对《集部·别集存目四·太岳集》莫衷一是地评价说："神宗初年，居正独持国柄，后毁誉不一，迄无定评。要其振作有为之功，与威福自擅之罪，俱不能相掩。"[1]

———————————

① 纪昀、陆锡熊、孙士毅等：《钦定四库全书总目》（整理本）下，张居正：《太岳集》，子部三十七·杂家类存目四，中华书局，1997年，第2456页。

第四节 戚继光"重语园丁好护持"的绵绵惆怅

张居正去世了。这位前内阁首辅之死，无论是对当时的整个政局，还是对他本人及其家属儿孙，都是一个直接改变了其命运原有走向的重大事件；而因受其牵连受害尤深者，当数大明蓟州总兵戚继光。

在《明史·戚继光传》上，有一段话专言蓟州的战略地位："自嘉靖庚戌（嘉靖二十九年，即1550年）俺答犯京师，边防独重蓟。增兵益饷，骚动天下。复置昌平镇，设大将，与蓟相唇齿。犹时蹢内地，总督王忬、杨选并坐失律诛。十七年间，易大将十人，率以罪去。"①

嘉靖三十八年（1559），鞑靼军俺答率部进犯潘家口长城一线，短时间蒙古铁骑即深入到京畿近侧的滦河以西遵化、迁安、蓟州、玉田等地。严嵩父子以坐失战机为名，将蓟辽总督王忬（王世贞之父）及巡抚杨选等皆依律问罪，不久便把他们拖到京城西市斩首示众。蓟辽总督的全称为"总督蓟辽保定等处军务，兼理粮饷，节制顺天、保定、辽东三抚，蓟州、昌平、辽东、保定四镇等"，可谓明朝京东地区最高军政长官。可是在短短的十七年间，除蓟辽总督王忬"弃市"外，其余相继被依律论罪甚至刑戮的蓟辽大将，便达十人之多，这不能不令人为之侧目。直到戚继光镇守蓟州以来，边境方安然如堵。可为什么前内阁首辅张居正一死，朝廷马上便要调换这位保国卫边的有功名将呢？

此事说来话长。原来早在万历元年（1573），前首辅高拱因与秉笔司礼太监冯保斗法失利而被皇室驱逐出朝，此后，这位远离庙堂的前首辅万分愤懑，却又难以排解，故在回乡后煎熬了十来年后，郁郁寡欢而终。他死后时隔未久，坊间便流传着一本由高拱撰述的小册子，题名为《病榻遗言》（通常史家均说此书乃高拱临死前所撰，但最近江西师范大学的学者

---

① 张廷玉等：《明史》，列传第一百，《戚继光传》，中华书局，2000年，第3743页。

江柳青博士考证认为，它乃为当时著名的"山人"戚伯坚托庇于官宦名人如王世贞等伪造），广为扩散。较为引人注目的是，它没有通过奏呈官府的上层路线以达御览，而是采用民间传播的渠道传入宫中，并引起了神宗的注意。正是在本书中，叙说了发生于万历元年（1573）的"王大臣案"，乃是冯保伙同张居正为构陷高拱而设下的阴谋。

"王大臣案"发生于万历元年（1573）神宗皇帝登基的半年之后。那天，皇宫的卫士发现有个鬼鬼祟祟的人化装成宦官，在宫门前逗留。皇城护卫当即将此人逮捕，他自称原是戚继光部下的小兵，叫王大臣；而冯保却企图让他在招供中诬称是由高拱所指派，意欲借机彻底除掉高拱。张居正闻讯大惊，唯恐此人仓皇间说出什么不当之言，连累戚继光，便与冯保商量妥善处理此案，争取其既不攀诬高拱，又不危及戚继光。随后，东厂太监便给王大臣灌下生漆酒，使之不能开口说话，没过数日，王大臣便被依律处死，由此令其成为明朝万历初年的一大疑案。

王大臣到底是不是戚继光的部下？这事在当时或过后谁也说不清楚。可神宗皇帝偏信《病榻遗言》所言，怀疑戚继光或许与张居正有什么不可告人的勾当。这时，张居正逝世已经半年，而给事中张鼎思又刚刚上疏弹劾戚继光，称其不宜继续留在蓟州。几乎在同时又有戚的一个旧部（据后人推断是西路副总兵陈大治）也出头揭发戚继光曾黄夜派人给张居正送信，并提出疑问："意欲何为，莫非反状乎？"戚继光面对这种危局，觉得一时既难申辩，又担心会越描越黑，于是万分无奈地上疏请求辞职，以剖白心迹。此时，神宗竟因心头疑窦未释，乃于万历十二年（1584）十一月，敕谕解除戚继光在蓟州的军职，将其远调广东。

戚继光（1528—1588），字元敬，号南塘，山东蓬莱人。他出生于一个军人世家，其父戚景通为登州指挥金事。在父亲死后，十七岁的戚继光便承袭祖职，开始了他长达四十余年的军旅生涯。当时的明朝政府政治腐败，武备不修，而自嘉靖中叶以来，日本的一些亡命军人、失意政客，以及一些江湖浪人，便与中国东南沿海的海盗等纠结成伙，以海路犯边，在浙江、福建沿海一带大肆抢掠，其势日渐猖獗，史称"倭寇之乱"。嘉靖三十四年（1555），戚继光以都指挥金事之职调奉至浙江抗倭；次年，他以军功升任宁绍台参将，因愤于军队暮气深沉，难以应命，随后即赴浙江义乌挑选矿工，组训新军。

为了训练好这支军队，戚继光付出了很大的心血。他学习孙武、司马穰苴等古代军事家以严立威的军事思想，既以雷霆手段从严治军，增强士兵的纪律观念，也注重士兵锻炼筋骨，搞好战术训练，更重视结营布阵，强调团队精神。嘉靖四十年（1561），戚继光率军在浙江与倭寇展开大战，九战九捷，直至将浙江一带的倭寇完全平定，而由他所训练和统领的"戚家军"自此便名扬天下。

平定闽、浙一带的倭寇之乱，令戚继光的功业彪炳千秋，也使他成为中国历史上最著名的军事家之一。

隆庆二年（1568）三月，朝廷调原福建巡抚谭纶任蓟辽保定总督兼理粮饷。谭纶上任后，立即上疏，要求调时任福建总兵的戚继光至北方负责练兵事宜。

谭纶（1520—1577），字子理，江西宜黄人。他比张居正大五岁，从科举资历上讲，也比张还早一科，为嘉靖二十三年进士。早年间，谭纶先后出任南京礼部主事、职方郎中、台州知府等职，只因东南沿海"倭患"积久日深，他不得不以文官的身份担当起军职，领军平倭。在作战中，谭纶发现戚继光虽是以"练乡兵御贼"，但其所率这支成军未久的部队，实为平息倭患的精锐之师。所以当朝廷于隆庆元年（1567）命他以兵部左侍郎兼右佥都御史总督蓟、辽、保定军务之要职，调其至北部边关之时，他便请调让戚继光与之随行北上，并力荐由其主持京东地区蓟州、昌平、保定等边防三镇的练兵事宜。

谭纶的奏请当即为朝廷允准，戚继光奉命于翌年五月北上，被委任为总理蓟昌保定练兵事务一职。朝廷授予他的职责，就是要其在主持这几处战略要地的练兵事务中，编练出一支具有一定战斗力的精锐防军。这时，戚继光的军阶已经明显上升，按规定，这三镇的总兵官及其下属各级将校，均须受其节制。总之，当年选调谭纶与戚继光这两位文武官员来主持蓟辽边镇的防务大计，是隆庆年间的内阁一班人，即徐阶、高拱和张居正等人共同做出的最佳决策。

戚继光初履新职，极为振奋。他从小就在北方生活，年轻时还曾在蓟门服役五年，对蓟镇一带的兵要地志与风土民情比较熟悉。然而，此番赴任后，他才发现蓟、昌二镇的兵力不足十万，而且其中老弱参半，谈不上什么战斗力，更何况这些部队分别散布于两千余里长的防线之间。他想，假若敌人聚力来攻击某一处，各分守部队都将会首尾不能相顾，战争发生地势必均会陷入敌众我寡、敌强我弱的被动挨打的局势之中。为了改变这种危局，他根据这一带的地形特征，经过缜密思考，提出了采用车战、马战、步战三结合的阵形，用以抗御敌军的作战方案。接下来，他便就士兵的选用、粮饷的筹集、武器的制造等事宜，编制成具体方案，上报朝廷。可是，由于种种原因，他原打算训练的十万精兵计划，最终只被允许先期训练出三万人来。由此，他到蓟镇之初，便遭到了头一次挫折。

隆庆二年（1568），朝廷突然调走原蓟镇总兵郭琥，并命由戚继光来接任此职。如此，戚继光与本归他节制的昌平、保定两镇的总兵便又成为平级关系。由此，戚继光觉得再次受挫，心中深感不平。

张居正听谭纶说到这件事，反复与其协商，要他对戚继光"委曲为言"，一定要设法调动其练兵的积极性。经过张居正、谭纶的共同努力，总算让戚继光缓过气来，将练兵的各项工作搞得有声有色。张居正爱护戚继光，明心可鉴，他说：

> 近屡得渠（指戚继光）禀帖，极为感奋，颇务收拾人心，渐图实事，仍望公时时教督之。虽然，仆何私于戚哉？独以此辈国之爪牙，不少优假无以得其死力。今西北诸将如赵、马辈，仆亦曲意厚抚之，凡皆以为国家耳。缕缕之忠唯天可鉴，若此辈不为国家尽力，是负天矣！……嗟乎，人诚难知，知人亦未易也。①

到了万历年间，张居正任首辅执政十年，始终将戚继光倚为干城，对其言听计从。后来，因为担心戚受到上司的掣肘，故当谭纶去世后，时隔未久，还特意安排尤为值得信任的梁梦龙前来担任蓟辽总督一职。为此，当时就有人妄加推测，以为戚与张的关系如此不一般，是戚经常给张送礼的结果。

事实上，张居正关于拒收馈赠的表述，在他跟各地的封疆大吏通信时，曾有过多次交代与叮嘱，为什么到了戚继光的头上，风声就闹得特别大，乃至一而再再而三地有人拿此说事呢？当下，笔者通过逐篇查阅张居正留存于世的全部书牍，终于发现有一封信涉及戚继光曾给张居正送礼一事的有关记载。

---

① 张居正：《与蓟辽督抚》，张舜徽主编：《张居正集》第二册，书牍一，湖北人民出版社，1994年，第50页。

那是在万历六年（1578）的夏秋之交，戚继光听说张居正的母亲赵太夫人由荆州老家到了北京，便派其弟贵州总兵戚继美在回防区途中，路过北京时到张宅给老人家送上一份礼。按说，戚继光此举算是以世家子侄的名义，送给老人的礼物，可张居正只是象征性地收下"锦帐"，其余的便又让戚继美都带了回去。随即，他还附上一封亲笔信给戚继光，口称："承令弟厚意，所寄锦帐只领用为母寿，余辄璧诸来使，再次申谢。"①

张居正当了十年的首辅，他死后即遭神宗皇帝的彻底清算，仅仅是人亡政息却也罢了，可因他重用边将、增强国防而建树的伟岸功勋在一些人的心中，却几近谋逆。这一种全没来由的猜度，甚至还差一点让其家族儿孙遭遇弥天大祸。

比如，当籍没张家的行动正在加紧进行之中时，有位侍读学士于慎行曾于四月初十日有封书信，径送至本案执行人刑部侍郎丘橓。在这封书信中即有句云："其（张居正）交密戚则有赂，路人则不敢；债帅巨卿一以当十者则有赂，小吏则不敢；得其门而入者则有赂，外望则不敢。此其所入亦有限矣。且彼以盖世之豪自雄，固不甘为污鄙。"② 从字面上看，于慎行的这封信确实出于一番好意。他的本意是说，张居正为人心气极高，不会太看重钱财，未必有公开受贿之举，就算是收有馈遗，也绝不会太多，眼下最紧要的事，就是要能抓住他跟"债帅巨卿一以当十者"私下交谊的真凭实据就行了。

于慎行信中的这"债帅巨卿"一说，原是有来历的。其典始自唐朝后期，是说因当时政治腐败，贿赂之风盛行，有些边关将帅为谋一职，动辄便向内廷宦官行贿，费至巨万；若有人手头暂时无钱，便会向富户借债，一旦得官后便加倍酬息。故"债帅"之称，便是特指那些贿赂结交、笼络权贵公卿的军中将帅。

事实上，于慎行对张居正的评价相对较为公允，他这一见解，基本上代表了包括当朝内阁首辅申时行在内众多官员的共有心理。殊不知张居正终其一生，赤心为国，而他跟戚继光之间的关系，从来便光明正大。反倒

---

① 张居正：《答总兵戚南塘》，张舜徽主编：《张居正集》第二册，书牍十，湖北人民出版社，1994年，第768页。

② 于慎行：《上月林邱少司寇橓书》，郭银星编选：《唐宋明清文集》第二辑，天津古籍出版社，2000年，第899页。

是因这次为着详加筛查而封存下来的信函，不仅真正展示出了张居正那忠心谋国的赤诚，同时也为后来张嗣修、张懋修兄弟整理编辑《张太岳文集》提供了重要的依据。

后来，张懋修在《张太岳文集》之书牍十二《答总兵戚南塘授击土蛮之策书》一文后，便曾特别附有一段注文。文中叙道："有一部堂讯狱，曰：'汝先大夫与戚帅相结，凡有书问，虽夜中，开门递进。意欲为何？莫非反状乎？'懋修答曰：'边烽紧急，宰相或不得坚卧不省。'部堂意阻。"当时，唯有丘橓有刑部侍郎的官衔，可以用"部堂"相称。所以，张懋修在本文所指的这个"部堂"丘橓，还真是抓住戚继光作为话题，在查抄荆州张家的过程当中用足了功夫。殊不知这样一来，反倒愈加坚定了张嗣修、张懋修兄弟在亡父未曾平反的前提下，含辛茹苦，积二十多年的忧愤而刻意整理编辑《张太岳文集》的信念。

当时，除丘橓等人处心积虑地要从政治上、经济上彻底整掉张居正之外，还有那位当时的文坛领袖、跟张居正既为科考同年，又是与其恩怨缠绕三十余年的老友王世贞也正在打算着手，要从伦理道德方面彻底搞臭张居正。

万历十八年（1590），行将就木的王世贞写下一部《嘉靖以来首辅传》，其中当涉及张居正与谭纶、戚继光关系时，其用心之歹毒、命笔之肮脏，堪称字字如刀、招招见血，用既准且狠的手段，一定要将这三人钉死在道德的耻辱柱上。历数当时之士人，其凶狠与恶毒之甚皆莫过于兹。他说：

> 天子谓居正运筹功多，居正益重戚。继光者，亦东南良将也。既移镇蓟门，多挟南兵，从而北人嫉之，继光惧。而是时兵部尚书谭纶与继光以财通，纶善御女术，颇干居正。居正试之，而验，则益厚纶，以示宠。继光乃时时购千金姬进之居正。且他所摹画多得居正意，以是事与之商榷，诸督抚大臣唯继光所择，欲为不利继光者，即为之徙去。①

① 王世贞：《嘉靖以来首辅传》，张舜徽主编：《张居正集》第四册，附录一，湖北人民出版社，1994年，第448页。

这段话概述当张居正执政之际，蓟辽总督谭纶为了巩固与当朝首辅张居正之间的密切关系，乃不惜向张进贡"房中术"。王世贞认为，当张居正初次在女人身上尝到了平生未曾体验过的甜头之后，谭纶又怂恿戚继光贪污军费，"时时购千金姬进之"。这样一来，明朝在蓟辽一线国防大业方面的有关筹措举动，及其所取得的边境安宁、民生丰裕等巨大功业，乃全是靠谭纶、戚继光之流依赖向张居正进献女色、搞黄色交易而得来的……殊不知当谭纶出任蓟辽总督时，内阁首辅为徐阶、高拱和李春芳等人，而张居正只不过是其间的一位阁臣罢了，至于王世贞对张居正本人的种种诋毁与诬蔑，则一向为正直的史家所不齿。这是后话，姑且按下不提。

显而易见，张居正是特别欣赏戚继光的军事才能因而特别推重他，而不是戚继光要刻意去巴结、趋附张居正。诚如著名史学家谈迁在《国榷》中所说："江陵能尽人之才，置戚氏蓟、永间，国家殆无北顾之忧；非戚将军附江陵也，江陵自重将军耳。"① 至于戚继光曾给张居正送礼一事，无非是戚继光出于对其知遇之恩一种答谢之情的流露罢了，何况张居正还仅收一二，以略表领情而已。

应当说，张居正主政的十年里，一如既往地支持、呵护戚继光，每当朝内有人想找戚继光的麻烦时，都被张居正出面代为化解；对于极个别心怀叵测之人，张居正更是以罢黜或调离的方式，以示薄惩。他之所以会苦心孤诣地这样做，就只有一个目的，即是为戚继光充分发挥自己的军事才能创造一个较为宽松的环境，这恰如他本人在一封书信中所说："戚帅才略，在今诸将中诚为稀有。"（书牍一《答蓟抚刘北川》）

为了答谢张居正的知遇之恩，更重要的是为了展示自身超卓的军事才能，戚继光在蓟镇大张旗鼓地训练士卒、建立新军、修筑长城，更新装备……万历元年（1573），他率部击败了朵颜部酋长董狐狸，迫使董狐狸降服。两年后，董狐狸与其弟长秃再次入犯边境，也被戚继光率军打得落花流水，长秃也被明军活捉，董狐狸只得再次投降，并发誓朵颜部永不再犯。之后，鞑靼诸部慑于戚继光的军事才略，一直不敢在蓟镇一带挑衅生事，渐次移兵辽东。

万历三年（1575）六月，辽东巡抚张学颜以六百里加急，呈上一份塘

---

① 谈迁：《国榷》卷七十二，万历十一年二月，缪振鹏：《明朝三帝秘录》，作家出版社，2010年，第198页。

报，称接到秘密线报，东、西两边的鞑靼大军将要合势前来进犯。张居正火速安排北方九镇各地镇、抚要员，加紧战备动员，着力侦察敌情，如有异常情况，须及时向朝廷汇报。不久，警报解除，原来是前沿哨所的守卫官兵误判军情，以致举朝震动、君臣皆惊。为此，张居正向神宗皇帝上呈一道《论边事疏》，对于加强北部边防事宜，做出明确的部署：

> 夫兵家之要，必知彼己，审虚实，而后可以待敌，可以取胜。今无端听一讹传之言，遽尔仓皇失措，至上动九重之忧，下骇四方之听，则是彼己虚实，茫然不知，徒借听于传闻耳，其与风声鹤唳、草木皆兵者何异？似此举措，岂能应敌？且近日虏情狡诈，万一彼尝以虚声恐我，使我惊惶，疲于奔命，久之懈弛不备，然后猝然而至，措手不及，是在彼反得"先声后实，多方以误之"之策，而在我顾犯不知彼己，百战百败之道，他日边臣失事，必由于此。故臣等不以虏之不来为喜，而深以边臣之不知虏情为虑也。兵部以居中调度为职，尤贵审察机宜，沉谋果断，乃能折冲樽俎，坐而制胜。今一闻奏报遂尔张皇，事已之后又寂无一语，徒使君父日焦劳于上，以忧四方，而该部以题复公牍，谓足以了本部之事耳。臣等谓宜特谕该部，诘以虏情虚实之由，使之知警。且秋防在迩，蓟辽之间，近日既为虚声所动，征调疲困，恐因而懈怠，或至疏虞，尤不可不一儆戒之也。[①]

在张居正看来，这次军情误报，虽是坏事，却也反映出兵部及其下属各级军事指挥机构的严重弊端。所以，他从制度建设入手，大力强化了各级指挥机构对于军情判断、敌情分析、决策经过、调兵应急等处置手段的优化与改革；并着力强调，兵部的职掌之重，关键在于要"审察机宜，沉谋果断"。通过他这一番整顿，明廷应对突发事变的指挥机制，以及军队的战斗力都有了明显提升。

当年冬季，鞑靼军泰宁部绰哈联合土默特等部，率骑兵两万余众，从平南堡窜入辽东腹地，狂呼奔突，蜂拥而进。辽东总兵官李成梁派遣军

---

① 张居正：《论边事疏》，张舜徽主编：《张居正集》第一册，奏疏四，湖北人民出版社，1994年，第183页。

队，迎头痛击。鞑靼军受挫，遂将兵锋转向沈阳，但这时明军已在城外列营扎寨。鞑靼军见已失先机，乃占据城西北一处高地，试图发挥骑兵突击闯阵的优势，居高临下，一鼓作气地扫荡明军。

李成梁胸有成竹，当鞑靼军发起攻击时，便用火炮密集齐射敌军马队。绰哈见兵卒损伤过半，胆魄俱失，只有尽弃辎重，溃散逃亡。明军乘胜追击，斩获敌军数以千计。这一仗史称"绰哈之役"，朝廷接到捷报，晋封李成梁太子太保衔。

《明史》对于这一仗的评价，乃附记于《戚继光传》中，称："然蓟门守甚固，敌无由入，尽转而之辽，故成梁擅战功。"这就是说，由于有戚继光坐镇蓟州，固若金汤，这才成就了李成梁战功卓异的勋绩。《明史》是清朝立国后历时九十九年修纂而成的，因而这个评价，应当具有较高的史论价值。

总之，自万历十年（1582）的一番调动之后，戚继光后来虽在广东住了一段时间，可不过两年多，兵科给事中张希皋等又上奏章弹劾戚继光。朝廷听信谗言，乃命其解职离任。戚继光无所留恋，当下回返老家蓬莱，解甲归田。此时，距他于隆庆三年（1569）出任总理蓟昌保定练兵事务、镇守蓟州等地之际，刚好时隔十六年。

此前，也就是在万历十二年（1584）的岁末，当戚继光尚在去广州赴任的途中，曾顺道回过一次蓬莱。那时，他跟乡邦父老盘桓了将近三月，在辞行的饯别酒会上，曾经特地赋诗一首，以寄托心中的无限感慨：

> 五岭迢遥秋望迟，白头今复动离思。
> 儿童遮道看传节，朋旧临歧为举卮。
> 仰面还惊归鸟下，扪心拒遂片云移。
> 东门尚有瓜田在，重语园丁好护持。[①]

戚继光的文学修养颇高，在当时很有诗名，被人们誉为文武兼备的"儒将"。清初著名文论家钱谦益在《列朝诗集小传》中评介其诗说："少保（戚继光）少折节为儒，通晓经术，携手徒步，人莫知为故将军也。少

---

① 刘事鑫、凌丽华主编：《戚继光年谱》，"五十七岁条"，山东大学出版社，1999 年，第 320 页。

保绥靖闽浙，功在东南，生平方略，欲自见西北者，十未展一二。故其诗多感激用壮、抑塞偾张之词，君子读而悲其志焉。"在这一首诗中，戚继光告知故乡亲友：我老了，而到五岭之外广东的路却太远、太长；回顾往事，人事纷杂，秋风萧瑟，满目苍凉……他暗示仕途艰险，举世皆浊，并流露出了自己不久即会解甲归田的意愿。他真是觉得太累了，而东门外的田园畦垄，才是他人生的最好归宿。他谆谆告谕早已安排下的园丁好生护持庄稼，自己不久即将回归家园，以息影林泉，终老桑梓。

联系到戚继光毕生对国事的悉心牵挂，他这"东门尚有瓜田在，重语园丁好护持"之语，焉说不是一位心雄万夫的老将对当朝衮衮诸公的谆谆冀盼和期许。庙堂已无张居正，而神州大地尚须有人撑持，各位"园丁"可要尽心，须得齐心协力地护持好我们的共有家园啊！

晚年时期，每当戚继光回顾生平之时，总免不了会想起张居正对自己的全力关照与呵护之情，禁不住意态悱恻。后来，他在《孝思祠祝文》中曾这样写道："回首视之，或临锋镝，或逢水火，或督我愆，或忤当权，或为挂藉，或蹈嫌疑，实数濒于死地而邀天幸，以全其生也。"①

戚继光对自身虽历尽艰辛最终竟能全身而退的遭际，倍感欣慰。自从回到故乡蓬莱后，他又度过了两年的寂寞时光。万历十五年（1588）十二月二十日的凌晨，一代名将在家中与世长辞。

据戚祚国汇纂的《戚少保年谱耆编》记载，戚继光于"蜡（古语中蜡、腊互通，古时腊祭之日为农历十二月初八，这天叫腊日）之前一日病作，漏二鼓始入内，家人以后事请，一无所语，鸡三号遂安然体逝而终矣"。②

弥留之际，这位得以善终的老将军没有留下任何遗言。或许，最终萦绕于他脑海中的人生片段，是与恩相张居正惺惺相惜、共建北部蓟镇边防的那一段美好时光吧。可是，眼前国是日非，风雨如磐，这一切又该向谁去倾诉呢？大约还是他的老上司、老朋友，曾任兵部侍郎的汪道昆能够理解这"一无所语"的隐衷，当他亲笔为戚将军撰写墓志铭时，怆然写道：

---

① 戚继光：《孝思祠祝文》，刘肃鑫、凌丽华主编：《戚继光年谱》，山东大学出版社，1999年，第326页。

② 刘肃鑫、凌丽华主编：《戚继光年谱》，山东大学出版社，1999年，第327页。

"蜡日，鸡三号，将星殒矣。"

张居正、戚继光的命运，成为大明命运盛衰兴替的一个历史转折点，这既是他们个人的悲哀，更是整个大明天下的悲哀。

第五节　众口铄金的覆巢之祸

张居正死后，神宗皇帝起初还是有所表示，"怆悼辍朝"，并赐给张家搭建丧棚用的孝布五百匹、大米二百担；两宫皇太后也赐给孝布二百匹、大米二百担。皇上还和同母弟潞王合赠银子两千三百两、香油一千斤、香烛一千对、薪柴一万斤……朝廷特许京城设祭坛九座，供官民吊唁，后来因赴吊的人太多，又增设七座祭坛；追封张居正为上柱国，谥文忠。

张居正病重之时，朝野上下似乎涌动着一股惊悸、忧虑、惶恐、迷惘的情感暗流，人们似乎都在为国势的未来走向而深感担忧。在这个铁腕首辅的悉心调理之下，大明王朝花了十年之功，各项政务渐次走上了正轨，如今万一有所不测，前途不可瞻望。斋醮，是那时候的人们普遍认为祈祷上苍的最好办法，也就是请来僧人、道士，设立斋坛，让这些高士祈祷神佛，以求保佑。据王世贞在《张公居正传》中的记述所称："而自六部卿大臣、翰林、言路、部曹，下至官吏冗散，亡不设醮祠庙，为居正祈祷者。吏部尚书而下舍职业而朝夕奔走，仲夏曝身赤日中，延至南都、山陕、楚汴、淮漕，抚、按、藩、臬，亡不醮矣。"[1]

王世贞的这段记述有多大的可信度，不得而知，但至少说明了一个问题：张居正以一身而系国家安危，人们对他十年的艰辛劳苦，予以了充分的认同。

张居正过世之后，灵柩需运回湖广荆州老家，朝廷特派在京的四品堂官，以及锦衣卫的执勤人员，沿途参与护送其灵车南归，另委司礼太监陈政为整个护丧队伍的总管事。据时人沈德符所述："盖本朝未有之典也。"[2]

---

① 焦竑：《国朝献征录》卷之十七，《续修四库全书》编纂委员会编，史部·传记类，上海古籍出版社，1996年。

② 沈德符：《万历野获编》卷六，"内臣护行"，中华书局，1979年，第167页。

在夏天的烈日下，装载着张居正棺木的灵车缓缓而行。在它之后，是大小共七百余辆的骡轿及辎重车，总计有三千名军卒、夫役推拥而行。这支队伍前后十余里延绵不绝，沿途路祭的各地百姓更是一眼看不到头。

张居正魂归故土，其墓地就设在嘉靖三十三年（1554）后他先后六载赋闲时栖身的乐志园内。这里的湖水还是那般明净清澈，田园依然畦垄齐整、菜蔬葱茏，远行千里的主人归葬于兹，长眠于此。自此，当年的乐志园便成为明朝中后期一代贤相的最后归宿。

同年十二月，朝政格局发生了文武百官意料之外，却又在情理之中的重大倾斜——神宗皇帝回想起两年前被逼迫无奈，痛下罪己诏的那段伤心事，瞅准宫内司礼太监冯保失去了内阁支持的机会，在本月初八这天，策动江西道御史李植参奏"司礼监太监冯保当诛十二罪"，成功地剪除了这个自幼即陪伴他近二十年的忠心"大伴"。此时，初掌权柄的神宗皇帝对这个为他操过不少心的"阉竖"毫无怜惜之心，当即下诏："保欺君蠹国，罪恶深重，本当显戮；念系皇考付托，效劳日久，姑从宽。降俸御，发南京闲住。伊弟侄冯佑等都革职，发原籍为民，张大受等降小吏者发孝陵司香。仍将各犯财产抄没入官！"①

神宗皇帝派人前去查抄了冯保的府邸，"尽籍其家"，收获极大。据《神宗实录》记载："金银百余万，珠宝瑰异称是。"

冯保总算是保住了一条老命，拖着阉残老迈的身躯，孤苦伶仃地到南京等死去了。而踌躇满志的神宗皇帝，首次尝到了抄家的甜头。

一度威焰万丈的"政治大佬"、宫中总管冯保倒台，这不啻是神宗皇帝发出的一个政治信号，他将要对前些年因大权旁落而留下的种种缺憾，开始着手"清盘"了。朝中那些言官们个个贼精得如寄生在他肠子中的绦虫似的，一经号准了这道脉，一道道弹劾前内阁首辅张居正的奏疏便紧接着纷至沓来。

同月十四日，也就是冯保被逐的六天之后，陕西道御史杨四知率先上疏，直接将攻击的矛头明确对准张居正。他列举出张居正十四项大罪，称其"贪滥潜窃，招权树党，忘亲欺君，蔽主殃民"等，不一而足。

神宗皇帝还想再看看朝中的风向，趁势也摸一摸张居正秉政十年，其根基究竟有多深，于是惺惺作态地假装表示："居正朕虚心委任，宠待甚

---

① 《明神宗实录》卷一百三十一，万历十年十二月乙酉朔，"壬辰条"。

隆，不思尽忠报国，顾乃怙宠行私，殊负恩眷。念系皇考付托，侍朕冲龄，有十年辅理之功；今已殁，姑贷不究，以全始终。"①

万历十一年（1583）春节刚过，已是觉得稳操政柄的神宗皇帝为了树立自己的权威，甚至连元宵节也过得不安生，乃自正月十四开始，急吼吼地推行起了他谋划已久的彻底清算前内阁首辅大学士张居正的"倒张"运动。

先是御史黄钟弹劾湖广巡抚陈省，指斥其曲意巴结张居正。神宗皇帝即刻降谕下达处分决定："褫陈省职为民！"

同日，御史江东之上呈弹章，力劾佥都御史王宗载、御史于应昌、江西巡按陈世宝等，追论他们三人当年利用刘台弹劾案，为奉迎、巴结张居正，趁机"辱台苦楚万状"，乃至逼刘台在浔州戍所横死的诸多罪行。身为当事人之一的陈世宝无端蒙冤，自觉难以辩白，于猝然间吓得顿时"呕血暴卒"；佥都御史王宗载自辩其罪，诏下刑部议罪。②

元宵节刚过完，工科给事中唐尧卿于正月十六日提出建议："今诚发明诏，令平日往来群奸之门者，速自省改，勉修职业，以图将来之效；其愿避贤路，许以礼去，若逢颜易向，阴谋报复者，容臣等查访劾奏。"

唐尧卿的奏疏，是想要将张居正生前信任过、使用过的官员视作其党羽，通过检举、揭发或自劾、悔过等方式，将这些人一网打尽。神宗皇帝深知，为张居正所擢用、超迁的官员，有好多还是朝廷的顶梁柱，眼下乃是须臾不可离弃的，如梁梦龙、张佳胤与王国光、潘季驯等，于是有意放宽一步，表示暂且不再继续深究："各攀附有显迹的既已处治了，其余许令省改修职，不必再行搜索。以后有怙恶怀奸、仍前恣肆的，指实参来重究。"③

正月十九日，南京刑科给事中阮子孝上疏，追论前内阁首辅大学士张居正的儿子张嗣修、张懋修、张敬修等"两科连中三人"事。神宗皇帝不稍宽假，当下便直接在其奏疏上御笔批复："张懋修等，都着革了职为民。"

在继任首辅张四维的具体运作、操办下，到此为止，凡是先前为张居

① 《明神宗实录》卷一百三十一，万历十年十二月乙酉朔，"戊戌条"。
② 《明神宗实录》卷一百三十二，万历十一年正月乙卯朔，"戊辰条"。
③ 《明神宗实录》卷一百三十二，万历十一年正月乙卯朔，"庚午条"。

正夺情、清丈等事受到责罚、打压之人，全部都被朝廷重新提出来平反昭雪、官复原职；而此前受到张居正信任的人，除实在于关键岗位上难以遽作罢斥者之外，大多削职为民，或者径自下刑部议罪。

总之，自万历十一年（1583）三月初一日，神宗皇帝发布诏令，"大理寺以游守礼、冯昕等狱"，褫夺前内阁首辅大学士张居正的上柱国、太师的赠官；到同年八月初九日，神宗皇帝再发诏令，"追夺"张居正的"文忠公"谥号。也就是说，在这仅仅不到半年的时间内，张居正的形象便被彻底颠覆。

如今，乾纲独断的神宗皇帝再也不是任人摆布的玩偶了，他完全可以为所欲为，想怎么样就怎么样。比如，就在这段日子里，他就先后发布了两道谕旨，一是"命礼部选民间女子年十一以上、十五以下者三百人，进宫预教"①；二是"命景府征收芜湖青布，太仓夏布，京店纸货，江西油纸扇、苘、好麻，徽州茶叶、青靛，经纪李真、甄大海，皂矾……共八条；仍归福德等三店，属潞府管业"②。

这前一条谕旨，无非就是为了满足皇帝个人的淫欲，去民间挑选容貌姣好娟秀的少女进宫，做他本人的玩物；后一条是要将当年由皇叔景王分封的最好的土特产品、工商店铺，以及优秀经营者全都重新征用，作为礼物送给他的亲弟弟潞王朱翊镠。

张居正的毕生勋业毁于一旦。前些年尚为这个刚逾弱冠之龄的青年帝王崇敬有加的恩师、为其辅政的内阁首辅张居正，不仅声名狼藉，更是成为朝中众臣恨不得啮其肉、饮其血的专擅丑类；甚至有好多在其病重时还伫立于斋坛前为之祈祷的人，也朝他泼起了脏水。

云南道御史羊可立私窥上意，认为机会到了，将弹劾张居正的调子猝然拔高，无中生有地说："已故大学士张居正隐占废辽府第田土，乞严行查勘。"③

其实，早在张居正生前，其所谓"隐占废辽府第田土"的罪名便已经被传得沸沸扬扬。当时率先发难者，正是张居正的门生、巡按御史刘台。对于张、刘纷争，史有明载，恕不赘述。就是在刘台于万历四年（1576）

---

① 《明神宗实录》卷一百三十三，万历十一年二月甲申朔，"壬辰条"。
② 《明神宗实录》卷一百三十八，万历十一年六月辛亥朔，"癸丑条"。
③ 《明神宗实录》卷一百四十一，万历十一年九月己卯朔，"壬午条"。

弹劾张居正的那一道奏疏中，便有"诬辽王以重罪而夺其府第"之语。大约刘台指斥张居正的罪状过多过滥，有不少皆为闻风劾奏之语，而张当时又因身居当朝首辅之尊，未便逐一反驳，所以，尽管刘台一案靠着明神宗的强制打压而告结束，但这一罪名却仍被张居正的政敌紧紧握在手中，只待时机一到，便唆使羊可立跳出来用作致命一击，直敲其天灵盖。

几乎是间不容发，紧接着便有末代辽王宪㸅的生母王氏向朝廷进呈《大奸巨恶丛计谋陷亲王、强占钦赐祖寝、霸夺产业、势侵全室疏》，诬陷张居正侵夺辽王府金宝财货，并扬言"金宝万计，悉入居正府"。神宗皇帝当即决定，查抄荆州张家，"命司礼张诚及侍郎丘橓偕锦衣指挥、给事中籍居正家"①。

说到辽王宪㸅因罪除国之事，乃发生于隆庆二年（1568）。其时，张居正入阁未到两年，位居其上的尚有首辅徐阶、次辅李春芳，以及阁臣陈以勤等；以他这样一个新近进入内阁的礼部尚书兼武英殿大学士，想要挟私愤扳倒一个亲王，显然还不具备相应的政治能量。因此，连神宗自己在事后也曾有"辽府废革，既奉先帝宸断"的说法。

至于王氏指控张居正所谓"强占钦赐祖寝"的说法，乃是张父于万历五年（1577）去世之后，翌年张居正获准返乡归葬亡父灵柩。此时，神宗敕赐给张家一块坟地，因其处位于荆州西门外太晖山一侧，正好与已故湘献王朱柏的王陵毗邻，故被王氏以移花接木之计，造谣生事，恶意攻讦。案发以后，张家后人已经将那处祖坟迁至张居正墓的旁侧。

此外，还如所谓"势侵全室"之罪，则更是虚张声势的诛心之说。这"势"，是"有这个趋势"之意，并非已经执行。可神宗皇帝要的就是这个由头，当下他便不问青红皂白，一概将"侵夺王坟府第"的罪名强加到张居正头上。

殊不知神宗皇帝即便以九五之尊，也不能尽掩天下人之口。同时代的士人沈德符就在其《万历野获编》中，以事实做根据，分别在两处揭示出这一大冤案的由来。先说末代辽王朱宪㸅的生母王氏是看到张居正垮台后，趁机栽祸给他，其目的只是想恢复辽藩。文中写道："江陵公（指张居正）败，其母妃尚存，归咎江陵，求复国。廷议，还故庶人骸归葬，而国不许

① 《明神宗实录》卷一百四十八，万历十二年四月丁未朔，"乙卯条"。

复。议者以此实江陵之罪，已为可笑。"①

这就证明，朝廷通过廷议，否决了末代辽王的生母王氏"复国"之议；倒是她诬陷的内容，却坐实为张居正的罪名。

接着，沈德符为废辽府王氏这种受人指使、最终只能落得个竹篮打水一场空的结局打抱不平。他说："江东之、羊可立最先上疏，上（指明神宗朱翊钧）寻晋三臣（含李植）少卿，以旌发奸之功。于是，故辽府母妃亦露章诉冤，而籍没之旨下矣。"这是指当神宗皇帝亲自策动"倒张"运动时，有江东之、羊可立和李植等三人甘效前驱，而都升了官；但也只是当"露章诉冤"的辽府次妃提供了最过硬的"依据"后，那道籍没之旨才有借口颁发下来。

算来，这时也该逾古稀之年的王氏，应该不会是主动跳上前台，来向朝廷进呈这样一份栽害同乡张居正的奏章的。再说，其奏疏上呈时的火候、时机都拿捏得这么准，语言的分寸、词句也把握得那么妙，所有这一切，似乎也不是一个七老八十的老妪所能做到的。显而易见，如果不是李植、江东之和羊可立等人受到指使，他们大约也不会采用这种手段，从旁来怂恿、帮衬王氏。当这一切尘埃落定之后，江东之、羊可立和李植等三人都升了官，而这做过查抄张家"敲门砖"的王氏，最后只落得个"援徽府例赡养"、度此残生的可悲下场。

万历十二年（1584）四月初九日，也就是王氏那道奏章呈交朝廷的当天，神宗皇帝就颁发了诏书：由司礼太监张诚和刑部右侍郎丘橓查抄荆州张家。当张诚、丘橓一行尚在赶往荆州途中时，他们即派信使日夜兼程疾赴湖广，命令地方官府安排兵卒差役，封闭张府门房，登录府中人口。那时，一些老弱妇孺因来不及退出，而门已封闭，结果因天气酷热，饮食难周，先期即饿死十余人，相传死者"皆为犬所残食而尽"②。

本案负责人、刑部右侍郎丘橓，早就视张居正为自己的眼中钉、肉中刺了。张居正死了之后，为了顶替被清算掉的张氏亲信官员，丘橓是被神宗皇帝召回而官居要职的。他重新上台不久，便上了一道著名的《陈积弊八事》奏疏，批评这个、指责那个，对朝廷的现行政局表示极度不满，试

---

① 沈德符：《万历野获编》卷四，"辽王封真人条"，中华书局，1979年，第121页。
② 王世贞：《嘉靖以来首辅传》，张舜徽主编：《张居正集》第四册，附录一，湖北人民出版社，1994年，第469页。

图借此而在朝堂立威。到了万历十二年（1584）三月十六日，已是刑部右侍郎的丘橓再度上疏，对当下要务条陈三款。其疏中的每一款，其锋芒几乎都是指向张居正。比如他指名弹劾时任按察司副使的前湖广巡抚朱琏，说："朱琏则又认冯保为义父，结游七为义兄。今父充净军，兄拟斩罪，为子弟者乃止罢官？况拶剔湖广一省之脂膏，半辇载于张、王二家，是尚为有纲纪乎？"①

此前，因冯保、游七等，均早已被神宗皇帝明旨处分，故丘橓在这里特地点出其名，由此顺藤摸瓜，含沙射影，意在敲山震虎。尤其是文中之"张"，是指张居正；"王"，乃是指前吏部侍郎、湖广夷陵州（今宜昌市）人王篆。所有暗示，都是在用"湖广一省之脂膏"做诱饵，其目的就是要将人们的注意力由政治清算继而转为经济清算，为查抄荆州张家大造舆论，由此充分显示出了"山雨欲来风满楼"的行动迹象。

丘橓不愧为刀笔吏中的高手。在这里，其"拶剔"一语，用得既形象，又狠毒。要知道，所谓"拶"乃是当时官府实施的一种酷刑。其刑具为分成两排的竹签，各排用五支竹签打孔穿绳制成。上刑时，差役分别将犯人双手手指插入其中，只需一声令下，当即便拉紧绳索。一旦用力收紧，竹签压勒手指，任是再强硬的汉子，往往也会当堂告饶。丘橓用这样一种说法，首先便意味着他在向神宗皇帝举报，说是前湖广巡抚朱琏采用一种"拶剔"的极端残忍手段，在为张居正、王篆两家搜刮民脂民膏，其进奉给荆州张家、夷陵王家的钱财数额，为湖广全省一年收入的半数。

丘橓的这道奏疏，深深地激起了神宗皇帝的好奇心。鉴于这个青年帝王对钱财有种天生强烈的占有欲，或许正是丘橓的这一暗示太具诱惑力，所以促成他刚一接到末代辽王宪㷇生母王氏的那道奏章，便不问青红皂白，下达了查抄荆州张家的谕旨。

有学者细捋史籍，发现丘橓的这道奏疏，与王氏上呈的那道奏章，二者时间仅隔二十余天。由此可见，最终令神宗皇帝下决心查抄荆州张家的，是这两份与钱财田产紧密相关的奏疏。

从踏进荆州张家的第一步起，丘橓就下了决心，一定要对这个压制自己十来年的仇家痛加捶击。在查抄行动中，他首先是依照湖广全省之半的财富，进行了一番换算，得出的结论是，张居正家里至少藏有两百万两银

① 《明神宗实录》卷一百四十七，万历十二年三月戊寅朔，"癸巳条"。

子。随后，他为着这一宗查抄指标，竟不惜将做人的起码道德准则践踏于脚下，以无所不用其极的手段，对张居正的家人展开了血腥的报复。一方面对张居正的几个儿子隔室刑讯，轮番拷打，穷迫硬索；另一方面命锦衣卫率领一干府县差役，将所有宅院的屋里屋外翻腾个遍，甚至掘地三尺。可任凭他们如何捶扑敲打、穷搜苦索，最终却怎么也查抄不到这个数字十分之一的金银宝货。

怎么办？张诚和丘橓对外硬说张家长子张敬修已招供，指认有三十万两银子藏匿于张居正的亲信钟祥曾省吾、夷陵王篆、江陵傅作舟等人的家里，从而扩大搜掘范围，将锦衣卫分作三拨，让他们各自率领差役，火速赶往上述三家，分头锁拿曾省吾、王篆与傅作舟等人，严刑拷打，苦苦勒逼。当时的情景，因乡邦父老口口相传，到了清康熙朝修纂《荆州府志》时，乃有一段话忠实地记录下了当年发生的这场灾难："籍没命下，刑部侍郎丘橓等至荆。方酷暑，暴诸子烈日中，掠治惨烈。因讽以诬，所不快，且旁摭荆大性。"[1]

张敬修遭此劫难，原本就犹如万箭穿心，再见钟祥曾家、夷陵王家、江陵傅家均无端蒙受此牵连，而丘橓却还将这盆污水扣到自己头上，更是愤慨万分、肝胆俱裂。他难以自解，也实在受不了如此酷烈的折磨，乃于悲愤交加之中趁暗夜自缢身亡。临终前，张敬修留下一纸绝命书，真实地记录了张府遭受这场弥天巨祸的惨状："可怜身名灰灭，骨肉星散，且虑会审之时，罗纳锻炼，皆不可测……丘侍郎、任抚按，活阎王，你也有父母妻子之念，奉天命而来，如得其情，则哀矜勿喜可也，何忍陷人如此酷烈！"[2]

荆州张家这场灾难的酷烈实况，此后亦为当时士人沈德符记录在《万历野获编》之中，其所述至今读来亦令人颇感悲怆："今上癸未甲申间，籍故相张江陵，其贻害楚中亦如之。江陵长子敬修，为礼部郎中者，不胜拷掠，自缢死。其妇女自赵太夫人而下，始出宅门时，监搜者至，揣及亵衣脐腹以下，如金人靖康间搜宫掖事，其婴稚皆扃钥之，悉见咬于饥犬，

① 清康熙二十四年刊本《荆州府志》，"张敬修条"，湖北人民出版社，2014年版，第1076页。
② 张敬修：《礼部仪制司主事敬修》，张舜徽主编：《张居正集》第四册，附录一，湖北人民出版社，1994年，第544页。

太惨毒矣！"①

时隔百年之后，康熙二十四年（1685），地方当局在主持修撰《荆州府志》时，遴选的主撰者，就是在籍乡宦、本邑学人胡在恪。因当时战乱方休，民困未解，这部府志的修纂体例相对简略。尽管如此，修撰人依然于"人物"卷中，专设"张敬修"条，对当年张敬修面对丘橓之刑讯"追赃"正气凛然、厉声驳斥的情景，做出了鲜明的描述："敬修《狱中报橓书》有'先人在国数十年，赍赏之外无私入，赐第之外无别椽，刚介之节，海内共知'等语。"②

张敬修用以生命为代价进行抗议的悲壮举动，来洗刷这群人面兽心的施虐者强加给先父的贪污罪名，也算没辜负张居正的多年教诲。

丘橓的公报私仇，无疑令人深为不齿；而神宗皇帝正是利用了他的这种心理，才派他前来主持查抄。所以，张敬修自缢身亡后，荆州张家的悲惨遭遇渐次传播开去，但凡人有所闻，皆不能不为之扼腕痛惜。由于获得多数朝臣的同情，故有许多大臣纷纷上疏，为张家求情。为着平息众怨，神宗皇帝只好又另行下诏："居正大负恩眷，遗祸及亲，既伊母垂毙失所，诚为可悯，其以空房一所、田地十顷资赡养。"③

经过张诚和丘橓等人为时半年的查抄，据刑部当时造列的清单，从张家所获金银宝货计为：黄金两千四百余两，白银十万七千七百余两，金器三千七百一十余两，金首饰九百余两，银器五千二百余两，银首饰一万余两；另有玉带几条等。此即为《明史》所换算成的"得黄金万两，白金十万余两"。这些穷搜苦索而获得的金银宝货，无疑与丘橓的最初蠡测、神宗皇帝的事前估计皆相去甚远。

神宗皇帝下不来台，为了给天下人一个交代，乃于万历十二年（1584）八月十三日给本案做出定论："张居正诬蔑亲藩，侵夺王坟府第，钳制言官，蔽塞朕聪，专权乱政，罔上负恩，谋国不忠。本当斫棺戮尸，念效劳有年，姑免尽法；伊属居易、嗣修、顺、书都永戍烟瘴。都察院其榜居正罪状于省直。"

① 沈德符：《万历野获编》（上），"籍没二相之害条"，上海古籍出版社，2012年，第177页。

② 清康熙二十四年刊本《荆州府志》，"张敬修条"，湖北人民出版社，2014年版，第1076页。

③ 《明神宗实录》卷一百四十九，万历十二年五月丙子朔，"癸卯条"。

事实上，上面所述这些被"籍没"的张家财产，除去十年来皇帝及太后对张居正的屡次重额恩赏、他本人官居一品十二年考满的高额俸禄、本宅田亩的稻作收入之外，还有已进家门五房媳妇的陪嫁妆奁，如果再加上当张居正去世后阖朝文武百官及京城百姓给这位前首辅赠送的赙仪（悼念亡灵赠送的奠金），可说是这个家族四代人数十年间合法收入的总和。

明清易代之后，江苏长洲（今吴县）有位士人徐树丕曾在其《识小录》中这样介绍说："丘司寇橒，本清方之士，然其胸次隘，好为名高，不近人情……江陵没后，丘乘败覆之，甚惨。未几，丘之子、进士君旋没，而丘亦遂殂，竟至乏嗣。人以为，天道好还之报。"①

这段话写得可谓事理清晰、首尾圆合，说是当张居正死后，丘橒便趁机报复他，将其家人整得极惨。不久，丘橒的儿子刚中了进士，就不明不白地死去了；丘橒本人也因绝了后嗣，郁郁而终……人们都说，头上三尺有神明，这样的"现世报"，便是上天对丘橒的最好惩罚。

《识小录》为私家笔乘，属稗官小说，关于"天道好还之报"之说，原本当不得真，不过其中却活画了丘橒那"乘败覆之"极其丑恶、凶残的酷吏嘴脸。

这一场浩劫，唯一平安躲过的张家亲属，是夷陵州人刘一儒。

刘一儒，字小鲁，是沈德符祖父的同年进士，所以《万历野获编》对此事载录甚详。书中还说：刘一儒的儿子叫刘戡之，"少年美丰姿，有隽才"，娶了张居正的独生女儿。张居正非常喜欢这个女婿，可亲家刘一儒对他却敬而远之。当张居正独揽大权、炙手可热时，刘"独退避、居冷局"，还苦口规劝他，要其办事不要太急躁冷峻。日子一长，双方矛盾渐渐加深，张居正也只让刘一儒在南京做一个闲散的副职官员，并数年不允其超迁。刘戡之到武昌去参加乡试，刘一儒听人说张居正早打过招呼，说本届湖广乡试无论如何都要让戡之中举，于是当下命儿子请病假返乡，回避应试。张居正事后听说女婿连考试都不参加，虽是心存不满，却也无可奈何。这次张家遭难，御史们都纷纷给皇帝上疏，说是刘一儒曾被张居正疏远，饱受委屈，应当为他伸张正义；可当朝廷提出要升刘一儒为户部尚书时，他却主动提出乞休返乡。归家后无论旁人怎么劝，他都再也不打算

---

① 徐树丕：《识小录》卷之三，"丘司寇条"，《续修四库全书》，上海古籍出版社，2002年。

出来做官了。后来，刘一儒去世，其子刘戡之才再次应考入仕，终其一生，只不过做了个户部郎职衔的小京官而已。

沈德符还说，他跟刘戡之是极要好的朋友。沈自称还曾见过张居正的那位爱女，惊叹其"貌美如天人"。张家破败后，她便不再对人言笑，整天唯默坐无言，或暗诵经文；若是问其念的什么经，她的回答总是文不对题。数年之后，这个苦命的女子竟"趺坐而化，若蜕脱（古人称谓得道成仙的说法）者"。

后来，沈德符甚至又记述说，这张家女子自从和刘戡之成亲后，双方竟未曾有过夫妻情事，她最后乃以童贞处女之身辞世。

总之，张居正在荆州的家被查抄了，那歹毒褊狭的神宗皇帝同时也彻底地否定掉了自己人生最为可贵的前十年。与此相呼应的是，张居正的同年兼好友王世贞同样也在心中纠结了多年后，最后以无比决绝的手段，亲手埋葬了他跟这位前首辅三十余年的交游情谊。

嘉靖二十六年（1547），年仅二十一岁的王世贞跟张居正一道，在丁未科春闱中获取功名。当时，张居正因排名在前，为二甲第九名，故被选入翰林院，而王世贞则因排名偏后，故先观政大理寺，后授刑部主事。与他们同榜登科的，还有杨继盛、汪道昆等人。

张居正死后，神宗皇帝查抄张家，自此而政风大变："当其（张居正）柄政，举朝争颂其功，不敢言其罪；今日既败，举朝争索其罪，不敢言其功，皆非情实也。"① 在这种背景下，与张居正同龄的王世贞又多活了八年，终于在人生的最后一息完成了他的心血之作《嘉靖以来首辅传》。在这部书的篇末，他借"野史氏曰"的语气，将张居正拖出来再一次地大加鞭挞："居正申商之余习也，尚能以法制持天下，器满而骄；群小激之，虎负不可下，鱼烂不复顾，寒暑移易，日月亏蔽。没身之后，名秽家灭。善乎夫子之言：虽有周公之才之美，使骄且吝，其余不足观也已。"②

当年，儒学道统居于正统地位，申（不害）、商（鞅）的一套法家学说，历来都会被当局视之为思想异端。可在王世贞看来，张居正甚至连其

---

① 谈迁：《国榷》卷七十二，万历十一年二月，缪振鹏：《明朝三帝秘录》，作家出版社，2010年，第198页。

② 王世贞：《嘉靖以来首辅传》，《钦定四库全书》，史部，传记类三，中华书局，1997年，第452—533页。

137

余绪也未学到，更何况，他还器小量狭，恃宠而骄，再加上群聚身边的宵小之徒跟着起哄，于是形成一种骑虎难下、鱼臭难移而不可收拾的局面。言及至此，王世贞还不解恨，继而以极轻蔑的口吻道："难怪孔夫子有言在先，就算如周公旦那样才华盖世，假使骄吝自用，那还有什么可说的呢！"

王世贞的这段话，怎么看都含有暗自幸灾乐祸的意味。他以这样一种负情背义的诛心之论来糟践老朋友，真有负于孔孟先贤教诲读书人须得宅心仁厚之衷愿。想想也是，王世贞在青年时代是何等目空一切啊，论家世、讲文才，怎么说也不会在军户出身的张居正之下。可张居正就算是当上了首辅又怎么样呢，到头来还不是"名秽家灭"？于是乎，当王世贞行将走完人生之路时，他拼尽全身之力，索性再将原已"秽"不可闻的张居正一脚踹进道德的罪恶渊薮之中，必欲使之遗臭万年而后快。

由此可见，身为书香世家的豪门公子王世贞，对一介平民子弟张居正该是有着何等深重的怨毒，而以门第家世待人的王世贞，之所以会在大半辈子时间内与张居正纠缠不清，正是由于他本人在思想上迈不过这道坎。

第六节　神宗皇帝查抄张家的动机溯源

清朝顺治年间问世的《明史纪事本末》是一部私人史著,其编撰人谷应泰虽然对张居正深恶痛绝,还曾经以非常犀利的言辞痛骂其"倾危峭刻、忘生背死之徒",甚至说他"包藏祸心,倾危同列,真狗彘不食其余"[1];可他记叙的神宗皇帝查抄荆州张家之前,曾与被当时世人称颂为"九莲菩萨"的李太后之间有过的一段对话,却显得别有意味,发人深思。

万历十一年(1583)刚过新年,慈圣皇太后便趁神宗皇帝政务闲暇之机,跟他说起潞王的婚事。这年,神宗的同母弟潞王朱翊镠已是虚龄十六岁了,按照皇室的惯例,这位亲王应该抓紧把婚事办了。身为这兄弟俩的生母,太后一心想把小儿子的婚礼操办得更丰盛一些,可朝廷历来皆有定例,要花的银子须得户部从国库列支。若是用得多了,除非内廷另有积蓄,否则外朝的那些官儿们又会搬出《大明会典》来,一条一条地予以比照,吵吵嚷嚷地议个不休,又是什么圣人教诲,还有什么祖宗规制……总之烦死人了。

说来,这位慈圣皇太后虽地位尊贵,但毕竟只是顺天府通州一个小户人家的女儿。低微的出身,养成她凡事都有一本小九九的算计心。太后从年轻时就开始信佛,早就将自己的私房钱几乎都挪出来,做了修庙、建塔、给菩萨塑金身之类的佛事。如今,她就想让神宗皇帝为潞王多拿些银子,多帮衬帮衬他这个唯一的皇弟。

神宗皇帝刚抄了冯保的家,起获了好多钱财珠宝,心情乐着呢。他听了太后的话,满不在乎地说:"这事您别着急,我有办法。"

太后听了,心里有些惶惑:"冯公公家的钱财,你刚拿到手,哪里还找得到更好的出血包啊?"

---

[1]　谷应泰:《明史纪事本末》卷六一,"江陵柄政",中华书局,1997年,第960页。

神宗皇帝也想趁此机会，来试探母后对"元辅张先生"的态度，于是笑着说："现在朝中的这些官儿们都无耻极了，前些年他们看着太师的权势大，各自都把那些好东西作为礼物，放进了他家呢。"

太后有些拿不定主意。她瞅着儿子皇帝那阴沉的冷笑，表面上不好说什么，心里却直犯嘀咕，似乎在揣测他的心思。突然，她打了个寒战，心想："可不敢这样啊……那些年，我们这一家子孤儿寡母的，要不是人家张先生没日没夜地苦撑着，这天下还不知会闹成什么样儿呢。"

太后姓李，在十五岁那年，便被挑选进了裕王府，就此在这阴沉沉的高墙深院内度过了小半生。那时节，她远离亲人，年纪轻轻便随侍在裕王身边。当年那身为侍妾的日子，可真是过得如履薄冰。不唯自己一年到头战战兢兢，唯恐有什么差池，还老是担心裕王过得憋屈，在嘉靖老皇帝那儿犯个什么事儿来。

裕王在潜居藩邸时，就子息艰难。其正妃李氏生的大儿子，不幸只长到五岁就死去，而裕王的第二个儿子，死时也才不过一岁多。当年，裕王正妃李氏为儿子的夭折伤心过度，不久也死了，而随后娶的继室陈氏却无子多病，形同虚设。幸亏当时尚为"都人"的这个李氏争气，给裕王生下了第三个儿子，即为朱翊钧。那时节严嵩当权，裕王的日子过得极不顺心，甚至一连好多年都见不到其父皇嘉靖的面。亏得有李氏小心侍候，裕王这才挨过了那段艰难岁月。幸而朱翊钧生下来没过几年，嘉靖老皇帝便驾崩了，裕王得以入继大统，就是后来的明穆宗。就在这穆宗皇帝荣登大宝的第二年，便把朱翊钧封为太子，李氏亦母以子贵，被册封为皇贵妃。然而，穆宗却因生性倦勤，不理政务，自从登基后一直沉溺于酒色之中，竟将朝政全部推给了内阁，自己只顾在宫内淫乐，由此造就了内阁在朝廷当中的强势地位。幸亏那些年内阁中的徐阶、高拱和张居正等人一个比一个能干事，所以穆宗皇帝乐得当"甩手掌柜"，可着劲儿地在宫内过倚红偎翠、花天酒地的太平日子。只是因被酒色淘虚了身子，他才做了六年皇帝，三十五岁那年便一命呜呼了。当时朱翊钧刚好十岁。太后毕竟算是有主张，她听信了冯保的话，断然赶走了那个凶神恶煞般的高拱，一心依靠张居正。十年岁月熬过来，终于看着儿子长成了一个有决断、能主政的真正皇帝了。想到这里，她心里有种说不出的欣慰。

事实上，慈圣皇太后虽然一向非常看重张居正，但鉴于列祖列宗留下的宫禁规制坚不可破，而她长年闭锁深宫，竟还不曾亲眼见过儿子的那个首席老师。幼年时期在民间的那段经历，让她从小就懂得尊师重教的道理。所以，她每每便从往来传话的那些太监嘴里，来了解儿子所有老师的言行举止和行为方式。

说来，在神宗皇帝的老师（通常叫侍读学士）当中，有一位叫于慎行的青年俊彦，他在晚年时写了一部书题名为《谷山笔麈》，记叙了当年太后督促小皇帝尊师重教、一心向学的很多细节。他说，每当侍读学士在御案前的讲学活动结束后，太后都要求儿子先回她居住的慈宁宫，须将整个"讲"和"学"的过程，来重新演示一遍。因为，在这位母亲看来，由"元辅张先生"所挑选进宫来的侍读学士，不仅学问高深、识见超卓，更重要的是他们全部都是熟知礼仪的方正君子。她这样做的目的，不仅是让儿子通过这种表演，将刚才学过的课程内容全都牢牢记住，更重要的还是教儿子从这些老师的身上，能学到启答应对的优雅风度，以及进止雍容的良好举止。

于慎行（1545—1608），山东东阿人。他于隆庆二年（1568）中进士，并入选翰林院庶吉士；散馆后授编修，继而升任修撰。当张居正于万历初年主持总纂《穆宗实录》时，他有幸入选，并随即又破例超升，被选进宫充任御前授课的侍读学士。这时，他还不到三十岁。

于慎行记叙说："一日，江陵在直庐感病，上御文华后阁，亲调椒汤，使使赐之。又盛暑御讲，上先就相君立处，令内使摇扇殿角，试其凉暄；隆冬进讲，以毡一片铺丹地，上恐相君立处寒也。上一日御讲，一中官旁侍，窃摇扇，上忽目之，还宫，召而杖之曰：'诸先生在旁，见尔摇扇，以为我无家法也。尔不畏诸先生见耶？'"[①] 这就是说，通过于慎行亲眼目睹的"零距离"观察，发现这位自幼即由张居正亲自教导出来的神宗皇帝非常聪明、懂事。他十分理解生母慈圣皇太后的一片苦心，在尊师重教方面，充分做到了温存体贴、进退有礼，其言行举止，堪称天下读书人的表率。

或许慈圣皇太后正是通过儿子皇帝的进步成长，体察到了"元辅张先生"的人格魅力，所以，她对张居正加倍感激。一方面愈加激励、鞭策儿子继续努力加紧学习，另一方面也愈加紧密地配合老师们的经筵讲学，以

---

① 于慎行：《谷山笔麈》，《中华野史》编委会编：《中华野史》卷九，三秦出版社，2000年，第7298页。

期实现张居正为神宗皇帝制定的各项教学目标。

正是出于对张居正由衷的信任，所以无论是在内廷还是外朝，慈圣皇太后始终认准了一条：但凡有什么事，只要张居正表达出了明确的态度，她绝不摆架子在一边说三话四，干预朝廷政务的正常开展。总之一句话，那就是有了"元辅张先生"拿定的主意和办法，那便都是靠得住的好。

说来，慈圣皇太后在内心深处，也认为张居正在自己"名分"敲定的事情上，立有大功。神宗皇帝登基之初，后宫有两个女主：一个是朱翊钧名义上的母亲，即陈皇后；另一个为他的亲生母亲，便是皇贵妃李氏。当年，朱翊钧对两个母亲都要称太后，该怎么办呢？总管大太监冯保就让张居正给拿主意。

张居正以其超卓的政治智慧，想了一个两全其美的办法：将皇后陈氏尊称为仁圣皇太后，而对于皇贵妃李氏则尊称为慈圣皇太后。这两个封号之间，虽然有着仁、慈二字差别上的区分，但说起来终究也是形同一体，别无二致。如此，既十分恰当地摆平了皇室这两个至高无上女人的地位，同时又适当地表达出了嫡庶之别。所以，在张居正生前主政期间，尽管对皇室有所遏制，比如节省宫内日常开支、罢停江宁织造机构继续扩大生产规模的预算等，但两宫太后都一致支持他的所有政务举措，甚至在神宗皇帝大婚那年，慈圣皇太后提出在全国罢停秋后刑决犯人的主张被张居正驳了回去也不气恼。故《明史》上说："后性严明。万历初政，委任张居正综核名实，几于富强，后之力居多。"①

慈圣皇太后当然也懂得"皇帝不差饿兵"的粗浅道理。她知道，即使是在乡下，庄户人家雇个长工，一年也要付给人家两石粮食做工钱的惯例，所以平日里依靠张居正帮皇帝看护好这皇朝天下的同时，也会使出些笼络手段，来稳住其甘愿给皇家卖命干活的心。于是，逢年过节给张居正送"人情"，她也总是尽着最高额度地送——反正仁圣皇太后从来就不管事，宫中内苑但凡需要皇室表态的事，尽由她出面做主。

万历五年（1577），张居正的父亲张文明去世。神宗皇帝在第一时间内，便明旨赏赍，给张家的赙仪颇为丰厚。计有白银五百两，新钞一万贯，再加上诸如彩缎、纻丝，包括白米、香油、蜡烛、麻布等大宗消耗性

---

① 张廷玉等：《明史》卷一百十四，《孝定李太后传》，中华书局，2000年，第2334页。

物资，跟历朝历代相比较，这份恩赏数额原本就高，但大体上也还遵循着朝廷规制，不算格外突出。然而，身为皇帝生母的这位慈圣皇太后，连同嫡母仁圣皇太后一道，却又另有表示，她俩居然还又照着皇帝所赐之数，各自再加送一份，并由两宫太后的总管太监分头另给"元辅张先生"送到府上去。

这样一来，皇室对张居正的恩典就丰厚得出格。因此，连《万历起居注》对此亦不得不稍做隐饰，仅略述为："慈庆、慈宁两宫各赐亦如之。"

张居正熟知朝廷掌故，对于朝廷各项典章制度更是烂熟于胸。面对皇室如此巨额的赏赉恩典，他自然是感动得涕泗纵横——这不只是银钱财富的赏赐，更是自明兴以来的旷世恩典。所以，这些厚赏对张居正而言，无疑就成为他披星戴月，操劳不辍，鞠躬尽瘁、死而后已的最大动力。

> 顾此殊恩，古今罕遇。臣一家父子，殁者衔环结草，存者捐躯殒首，犹不足以仰报慈恩于万一也。[1]

万历六年（1578）九月十八日，张居正母亲赵太夫人至京。神宗皇帝闻讯，当即赐以厚赏：银八宝三百两、金累丝镶嵌青红宝石珍珠长春花头面一副、红绉丝蟒衣一匹、青绉丝蟒衣一匹、红罗蟒衣一匹、裹绢四表里，以及甜食两盒。

也就在同一日，皇帝生母慈圣皇太后的恩赏厚赐也送到了：银八宝豆叶三包，每包二十两；金累丝镶嵌青红宝石珍珠长春花头面一副，珍珠宝石环一双；红罗蟒衣一匹，青绉丝蟒衣一匹；红绉丝蟒衣袄儿一套，青绉丝蟒衣袄儿一套，绿绉丝暗花裙一套。同时，仁圣皇太后也赐下一份厚赏：金头面一副，织金闪色绉丝六表里。[2]

可惜，张居正因操劳国是，竟然短寿，未及活到慈圣皇太后于万历六年（1578）春预期让他辅弼神宗皇帝至三十岁的那一天，便遽然去世。然而，到了这个时候，神宗皇帝与慈圣皇太后母子二人居然在人家尸骨未寒

---

[1] 张居正：《谢两宫太后赐赙疏》，张舜徽主编：《张居正集》第一册，奏疏六，湖北人民出版社，1994年，第263页。

[2] 张居正：《谢两宫圣母疏》，张舜徽主编：《张居正集》第一册，奏疏八，湖北人民出版社，1994年，第369页。

之际，不仅忘记了此前十年他们一再提到与张居正的"先帝凭几之谊"，更反过来开始谋夺他的家产。对此，连痛骂过张居正的谷应泰也在其《明史纪事本末》中愤愤不平地写道："自此，内中张先生、张太岳称谓，绝以为讳；而籍没之举，亦胎于此。"

本书作者谷应泰对皇帝母子的此番交谈的记述，到底有多大的可信度，不宜妄测，但这段话的内容能够传至外廷乃至坊间，应当不是捕风捉影。

即便皇帝久有卸磨杀驴的想法，但身为人母的慈圣皇太后既是崇佛信善，何以在荆州张家将要蒙难时，不出面施以援手，对其恩人"元辅张先生"的遗属搭救一下呢？

慈圣皇太后并不知情的是，此番神宗皇帝派出张诚、丘橓等到荆州查抄张家的手段，竟然会如此毒辣。他先是命张诚、丘橓等"查照"荆州张家的一应财产，再是"都抄没入官，变卖解京"；接着，还要求"积欠税课追并完纳"，以及将王氏指控中的王府金宝"根查明白，一并追解"；最后还特别交代，"如有漏透容藏者重治"。

如此，当第一轮查抄初步告捷，且张诚、丘橓等也已在离开荆州、归返京城的途中了，神宗皇帝竟又再度命令这一干人等回过头去，重杀一遭"回马枪"，以彻底追查张家在当地的"受寄赃物"。由此，人们不得不对这个亲政刚过一年的青年皇帝算无遗策的手段，以及强悍的作风深感震悚。

从神宗皇帝所部署的这一系列行动中不难得见，这个由张居正精心教导十年的皇帝，可以说既有着精思详审的策划方略，还有着驾驭全局的处事能力；其各个环节安排得妥帖稳当，间不容发，充分展示出了他的精明老辣。

不久前，据中国社会科学院历史研究所副研究员陈时龙披露，他于该所秘藏的丘橓撰《望京楼遗稿》四卷本真迹中，发掘出了一些珍贵史料，后经严密考证、慎重查核、深入研究，现已完成阶段性最新成果。由他撰著的《万历张府抄家事述微——以丘橓〈望京楼遗稿〉为主要史料》，披露了当年荆州张家惨遭查抄的全过程。文章证实，此番行动残忍酷烈，其间许多查抄细节，皆为此前同类题材著述未曾触及过的隐秘内容。

比如，当张诚、丘橓等重返荆州后，为了最大限度地从当地攫取财宝，他们竟会一再扩张查抄范围。其所获乃至"曾省吾、王篆、傅作舟三家的'赃款'与张嗣修的三万两，合计十二万二千两白银。不过，这不是这一阶段（原文指自当年八月十七日至九月的'受寄赃物'追查）追赃的唯一成果，因为之外还有'王极、唐应运等十三万五千之数'。王极生平不详。唐应运是江陵县的一名举人。以曾省吾等三个重点追赃人物仅得'赃银'九万二千两推论，另外十三万五千两'赃银'，必定要从数量更多的被株连的人那里获得。"①

不知神宗皇帝自荆州张家查抄所得，是否如谷应泰说的那祥，是为潞王娶亲用的彩礼补足了银子，反正，慈圣皇太后自此往后再不过问外朝之事。对此，当年的侍读学士于慎行也在《谷山笔麈》中有过非常中肯的判断："太后惮上威灵，不复有所谕，辅导诸臣，亦不敢极力匡维，而初政渐不克终矣。"②

显而易见，于慎行在内心深处，依然是非常赞同张居正当年主持"初政"的所作所为的，尽管张居正也曾疏远、训斥过他。

从此，慈圣皇太后隐入深宫，偶尔撒些银子出来，捐助这里或那里的寺庙，为菩萨重塑金身或续修殿宇，以令其更显辉煌，并希冀以此给儿孙祈福。或许，也包括替自己这个让元辅张先生"破家沉族"的儿子皇帝追赎其所造下的种种罪孽……太后的日子过得寂寞而又滋润，一直活到古稀之龄，最终于万历四十二年（1614）二月去世，享年七十岁。只是不知道她那时是否听说当年曾被李成梁追杀得鬼哭狼嚎的女真部族，此时已经整合成为一个发达兴旺的政治军事集团，而这个自称后金的新兴政权，正在利用她儿子倦勤之机，日甚一日地蓬勃壮大。此前由"元辅张先生"苦心经营的大好局面早已风光不再，各地饥荒不断，民变风起云涌，大明王朝岌岌可危，而由她的儿孙所主宰的大明天下，就要遭逢一场揭地掀天的血光之灾。

至于神宗皇帝的贪财，史有明载，恕不赘言。尤其值得一提的是，后世有个叫贡德·弗兰克的美国学者，凭借可资利用的中外贸易史相关资料，虽远在大洋彼岸，但也对明朝中后期商品经济的发达程度得出了令人

---

① 陈时龙：《万历张府抄家事述微——以丘橓〈望京楼遗稿〉为主要史料》，《中国文化研究所学报》第53期（2011年6月）。

② 于慎行：《谷山笔麈》，《中华野史》编委会编：《中华野史》卷九，三秦出版社，2000年，第7298页。

信服的结论。

贡德·弗兰克在其专著《白银资本》里认定，当中华古国正处于由神宗皇帝独断乾纲的时候，其综合国力应为世界上的头等强国。自16世纪中期到17世纪中期（亦即明朝的中晚期到清朝初年）的这一百年间，由欧亚贸易流入中国的白银，在七千吨到一万吨左右，"因此在那一百年间，中国通过'丝—银'贸易获得了世界白银产量的四分之一至三分之一"。

按当时明朝的币制计算法，中国这笔由对外贸易获得的一万吨白银，折合成中国的计量单位就是三亿两千万两。然而不可思议的是，当如此众多的硬通货进入中国后，却既没有被朝廷用于发展再生产，也没有藏富于民，让老百姓过上好日子，倒是几乎全被皇族、勋戚、大臣、太监、缙绅等极少数人通过巧取豪夺霸为私产，垒砌于秘窟暗窖之中，直至最后浸染上了主人家全体妇孺老少的汩汩鲜血，才得以重见天日。

这话说来让人痛惜万分。公元1644年，李自成的大顺军直捣北京城。崇祯皇帝（神宗皇帝的孙子）直到城防将破之时，宁可到煤山顶去找歪脖子树上吊，也不肯将在宫中压仓底多年的七千余万两白银散出来激励将士，守卫京城。皇帝贪财，且不说他；那些贵族勋戚、大臣缙绅也都一样，无论朝廷做何动员，也全都一毛不拔。可是，一旦北京城破，大顺军的权将军汝侯刘宗敏要"追赃助饷"了，未及"拷掠"，这些"铁公鸡"们的老底便全被兜了出来：大学士陈演被"搜掘黄金三百六十两，白银四万八千两，珠宝盈斗"；太监王之心的家产计有白银十五万两，珍玩珠宝大抵价值也在十五万两左右；周皇后的父亲家里所藏白银约在五十三万两左右，而另外还有"缎匹以车载者相属于道"……至于归皇帝私家独有而密藏在宫内的银子有多少呢？除刘宗敏在宫中发掘所得的那七千余万两白银外，另据目击者杨士聪在《甲申核真略》所述，此前还曾转运至西安白银三千七百万两、黄金一百五十万两之巨[1]。

假如当年神宗皇帝不是为着贪图张居正的那些家产，而是稍稍放宽一点对天下子民敲骨吸髓的盘剥，循着万历初年筹策谋划出来的发展思路励精图治，那么国家所付出的代价，或许便不会如此沉重了。

可是当张居正死后，神宗就抄了他的家，正如于慎行痛惜"初政渐不

---

[1] 杨士聪：《甲申核真略》，罗盘著：《裸妆历史：历代改革悲情人物新说》，中国青年出版社，2009年，第159页。

克终"时所说的那样，整个大明王朝从此便每况愈下：朝堂上不再有勇于担当之臣、忠直任事之士；政务上的大小事项，任凭皇帝独断裁决，反倒是原先那个自十岁开始勤奋读书、虚心纳谏、关怀民生的少年皇帝，就此沦落为一个贪婪暴戾、褊狭刚愎、师心自用、好色荒淫的独夫民贼。以往由张居正耳提面命灌输的那些儒学精义，往后便因其指派亲信太监出宫，充任各地矿税监收大员，大肆搜刮民财等荒唐的举动而被摧残殆尽。此前，在他内心深处那种本已由儒学道统所构筑起来的神髓灵窍，也因大小朝臣不断拿他与郑贵妃的关系说事，令其恼怒万分而湮没殆尽。

神宗皇帝或许知道，自己从张居正家搜出来的区区"黄金万两，白金十余万两"家产，已不足以让朝野臣民信服其为前首辅兼恩师定谳时所公布的罪状。他似乎在猜度，在那些比贼还精、比鬼还灵、比油还滑的官员心中，自己早已成为他们私下窃笑与嘲讽的对象。皇帝本人在心理上产生的这种扭曲性变异，极大地改变了大明王朝的发展走向，因而造成了一连串的重大失误并带来连锁反应。从此，神宗皇帝不再有什么精神支柱，也不再有什么追求，只是凭借口含天宪、乾纲独断的无上权力，胡作非为。这个君临天下的"好货贪财"之徒二十几年间不再上朝听政，除了宠信太监、横征矿税、强掠民财、沉溺酒色之外，终其一生也就只是深匿宫中，一味地混日子，一直混完他在位的四十八年……这直接的后果，便是国是日非，民怨鼎沸，朝政荒怠，内外交困。

这种恶性循环愈演愈烈，到了崇祯皇帝主政的时候，发展到了顶峰：农民军风起云涌，中原大地生灵涂炭；女真武士金戈铁马，往来驰骋，明朝的辽东军务糜烂不堪，一败再败。崇祯皇帝不再相信任何臣僚，变得愈加专断自负，喜怒无常，乃至随意杀戮、诛除重臣。在其当朝的十七年里，竟先后更易内阁首辅五十人，其中处死两人，充军两人；另外任免刑部尚书十七人，处死兵部尚书两人，另有一人被迫自杀；诛戮总督七人、巡抚十一人……正是在皇帝们自毁江山的胡乱杀戮中，其政权基础逐渐分崩离析，当闹得朝野内外、士农工商全都惶惶不可终日之际，这朱家皇帝坐了两百七十六年的宝座，也就彻底垮塌，灰飞烟灭。

第七节　李贽廓清流言坦称"宰相之杰"

万历七年（1579）九月二日，泰州学派的巨擘何心隐死在武昌狱中，举国上下一时舆论大哗。几乎所有的读书人都在私下里传播着有关何心隐惨遭横死的真相，众人认定是当朝首辅张居正授意湖广巡抚王之垣杀了他。

何心隐，本名梁汝元，字柱乾，号夫山，江西吉安人，嘉靖二十五年（1546）曾在江西省乡试中得获第一名解元。后因仰慕泰州学派王艮的良知之说，他一心师事王艮的再传弟子颜钧，从此放弃科举功名，走上了职业游学之路。

明朝中期以后，王阳明的心学风靡一时，而泰州人王艮四处讲学创设的"泰州学派"，即为其中一派翘楚。

泰州学派是阳明门下最有影响的支脉，同时也被后世学者视作王门异端；其创始者王艮是个传奇性人物。王艮，字汝止，号心斋，盐户灶丁出身，三十八岁时仰慕王阳明的"良知"学说，前往江西拜王阳明为师。王阳明死后，王艮便自称得其心传，自立门户。他将王阳明的"良知说"加以引申，着重强调良知就是每个人的天然率性，是个体的感性的自然存在。同时，他还认为"身尊则道尊"，须看重的应该是自身的人格尊严和思想意志。王艮讲学不仅"有教无类"，而且"有教无域"。他的活动区域极广，无论是在山野林莽，还是在都市里巷，抑或是乡间村落，几乎是有井水处，便都留有他讲学的足迹。

在王艮看来，生而为人就应该有"治生"的能力，能够"安身立命"之后，才可以谈其他的事。在当时的社会背景下，他的这些见解得到了不少人的赞同与认可，其弟子和再传弟子有王栋、王襞、颜钧、何心隐、李贽、汤显祖、袁宏道、徐光启、林子仁、赵贞吉、罗近溪、杨复所、耿定向、陶望龄等堪称一时之人杰。总之，泰州学派的兴盛，是王阳明的学说在特定社会历史时期的特有产物。

王艮的弟子颜钧（1504—1596），是江西吉安府永新县人。嘉靖二十三年（1544）秋九月，由他出面招徕信从者谭纶、陈大宾、王之诰、邹应龙等四十七人，来到江苏泰州的安丰场，在王艮祠聚会讲学长达半月，随之相继而来者竟多至百千余众。他俨然成为"泰州学派"的传人，由此竟将这项活动连续举办了三年，乃至天下轰动。数年后，颜钧游学京师，竟由阁臣徐阶出面邀其在灵济宫主讲"致良知"学，与会听众多为来京觐见天子的外地官员，计约三四百人，甚至还一讲三天，座无虚席；接着又邀他给来京参加会试的七百余各地举人现场讲学，也是一连三日，听者毫无倦意。相传，颜钧擅长讲演，临场机辩应对，巧舌如簧，即便问难四起，他也可片语立解，故每能慑服人心。这两次学界盛会，轰动京城，一下子士林中风生水起，史称"三公以下，望风请业。颜钧机辩响疾，问难四起，出片语立解，往往于眉睫间得之"①。

身为颜钧的得意门生，何心隐自从接触到泰州学派的学说之后，觉得自己似乎探明了当时社会的脉动本原，于是自此便致力于到各地讲学。嘉靖三十八年（1559），他试图在本家族的内部率先实行"聚和合族"的尝试，以期创建一个理想社会。后来，他因带头抗税罪，被诉至官府，定谳入狱，判绞监候（绞刑）。其泰州学派的同门程学颜闻讯，卖掉家产积极营救，将其保释出狱。随即他便北上京师，据说还参与过扳倒权相严嵩的政治活动。有史学家认为，在那位叫蓝道行的著名乩师身后，似乎就有着他的身影。总之，何心隐在许多人的心目中，就是显得颇不安分。

在讲学中，何心隐特别提倡师友交通，以期形成一种社会势力，此即所谓的"会"。在他的构想中，也是想借此"会"的普及来推行社会变革。在明朝进入中晚期之后，各种社会矛盾急剧恶化，不少知识分子忧心时艰，纷纷探求救国之道。在这种大的社会背景下，何心隐的学说赢得了众多士人的共鸣。当时，因讲学之风盛行，各地由私人组织的书院蓬勃地发展起来了。这种书院弥补了官学的不足，使得大量青年学子有了求学的门径。不过，和官学不同的是，此时阳明心学基本上替代了程朱理学的主流位置，进而成为书院讲学的思想基础。这样一来，其堪与主流意识相抗衡

---

① 《江西省人物志》编纂委员会编：《江西省人物志》，"颜钧条"，方志出版社，2007年，第199页。

的状况，不能不引起当局的密切关注。

诚如其后世学人黄宗羲所说，泰州学派传到颜山农、何心隐一派，"遂复非名教之所能羁络""诸公掀翻天地，前不见有古人，后不见有来者""其人多能赤手以缚龙蛇……遂非名教之所能羁络矣"①。

这些心学传人的"异端"做派，及其所表现出惊人的叛逆精神，不能不引起万历年间身为当朝首辅的张居正深深的忧虑。

事实上，张居正在少年时代结识的一位老师李元阳，就是个以儒家学者而兼释门弟子的著名学人。因受李元阳的影响，张居正在翰林院供职期间，就曾跟泰州学派当中的一些骨干成员有所交往。时间一长，他发现这些人"皆以聚党贾誉，行径捷举；所称道德之说，虚而无当"②。或许，由于这一时期他对看到的负面东西印象太深，以致令其对颜钧、何心隐一脉的泰州学派基本持否定态度。

万历六年（1578），张居正在写给早年间结谊师友的前工部尚书雷礼之书信中，不无忧虑地写道："嘉、隆以来，纪纲颓坠，法度凌夷，骎骎宋、元之弊。辄自以亲承顾命之重，幸逢英明之主，不揣绵力，欲一举而振之。乃以此致恨于群小，流言不啻于三至矣。"③

在当时，这位雷礼（号古和）是明朝嘉（靖）、隆（庆）年间学界的一位大人物。他年长张居正二十岁，为江西丰城县（今丰城市）人，因系徐阶的老友，故张居正出于对恩师的敬重，跟他久有交往。张居正跟雷礼说的这番话，用意颇深，从某种意义上看，或许可以看作是他在借此向那些多次以"流言"对其施政措施发起挑战的人的一份应战书。

恰恰是在嘉、隆以来，以颜钧、何心隐等为代表的泰州学派，迎来其黄金时期，并由此而给社会的主流意识形态形成极大的冲击。

泰州学派的骤然兴盛，有着其深刻的社会原因和历史原因：一是由于商品经济的迅猛发展，使得新兴的社会时尚已经开始越出封建纲常伦理的固有规范，而当此前一向作为主体意识形态的道德观念发生动摇和震荡之

---

① 黄宗羲：《明儒学案》卷三二，《泰州学案》，许啸天整理：《清初五大师集》卷一，《黄黎洲集》，知识产权出版社，2013年，第233页。

② 张居正：《答南司成屠平石论为学》，张舜徽主编：《张居正集》第二册，书牍九，湖北人民出版社，1994年，第716页。

③ 张居正：《答司空雷古和叙知已》，张舜徽主编：《张居正集》第二册，书牍十，湖北人民出版社，1994年，第777页。

时，新的价值观念、思想规范及是非标准却尚未得到充分发育，由此而造成了全社会深刻的信仰危机。二是嘉靖皇帝人到中年便撇开朝廷政务，一心祈求长生不老之术，导致方士邪说大肆招摇，蛊惑人心；部分士大夫好以标新立异来哗众取宠，加之其言说力求耸人听闻，从而令这种种恶习急剧败坏了社会风气，并使得封建统治的核心价值观发生严重紊乱。尤其是在文化思想领域之中，类似何心隐之类惯以"赤手缚龙蛇"自诩，而以闯荡江湖为业的游学之士不断肇生事端，以期进一步显声扬名，这不啻给士林风习带来极大的负面效应。

张居正身为当朝首辅，由此不能不对这种败坏人心的状况深感担忧。当然，当他在对雷礼说那番话的时候，不可避免地带有鲜明的个人情感因素。然而也正因为何心隐这种"聚党贾誉"之举，直接冲击甚至危及到了张居正视作拱璧的国家利益，所以随着事态的恶化，他注定会与何心隐公开决裂。

事情的直接诱因，在于万历六年（1578）正月。当时正在夺情守制的张居正奉太后懿旨，为神宗皇帝的大婚出任"纳采问名"的盛典副使。大婚礼毕，皇帝批准张居正于三月返乡葬父，但仍敕命朝廷大小政务公文皆须经驿递传至荆州，悉听其裁决。这些事情引起了许多人的腹诽，但众人皆未公开声张；而唯有何心隐无所顾忌，时时借讲学之机指桑骂槐、嘲弄讥讽，并且扬言还要携《原学原讲》的文稿，准备"上书阙下"，以图进一步扩大影响。

何心隐这种敢于与权贵抗争的"赤手缚龙蛇"激进思想，进一步激怒了当朝。万历七年（1579）正月二十二日，神宗皇帝正式下诏，令全国各地巡按御史、提学官等均须切实查访，将各省所有私建的书院，一律改为诸司衙门；书院所立粮田，俱查归里甲，各地师门徒众不得借此聚集会议，扰害地方……据统计，此时全国十三行省暨南北直隶先后被毁的书院，计为六十四处。

不久，此前曾多次被官府缉捕的何心隐在南安被捕，随后他便被押解到了武昌。湖广巡抚王之垣主持讯问，何心隐毫不服软，亢声争辩。王之垣恼羞成怒，当堂令人痛笞百余。何心隐伤重难熬，死于狱中，时年六十三岁。

对当时的情景，王世贞在其《嘉隆江湖大侠》中曾有记叙："（何心隐）见抚臣王之垣，坐，不肯跪。曰：'君安敢杀我，亦安能杀我，杀我者张某也。'择健卒痛笞之百余，干笑而已。抵狱，门人涕泣而进酒食，亦一笑而已……遂死。"①

何心隐的死，顿时在士人群体中引起了极大的震动、惊悸和恐慌。武昌许多生员聚集起来，抨击张居正的施政措施，由此在当地酿成一场学潮。这一事件，被作为张居正执政期间的一大恶绩而载入史册，乃至后来到了清朝顺治年间，由浙江学政佥事谷应泰总纂的《明史纪事本末》还在此书的《江陵柄政》一节中，詈骂张为"倾危峭刻，忘生背死之徒"，书中更说他："包藏祸心，倾危同列，真狗彘不食其余。"由此可见，事发当时的民愤是何等强烈。

何心隐死了十来年后，万历十八年（1590），张居正也去世好多年了，隐居于湖广麻城龙潭湖芝佛上院的杰出思想家李贽刊刻了他的传世名作《焚书》六卷。在这本书中，有一封他写给友人的信《答邓明府》，在信中写的第一句话，就正面澄清了世间流传已久关于张居正授意杀害何心隐的流言蜚语。他以非常肯定的言辞声明说："何公死，不关江陵（指张居正）事。"②

作为何心隐的挚友也是论敌的李贽，在这里也是为已在身后被搞得"破家沉族"的张居正极力辩诬。李贽认为，何心隐的性格过于自傲，当他早年间与张居正相遇时，便觉得自己跟对方极不相得，故始终对其心存敌意。李贽推测，大约是后来有人听说到张、何之间曾经有过一段过节，因而故意将杀何心隐一事强安到张的头上也未为可知。但是，李贽认为张居正绝不会有故意命他人出面来杀何心隐的居心。在这封信中，他摆出来的理由十分充分："江陵何人也，胆如天大，而肯姑息此哉？"据此，他对这桩公案最后做出的结论是："然何公布衣之杰也，故有杀身之祸；江陵宰相之杰也，故有身后之辱。不论其败而论其成，不追其迹而原其心，不责其过而赏其心，则二老者皆吾师也。"

李贽（1527—1602），号卓吾，别号温陵居士，福建泉州晋江（今泉州市鲤城区）人。嘉靖四十五年（1566），李贽在任礼部司务时，曾与正

---

① 王世贞：《弇州史料后集》卷三五，《嘉隆江湖大侠》，《何心隐集·附录》，中华书局，1960年，第143页。

② 李贽：《答邓明府》，王玉芬主编：《中国古典文学名著·焚书》，远方出版社，2006年，第14页。

在裕王邸任经筵讲官的张居正相识。在满朝卿相中，他十分敬重这位来自荆州的楚人。

至于李贽在《答邓明府》中所提到张、何两人早年间曾经有过的那场过节，据当事人耿定理后来回忆，事发时大约为嘉靖三十九年（1560）。当时，在京士大夫几乎都在不同程度上接受了泰州学派的学说，故士人们往往视聚会讲学为时尚，甚至还有人趋之若鹜、乐此不疲地为之积极奔走。那次是在京郊大兴县的一个讲学现场，时任国子监司业的张居正经由朋友黄安学人耿定理的介绍，结识了刚进会场来的何心隐。

据耿定理记叙，事发当时张、何二人虽素昧平生，却是乍一会面即针锋相对：

> 乘会日，偕心隐突入座。心隐、恭简南面，江陵（张居正）北面，大兴令吴哲与予西隅坐。恭简故令二公更相品评。江陵谓心隐："时时欲飞，第飞不起耳。"心隐气少平，谓江陵："居太学，当知《大学》之道云。"心隐退而抚膺高蹈，谓予兄弟曰："此人必当国，杀我者必此人也。"①

此文中的恭简，即为耿定理的长兄耿定向。当耿定理陪着何心隐刚刚进门，耿定向便让这两个初次见面者"更相品评"。这种品评，实际上是那时读书人之间经常搞的一种语言游戏，也就是让各人依据自己的第一印象，给对方做个初步评定。张居正跟何心隐初次照面，一眼认出这位来客就是人们传说中那位行事高调的著名游学之人，于是在说话时便语带讥诮，调侃何"时时欲飞"，却老没见其真正"飞"起来。何心隐天资颖敏，他那极高的洞察力亦绝非凡人可比，他似乎觉察到张对自己的反感，当即便进行反诘："你位居'太学'（司业为国子监祭酒的副职，而国子监亦称太学），该知道什么是大学之道。"总之是士人间的一种风雅之举，亦俗亦雅，可庄可谐，双方皆能借此施展才华、巧斗机锋，就算其中相互间来点调侃亦数寻常。然而，这次会见结束后，何心隐"抚膺高蹈"，便是抚着胸口跳着脚，心有余悸地对耿家兄弟断言："这个姓张的家伙将来必定会

---

① 耿定理：《胡时中义田记》，《何心隐集·附录》，中华书局，1960 年，第141 页。

掌权，而杀掉我的人则必定是他。"

耿定理关于张、何交恶的这一段文字，写得十分精彩、生动。看得出来，即使在这种酬酢交往的游戏场合，原本不是一路人的二人还真是话不投机半句多。当时，另一个当事人耿定向也对此事有过一段相应的记述，那是在其《上祁门姚大尹书》中。文中这样写道，当何心隐见过张居正后，也曾对他说："张公必官首相，必首毒讲学，必首毒元（何之本名叫梁汝元）。"

耿家兄弟如此异口同声地记叙同一件事，其基本事实别无二致。也正如后来李贽所说的那样，何心隐自从见到张居正后，便感到有种嗒然而丧的心境，惴惴于怀。说来，何心隐年长张居正八岁，还是一个文武兼备、目无余子的大侠式人物。当此二人初见之际，张居正那凌厉幽深、坦然锋锐的气场，即令何心隐有心惊之感，这恐怕也算是历史上的一段奇事吧。

何心隐对于阳明心学的继承和发扬，在于他批判了朱熹"存天理，灭人欲"的虚假说教，明确提出"穿衣吃饭，即是人伦物理，除却穿衣吃饭，无伦物矣。世间种种，皆衣与饭类耳"的进步思想。在这一点上，他与李贽的心是相通的。李贽也说："市井小夫，身履是事，口便说是事，作生产者但说生产，力田者便说力田。凿凿有味，真有德之言。"然而，何心隐对理想社会的憧憬，似乎比李贽走得更远。他是要以"朋友"为个体做基础的社会单元，据此而聚合天下豪杰的力量，然后由下而上重建一个新的道统；其思想对当时社会冲击最大的是，他想要对"五伦"重新定位。而"五伦"（君臣、夫妇、父子、兄弟、朋友）历来是中国古代社会礼制所必须严格遵从的人伦关系，这样一来，李贽便不能不批评何心隐的思想，乃是"人伦有五，公舍其四，而独置身于师友贤圣"①。

张居正通过自己的观察和了解，认定何心隐是在走"异端"的路子。在他看来，何心隐绝对不是一个只会在书斋中空谈的书生，而是位极有活动能力的江湖侠士，所以对其应当有所防范。与他们同时代的王世贞对王艮、颜钧、何心隐等人的评判，似乎也有同感。他在其《嘉隆江湖大侠》中说："嘉、隆之际，讲学之盛行于海内，而至其弊也。借讲学而为豪侠之具，复借豪侠而恣贪横之私，其术本不足动人，而失志不逞之徒相与鼓吹羽翼，聚散闪倏，几令人有黄巾、五斗之忧。盖自东越（王阳明）之变

① 李贽：《何心隐论》，《焚书》卷三，中华书局，1961年，第89页。

154

泰州（王艮），犹未大坏，而泰州之变为颜山农，则鱼馁肉烂，不可复支。"①

王世贞对这种事涉"黄巾、五斗之忧"的直觉，无疑曾受到其他许多同时代人的认同。诸如邹南皋的《梁夫山传》、沈德符的《妖人遁逸》等书，皆有类似记载。鉴于这类迹近邪教的蛊惑人心之法，极能煽动普通民众的反抗情绪，所以便不能不令已身居内阁首辅之位的张居正为之无比担忧。应当看到，何心隐作为明朝中晚期的一个持不同政见者，正是以其"赤手缚龙蛇"的特殊姿态，在与整个社会伦理道德及其所依附的政权做奋力抗争，故张居正必定会采用一定的手段，对他的言论和行动予以强力打压。所以，无论后世会给张居正此举做何评论，这都无碍于他的社会形象。因为，作为当下社会秩序的维护者，当朝首辅的职能和使命，就是要给天下苍生营造出一个安宁的社会环境。

正因如此，李贽曾在写给另一位友人焦竑的信中，对何心隐的襟怀与气度做过一番评价。他说："何心老英雄莫比。观其羁绊缧绁之人，所上当道书千言万语，滚滚立就，略无一毫乞怜之态，如诉如戏，若等闲日子。今读其文，想见其为人。其为文章高妙，略无一字袭前人，亦未见从前有此文字，但见其一泻千里，委曲详尽。观者不知感动，吾不知之矣。奉去二稿，亦略见追慕之切。"②

李贽以"布衣之杰"的名号授予何心隐，同时又将"宰相之杰"之桂冠戴到了张居正的头上。他的这一番诤言谠论，不啻是对神宗皇帝在张死后即对其实施无情清算之举的强烈抗议。在当时那种"溥天之下，莫非王土；率土之滨，莫非王臣"（《诗经·小雅·北山》）的社会体制下，勇于公开刊刻《焚书》，且敢于为张居正打抱不平，并称颂他乃"胆如天大"之人，就足以见其胆魄和器识远在那个时代的同辈人之上。

在另一首题作《不是好汉》的诗中，李贽还曾以铁骨铮铮的凛然正气，放声高歌："志士不忘在沟壑，勇士不忘丧其元。我今不死更何待，愿早一命归黄泉。"同样表达了他那不与流俗为伍的豪杰气概。

---

① 王世贞：《弇州史料后集》卷三五，《嘉隆江湖大侠》，《何心隐集·附录》，中华书局，1960年，第143页。

② 李贽：《与焦漪园太史》，陈仁仁校释：《焚书·续焚书校释》，岳麓书社，2011年，第509页。

万历三十年（1602）闰二月，礼科都给事中张问达给万历皇帝上了一道专门弹劾李贽的奏疏。在奏疏中，张问达使用了大量耸人听闻的谣言和污蔑不实之词，对暂住通州莲花寺的李贽痛加诋毁，必欲置其于死地而后快。神宗皇帝当然不能容忍李贽这种思想言论离经叛道的异端分子留存于世，当即颁旨："李贽敢倡乱道，惑世诬民，便令厂卫五城严拿治罪。其书籍已刻未刻，令所在官司，尽搜烧毁，不许存留。如有党徒，曲庇私藏，该科道及各有司访参奏来并治罪。"①

　　当年三月十五日午后，时年七十六岁的李贽在通州牢狱的囚室内伴呼侍者剃发，然后夺其剃刀割喉自尽。可惜刀口欠深，气不绝者两日，延至次日子时，这位明末的大思想家在狱中与世长辞。他终于为自己选择了一个"荣死诏狱"的归宿。

---

　　① 《明神宗实录》卷之三百六十九，万历三十年闰二月甲午朔，"乙卯条"，

第八节　七品县令的不平之鸣

　　张居正死去不过两年，他的儿孙便被押往广西雷州半岛徐闻县去充军，过着苦不堪言的戍卒生活。三十年后，却有一位生长在云贵高原上的正直知识分子，前来荆州凭吊其留在故园的墓冢，他就是新任江陵知县石应嵩。

　　石应嵩，字澹凝，云南保山人，万历三十八年（1610）进士。史称其"操持严毅，遇事刚断，豪猾敛迹"[1]。时值十月小阳春，明丽和煦的秋阳，给墓冢四周菜地碧绿青翠的叶片镀上一层金边。一泓月牙形的池水映着湛湛蓝天，让粼粼波光因灵动而耀眼炫目；间或池畔柳树飘下一片落叶，水中便泛起层层涟漪。静谧的田园幽境，更衬出墓地的空旷和凄清，只有那黝黑斑驳的墓碑，兀然间让封土堆显得愈加肃穆庄严。

　　谁承想当年那位威震朝野、叱咤风云的内阁首辅，死后会在这一抔黄土下尽阅人间风云。石应嵩在入仕之前，曾在北部边陲做过多年幕僚。边防警患的日益加重，使他深深缅怀这位曾经使大明江山安稳如堵的已故张文忠公。眼下朝廷纪纲衰败，国是日非，华夏神州已远非当年的强盛可比。只是他怎么都没有想到，眼前这位前任首辅的墓地，居然会如此破败不堪。

　　石应嵩在石碑前焚香化纸、布礼上供，展拜已毕，绕坟地走了一圈。他发现，当初下葬时动工兴建的石坊、翁仲，虽在万历十二年荆州张家惨遭籍没之时，已被张诚、丘橓等人督率锦衣卫派人拆走变卖，但墓冢的格局仍依稀可见往日的气象恢宏。在离开墓地前，他驻足在月牙池边若有所思。

---

①　江燕、文明元、王珏点校：《新纂云南通志》（八），云南人民出版社，2007年，第420页。

石应嵩问随行吏目，这里开挖这样一口弯月形的池塘，可有什么典故？

吏目虽是本地人，却也不明究竟，只有含糊其词地说："像是听老辈人说起过，据传这是张家相爷临终前特意交代的，至于有什么典故，那就不得而知了。"

石应嵩自到江陵后，每当理政之余，便会邀约上几位耆宿缙绅，攀谈起关于张相爷家的陈年旧事。人们都说，当张家的权势最为显赫时，太岳相公的儿子一个个倒都还循规蹈矩，可就是他的一个近侍书童不大安分。相传此人叫游七，自幼即在书房随侍太岳相公，人也聪明，尽管没上学读书，却因耳濡目染也能粗通文墨。他追随相爷十几年，无论什么事只要交他去办，没有不称心如意的，所以在张家极受宠信。但他有个大毛病，就是爱面子、图虚名，尤其是在相爷发达后更是不甘寂寞，平素喜好交结官府，擅弄威福，甚至还有索贿的恶行。相爷的几个儿子风闻他贪婪无度，干过许多出格之事，但碍于老父的面子，谁都拿他没办法，还不敢在家里讲，以致后来给这一家人招惹了不少的麻烦。

石应嵩曾翻阅过旧时邸报，知道世人所说的这个游七，本名叫游守礼，号楚滨。按说，身为一个书童，在当时即被视为下等人，其儿孙连参加科考的资格都没有，能有个名字就不错了，哪里还能有字号呢？细细想来，游七的种种劣迹，却也是张居正本人的失察之过。

张居正自隆庆初年进入内阁之后，便从高拱的倒台中悟出一个教训：当首辅就不可得罪宫中的大太监。可是，作为一位堂堂翰林学士出身的内阁要员，又怎能去与宫内的太监交往呢？这事让他颇觉为难。

原来，当穆宗皇帝尚在位时，前主管太监李芳失宠被黜；后来，原司礼监秉笔太监冯保在宫内权力角逐中胜出，受命提督东厂、御马监，权力炙手可热。然而，当时内阁的重要阁臣高拱又对冯保极为不屑，几次三番地要将冯保扳倒，所以冯保对高拱怨毒极深，可又无可奈何。

高拱脾气暴躁，为人褊狭，他跟张居正本是朋友，后因在处置前首辅徐阶的问题上太过无情，由此招致张居正的反感。当高拱与冯保二人闹得势同水火之时，他跟张居正的关系也出现了难以弥合的裂痕。冯保看出其中的蹊跷，主动派手下人徐爵来暗中勾通联络张居正。此时，张居正因觉出高拱闹得实在太过，于是就叫游七去和徐爵联系，挂上了冯保这条线。

徐爵，号樵野，青年时因犯罪而被发配充军。此人在戍所时因不耐寂寰，偷偷跑到北京，打通关节，投奔到冯保门下做了一名司书杂役。冯保见其机警灵巧，极擅观风察色，又粗通文墨，颇为器重，因而设法给徐爵洗清罪名，并委之以锦衣都指挥同知。游七与徐爵一见如故，二人打得火热，自此他俩交换情报，商议对策，在张、冯二人联手扳倒高拱的过程中，立下了汗马功劳。所以，随着张居正此后在政坛上地位的日益提高，游七作为这一机密的参与人，便也在张居正的眼中渐渐地有了分量。

俗话说，宰相家人七品官。后来，游七一度被允许到公事房出头办事，获得了一定的行动自由。从此，他凭自身的机敏和才干，渐渐崭露头角，此即史籍所称："亦曾入赀为幕职，至冠进贤，与士大夫往来宴会。"

游七在人生之路上爬到这一步，实属不易，但他却并不满足，似乎还想攫取更多原本不该属于他的东西。于是，他开始假借名义，瞒着张居正在外面编织自己的关系网，"缙绅与交欢，其厚者如昆弟"。

那一阵，游七利令智昏，擅自在外面娶了一个烟花女子做小老婆。从此，他经常以那个外室所居住的地方为据点，把自己也作为一个上等人，和一些官员暗中往来酬酢。这些与游七来往的官员为了通过他巴结上内阁首辅，居然还将其当祖宗供起来，不仅赠钱送物，而且还想方设法地与其攀亲。有一个云南籍的都给事李选，本来是张居正的门生，居然还娶了游七之妾的妹子为侧室；另一个叫李宗鲁的给事见这个门道不错，亦娶游七之妾的小姑为外室。这样一来，使得游七也不知道天高地厚了，甚至真的以为自己可以在官场谋得一席之地。

张居正毕竟是位读圣贤书出身的大学士，岂能容手下家人在外如此败坏自己的名声？当他听说到游七的这些丑事、滥事，不由雷霆震怒。他当即便命令家人对游七施行家法，打了他几十大棒，"笞之几死"；另外，再召来李选、李宗鲁等，"面数斥之，不许再见"[1]。不久，他便传示吏部，将二李这两个厚颜无耻的家伙赶出京城，外补到地方上去担任佥事官，以儆效尤。

然而，张居正对游七的任何责罚都已经于事无补了。因游七而带来的恶劣影响，让他潜在的政敌终于抓到把柄，向他发起最具伤害力的致命一击。就在张去世的那一年，即万历十年的十二月，吏科给事中陈与郊即以

---

① 沈德符：《万历野获编》（上），"江陵家法条"，上海古籍出版社，2012年，第191页。

游七为突破口，指控礼部左侍郎陈思育结纳游七、允其干预政事的劣迹。不数日，神宗皇帝传谕，将游七等"锦衣卫擎送镇抚司打问"，率先揭开了从政治上彻底清算张居正的序幕①。

石应嵩听了这些往事，感慨万千，认为游七之流的宵小，完全不能掩盖张居正执政十年的功绩；神宗皇帝对他的清算，事实上成了其亲手葬送万历初年改革成果的一记毁灭性打击。

石应嵩在江陵的生活已经有段日子了。他发现，当地的乡邦父老对张居正依旧无比崇敬，不少人家不仅收藏有他生前写下的字幅墨宝，甚至还保存有刻印成书的《太岳奏对稿存》。后来，人们也渐渐知道这位县尊喜欢老相爷的书稿遗墨，便都设法帮他借来抄誊。一天，有位书吏拿来一个手卷呈给石应嵩，请他过目。石应嵩展开一看，大喜过望。原来，这是张敬修兄弟等撰写的《太师张文忠公行实》，全文长两万余字，基本上概述了张居正一生的事迹功业。

入夜之后，石应嵩吩咐手下掌灯，逐字逐句地细读《太师张文忠公行实》。当他再一次读到张居正出生时的那个片段，心中不由凛然一颤。文中写道："是夜，会怀葛公亦梦有月坠水瓮中，流光发色，化为白龟，浮水上曳。有顷，太师生，因名太师白圭，应月精之瑞……"这时，他想起张居正墓地里的那口月牙塘，心中似有所悟。张敬修等所执"月精之瑞"的说法，显然有其非常之含义，其由来无非为二：一为事实原本如此，家人口碑相传，到敬修兄弟撰写"行实"时，信笔而书，以备家乘；二即原无此事，而是有人刻意杜撰，故意吩咐家人子弟执此说法，使之传扬后世。前一个推断显然有些出神入化，似不可信；而后一个推断若是成立，那么杜撰这事的人则非张居正莫属。

石应嵩想到这里，心中豁然开朗：以张居正超群的聪明才智，他何尝不懂功高震主的极大危害性？想当初，他以顾命元老的身份辅弼幼主，本身就是难以全身而退的艰危之事，何况还在十年柄政期间振衰起瘝、奋力刷新政治，身后一旦有变，"破家沉族"之祸断难避免。于是，为自保考虑，他便有了以"月精之瑞"说法以力求自保的预想——大明天下，如日中天，因少主年幼，这"日"唯有依托于"月"的辅弼，方可确保天下之"明"。然而，月忌满盈，盈则必亏，自己一生仕途顺利，因缘际会，始得

---

① 《明神宗实录》卷之一百三十一，十二月乙酉朔，"戊戌条"。

执掌揆席，世有不测风云，倘或将来此"月"不再临照华夏，那么这普天之下的人还会顾惜往年这"月"不辞艰辛、全力辅弼"日"的十载劳绩吗？

倏然，石应嵩对这位前首辅充满敬畏之心。他知道，无论是墓地的月牙池也好，还是"行实"中记叙张居正出生时其曾祖父张诚那"月精之瑞"祥梦的说法也好，都是其在步入人生末途之际，留给他平生付出心血最多的那位学生——当今天子神宗皇帝的一道哑谜："月"乃是"日"的辅佐，如果他真能悟得出来此中玄机，应可保我张家一门老少的安宁；否则，天下既危，那么张氏一门的祸福兴替也就在所不计了。

石应嵩怀着对张居正的崇敬之心，追昔抚今，不由得对当今天子——这位荒政倦勤长达二十年的神宗皇帝充满既鄙夷而又怜惜的复杂心理：太师生前呕心沥血地苦撑十年，将如此清平安谧的神州大地交还给你，而你竟在其身后要让他的儿孙后代蒙受大难。如今天下动荡，民不聊生，官吏贪墨，朋比为奸，国库匮乏，边境骚动，焉说不是上天的报应。虑及于此，石应嵩心中倏忽升起一股浩然之气，一定要给这位"抚揆席而轸念苍生"的先贤鸣不平。于是，在张居正尚未平反之时，他冒着极大的政治风险，开始着手筹款备料，要为张居正重修墓地，并亲写一篇《张文忠公改葬碑文》，以纪其事。

"功既震而身危，狡兔良弓已矣；事盖久而论定，云台麟阁依然!"[1] 怀着满腔义愤的石应嵩用这句话语，道出了天下人的心声，其矛头所向，昭然若揭。

据清光绪六年版的《荆州府志·卷三十九·名宦·县令》记载："石应嵩，云南人，进士。万历间知江陵，（万历）四十年江水泛滥，万城堤将决，宵昼防造，赖以无虞，以力过竭，呕血堤上。后人勒石纪功，目为'热血碑'云。"可见，这位当年江陵的父母官，确是个深知民间疾苦的血性之人。他在抗洪抢险的拼搏中能够带领当地民众保卫家园，自己却"以力过竭，呕血堤上"。唯有如他这样的一位正直之士，才会有勇气率先站出来给张居正"平反"。

至于石应嵩文中所称张居正之"功既震而身危"的那种说法，以熟知

---

① 石应嵩：《张文忠公改葬碑文》，张舜徽主编：《张居正集》第四册，附录一，湖北人民出版社，1994 年，第 522 页。

中国历朝政局而称著于世的张居正本人，又何尝不是早有警惕？

记得那是在万历六年（1578）春夏之交的时候，当时张居正刚回到荆州老家，给父亲的灵柩举行安葬仪式。当时，荆州张家曾于一天之内收到神宗皇帝一连发来的三道诏书，催促他早日返回京师。

这种圣眷正隆的荣耀，无疑充分显示了神宗皇帝对张居正的信任与倚重。湖广巡按御史朱琏得知此事，格外振奋，积极发动大小官员捐俸献款，要在荆州建造一座"三诏亭"，以纪念本地乡贤这"一日三诏"·的政坛佳话。

亭在中国的出现，大约是在春秋战国时期。《风俗通义》称："亭，留也。今语有亭留、亭侍，盖行旅宿食之所馆也。"由此可知，亭是古代驿传体制下为方便旅客歇憩、驻留，而在路边修建的一种立柱盖顶的简单建筑。自秦朝推行"车同轨"制度以来，全国遍筑通衢大道，也就是自此时起，亭被纳入地方政府公共建筑的体制，广为兴建。隋唐以后，亭广泛进入园林及寺观，从而成为供人们倚栏眺望、驻足小憩、凭吊先贤的休闲式建筑或纪念性建筑。

张居正婉言谢绝了朱琏的美意。在他亲笔所书那封存留青史的回信中，他真挚恳切地写道："作三诏亭以彰天眷，垂有永，意甚厚，但数年以来，建坊营作，损上储，劳乡民，日夜念之，寝食弗宁。"他首先是唯恐给地方上增加财政负担，又担忧让父老乡亲劳神费力，因而一再告诫地方上的这些官员，凡事一定要从百姓的生计着想："当此岁饥民贫之时，计一金可活一人，千金当活千人矣。何为举百家之产，千人之命，弃之道旁，为官使往来游憩之所乎？"①

信写到这里，张居正或许是为时事有感而发，也或许是为史鉴猝然心酸，当即便率然命意，写下了一段悲壮怆然而又意味深长的话："且盛衰荣瘁，理之常也。时异势殊，陵谷迁变，高台倾，曲池平。虽吾宅第且不能守，何有于亭？数十年后，此不过十里铺前一接官亭耳，乌睹所谓三诏者乎！"

处在权势顶峰的张居正之所以会实发悲声，是因为他深深知道，任何一个皇帝，当他意识到自己至高无上的权威受到挑战时，都会毫不手软地

---

① 张居正：《答湖广巡按朱谨吾辞建亭》，张舜徽主编：《张居正集》第二册，书牍十二，湖北人民出版社，1994年，第942页。

将臣子诛除剿灭。回想自己辅政数载，得罪权贵之处不可谓不多，即便生前有幸免于苛责，亦难保身后不生变故。于是，他断然拒绝了朱琏提出建造"三诏亭"的动议。显然，对人世间这种"盛衰荣瘁"的状况，他本人看得极透。

张居正曾经为幼时的神宗主持编撰过《帝鉴图说》，他当然知道"骖乘之祸"的典故。西汉时期，年仅八岁的汉昭帝刘弗陵继位，博陵侯、大司马大将军霍光遵照武帝遗诏，辅佐昭帝并代摄朝政。霍光辅政期间，殚精竭虑地操劳政务，并平息了昭帝长姊盖长公主及上官桀等人发动的内乱。由于他处事不留情面，得罪了众多大臣，招致众人怨恨。在昭帝死后，霍光先迎立昌邑王刘贺为帝，不久又因刘贺荒淫无道，便废掉刘贺，再立刘询为帝，此即为汉宣帝。霍光对宣帝十分忠诚，宣帝偶有出行，他会随侍车上以做护卫，名为"骖乘"。霍光摄政，前后长达二十年之久，一改汉武帝时代穷兵黩武的弊政，对匈奴变征战为和谈，对百姓变征敛为蠲免，造福苍生，四海宁静。尽管如此，他最终还是厄运难逃。他死后，汉宣帝就以有人告发他阴谋叛逆为由，将霍家老少全部处死。后来，史称这一事件为"骖乘之祸"，意谓当霍光在车上随侍宣帝时，他便已经因令皇帝极不自在，由此肇其祸端。所以，后人在总结霍光的教训时说："威震主者不畜，霍氏之祸萌于骖乘。"①

张居正死后，他在荆州的家果然也被抄了，家族子弟亦被"俱令烟瘴地面充军"。历史在这里所形成的巨大旋流，再一次告诫着"权威震主"的不祥。

天启二年（1622），辽东警报频传，满洲铁骑直叩蓟门，人们想到了张居正时代海晏河清的盛世，忍不住追怀先贤。此时，应多数朝臣恳请，明熹宗给张居正恢复原官，并重新颁给祭葬的礼仪，还一并发还了张家尚未变卖的房产。

崇祯三年（1630），各地农民起义风起云涌，神州大地狼烟遍野，边境外患警报迭至，朝中文武大员束手无策。为了凝聚人心，河南道御史李日宣上疏说："故辅居正受遗辅政，事皇祖者十年，肩劳任怨，举废饬弛，弼成万历初年之治。其时中外乂安，海内殷阜，纪纲法度，莫不修明，功

---

① 班固：《汉书·霍光传》，三秦出版社，2007年，第88页。

在社稷，日久论定，人益追思。"① 这一奏疏，在朝野中产生广泛的共鸣。为了嘉慰张居正那"慨然以天下为己任，振刷纲纪"的显赫功绩，崇祯皇帝颁旨，复还荆州张家的恩荫及此前所赐诰命。

张家的子孙后人陆陆续续从流放地重返故里荆州。他们在张居正墓地周边这一带的乡间聚族而居，恪守祖训，农耕传家，繁衍生息，为先人守护墓庐。从此，整个家族除张同敞一人外出去给朝廷效命、以身殉国外，其后均无人求官。

石应嵩的那篇《张文忠公改葬碑文》被珍藏下来，作为万历一朝政治高压时期出现的一篇奇文。它向世人展示了一位后世县令为前哲先贤呼吁呐喊的耿耿衷肠，其流传于人间的突出价值，就是证实了"公道自在人心"的古训是何等精辟。

时人评论道：唯有当大明王朝的江山社稷行将衰亡之时，那个崇祯皇帝才会"抚髀思江陵，而后知得庸相百，不若得救时相一也"② 的简单哲理。

然而，一切都过去了。崇祯末年，也就是张居正被籍没抄家的下一个甲申年。崇祯十七年（1644），明王朝终于在内外交困的一片刀光剑影中轰然坍塌。农民起义军纵横中原，北方满洲八旗的铁骑屡叩边关，当李自成的大顺军进占北京时，只剩下孤家寡人的崇祯皇帝就只能在内外臣工的一片迎降声中，投缳自尽。随后，清军入关，不过十来年的工夫，随着寒暑交替、春秋轮转，在岁月延续到1662年时，这个王朝的余绪几经颠仆，神宗皇帝的另一个孙子——晚明永历帝朱由榔被吴三桂在昆明篦子坡用弓弦绞杀，到此，这个王朝对华夏大地的统治便告彻底覆灭。这一沉重的历史，正好为神宗皇帝及其儿孙的最终败亡，谱写出一曲由盛而衰，终归于力竭气绝，且遗韵悠长的挽歌。

---

① 张廷玉等：《明史》，列传第一百十，《张居正传》，中华书局，2000 年，第3762 页。

② 林潞：《张江陵论》，《光绪重修荆州府志》卷七九，《杂记志·纪文》。

第九节　尊亲有道与教子有方

历史上的张居正既是官居一品的内阁首辅，又是有血有肉、有家有室有子女的一家之主。他的先祖虽然以军功得领归州长宁千户所世袭千户的头衔，但到了他祖上的这一支，却早因系旁支而沦为平民。他的父亲张文明不过是个一生不得志的府学生员，祖父张镇也只是荆州城辽王府的一个护军。所以，张居正只要言及祖上，平素都只提曾祖父怀葛公张诚。

明隆庆五年（1571），张居正在内阁中尚为次辅，地方抚院按照当时的官场惯例，要为其勒石表闾，即在荆州张家的里坊门外，树坊碑以彰显张氏勋名。

此时，湖广省布政使、巡按御史，以及布政使司参政、督粮道等一干官员，都忙着为此事而热心奔走。为了阻止建树牌坊一事，张居正特意给湖广巡按御史陈于阶写了封信。在信中，他说："昔念先曾祖平生急难振乏，尝愿以其身为蓐荐，而使人寝处其上。使其有知，决不忍困吾乡中父老，以自炫其闾里。"①

蓐荐，是荆楚大地上流行的一种卧具，它是清寒之家采用最为低廉的稻草绾绳编结而成，垫在床上主要用来隔离湿气，维持体温。所以，在荆楚方言之中，它是一种用料平凡、价钱低贱，但有着重要功用的日用品。

张居正从小听家里的人常说，他的这位曾祖父是个心地善良、急公好义之人。无论是对街坊邻里，还是对偶尔一见的外乡人，只要人家有什么难处，他都会及时地施以援手，急难振乏，热情相帮。张居正后来之所以不爱多讲父亲、祖父，而只是常常追思曾祖父，还有其更深层次的原因。祖父张镇和父亲张文明都是那种性情疏放、处世简单、闲居度日、优游岁

---

① 张居正：《答楚按院陈燕野辞表闾》，张舜徽主编：《张居正集》第二册，书牍三，湖北人民出版社，1994 年，第 234 页。

月的平凡之人，唯有曾祖父张诚多年来在荆州城内颇享善名，亦可谓德声载道。所以，他总是以"先曾祖平生急难振乏"的优秀品德自期，刻意要传承这种善以待人的清白家风。

进入万历年间以后，张居正因执掌大权而政声卓著，获得朝廷的屡屡恩赏，一直追封到其祖上三代，那诰封头衔均为"光禄大夫"。这时，他的祖父、曾祖父都早已去世，而其在世的父亲却不是个省油的灯。

明末清初坊间流传一部题名为《识小录》的书稿，相传为"活埋庵道人"徐树丕所撰。其中有一则读来颇为耐人寻味："（张居正）年十六举乡荐，赴礼曹，下第归。同辈皆居间郡邑，公独闭户，不一谒。封公屡促之，卒不出。封公怒，断其肉食，供以蔬粝。曰：'若不乞润郡邑，恶有阿堵市刍豢哉？'公竟藿食。"

这则文章记叙的内容是说，嘉靖二十三年（1544），二十岁的张居正进京参加了这一届甲辰科的会试（《识小录》误作前一届的辛丑科，似有误，因历来学者均认为他在那年并未进京），因名落孙山，下第而归。那时，其他的举人都住在郡城里切磋学业，以图下一届一举得中，唯独张居正离群索居，长年闭门苦读，乃至对任何师友均不相见，摆出一副拒人于千里之外的样子，颇招物议。他的父亲张文明也是秀才，见他这模样，心中不免着急。因为那时的举人是要经常去府学参加学业测试的，考得好，则有"润"（官府发给的奖学金）；若是跟府学的先生与同学全无来往，便很难混出个好人脉，也就很难拿到这份奖学金。于是，张文明为逼他就范，让他经常出门去与众师友相见，以长学识，便宣称道：若再不改正，就不给肉吃！张文明的道理其实也很简单："若不乞润郡邑，恶有阿堵市刍豢哉？"这就是说，再拿不到郡城府学里发给的奖学金，家里就没有钱去买猪肉了。张居正却丝毫不为之所动，直到下一届丁未科，即嘉靖二十六年（1547）的会试他一举得中，这三年间他竟不茹荤腥，只吃蔬菜。

明朝的太祖高皇帝朱元璋一向标榜要"以孝治天下"，而民间讲究的则是"子不言父过"。无论张居正跟他父亲张文明的关系怎样，也无论他父亲有何不对，他都从来不批评父亲，哪怕是其缺点，也得当作优点来谈。

后来，张文明去世后，张居正亲笔写过一篇《先考观澜公行略》，以缅怀对父亲的追思之情。文中提到张文明一生考了多年的乡试，可就是过不了这一关，一直困顿场屋，直到最后主动弃考。对此张居正也只是说：

"先君幼警敏，为文下笔立就，不复改窜，口占为诗，往往有奇句，然不能俯首就绳墨，循矩镬，以是见诎于有司。"张居正又说，父亲张文明"性任真坦率，与人处，无贵贱贤不肖，咸平心无竞，不宿仇怨，人亦无怨恨之者……喜饮酒，善谈谑，里中燕会，得先君即终席欢饮，自荐绅大夫以至齐民，莫不爱敬；有佳酒，必延致之，或载至就饮"①。此处所写，其实是张文明的缺点，可却是当作优点在说。有这样一位性情直率、情感粗疏、为人豪放、大大咧咧的父亲，张居正可真叫"想说爱您不容易"。

若是以平民身份而论，张文明这副秉性并无大过；可是，在儿子做了内阁大学士后，他还这样率意而为，那就可真不大妙了。但凡有人找上门来有事相求，只要几句好话一吹，或者是几杯好酒一灌，张文明便不计对方品行如何、身份怎样，也敢拍拍胸脯，大包大揽地去给人家找府、县官员托情。时间一长，事情一多，他的这些所作所为，岂不是给儿子招惹麻烦？

张居正对世道人心深有体会。他也知道，那些府、县衙门里的官员，大多不是善茬，只要父亲张文明找到他们，他们自然不敢得罪，甚至还会对这个老太爷赔笑脸、套近乎，而且也会将这些事尽量设法办好。只是当这事做好了后，他们肯定就会写封信来，告诉自己您家老太爷交办的某事如何如何。这样做一则联络感情，二则也是预留退步，将来也好通融通融。日子一长，张文明觉得自己挺能办事，在乡邻之中更是很有面子，故只要有人找上门，也不管事情做得做不得，便乐于朝衙门里跑。张居正每当听说此事，都不得不为之分心：一则抚慰那些地方官，连声称谢；二则请他们对那些事要留意审定，对有些不可办者坚决顶住。总之，他也想找个机会，让这位"任真坦率"的老爹有所收敛。

隆庆四年（1570），荆州张家出了点麻烦：有个仆人冒充张居正儿子的名义，找到一个姓潘的士人家中，假言可以帮人家谋求功名，骗走白银三两。案发之后，荆州知府赵贤见案涉内阁大学士，未敢怠慢，于是抓紧侦破。不久，事情真相大白，人赃俱获。赵贤将案情上报给张居正，呈请指示。

张居正见信大惊。虽说此事涉案赃款不多，但情节异常严重，若是不

① 张居正：《先考观澜公行略》，张舜徽主编：《张居正集》第三册，文集十，湖北人民出版社，1994年，第629页。

予严加惩处，将来后果不堪设想。

张居正熟知刑律法规，自知本案虽是仆人背主行骗，本家不担干系，但受害人潘家却是父子两代均为读书人，如果依正常办案程序，府、县两级衙门不仅会对罪犯依律处置，同时对潘家势必也将以行贿罪收案具结。再加上案由为"谋求功名"，那么本案如此办下去，肯定要累及自家的声望。于是，他建议赵贤按照自家乃属"湖广荆州卫"的军籍身份，让其将罪仆送到驻军卫所依法处置。

张居正在给荆州知府赵贤的信中，语重心长地说：

> 仆以浅薄，谬膺重任，自夕检点此身，思以率先百辟。而顽奴乃敢故犯宪条，孽本自作，死不为枉，幸为速除之，以警其余。①

更为重要的是，张居正以此事为契机，叮嘱在家的兄弟子侄，务必要将本府上下的仆人、杂役集中起来，进行了一次整肃门风、家风的教育。他规定，此后凡是敢于假借名义敛财牟利者，或者是敢挑唆张文明外出说项的家中仆人、听差，必将重罚，一律不予宽宥；对这类事件，发现一次处理一次，绝不手软，以防有些人居间作乱，败坏门风。

所以，时至今日，我们仍能在他留下来的书牍中，读到许多关于"严家范、禁请托"的段落。比如，在一封《与楚抚赵汝泉言严家范禁请托》的书牍中，就写有这样一段话："家中仆辈，颇闻有凭势凌砾乡里，溷扰有司者，皆不能制。借公之威，明示两司及敝处守令诸君，但有如前所云者，幸即为擒治。其所请托，无问于理可否，悉从停搁，有强梗不法者，解来仆面鞫之，欲得而甘心焉。"②

这位赵汝泉，也就是前面提到的赵贤（1532—1606）。他是明代汝阳（今河南汝南）人，系嘉靖三十五年（1556）进士，于嘉靖四十四年（1565）为亡母守孝期满后出任荆州知府。隆庆二年（1568），他升任湖广

---

① 张居正：《答荆州赵知府》，张舜徽主编：《张居正集》第二册，书牍一，湖北人民出版社，1994年，第86页。

② 张居正：《与楚抚赵汝泉言严家范禁请托》，张舜徽主编：《张居正集》第二册，书牍五，湖北人民出版社，1994年，第438页。

参政，后因父丧再度返乡守孝。隆庆六年（1572）丁忧期满的赵贤奉诏复任湖广参政，后来升迁为浙江按察使。他在杭州只住了三个月便擢升为金都御史，巡抚湖广。从其仕宦履历看，这位清正廉洁的地方官员，在荆州、湖广先后工作六七年，跟张居正的交往最深，亦相知甚厚。

在赵贤的大力支持、配合下，张居正的这一招很厉害，基本上管束住了他那个喜欢耀武扬威、炫饰乡里的老爹张文明。由于他用家规牢牢地约束住家中仆人、听差，事实上也就阻断了老爷子的耳目和手足。自此往后，老爷子想干什么都干不成，最后只好偃旗息鼓，老老实实待在家里享清福。

张居正的儿子个个都有出息，他们依次是长子敬修、次子嗣修、三子懋修、四子简修、五子允修、六子静修，这六个儿子，是他一生最大的骄傲。

隆庆年间，有位内阁大学士殷士儋遭当时的内阁首辅高拱排挤，被罢官归里。在为殷士儋送行时，张居正写了一副对联给他。联语曰："山中宰相无官府，天上神仙有子孙。"[1] 殷士儋看了，喜得直点头称好。

这事说来还有点因由。当时的首辅高拱因为没有儿子，心中十分着急，进入内阁后，每天天不亮他便要率领文武百官上早朝。为了不耽误留下骨血这一人生大事，这位元老重臣竟还在办公地文渊阁的附近另赁民居，弄些女人去同宿，希望能"广种薄收"，留下骨血以承桃香火。这事在内阁中早已传为笑谈，殷士儋是高拱的死对头，当然幸灾乐祸。张居正送他的对联是说，回乡的宰相，虽然无官可做，但只要有儿孙相伴，就算是神仙过的日子。这种说法对高拱而言，显然过于刻薄；但对于殷士儋来说，却也是种莫大的慰藉。

换句话说，在隆庆的几位阁臣当中，张居正的这副对联，也反映了他性格中幽默、风趣的一面，并且可以看出他作为六个儿子的父亲，感到由衷自豪。

张居正教子极严，从不将对儿子的关爱表露出来。他早年间的朋友王世贞曾说："居正待其子弟严，每三五日入问安，颔之而已，不交一言。"沈德符也在《万历野获编》中专设"江陵家法"词条，称其："江陵教子

---

① 沈德符：《万历野获编》卷九，"宰相对联条"，中华书局，1979年，第230页。

极严，不特各省督抚及各边大帅，俱不许之通书问，即京师要津，亦无敢与往还。盖欲诸郎君继小许公事业，预养其相望耳。"① 这也就是说，他在儿子们的面前一向都摆着一副威而不怒的严父形象。

至于沈德符所说张居正要求儿子们自幼即"预养其相望"之举，尤为难得。因为，在他看来所谓"相望"，即为宰相的风度、名望和人格魅力，也是可以依靠后天的历练、涵养而培育出来的个人品行。事实上，他自身对这种"相望"，就有一个逐步养成的过程。因而，他以一丝不苟的态度"教子极严"，是有其目标的。

张居正的三子张懋修自幼聪敏，好学上进，他从启蒙开始，就以在科举上出人头地为人生的最大目标，发奋苦读。张居正看着懋修的进步，倍感欣慰，还专门为他延聘名师，悉心指导。凡是与懋修接触过的人，都说他会早登科甲。但是自从中举之后，他却接连两次分别于万历二年、万历五年参加礼部会试，均名落孙山。张居正对懋修的落第，表现得十分理智，既没有埋怨不休，也未横加责备，乃至呵责辱骂，而是亲笔给儿子修书一封，帮助儿子分析两次科考失利的原因，并鼓励他振作精神，正确对待。

在信中，张居正对懋修说：我在很年轻时便早中科第，所以一度曾颇为得意忘形，甚至于对屈原、宋玉、班超、司马迁等先贤也似乎抱有一种轻慢的态度，"忽染一种狂气，不量力而慕古，好矜己而自足"。张居正在检讨了自己当时的那种浮躁心态后，对儿子说，这样做的后果无疑"是必志骛于高远，而力疲于兼涉"。他认为这种错误心态，乃是学习的大敌。有一阵，他觉得区区一个进士，唾手可得，于是抛弃学业就去吟风弄月，三年未果，旧业荒废。科考失利后，遭受的挫折就愈加沉重，"顿失邯郸之步，逐至匍匐而归"。最后，他以自己的切身教训，语重心长地对懋修说："今追忆当时所为，适足以发笑而自点耳。"

张居正可不是一般的父亲，他身居一人之下，亿万人之上，本来就具有威仪如山的气度，再加上他从来都喜怒不形于色，故平时无人不对他敬畏有加。此番，他在儿子面前能这样自曝其短，甚至敢于以少时"足以发笑"的往事自嘲。这种做派，恐怕终其一生也唯独对爱子才偶有显露。

---

① 沈德符：《万历野获编》卷九，"江陵家法条"，中华书局，1979 年，第 228 页。

总之，从目前所保存的这篇《示季子懋修书》看，张居正同时也是位感情十分丰富的父亲。正是在这封信中，张居正这样谆谆告诫懋修："但汝宜加深思，毋甘自弃。假令才质驽下，分不可强；乃才可为而不为，谁之咎欤？"①

这句话说得十分动情：儿子呀，你可要想清楚，千万别因气馁而自暴自弃。倘若你真是天资愚钝，我也不会勉强行事，硬逼着你朝这条路上走下去；但若是你能做到的事，只是因个人原因而没能努力去做，那就不是其他人的过失了。

张居正的爱子之情、教子之道，实可谓赤心精粹，人神共鉴。

那一年，张居正为了让张懋修能在同龄人中找到自己的伙伴，就想为其物色几个便于沟通和交流的年轻人，让他们时常相聚，相互切磋，以期共同提高。于是他便询问长年在外游学的异母弟张居谦，请他推荐一两个出类拔萃的青年学子。

张居谦说，有一次他在华阴（今属陕西）的一位朋友家里，见到过两个年轻人，一为江西临川的汤显祖，一为安徽宣城的沈懋学。据他之见，此二人可都算是当今海内的青年才俊。张懋修谨遵父命，以砥砺学问、结交文友的名义给二人写信，以冀沟通联络。后来，沈懋学回了信，二人交往欢洽，相得益彰。不久，二人先后荣登科甲，沈懋学先一年考中，还钦点了状元。汤显祖觉得张家威势太甚，与之往来过密，恐怕会惹人非议，因而没有理睬此事。后来，汤显祖困顿场屋，一再受挫，虽然也凭科考入仕为官，但一直认为自己遭到了张居正的报复。

汤显祖的判断，是否有其失误之处，今天的人不宜蠡测妄议，但是要说张居正以当朝首辅之尊，去跟一个外省进京应考的青年举子过不去，应该没什么道理。不过，汤显祖的这种想法，却折射出了社会上普遍存在的一种心态：首辅的儿子参加会试，金榜得中，肯定是别有隐情。

其实，张懋修的金榜题名，隐情确存，其始作俑者，乃是当朝天子神宗皇帝。

据《明神宗实录》记载：万历八年（1580），朝廷依例举行抡元大典。"壬戌，命大学士申时行撰拟策题。是科，阁臣张居正子敬修、懋修俱应

---

① 张居正：《示季子懋修书》，张舜徽主编：《张居正集》第二册，书牍十五，湖北人民出版社，1994 年，第 1251 页。

试；张四维子泰征亦应试。居正以引嫌请，上允之。""丙寅，大雨。上遣司礼监传，免读卷。命辅臣封进，上览。以第三为第一，第一为第二，第二为第三。第一，大学士张居正子懋修也。"①

这就是说，正是因为神宗皇帝的作弊，将原先报上来的第三名张懋修换成了第一名，其后依次降等，这才让张居正的儿子当了状元。

早在万历四年（1576），神宗皇帝就曾对张居正当面讲："先生功大，朕无可为酬，只是看顾先生的子孙便了。"② 这次，皇帝亲自"作弊"，看起来是酬了张居正的面子，实际上是坑了他及他的后世儿孙。

先贤云："职分爵禄，国之名器。"这就是说，即便贵为君上，亦不可将职分爵禄擅作礼物，私相授受。神宗皇帝此番"看顾先生的子孙"，乃使张氏父子成为全国士人的众矢之的。由此，万历八年（1580）的庚辰科会试社会反响最为强烈。据当时的学者沈德符在《万历野获编》中记叙，社会上的读书人普遍认为："今上庚辰科状元张懋修，为首揆江陵公子，人谓乃父手撰策问，因以进呈；后被劾削籍，人皆云然。"③

所以，万历十年张居正去世，第二年又逢春闱，天下举子将会试京都。北京城内便流传着一句民谣："张公若不身亡去，四官定做探花郎。"这是人们臆测，张居正若是不死，那他的第四个儿子简修也将会在本年度的科考中名列前茅；只是由于他的遽然去世，张家诸子的富贵链也就戛然断裂……后来，神宗皇帝籍没荆州张家，几乎令全天下的读书人都拍手称快。说到底，正是神宗皇帝的"暗箱操作"，败坏了张居正、张懋修父子的社会声望。

《万历野获编》的作者沈德符似乎在从另一个角度看问题。他认为，张居正政治上的失败，不单是因为他死得太早，更在于他的儿子生得太多，因而受累。"（张居正）濒危惕忿愈甚，恋恋权位，荐人挤人，至死不休，则多男子多后顾累之也。"④ 他这话的意思是说，张居正拼死拼活地在

---

① 《明神宗实录》卷九十七，万历八年三月庚子朔，"丙寅条"。

② 张居正：《再辞恩命疏》，张舜徽主编：《张居正集》第一册，奏疏九，湖北人民出版社，1994年，第413页。

③ 沈德符：《万历野获编》卷十四，"关节状元条"，中华书局，1979年，第379页。

④ 沈德符：《万历野获编》卷七，"首相晚途条"，中华书局，1979年，第193页。

官场上苦苦支撑，都是家累太重的缘故。假使他早一点离开这是非之地，应该是可以颐养天年的啊，何至于到了病重濒危之际还"悁忿愈甚"地费心劳神呢？

在沈德符看来，汤显祖或许就是张居正为了给张懋修腾出位置而被挤出官场的一个卓越人才。反过来看，汤显祖虽然一生坎坷，几场考下来弄得心灰意冷，但他矢志不渝地闭门苦读二十年，最后终于完成了名扬天下的"临川四梦"，成为中国古代最伟大的戏剧家。相比之下，张懋修的下场似乎更为凄凉，他无可选择地成了其父强力推行"万历新政"的政治牺牲品。

然而，张懋修毕竟是个有楚人血性的铮铮汉子。当家族蒙难之后，长兄愤而自杀，他也心如古井，乃和次兄嗣修等一道，埋头整理父亲生前遗墨。经他们兄弟整理、编辑出来的《张太岳先生文集》四十六卷，其中有奏疏十三卷、书牍十五卷、文集十一卷、诗六卷、《女诫直解》一卷。在该书的《先公致祸之由敬述》中，张懋修慨然写道："夫人必回顾，然后周虑，足以庇后；必好名，然后完美可以保功。未有见先公专行一意，但知报主，祸机毁怨，身后名都置之不顾者。明知其且破家而不恤，明知容容多厚福而不为，难乎，免其后矣！"[1]

张懋修的这一说法，也算是对沈德符说法的一种澄清。父亲生前早就将一切都看破了，连自己的身家性命都置之于脑后，不就是为了报答先皇的托孤重任、富国强兵吗？他既不为好名，也不求保功，明明知道四方讨好、八面卖乖而不为，这也实在是难，所以早就将身后的一切事都撇开不管了。

神宗皇帝也许真切地感受过这位"元辅张先生"爱子之切的深沉情怀，所以当其驱策张居正一心一意给他卖命之际，就曾数次对他做过承诺："只是看顾先生的子孙便了。"自然，当张居正还在世的时候，神宗也确实真心诚意地"看顾"过他的几个儿子——长子敬修得中进士，授礼部主事；次子嗣修得中榜眼，授翰林院编修；三子懋修得中状元；四子简修承荫为锦衣卫指挥同知；五子允修承荫为尚宝司司丞；唯六子静修年纪尚幼，未授职司。

---

[1] 张懋修等：《先公致祸之由敬述》，张舜徽主编：《张居正集》第四册，附录一，湖北人民出版社，1994 年，第 520 页。

只是张居正死后尸骨未寒，神宗皇帝马上便将张家的几个儿子全都"削籍"，把他们一脚踢出朝堂。至于后来查抄张家的捶打鞭笞，以及最后的充军发配、列为"编氓"等，那已是格外开恩，没有一杀了事，总还算是积了份阴德。

总之，张家的长子敬修在猝遭家难之时，挺身而出，以三十岁的年轻生命，捍卫了家族的尊严。嗣修、懋修尽毕生心血，给父亲整理、编辑出了四十六卷本的《张太岳先生文集》。当书稿初成之日，张嗣修一抒胸臆之中压抑了数十年的愤懑、激烈之情怀。他在书前撰文写道：

> 窃见先公诗拟盛唐十二家，而亦未专事模拟；文拟两汉，而亦未全师汉；语若书牍，则极其意所至；奏对则极其诚，所敷皆精诚之所独注也……吴鸿扈稽，锻者始知其为苦；干将莫邪，用者始知其为神。而奈何综核即束湿之成讥，任事即专擅之蜚语。总之禀河岳之气已来，其用物精弘矣，留此一段精诚在天壤间。古人所谓知我罪我，先公意在兹乎？史家所称为功为过，小子辈何敢避焉？①

张嗣修为张居正次子，万历五年（1577）曾以一甲第二名而成为丁丑科榜眼。当年，因祖父张文明去世，他被神宗皇帝命令以翰林院编修身份代父亲回老家守孝，此后，他一直滞留故乡打理家务。当家族遭难时，他首当其冲地被神宗皇帝在圣旨中指名发配去烟瘴地面充军，其生存景况不详于史。时至万历十九年（1591），汤显祖到雷州半岛徐闻县任职还见过他，那充军的日子非常难熬。事后汤有信给张懋修，其中写道："辛卯中冬，与令兄握语雷阳，风趣殊苦。"②

张嗣修自科考高中，出任公职后没度过一天翰苑生涯的舒心日子，却因受父亲张居正之累，远戍南海之滨，受尽苦寒煎熬，可他对父亲却没有半点怨气，反倒是深深服膺老人家那博大精深的识量气度与勋绩伟业。在

① 张嗣修等：《编次先公文集凡例敬题》，张舜徽主编：《张居正集》第四册，附录一，湖北人民出版社，1994年，第498页。

② 汤显祖：《寄江陵张幼君》，刘德清、刘宗彬编：《汤显祖小品》，上海三联书店，2008年，第45页。

万般苦楚之中，他奋身而起，与张懋修合力编辑《张太岳先生文集》，要让父亲的精神财富永驻人间。他那"留此一段精诚在天壤间"的毕生襟怀抱负，令人赞叹。

张懋修也在文集的《先公致祸之由敬述》中说："二十年后，渐有思先公者。盖人固以盖棺而论定，事亦有必世而后明者。先公与人书语：'若此行事，若此皆不回顾、不好名之心使之也。固知一片忠肝义胆留在天壤。'"①

若是将弟兄俩的文字对应起来看，不难发现，二人均以"留此一段精诚在天壤间"和"一片忠肝义胆留在天壤"之说，来表达悉心为父亲整理、编辑文集的初衷。依此而论，神宗皇帝就算达到了叫荆州张家"破家沉族"的目的，但他却奈何不了张居正及其儿子们的那种"威武不能屈"的气概。

《礼记·学记》曰："良冶之子必学为裘，良弓之子必学为箕。"② 据唐朝学人孔颖达的注疏，是说古代搞冶炼铜铁器用家庭的子弟，因惯见其父兄经常采用弥合工艺以修补铸冶器物的裂口破缝，令其完好，故他们从小便通过苦练缝合兽皮的技艺，来继承家学；而那些以造良弓为业的家庭，则擅长将干燥的兽角挠曲成为长弓所需的弯曲器件，因而这些人家的子弟通过耳濡目染，会将用来造弓的材料挠曲成箕。这种因家世相传而积久成习的秉性，也就是成语"克绍箕裘"的由来。张嗣修、张懋修到底不愧为张居正的儿子，他们的人生尽管不像父亲那般壮丽辉煌，永载史册，但其均以各自的方式，向父亲敬献出了生为张家男儿的那份精诚。

---

① 张懋修等：《先公致祸之由敬述》，张舜徽主编：《张居正集》第四册，附录一，湖北人民出版社，1994年，第520页。

② 蔡礼旭：《代代出圣贤的教育智慧》，世界知识出版社，2013年，第75页。

第十节　洗冤昭雪的石火电光

万历四十年（1612），张居正遗族的命运，似乎出现了一线转机：其长子张敬修的遗孀高氏，获得了朝廷的"旌表"，而这时张居正尚未平反。

此事正史告付阙如，唯有清朝乾隆年间修撰的《江陵县志》，有"礼部主事张敬修妻高氏"条，文中有如下一段记载：

> 敬修因文忠被诬追赃自缢死。以血书遗氏，嘱勿死。氏得书，抚膺大哭，投缳求死不得。一日，忽就婢手夺茶匙，刺其目，血流被面，左目遂枯。孤甫五岁，抚之成立。守节二十七年，卒万历辛亥，直指以事闻，诏旌之。

这个故事极为悲壮。按《张氏世系表》记载，张敬修的儿子张重辉生于万历七年（1579），张家蒙难时确是五岁。敬修自缢，丢下弱妻幼子，留血书希望其妻高氏将重辉抚养成人，原为情理中事。高氏自杀不成，用茶匙自毁容貌，然后含辛茹苦，经过二十七年的守节抚孤，使重辉长大成人。她死了之后，有关方面根据封建礼教的规制，单独将这事奏闻朝廷，朝中传出皇帝诏书，以表彰高氏节烈之风。这在当时，确实是一件名正言顺之事，谁也不会就此说三道四。

然而，高氏并不是一般人家的烈女节妇，而是前内阁首辅张居正的长房长媳，她能得获旌表，至少表明，县、府、道三级地方行政机关，乃至行省，再至六部公卿，几乎所有的在任官员，均对荆州张家抱有同情之心，方可办成。换句话说，此时只要有一个给事中或者御史出头弹劾，这事肯定就会"黄汤"。人们都认为，该是到了给张文忠公平反昭雪的时候了。

这时，江陵县的知县，就是那位给张居正重修墓地的石应嵩。

176

人们还留心到，高氏死于万历三十九年（1611），而张居正的文集第一次准备付梓的时间，为万历四十年（1612）。那么，由此不难发现，对高氏守节抚孤一事"直指以事闻"不过是前台文章，幕后之事是张居正的二子嗣修、三子懋修等想借为大嫂争取旌表的机会，给死后蒙冤受屈的父亲张居正争取平反昭雪的机会。

这件事的准备工作已经持续了好多年。神宗皇帝人过中年之后，意气消沉，不理朝政，"深居二十余年未尝一接见大臣"，弄得政权机构经常处于半瘫痪状态。史称：

> 神宗冲龄践祚，江陵秉政，综核名实，国势几于富强。既乃因循牵制，晏处深宫，纲纪废弛，君臣否隔。于是小人好权趋利者驰骛追逐，与名节之士为仇仇，门户纷然角立……在廷正类无深识远虑以折其机牙，而不胜愤激，交相攻讦。以致人主蓄疑，贤奸杂用，溃散决裂，不可振救，故论者谓明之亡，实亡于神宗，岂不谅欤。[①]

那么，在这些年里，国家出现的几件大事，都应当是促成给张文忠公平反昭雪的重要因素。

万历三十五年（1607）夏，长江中下游地区发生严重自然灾害，先涝后旱，灾情蔓延至湖广、南直隶、浙江等行省，受灾百姓达数百万之多。太仆寺原有旧库积银一千余万两，这些年来，屡经西征宁夏哱拜、赴朝鲜东征日本、为边饷借银、征讨播州杨应龙等，前后借出已达九百多万两，再加上皇长子大婚及册封诸皇子，其老库见存者仅二十七万两而已。

万历三十八年（1710），内廷织染局奏称需织上用龙袍等四万套，而据悉一套龙袍所费，即可抵中等民户一家之产。此外，又另有额外的改造费、传派费诸多头绪。总之，每二三年间宫中所耗用的织造费，即达白银百多万两。同时，台谏官员与重臣之间在朝堂上的冲突日益加剧，势同水火，积重难返，天下人称给事中或御史等台谏官员为"当关虎豹"。自从神宗皇帝二三十年间不上朝听政以来，内外章奏，悉数留中（压积在内廷）不发，当朝重臣非结党不得安于其位，只要言路一攻，则其人自去。

---

① 张廷玉等：《明史》卷二十一，《神宗本纪》，中华书局，2000年。

而台谏中又以齐、楚、浙三党尤为称雄，以致庙堂犹如集市，喧声争攘，甚嚣尘上，长年置国计民生于不顾，各个派系之间通常只扯出一些鸡毛蒜皮的事来斗意气、争风头，扰扰攘攘，吵闹不休。

万历三十九年（1611），河间（今河北省沧州市）一带地方民众因久旱无赈，聚集八千余人起事，且逼近京师附近。兵部奉上谕立即派兵，预做防备，在京城内外严行缉捕灾民。同时，山东、山西、河南等中原地区也因连年旱灾，田租积欠，饥民四出流浪，民间卖儿鬻女的惨况不绝如缕，甚至还有"食妻吃子"的情形发生。不少青壮年铤而走险，啸聚集合，占山为王，大有一呼四应之势。在这种情况下，人们纷纷思念张居正主政时英明果断的施政举措，渴望着出现一位能够像他那样的人支撑危局。

然而，国势衰败，积重难返，所有美好的愿望都如同肥皂泡一般，一个接一个地破灭了。当时，一位担任过国子监祭酒的会稽籍官员陶望龄在《因旱修省陈官时政疏》中无比忧伤地说："方今之势，如漏舟泛江海，犹幸无事，濡衣褐，解幞被，叫呼狂顾，塞此溃彼。假令风济彼解，犹幸无事，万分有不幸，冲飙狂涛，又震击之，虽有童昏之人，犹知其难也。"

由于神宗皇帝倦勤怠政，上下法纪废弛，张嗣修和张懋修这时大约都返回老家荆州。他们利用上下官员政务荒疏之机，潜居乡间，苦心孤诣地给父亲整理、编辑《张太岳先生文集》。此时，由于有许多中下层官员以及底层士人对张居正思念缅怀，坚定了张家兄弟要给亡父张居正翻案的信心。

张嗣修和张懋修先是设法找到父亲生前的幕僚，通过试探、接触，将重新抄录誊正的《张太岳先生文集》装订出来。万历四十年（1612）秋，在友人的帮助和掩护下，已是年过半百的张懋修携带书稿，来到河南归德（今属商丘市），找已乞休归养的学界耆宿沈鲤为之作序。

沈鲤（1531—1615），字仲化，为嘉靖四十四年（1565）进士，是张居正当年亲自为神宗皇帝选拔出来的经筵侍读学士之一，乞休前曾为太子太保、礼部尚书、文渊阁大学士。此时，他虽已年逾八十，风烛残年，且自认为国事已不可为，但仍以极大的勇气，抱病为《张太岳先生文集》写下了第一篇序文。

在序文中，沈鲤首先充分肯定了张居正"综覆名实，信赏必罚"的政绩，接着赞扬了他"嫌怨不避，毁誉利害不恤"的人格魅力；然后，他以极高的热情，称颂了其主政十年"海宇清晏，蛮夷宾服"的伟大功勋。

接下来，沈鲤便以较为客观的态度，要言不烦地阐释了张居正之所以在死后不久即遭清算的历史原因：

> 唯是人情惮检束，而乐因循，积玩既久，一旦以法绳之，若见以为苛。公而持之益坚、争之益力，以是遂与世龃龉，而又一二非常之事。有众人未易测识者，其迹不无似愎、似少容、似专权、似纯任霸术、似与金革变礼终未尽合。上一时虽优容，实已不能无疑，比公既谢世，言者益祷张其词，上眷宠始移，而公家之祸，于是不可解矣。①

在万历中期特定的政局背景下，沈鲤的这段话可谓非常得体，分寸感把握得相当准确。其意为：皇上对张太岳原本是很好的，张太岳自己也没有错，应当责怪的是那些位居朝堂之上而又不理政务的人。因张太岳"以法绳之"，触动了他们的既得利益，所以他们就认为张所做的这一切，全都背离了儒家教义，因而纠结成伙，一起来攻击太岳相公。如此，张家之祸就难以逃脱了。

这时，大明王朝已经显现出了风雨如磐的初兆，沈鲤能够说出这一番话颇不轻松，既需要有正本清源的勇气，又不能开罪于当朝的那些衮衮诸公，尤其是不可开罪于当今天子。史称其"为人峻洁峭直，力行古道"，看来名副其实。正是因为有了他的仗义执言，所以才为后人给张居正的彻底平反铺平了道路。

当时与沈鲤同期作序的，还有明朝著名的理学家、"梁宋间散人"吕坤。

吕坤（1536—1618），字叔简，河南宁陵（今属河南省商丘市）人。他是万历初年的进士，所以自称是张居正的门生。在序文中，他十分坦诚地捍卫张居正的人格尊严，将批判的锋芒直指那些往他身上泼脏水的人。他义正词严地说："位极有可避之嫌，事尽有必反之势，先生日月之食，顾其所不讳，而言者溲溺垢秽之，不遗余力；后来者索矍之、震抑夺之，

---

① 沈鲤：《张太岳集序》，张舜徽主编：《张居正集》第四册，附录一，湖北人民出版社，1994年，第500页。

牛矣!"

万历四十年（1612），尽管嗣修兄弟给张居正洗冤昭雪的举动并没有收到实质性的效果，但由沈鲤和吕坤作序的《张太岳先生文集》却在楚地士人曾可前、雷思霈等人的全力支持下，顺利付梓成书。自此，这部书不胫而走，成为天下读书人真正了解张居正最可靠的基本文献。沈鲤和吕坤都未能看到朝廷给张居正彻底平反昭雪的一天，然而，他们为张文忠公所发出的呐喊，却使后世读书人从这部书中看到了他们的伟岸风姿。

可以说，在万历一朝，给张居正平反昭雪之事，犹如漫漫长夜里的石火电光，一瞬间即消逝得无影无踪，然而，它却给此后的历史走向带来了极大的影响。

客观地说，朱明王朝延续到了万历中后期，已是纲纪废弛，内外交困，败象环生，四海沸腾，而中明以后勃兴的商品货币经济，几乎又是在以全方位渗透之势，延伸到社会的政治、经济包括意识形态的各个角落。这一时期，新的社会矛盾与不同社会阶层的利益诉求发生了强力的冲撞，正需要精英人士悉心谋求社会进步与发展的新途径、新思路。可惜，神宗皇帝沉溺于深宫，为酒色财气所耽，完全将政务置于脑后。恰如大理寺评事雒于仁于万历十七年（1589）在《献四箴疏》中说的那样："臣备官岁余，仅朝见陛下者三。此外唯闻圣体违和，一切传免；郊祀庙享遣官代行，政事不亲，讲筵久辍。臣知陛下之疾，所以致之者有由也。"[1] 正是在这种背景下，朝中臣僚趁机拉帮结伙，结党营私，长年吵闹不休而无暇顾及政务，由此加速了明王朝走向末途的历史进程。

面对着如此深重的经济危机以及随之而至的社会震荡、阶级矛盾的对立、民族矛盾的尖锐以及新的生产关系萌芽与封闭型小农经济的急剧冲突，再加上官方意识形态的保守、僵化与败坏，已经相互交织成一种危机重重的社会现实。在社会即将发生大震荡、大变动之际，就算张居正能够再活十年、二十年，他所奋力推行的这种"与世龃龉"的政治变革，由于没有新的思想观念做指导，也不可能从根本上挽救朱明王朝走向灭亡的可悲命运。

诚然，当张居正逝世之后，神宗皇帝的倒行逆施，显然加快了明王朝灭亡的步伐。这正如著名文学家冯梦龙在约半个世纪之后说的那样：

---

① 孟森：《明史讲义》，北京联合出版公司，2014年，第256页。

方今时势，如御漏舟行江湖中，风波正急，舵师楫手，兢兢
业业，协心共济，犹冀免溺；稍泄玩，必无幸矣，况可袖手而间
诟谇乎！庙堂隐忧，无大于此。①

　　斯人已逝，恩怨未了，昏聩褊狭的神宗皇帝至死都不提为张居正平反
之事，固然是为了维护自身帝王尊严的需要，然而由于他的倒行逆施，历
史最终无情地嘲弄并惩罚了他。清代著名的历史学家赵翼全面研究了明朝
败亡的历史，严正指出："论者谓明之亡不亡于崇祯，而亡于万历。"（赵
翼《廿二史札记·万历中矿税之害》）

　　崇祯三年（1630），经湖广益阳籍礼部右侍郎、协理詹事府的经筵讲
官罗喻义等出面讼冤，崇祯皇帝传谕：恢复张家二荫及四代诰命。

　　作为一个饱经沧桑、历尽艰辛的蹒跚老人，白发苍苍的张懋修这时已
是七十五岁高龄。这年岁末的大寒日，他循楚地风俗，祭奠父祖亡灵。在
先公墓地拜祭已毕，他便让随行儿孙先行离去，独自一人信步向南蹒跚而
行，来到沙市江边。

　　面对着滔滔不绝的江水，向东望去，即为早年间由末代辽王所主持兴
建的万寿宝塔。塔身巍峨，傲然矗峙，映衬着烟波浩渺、水天一色的寥廓
旷野。蓦然间，一股悲凉之气直逼胸臆。张懋修瞻望前程，不能不为之颤
悚。这时，关外的后金女真铁骑已是屡叩边关，前一阵自克香河、陷永平
之后，又连破滦州；而陕西的农民军首领高迎祥自从在安塞起义以来，迄
今已是第三个年头，该部与王嘉胤、王自用等部会合，经由神木渡河，进
入山西，随即攻占襄陵、吉州、太平、曲沃等地，从此起义烽火燃遍山、
陕，各部农民起义军愈战愈强，已呈燎原之势……眼下的情势，令他不寒
而栗。人间世事已犹如江河日下，而先父为之奉献出一腔心血的大明天下
早已气数将尽，当他回顾四十年来所经历的苦难生涯时，觉得当今皇帝为
荆州张家所做的这一切，均已为时太晚。想到这里，他不由失声痛哭。

　　瑟瑟寒风袭来，遍体透寒；张懋修觉得浑身乏力，意兴阑珊。他随手
捡起一根芦柴棍，在沙滩上写下自己前一阵吟哦而成的一首五言律诗：

---

　　① 冯梦龙：《甲申纪事》"自叙"，高洪钧编著：《冯梦龙集笺注》，天津古籍出
版社，2006年，第47页。

秋色满林皋，霜天鹤唳高。

野花寒故细，浊酒醉偏豪。

名雪知孤调，青山有二毛。

从来仲蔚宅，匝地起蓬蒿。①

　　书毕，他面对大江，伏地而拜，佝偻的身躯微微颤动着，一丝悲鸣，在呜咽中显得愈加怆然……此诗中"从来仲蔚宅，匝地起蓬蒿"一语，典出汉晋时期的隐逸名流皇甫谧的《高士传》："张仲蔚者，平陵人也，与同郡魏景卿俱修《道德》，隐身不仕。明天官，博物，善属文，好诗赋，常居穷素，所处蓬蒿没人，闭门养性，不治荣名，时人莫识，唯刘龚知之。"西晋诗人左思《咏史》有佳句传世："顾念张仲蔚，蓬蒿满中园。"

　　张懋修中状元时，年仅二十五岁。一转眼，在蓬蒿满宅院的苦难岁月中，五十年的寒暑轮回就这样过去了，荆州张家所承受的冤屈太多、太重，这一切绝不是朝廷发还张家二荫及四代诰命所能抵偿的。眼下国是日非，乱象已定，时至此刻，他反复咀嚼着先父"抱负奇，结构奇，践履奇，得祸亦奇"的人生际遇，胸臆中不禁五味杂陈，百感交集，事已至此，夫复何言！

　　不久，张懋修无疾而终。

---

　　①　张懋修：《渡江津有感》，谢国桢：《明清笔记谈丛》，"墨卿谈乘"，上海古籍出版社，1981年，第33页。

第 三 辑

厘正廓清　正本清源

第一节 临变畏葸与"稍存雅道"

明朝末年，一位须发苍白的老人见北京政事日非、百业凋零，再加上物价飞涨、米珠薪桂，实在难以久居，于是只好收拾行李，离京南归。在他随身携带的箱笼中，珍藏着一部手稿，因其最初完稿于万历末年，且书中所记大多为万历一朝的典章制度、朝野掌故、逸闻趣事，所以题名作《万历野获编》。这位老人，就是明代著名学者沈德符。

沈德符（1578—1642），字景倩，浙江嘉兴人。由于其祖父、父亲在中进士后均久任京官，所以他自幼就住在京城里。此人是个凡事留心的笔记专家，且于政务、舆情多有涉猎，再加上平素耳濡目染，见闻所及，无不追根溯源，因而使他能够从长辈的交谈中了解到许多事情的内幕。

张居正代表着明朝中后期的一个时代，而沈德符的祖父、父亲也都与他本人有所接触，故而在《万历野获编》中，保存了大量有关张居正的生平史料，是后人研究这位杰出政治家不可或缺的案头必备书。

《万历野获编》有一个突出的特点，就是善于通过人物关系来刻画人物性格。比如，在《内阁·宰相对联》中，写过这样一个情节："江陵公初赐第于乡，上御笔亲勒堂对曰：志秉纯忠，正气垂之万世；功昭捧日，休光播于百年。可谓异典极褒。至癸未籍没，则并第宅不保矣。但对联为御制御书，不知当时在事者，何以处此？"[1] 这一节文字，无一词置褒贬，但明神宗那暴戾无常、刻薄寡恩的丑恶嘴脸跃然纸上。当张居正在世时，为了哄人家干活儿，皇上的话说得多动听啊；可张居正死后尸骨未寒，皇上就派人抄了他的家，夺了他的住宅，那满纸"万世""百年"的对联，倒叫去查抄的官儿们怎么处置呀？

在《万历野获编》中，还有一节看似极平淡的文字，叙写了张居正生

---

[1] 沈德符：《万历野获编》卷九，"宰相对联条"，中华书局，1979年，第230页。

前死后与两位同年王世贞、汪道昆的关系，那绝妙的对比手法，生动地展示出明代知识分子的精神风貌及其人格分野，令人至今读来都不能不为之击掌称绝！

《评论·汪南溟文》记载："江陵封公名文明者七十寿辰，弇州、太涵俱有幛词。谀语太过，不无陈咸之憾。弇州刻其文集中，行世六七年，而江陵败，遂削去此文，然已家传户颂矣。太涵垂殁，自刻文集在江陵身后十年，却全载此文，亦不窜易一字，稍存雅道云。"①

这一段文字中所提到的弇州，是王世贞的号；太涵，是汪道昆的号。他们两人论岁数，都和张居正差不多大；论仕途，又都是嘉靖二十六年（1547）的进士。三个人都于文学、政事有着独到的建树，且相互间的私交也一直很好，完全可以称得上是那届会试中涌现出来的"三套车"。

在明代官场上，极重同年之谊。张居正的父亲张文明于万历二年（1574）过七十大寿，王世贞、汪道昆作为张居正的朋友，各写一堂寿幛致贺，这在当时是极正常的礼仪；因为张是当朝首辅，王、汪二人写给其父的寿幛就算吹捧有点过头，也关系不大。然而，事隔六七年，当神宗皇帝彻底清算张居正时，已经刻印在前的王世贞文集，尽管发行多年，他却顺势而作，从文集中抽毁此文，殊不知此时为时已晚，其内容早已是"家传户颂"了。但汪道昆则不一样，这时他觉得自己老迈不堪，行年未久，应当趁有生之年，将毕生所作搜集起来，自刻文集，依然将当年为祝贺张居正父亲张文明七十大寿的寿幛文稿全文载录其中，甚至没有改动一个字。

沈德符认为，从这两篇寿幛文字上，就可以鉴别出王、汪二人各自的品行人格。他充分肯定了汪道昆忠于友情的行事风范，恰如其分地嘉许其获得"稍存雅道"的美誉；而对王世贞那种翻脸不认人、朝三暮四的劣行，虽未做重谴，但其做此描述，那心意无疑已是昭然若揭。

隆庆六年（1572），汪道昆时任兵部左侍郎，张居正派他巡视蓟、辽，到北部边疆代表朝廷慰问戍边官兵。这一次派遣方案的拟定，主要是考虑到汪道昆与戚继光的友谊。汪起初做过义乌县令，此人文武兼备，到任之后即教民习武，以备倭寇。后来，他升任福建兵备道，曾协助戚继光扫平扰闽倭寇，以军功擢拔为福建按察使，再又出任金都御史等职，职位直至

① 沈德符：《万历野获编》卷二十五，"汪南溟文条"，中华书局，1979年，第630页。

兵部侍郎，在仕途中少有颠仆，也算得上一帆风顺。殊不知正是这样一位老朋友，在万历三年却（1575）因故"请告归里"，被张居正免职。这时，汪道昆才不过五十来岁，从此他便自称"天游子"，隐居于黄山脚下潜心写作。

汪道昆是安徽歙县人，他为文简而有法，作诗风骨俱佳，有《太涵集》一百二十卷，收散文一百零六卷，诗歌一千五百二十首，堪称多产作家。此人精通音律，在戏曲创作方面有较高水准，所制杂剧清新俊逸、诙谐多姿，影响很大，传世的共有五种：《高唐梦》《五湖游》《远山戏》《洛水悲》《唐明皇七夕长生殿》。

王世贞跟张居正的关系，也颇可一说。这位文坛盟主是江苏太仓人，年轻时为官正直，不附权贵，也曾名声在外。那时因为他的朋友杨继盛参劾严嵩，被严嵩构陷下狱。王世贞青年气盛，还曾正气凛然地入狱探监，又对杨继盛时进汤药，再代为杨妻书写申疏辩诬，遭到了严嵩的忌恨。杨继盛不幸蒙难之后，也是王世贞备棺殓尸，严嵩对此恨得咬牙切齿。不久，吏部两次拟定委任王世贞出京任提学使，皆遭严嵩否决。不久，严嵩抓住鞑靼首领俺答率部进犯潘家口、明军抗御失利的机会，将王世贞的父亲、兵部右侍郎蓟辽总督王忬逮捕下狱。王世贞与其弟世懋连日跪伏在严嵩门外，请求宽免，可到底未能让父亲得到宽恕，最终王忬被处死。政坛风潮给了王世贞极深的教训。此后，他将全副身心投入于诗文研究与创作之中，一度与李攀龙同为文坛盟主。李攀龙死后，他乃以文坛领袖独步天下二十年。

王世贞的文学观，是刻意主张"文必秦汉，诗必盛唐"的复古主义。到了晚年，他作为明代文坛"后七子"的首领，开始主张创作要继承《国风》批判现实的精神，要求诗歌应不避禁纲，批评时事，以成一代"信史"。

王世贞和张居正的关系，比较复杂。他既有巴结、讨好张的一面，又有嫌恶、反感张居正的一面。他这人运气不好，终其一生，历经明代中晚期嘉靖、隆庆、万历三朝，在这样一个充满危机而社会急剧变化的时代当中，其仕途也算迭遭坎坷，饱经颠仆。先是开罪于严嵩，受厄于恶意打压；接着是与后任首辅高拱方枘圆凿，格格不入。好不容易挨到老朋友张居正出任首辅了，王世贞原以为苦尽甘来，准备一展宏图，可张居正却接二连三地给他调换职位。张居正本意是培养王世贞的资望和履历，而王世贞却以为对方是在戏弄自己，有些沉不住气了。当万历四年（1576）"楚地再震，荆州庐舍多坏"之际，身为郧阳巡抚的王世贞觉得自己终于逮住一个极好的机会，于是指桑骂槐地用"引京房占有'臣道太盛'语"（何乔远《名山藏》）敲了张居正一记，以此来发泄心中的不满。

王世贞年轻时性情高傲，他从内心深处压根儿就瞧不起张居正这样的平民子弟。据其本人统计，在明朝近两百年的国祚期间，能享有"三代司马中丞"之盛誉的家族，举天下只有三家；而以衣冠诗书著称于世的太仓王家，历来便以其辉煌的家族史，给青年王世贞带来无上的荣耀，所以他一度曾得意扬扬地自诩"王氏世以政术显"①。

由于家世变故，屡逢坎坷，王世贞想在政务上一展身手的愿望很早就落空了。当王世贞出任郧阳巡抚时，半辈子都将过去，他觉得自己像这样被颠来倒去地调换职位，是在受张居正的要弄，于是越想越气，头脑一发热，也就不管三七二十一地放了这么一枪。

其实，王世贞在郧阳巡抚的职位上刚过五百天，张居正见他虽然也忙于搞创作、编文集，可总算没出什么大错，正准备将他的位置朝上挪一挪，却不料王世贞这一闷棍抽来，真叫他懊恼不已。此时刚好有言官以"荐举涉滥"之罪弹劾王世贞，于是只有将原有预想搁置一边，让其接受吏部纠察。王世贞被吏部惩以夺俸的处分，心中本已愤愤不平，接着南京刑部有个都给事中杨节又参他一本，不啻给其一记当头棒喝。他怀疑是遭到了张居正的报复，更气得七窍生烟了。

张居正在事后写给王世贞的信中，曾襟怀坦白地对此事做出解释："自借郧台，而忌者日以伺公之衅，重之以先朝之事，而令弟解近侍矣；操之以举刺之例，而科疏纠冒滥矣。或云仆有不延于君所，或云公有所怨滞于周南，众口之铄，有自来矣。故横发于南疏，盖亦积渍渐润使然，非独言者之过也。如闻舆人之言，此举不中，且复有继者。不得已暂解见任，以息群喙。旋当复公旧毡，涤雪以需大畀焉。然蔽贤之罪，首当在仆，无所归咎。"② 从信的字里行间不难看出，张居正对王世贞依然还是相当包容的。他先是解释道，你所受到的弹劾，原是本身有错，而处以薄惩，也是为了你好；就算你不能体谅，我也只有背下这份"蔽贤之罪"，不过经历了这次砥砺打磨，不久你也就可以大有倚重之处了。

---

① 王世贞：《王氏金虎集序》，王筱云、韦凤娟等编：《中国古典文学名著分类集成》，文论卷（二）一，金、元、明卷，百花文艺出版社，1994 年，第 518 页。

② 张居正：《答廉宪王凤洲九》，张舜徽主编：《张居正集》第二册，书牍十五，湖北人民出版社，1994 年，第 1237 页。

后来，王世贞尽管仍被推任为南京大理卿，可他却不肯原谅张居正，不再前去赴任，乃率意拂袖而去。自此，这位大才子便一直待在故乡太仓，蛰伏家居。好在王家累世为官，资产雄厚，其家族子侄开在外地的典当业即达十数家，每年可得利三十多万两白银。王世贞不仅乐于在老家坐享其成，读书写诗作文章，同时也以文名追逐厚利，给人家写一篇文章，所取润笔往往竟达白银千两。据明人张岱记载："（王世贞）有时削牍荐人，多者或致千金；后生初学，得世贞一言品题，一面倾吐，则或希声传影，转相引重。"①

据明末清初的学者梁维枢在《玉剑尊闻》中记载，王世贞家修造的私家园林，占地为七十亩，园中仅垒砌的假山便有三座，还有一道岭；另有两座佛阁、五栋楼、三座堂；书房三处；一处轩、一道长廊、十座亭；石拱桥两座、木桥六座、石梁桥五座……②如此优裕的乡居岁月，栖居其间，他自然安逸舒适。万历十六年（1588），也就是在张居正被神宗皇帝彻底清算的四年之后，王世贞才又奉诏跑到南京，当了个挂名的兵部侍郎。那是后话，姑且不提。只是当张居正去世后，尤其是在神宗皇帝发动言官开始对张进行清算之初，王世贞的头一个反应就是与张居正划清界限，来个一刀两断。据邑人王百川撰《沙市志略》记载："张文忠公墓在北湖。明江陵尹石应嵩改葬，碑尚可读也。按，封翁墓附近，王凤洲撰碑，当家难时，买人于黄夜磨去。"③

地方志上的这段记载，虽不见著于其他史籍，但却异常生动传神。张居正的父亲张文明去世后，老先生的神道碑碑文是王世贞亲笔所撰，可当神宗皇帝彻底清算张居正的时候，他竟派人千里迢迢从苏南太仓赶往荆州，以重金买通石匠，连夜潜入张文明的墓地，凿刻铲平了他前几年亲笔写下的那面碑文。

尽管张居正生前曾多次称王世贞为"一二相知"中的好朋友，但王世贞对他却颇有腹诽之议。张居正死后遭到神宗的无情清算，王世贞似乎也从中寻求到了自己内心平衡的支点。在他留下的《嘉靖以来首辅传·张居

① 张岱：《石匮书·文苑列传上》，见《续修四库全书》第 320 册，第 105—106 页。

② 梁维枢：《玉剑尊闻》卷之七，《王元美倾赀造弇山园》，瓜蒂庵藏明清掌故丛刊，上海古籍出版社，1996 年，第 465—467 页。

③ 王百川：《沙市志略》，冢墓第八，沙市市地方志编纂委员会翻印本校注，1986 年，第 205 页。

正传》中，他居然煞有介事地对张进行了道德上的无情揭露和强力鞭笞，甚至歹毒攻击，堪称无所不用其极。

也许在王世贞看来，既是神宗皇帝已经下手在政治上彻底否定张居正了，那么荆州张家注定不能再有机会咸鱼翻身。于是，他便变换身形，想着法子地专从男女床笫之私上，来极力诋毁张居正：

> 居正则亦已病矣。病得之多御内而不给，则日饵房中药，发强阳而燥，则又饮寒剂泄之；其下成痔，而脾弱不能进食，使医治痔，小效，寻下壅结而不能畅，不获，已复用寒剂泄之，遂不禁去若脂膏者，而大肠亦遂出，日以羸削。①

人，毕竟不是畜生。在男女性事这一点上，一般的人都能做到阴私自护，都知道此事不宜向外人道及，何况本来是"雅自负不世出"，且以精明干练而称著于世的政治家张居正。

更何况，此时随同张居正在京城生活的家人，还有翰林院编修张嗣修、修撰张懋修、锦衣卫指挥佥事张简修三个已经成年的儿子。试想，如他这样连儿子进房来问安，也只是"颔之而已，不交一言"的人，在几房儿媳妇也都相继娶进门来之后，为何还会为老不尊，天天在家里喝壮阳药自毁形象？

按说以张居正这样诗礼传家的宰辅舍第，家教门风约束谨严，再加上他高深莫测的心机，以及严于驭下的无情手段，就算他真有"日饵房中药"一类的嗜好，那么其儿子们也自然会为长者讳，不至于外出去说；而那些仆役丫鬟、佣妇厨子，乃至家院门丁等，就更无由说起了。别说众下人难以知道，即便偷窥到了，也断不敢去到处扩散张扬，有谁会冒着绝大的风险，来传播惜名誉胜过生命的主人的风流韵事。像张居正这样一个似有道德洁癖的人，就算王世贞是其足以割头换颈的朋友，他也绝不会允许对方来打听这些事。

如此说来，王世贞在这里根本就不是在以笑谈而言及友人糗事，而是别有用心地诋毁张居正的人格。他的这种编造与诋毁，具有极大的杀伤

---

① 王世贞：《嘉靖以来首辅传》，张舜徽主编：《张居正集》第四册，附录一，湖北人民出版社，1994年，第465页。

力，时至今日，仍然有人在史学专著、文学作品以及网络博文中广泛扩散这些传言，这便足以得见王世贞这种以编造情节来诋毁张居正的做法是何等"深入人心"。

应当承认，王世贞一生笔耕甚勤，而其著作之丰，超卓古今。他在身后留下的著述洋洋大观，计有诗文集《弇州山人四部稿》一百七十四卷、《弇州山人续稿》二百零七卷，以及文学理论著作《艺苑卮言》十二卷等，因而在明朝中后期的文坛上享有极高声望。然而，后世有许多研究者都发现，在《张居正集》中收录的张居正写给王世贞的书信达十五封，而王世贞写给张居正的复信居然一封未见。

或许王世贞也有失算之处，他太低看了楚人的血性。他眼见着张居正家毁人亡，荆州张家亦"鱼烂不复顾"，乃于自己行将就木前，劳心费神地炮制出《嘉靖以来首辅传》，以期将张居正永远钉死在道德的耻辱柱上。殊不知，张嗣修、张懋修兄弟在家难未已之日，处乱不惊，以杜鹃啼血的精神苦心收集、整理出父亲的遗稿，且在明神宗朱翊钧还没死掉、张居正尚未平反的情况下，刻印出了总计四十七卷、总字数达四十五万字的《张太岳先生文集》，将事情的真相公布于天下。虽然王世贞在自己的文集中删掉了他所写给张居正的全部信函，但今天我们仍能从张居正的对应书信中，破译出王世贞刻意隐瞒的那些事实真相。

笔者发现，从张居正去世的前一年写给王世贞的一封信中，便可了解王世贞如此仇恨张居正的原因。张居正在这封信中写道：

> 曾见藏真绢本《千文》，或云楮本者更佳，于邺架借观之。辱不吝专遣寄示，骊珠颗颗，璀璨夺目。绢本虽晚笔，神彩要不逮也……寓目自足，何必夺为己有。展玩毕，即以归之。烦好为将护，以赐来使矣。而使使信至之，坚以见遗，因思神物，恐为风雨所妒，什袭而藏之，即不佞亦暂为师主此物也。[1]

这是说，王世贞的祖上曾收藏有一帧海内珍品绢本《千字文》，他见张居正十分喜爱，便特地派专人给张居正送到家里。张居正展看已毕，自

---

① 张居正：《答廉宪王凤洲十五》，张舜徽主编：《张居正集》第二册，书牍十五，湖北人民出版社，1994年，第1249页。

觉得其神髓，便要托来人将这件珍品再送还回去。可是，王世贞紧接着又追过来一封信，嘱来人一定将此物留下，作为礼物送给张居正。张居正无奈，只好暂且留在宅中，并一再向王申明，只是代为保管。后来，神宗皇帝"籍没"荆州张家，这件稀世珍宝便从此充盈了皇帝内廷。王世贞家资豪富，祖上收藏有一件稀世珍品不足为奇。先前他声称送给张居正，不过是有求于他；后来，他偷鸡不成反蚀一把米，自然痛心疾首。由此便不难解释，王世贞既是张居正的同年，又为多年好友，却为什么要在自己行将就木之际，非得借《嘉靖以来首辅传》来将胸中淤积多年的不满与恼怒，以这种挞伐与诋毁发泄出来。他曾经为讨好张居正而失去了祖传珍宝，似自忖非如此则无颜去见九泉之下的列祖列宗。

王世贞对朋友这种当面一套、背后一套的做法，不止对张居正，他对汪道昆也是这样。明末清初"江左三大家"之一钱谦益在《列朝诗集小传》中说，汪道昆开始不为人所知，王世贞见张居正很器重汪道昆，于是就跟风而上，在《艺苑卮言》中称赞其"文简而有法"。结果，后来汪道昆的名声大了起来，有人甚至将其与自己相提并论，王世贞悔恨极了，对人说："吾心知绩溪之功，为华亭所压，而不能白其枉；心薄新安之文，为江陵所胁，而不能正其讹。此生平两违心事也。"[①]

王世贞的个人见识及品德修养，毕竟是为时代所囿，而时至今日我们在研究明朝中后期历史的时候，应当以客观、冷静的态度，合理评价张居正的历史功过。若是一再拿这些无法考证真伪的情节来说事，大谈所谓改革家也有着令人齿冷的道德缺憾，那岂不是反倒落进王世贞当年巧妙设下的彀套中去了吗？

说来，王世贞这样典型的跟风派，当时就被很多人识破了。比如，沈德符在《万历野获编》中，曾借兵部尚书、太子太保参赞机务孙鑨之口，称其"本朝大小记载，一出此公（指王世贞）之手，使人便疑其不真"[②]。

看来，这段历史公案孰是孰非，世间早有公断。

---

① 吴肃公：《明语林》，黄山书社，1999年，第232页。

② 沈德符：《万历野获编》卷二十五，"评论前辈条"，中华书局，1979年，第631页。

第二节　林璐说论"救时之相"

在后世评论张居正功过是非的诸多不同论调中，有一种称他为"救时之相"的说法十分受后人推重。

这一说法，首见于以湖广总督李瀚章领衔，在光绪六年（1880）修撰的《荆州府志》卷之七十九"纪文"。原文的题目是《论张江陵》[1]，其作者为浙江钱塘（今杭州）布衣林璐。林璐，字玉达，号鹿庵，进入清朝后，他以明末遗老自诩，而终生不仕，最后以诸生（秀才）辞别人世。他著有《岁寒堂存稿》一卷，为《四库总目》著录于世，因其学问淹博，识见超卓，尤为时人所看重。

明朝末年，以江南士大夫阶层为主而集结起来的东林党人，俨然以在野的政治集团自居。他们以讲学为名，"往往讽议朝政，裁量人物"，形成了广泛的社会影响。尽管东林党人讽刺的主要对象为时任政要、阉党余孽，但鉴于张居正生前曾以雷霆手段"禁毁私学"，所以也曾为其所署斥。

有一位叫赵南星的明朝大臣，与邹元标、顾宪成同被东林党人视作精神领袖，奉为"海内三君"。赵南星，字梦白，河北高邑人。他是万历二年（1574）进士，起初任汝宁推官，因居官治行廉平，迁户部主事。张居正去世那年，他调任吏部为考功郎中，不久就请假回原籍养病。在他还朝做官后，先任左都御史，后进吏部尚书，因"慨然以整齐天下为己任"，亦曾力图刷新吏治。后来，他受魏忠贤迫害，被谪为戍卒。魏还诬蔑他贪污一万五千两银子，派锦衣卫去他家逼赃，其母因此悲恸而亡，而他七岁

---

① 倪文蔚等：《荆州府志》卷七十九，林璐：《论张江陵》，荆州市地方志办公室校勘，湖北人民出版社，2006 年，第 3142 页。此文后被收录进张舜徽主编：《张居正集》第四册，附录一，更名作《江陵救时之相论》，湖北人民出版社，1994 年，第 528页。

的儿子也因惊吓过度，不幸夭折。光宗即位之后，要让他再度还朝复官，可这道圣旨被人有意扣压，未予宣诏，他竟病死于戍所。

赵南星虽然也是个在皇权的挤压下活得相当艰难的悲剧人物，但他却从维护封建礼教出发，对张居正的"夺情"之举特别反感。比如，在他编撰的《笑赞》一书中，就以此为话题编造出了一则《张江陵》，对其人格大张挞伐。文曰：

> 张江陵不肯丁忧，科道陈三谟等留之，翰林部属艾熙老等劾之。侍郎李幼滋往见，江陵曰："我今要去不得去，小人又不谅我，我不如死了罢。"幼滋曰："死倒死得，去却去不得。"稍间御史朱琏至，江陵又告之。朱琏乃其门生，大声言曰："老师受国家厚恩，哪里好去，门生就上本参老师，顾不得师徒之情。"昂昂而出。[①]

现代人看这则笑话，绝对笑不出来。因为所谓笑话乃是将生活中的乖谬之处以夸张的方式表现出来，因其结果往往出人意料而引人发笑。这个赵南星自诩为方正君子，他撰《笑赞》，当然不是让平头百姓从中找乐子逗趣的。他早在《题词》中就将其用心披露出来："书传之所纪，目前之所见，不乏可笑者，世所传笑谈乃其影子耳。时或忆及，为之解颐，此孤居无闷之一助也。然亦可以谈名理，可以通世故，染翰舒文者能知其解，其为机锋之助良非浅鲜。漫录七十二则，各为之赞，名《笑赞》云。"

这即表明，他费尽心血炮制出的这本《笑赞》，其目的无非是将所讥讽或鞭挞的对象，通过种种艺术加工而使其供人嘲讽、讥笑。而他写《张江陵》的目的，也无非是要在张居正蒙受诋毁时，让其人格尊严再度遭受重创，并且本人已无从辩白。

事实上，在赵南星这些"正人君子"恶毒攻击张居正之后不久，大明天下便遭到了颠覆性打击。从此，"嘉定三屠""扬州十日"的血雨腥风，便给这段历史涂上一层浓重的阴影。处在这种政权更迭的风口浪尖上，林璐身历国破家亡的痛楚，他认为社会生活之所以会发生这种翻天覆地的变化，其关键就在于明朝有大批如赵南星这样鼠目寸光的文人。在《论张江

---

① 陈皋谟、石成金编：《明清笑话四种》，人民文学出版社，1958年，第9页。

陵》中，林璐以诤言谠论激昂慷慨地为张居正全面辩护。他针对明朝士大夫对张居正"几于无上"等项指控，结合其秉政前后的朝廷政务和社会实况，逐一反驳。他说："当时群臣徒见其外，而不见其内；见其侵天子之权，而不察其所为有不得已而出于救时者。"在这里，林璐将针砭的锋芒直指明太祖朱元璋。他认为自明初撤销掉了宰相的职位，朝中六部公卿、文武百官便失去了"首揆"，而此后所形成的内阁，那阁臣只不过是代皇帝"票拟"的秘书而已；这种内阁制度的一大弊端，就是阁臣的功业勋绩全仗其个人的品德操守而定。"其不贤者，窃一人之鼻息以张威福；其贤者，宫中、府中，斡旋调剂。上一阁揭，回以片言，而相之职止此矣。功可以窃而过可以诿，莫阁臣若。"

接下来，林璐历数张居正在执政期间指导幼年神宗敬学法祖、节俭用贤、以成君德等突出功绩，以及重边防、爱庶民、绝馈遗、戒请托、严清丈、重驿递、度河工、疏饷艘、询水利、饬学校、核名实、辨职掌等切实有效、居功至伟的施政措施，接着便直言不讳地说："江陵官翰苑时，即志期公辅，四方轺轩奉使归者，必往为造清辙迹，所至户口扼塞，山川形势，地利平险，人民强弱，一一札而记之。……一旦柄国，辅十龄天子，绸缪牖户，措置边防者为至江陵匪直相也，而直以相将将。改南北守御，百粤、滇、蜀，必托付得人。将帅能效力者，量其才，专其责……以奠安中夏者，垂十年。至江陵殁，而享其余威以固吾圉者，又二十年。此江陵所为举相职也。"

林璐所言，句句是实。在万历朝的前十年当中，张居正尽管无宰相之职，却已行宰相之实，他所主导的卓然伟业，已使大明天下气象一新。正如《明神宗实录》说的那样："十年内海寓（内）肃清，四夷詟服，太仓粟可支数年，冏寺积金至四百余万，成君德，抑近幸，严考成，综（核）名实，清邮传，核地亩，询经济之才也。"[①]

林璐说："宰相为天子统百官，如裘之有领，门之有阃，舟之有舵。宰相重，则朝廷尊，百务举；宰相轻，则朝廷卑，事权杂。自江陵殁后，而诋江陵者，非唯自轻，而卒以误国。"这就是说，一种制度、一种风气，一旦形成社会的主流之后，要想改变它是何等艰难。张居正竟以一己之身，力肩重任，他所从事的改革正是要改变嘉（靖）、隆（庆）以来积重

---

① 《明神宗实录》卷一百二十五，万历十年六月丁亥朔，"丙午条"。

难返的衰败世风以及百弊丛生的官场恶习，这就注定他必定会受到来自文官集团主流社会的种种非难。"乃委琐龌龊者畏之，有才无胆者妒之，清正拘牵者非之，畏难者怨之，迎合者惮之，深文诽诋者疑之。"一句话，就是明朝的皇帝和臣僚合力打倒了张居正，那么这个王朝也就断送了自身的生机。

张居正去世后，数十年间，大明王朝历经万历、天启、崇祯三朝，其国运日衰，内外交困，所以到崇祯皇帝后来给张居正平反时，也诚如林璐说的那样，乃是"抚髀思江陵，而后知得庸相百，不若得救时之相一也"。

明朝自进入其中晚期后，先后主持过朝廷政务的阁臣不在少数，也真够"庸相百"之数了。然而，这些人尽管性格有别，才情各异，但就是没人如张居正那样，能担当起"救时"之重任。究其根本原因，也就是再也无人会如张居正那样忠于谋国了。就拿为士大夫们历来对其诟病的"夺情"一事而论，张居正当年做此无奈抉择，何尝不是为了江山社稷、天下苍生！

张居正身为两榜进士、翰林院编修，更兼还是隆（庆）、万（历）两朝帝师，对儒学精义自然掌握得相当透彻，他如何不知儒家以"忠""孝"治天下之要义？早在万历五年（1577）夏，当他最初听到父亲张文明生病的消息时，便大为震惊。其时，在给亲家王之诰写信时，他说："老父顷患甚剧，今虽暂愈，然闻动履尚属艰难，桑榆暮景，风烛可虞。颙拟主上大婚后，乃敢乞身。"①

张文明病后，家里人来信给张居正说，老人有时连走路都困难。他听后心急火燎，准备请假返乡省亲，可神宗皇帝的大婚日程偏偏定于来岁三月，他身为首辅，又受前朝穆宗皇帝的当面重托，在这种关键时刻，他哪能撂下挑子回家去给父亲探病？就这样，此事拖延下来。

万历五年（1577）九月十三日，张文明逝世，享年七十四岁。那时从江陵到北京交通困难，全程三千多里，在正常情况下行期少则二十多天、多则一个来月。报丧的家人日夜兼程，仅用了十二天，终于在九月二十五日赶到北京。张居正接到讣告，自动辍朝，并派人给内阁同僚吕调阳、张四维捎信，托他们向神宗皇帝奏明情由，自己便动员在京的全家老少，火

---

① 张居正：《答司寇王西石》，张舜徽主编：《张居正集》第二册，书牍九，湖北人民出版社，1994年，第713页。

速打点行装，准备连夜奔丧。

神宗皇帝即刻颁旨给张居正，说："朕今览二辅所奏，得知先生之父弃世十余日了，痛悼良久。先生哀痛之心，当不知何如。然天降先生，非寻常者比，亲承先帝付托，辅朕幼冲，社稷奠安，天下太平，莫大之忠，自古罕有。先生父灵，必是欢妥。今宜以朕为念，勉抑哀情，以成大孝。朕幸甚，天下幸甚。"①

张居正循例咨行吏部，题请放回原籍守制。随即，吏部奉到神宗皇帝的圣旨："朕元辅受皇考付托，辅朕幼冲，安定社稷，朕深切倚赖，岂可一日离朕？父制当守，君父尤重，准过七七不随朝，你部里即往谕，着不必具辞。"②

神宗皇帝这道不许守制的上谕，也是在九月里发到吏部的。此时距九月二十五日张居正得到讣告，也就只四五天的时间，那圣旨中的语气没有丝毫可做回旋的余地。所以，关于张居正"夺情"一事，就这样被一言九鼎的皇帝敲定了。

可惜，满朝的士大夫，哪怕他们一个个全是熟读孔孟经典爬到这一步的，却就是不肯对张居正施以同情。于是，那些希冀以直谏而博一生清名的张门弟子如吴中行、赵用贤等，便故意拿屁股来"作秀"，挨了一顿廷杖，那六十大板将他们各自的"清名"打得朝野皆知；再如艾穆、沈思孝等也随之前仆后继，各人被打八十大板，也都于血肉模糊、气息奄奄之中，得获一世"清名"。此后，又有新科进士邹元标借给皇帝上疏的名义，痛骂张居正"才虽可为，学术则偏；志虽欲为，自用太甚"，结果两天后也被责以廷杖八十，并发配到贵州都匀去做了一名戍卒。由此，"五人者，直声震天下"（《明史·吴中行传》）。一次夺情，数番流血，神宗皇帝刚愎自用，而吴、赵、艾、沈、邹等一干人却直将此事逼上牛角尖……于是，张居正太过狠毒的形象，就这样被一群自诩饱读圣贤书的士人们活生生地给"锻造"了出来。

对于吴、赵、艾、沈、邹等人借"夺情"一事，趁机发难之举，还是

---

① 张居正：《闻忧谢降谕宣慰疏》，张舜徽主编：《张居正集》第一册，奏疏六，湖北人民出版社，1994年，第259页。

② 张居正：《乞恩守制疏》，张舜徽主编：《张居正集》第一册，奏疏六，湖北人民出版社，1994年，第266页。

清朝的官修《明史》说起来最直白："平心论之，居正为相，于国事不为无功；诸人论之，不无过当。然闻谤而不知惧，忿戾怨毒，务快己意，亏盈好还，祸酿身后。传曰：'唯善人能受尽言。'于戏难哉！"①

明朝这些道貌岸然的士大夫，说起来像是在捍卫名教、维护礼制，实则其一举一动无不是因一己私利而为，他们总在试图以危言惊世、耸人听闻的手段来沽名钓誉。这种人拿朝廷俸禄，却视国事为儿戏，以险躁博清名，竟毫不怜惜天下苍生。张居正在必须面对这样一群人时，不知畏缩，反而抗争，那结果肯定是"善人"难做啊，因此连海瑞也不无惋惜地称其"工于谋国，拙于谋身"。

有件事尤值一提，就是这位邹元标，乃于万历十一年（1583）被朝廷自贵州召回，授职吏科给事中。不久，因张居正死后被籍没抄家之事过于惨烈，他又挺身而出，对这位曾被自己詈骂为"禽彘"的前任首辅，予以客观公正的评价。他说："江陵功在社稷，过在身家。国尔之议，死而后已，谓之社稷臣，奚愧焉！"② 这句话的意思是说：张居正所建的勋业，作为功劳是全都奉献给了社稷民生，而他因此所造成的过错罪孽，仅只是危及到其本身及家庭儿孙。他确实是个为了国家"死而后已"之人，要说他堪为社稷之臣，哪会有愧呢。

邹元标于万历中后期便远离朝堂，在家讲学，其间有整整三十年的时间不涉官场。天启元年（1621），他重返朝廷，因愤于大小臣工党派纷争、朝中同僚各怀偏见而愤然辞官。天启四年（1624），他在老家溘然而逝，享年七十四岁。朝廷赠其太子太保、吏部尚书衔，谥忠介。临终前，不知他在梦中见没见过张居正，不知他会不会为自己在年轻气盛时痛骂过张文忠公而心存悔意。

至于赵南星在《笑赞》中讥讽张居正的"何处寻优场"情节，完全是他的胡编乱造，不足为训。总之，作为一个杰出的政治家，张居正当年落到这种下场，应该不仅是他个人的悲剧，更是那个时代、那个社会的必然结果。

---

① 张廷玉等：《明史》列传第一百十七，"刘台诸人传赞曰"，中华书局，2000年，第4009页。

② 孔自来：《张文忠公太岳先生诗序》，张舜徽主编：《张居正集》第四册，附录一，湖北人民出版社，1994年，第511页。

第三节　瑕瑜互见的稗官野史

稗官野史，是与官修正史相对应的一种私家笔记体文史著述，因其在我国有着悠久的历史传统，且又能补足正史的罅漏缺佚，故一向为后世史家所看重。但是，这些私家笔记也存在着良莠不齐、格调参差的种种弊端，所以同时又往往为一些治学谨严的史家所诘难，以致这些著述的作者甚至还会以"耳食"（听来的流言蜚语）、"齐东野语"（不负责任的议论）一类的词语，来给自己的著述题签，聊作自嘲。

明朝文人的私家著述非常丰富，其文化存量之高，远胜过前代。尤其是到了明代中后期，由于社会经济的畸形发展，土地兼并日益严重，大批农民流入城镇，为手工业的发展提供了大量的廉价劳动力。私人刻书作为一种手工业，便趁此机遇得到了发展的良好空间，至万历年间愈加繁荣。当时，学者胡应麟曾将刻书业的区域分布及工艺技能水平做过一番调查，得出的结论是："苏（州）、常（熟）为上，金陵（南京）次之，（杭州）又次之；近湖（州）刻、歙（州）刻聚精，遂与苏、常争价。"（《少室山房笔丛》）

明代中后期刻书业的发展和普及，愈加激发了文人们刻印个人文集、诗集的热情。所以，这一时期的家乘笔记为数众多。比如，有个叫张萱的广东博罗人，就特别热衷此道。张萱，字孟奇，别号西园，于万历十年（1582）举乡试，此后入仕授殿阁中书，历官户部郎中、平越知府，他自万历三十九年（1611）罢官归乡后，即在家中编书以自娱。由他录辑成书的《西园闻见录》，上起洪武，下迄万历，全书共分三编凡一百零七卷。此书内编记德行，专重行谊；外编则记载政事，依官为次，自内阁、宰相、六部、台谏等囊括外官内臣，皆分类编辑；至于方伎、鬼神、灾祥等无所归属者，则合为杂编。此书内容芜杂，有不少篇什是节录自邸报中刊出的历朝奏疏，也有的篇什是他从搜求到的私家笔记中转记的，更多的章节则辗转采撷自坊间杂书……由于来源纷繁杂乱，所以前后内容不相统属，甚至相互抵牾。也正是由于这一点，这部书形成其不易替代的另一特色，即它直接反映出了明代万历中后期的社会世相与人生百态，因而该书的史料价值反倒显得比较高。

由于张萱《西园闻见录》的成书时间刚好在张居正身后的若干年间，所以书中所记之事，但凡涉及张居正，都不可避免地沾染上了当时士人的"仇张"心态，乃至可称其为这一文化现象的集大成者。

比如，在这部书卷之六的《朋友》一章里，叙述了这样一段逸闻趣事：临川籍士人周孔教于万历八年（1580）中进士，他跟同年余寅、顾宪成、魏允中、刘廷简等过从甚密，几个人在京城结社会文，关系十分融洽。后来，周孔教奉命要去福建的福清当县令，余寅特地沽了酒，到其住处饯行。当二人酒酣耳热之际，余寅表示，你要远行，临别之际，有何见教？周孔教正色说道："兄才名满天下，海内人士，延颈愿交如恐不及。奈何与张斗枢昆弟游？斗枢昆弟，即故相江陵子。亦知兄姜桂之性不移，而瓜李之嫌当避。虱处头而黑，麝食柏而香，吾惧其染也。"①

这张斗枢，即为张懋修，因其被神宗皇帝超次擢升为万历八年庚辰科殿试第一名，而"斗枢"乃北斗七星之中的第一星，故有此名。余寅听了周孔教之言，如梦方醒，从此闭门不出，跟张懋修兄弟断了往来。后来，直到周孔教丁忧守制，余寅还曾远隔千里，特意写信来向他致以奠仪。他在信中说及此事，传开之后才为外人所知，众人由此都夸周孔教待友诚笃之道，传为一段佳话。

这件事情节完整，首尾圆合，可说是张居正死后那种"山雨欲来风满楼"官场氛围的生动写照。从时间上推算，周孔教跟余寅说这段话的时间，应当是在张居正去世后，至万历十一年（1583）正月十九日张懋修兄弟被神宗皇帝革去官职、贬为"编氓"（指普通平民）期间。

周孔教（1548—1613），字明行，号怀鲁，江西临川人。其同乡好友汤显祖在《怀鲁公像赞》称赞他"容温而肃，度宽而严，留两间之正气，行壮志于当年，位高不亢，志大弥坚"，可见此人立身处事并不太坏。当他见到余寅跟张懋修兄弟走得太近之时，私下告诫其务必不要"虱处头而

① 张萱：《西园闻见录》卷六，"朋友条"，《续修四库全书》，子部，杂家类，上海古籍出版社，第126页。

黑"，是担心余寅会因此而惹祸上身。由此即可断定，张居正刚一去世，此前他的那些潜在政敌们便开始串联起来，密谋要彻底铲除其在朝廷的一切影响。这一伙蛰伏多年的仇家，或许便是前些年张居正强力打压下去的傅应祯、刘台等人的同党。他们皆为江西籍官员，周孔教或许参与其间，或许早就跟他们暗结朋党，所以能得占先机。事实上，在神宗皇帝"倒张"运动的进程中，江西道御史李植是个不可小觑的人物。他既是率先发难的急先锋，又是其倚作干城的中坚分子。上述事实证明，李植能够伙同江东之、羊可立等在神宗皇帝彻底清算张居正时首建奇功，绝不是偶然的；其密谋串联、网罗同党、收集材料、制定谋略、规划方案等行为，很可能早在张居正未死之前，就在暗中以江西籍官员为基本力量的团队中秘密进行。一当张居正死后，所有的行动便逐渐公开。也正是为了达到彻底孤立张懋修兄弟之目的，这个刚中进士仅两年的周孔教也不得不出面来暗地警告余寅，以期让所有同朝为官者均自觉切断与张氏兄弟的一切联系。

余寅（1519—1595），字君房，浙江鄞县人。从年龄上看，他中进士时，已是个花甲老人。作为一个多年困顿场屋的老头儿，他跟周孔教等新锐之士的不同之处在于，他本人经历了嘉靖、隆庆两朝，深为前首辅张居正所开创的巨大功绩所折服，故有心与张懋修兄弟走得近，也是为着钦佩已故贤臣之义；再是张居正秉政十年，权倾天下，南北两京十三行省的主要官员皆为其一手择定，他与张懋修兄弟交往，也应该有想要利用这份政治资源的本意。而周孔教对他坦诚相告，那"瓜李之嫌当避"的警示语不啻当头棒喝。所以，从《西园闻见录》所记载的这一事例中不难看出，在张居正遭到彻底清算之前，朝廷上下便早有一股"倒张"暗流在汇聚、涌动，并呈奔突之势了。

张萱的《西园闻见录》内容庞杂，而书中但凡涉及张居正时，其间的贬斥、羞辱、詈骂之意十分明显。这一现象也充分证明，于慎行所谓终观万历一朝，对张居正是"当其柄政，举朝争颂其功而不敢言其过；今日既败，举朝争索其罪而不敢言其功"的现象，是何等严重。

张居正死后，他辅佐过十年的神宗皇帝在位又过了三十七八年，所以直到崇祯三年（1630）朝廷发还张家二荫及四代诰命，前后有五六十年的时光。在这期间，大明天下的主流媒体如邸报等，主体舆论如官修与坊间刻印的书簿文卷等，主要的官方意识形态如大臣奏疏、官学授课书院讲学等，一概都是在詈骂张居正。这位一生以"不难破家沉族，以殉公家之务"自诩的前首辅，在这被妖魔化的漫长过程中，形象被完全扭曲。

这种舆论延续了二三百年，一直到清朝的嘉庆、道光年间，其余绪尚在社会上广为传播。那时，身为江苏布政使、署理两江总督兼两淮盐政的梁章钜还在《浪迹丛谈》中记述："近日梨园有演《大红袍》全部者，其丑诋江陵张文忠与奸佞同科，并形容其子懋修等为乱臣贼子之不如，殊为过当。张太岳当前明神宗朝，独持国柄，毁誉迄无定评，要其振作有为之功与威福自擅之罪，俱不能相掩，即其子懋修等，亦并非纨绔下流。"①

毋庸讳言，张居正在执政期间，曾多次以雷霆手段严禁士人妄言乱政，其中既包括禁绝空谈、压制言官等施政方略，同时也包括有禁毁书院、削减生员名额等行政措施。这些举措，在主观上固然有益于推行改革的新政，但客观上却也严重地伤害了士大夫阶层的从政理念。另外，再加上他在父亲亡故后的"夺情"之举，更是直接有悖于宋明理学所标榜的行为范式。所以，在当时以及往后传流于坊间的野史笔记中，有众多的篇幅都是在指斥其陷害辽王、攘夺王府、假公济私、包藏祸心等或凭空捏造、或移花接木而形成的"罪迹"，还有记述其贪吃海狗肾之类侈靡腐化的逸闻。这种现象的形成，不能不说是明清之际仇视张居正的士人风习，在一定程度上主导着整个社会的主流舆论。

明清之际，文人除了撰写笔记体文史著作外，个人修史也蔚然成风。这些由私人撰著的史书，因系为个人筹资刻印，在坊间私下发行，所以拥有较大的传播空间。比如，明天启年间有浙江海宁人谈迁编撰的元明编年史《国榷》，总计一百卷。其"汰十五朝之实录，正其是非；访崇祯十五年之邸报，补其阙文"（黄宗羲语），成一代信史。此后，同为海宁籍的查继佐也将其经广泛搜访而撰著成之《明书》改题《罪惟录》，悄然刻印发行。清朝顺治年间，由浙江学政金事谷应泰总纂的《明史纪事本末》刊刻成书，也因其叙事之法具有"首尾毕具，分部就班"等特色，因而成了坊间抢手的一部史学读物。

谷应泰，河北丰润（今属唐山市）人，明末诸生，清初顺治时入仕，被分发到浙江主持学政。他到达杭州以后，便广泛搜求明史资料，着手创立湖山书院，并设"谷霖仓著书处"于西湖畔。据说，他还用五百两银子

① 梁章钜：《浪迹丛谈》，《清代笔记小说大观》（五），上海古籍出版社，2007年，第4008页。

"购请"当时尚未刊刻的张岱《石匮书》手稿，同时还邀请两浙名士蒋棻、韦人凤、徐倬年、张子坛等入幕，而《明史纪事本末》也就是他在这一时期完成的作品。

顺治十三年（1656），《明史纪事本末》问世，作为一部由谷氏私人窃用公权，设幕修史所编定的史书，其讹误之处比比皆是。目前，已有许多海内外学者对此详做指谬订正，在此不再赘言。唯其在对待张居正评价上所形成的错讹，因其影响尤为恶劣，故不妨在此略举一二。比如，在《江陵柄政》一节中，谷应泰曾以痛斥的口吻，大骂张居正是"倾危峭刻，忘生背死之徒"，甚至说他"包藏祸心，倾危同列，真狗彘不食其余"等，表现出了比较强烈的个人情绪和主观倾向。尤其是书中关于张居正所谓陷害辽王、攘夺王府一事，更是望文生义，向壁虚构，完全有悖于中国史学界两千多年来所形成"秉笔荷担""质以传真"等代代相袭的执业规范与道德准则。

万历三年（1575），巡按御史刘台因违规抢报军功，受到张居正的严旨申斥，因而对这位座师充满怨愤。翌年正月，他上疏弹劾张居正，其中列有一条罪状："规利田宅，则诬辽王以重罪，而夺其府地。"朝廷对于如刘台这样的谏议官，往往是允许其"风闻奏事"的，但真正查处起来，却也必定会详加核实。可刘台一案经由神宗皇帝重力打压，当时便对其予以重责，只是当张居正逝世之后，到了对张进行彻底清算之际，又被人翻出来旧话重提。到谷应泰主持修纂《明史纪事本末》时，已事隔近百年，其间有人故意鱼目混珠，又有人以讹传讹，再加上神宗皇帝在对查抄荆州张家一案御笔定谳时，便有"张居正诬蔑亲藩，侵夺王坟府第"一说，于是谷应泰便全无根据地将此事坐实，武断地在书中写道："（隆庆二年）十二月，废辽王。大学士张居正故隶辽王尺籍，至宪㶏，颇骄酗，多所凌轹，居正衔之，而又羡其府第壮丽。会告王谋反，刑部讯治。侍郎洪朝选案验无谋反状，仅坐以淫酗，宪㶏锢高墙，废其府，居正攘以为第。"①

事实上，在张居正当权的十年间，因朝廷公派而到过荆州张家的官员不在少数。比如万历六年（1578）三月奉诏陪张回乡葬父的钦差，司礼监太监魏朝、工部主事徐应聘、礼部主事曹诰、尚宝司少卿郑钦、锦衣卫指挥金事史继书等；再有万历十年（1582）六月张居正去世后，为朝廷所派

①　谷应泰：《明史纪事本末》，中华书局，1977年，第937页。

护送其灵柩南归故土的司礼太监陈政、太仆少卿于鲸、锦衣卫指挥佥事曹应奎；以及万历十二年（1584）四月奉旨与丘橓、张诚到荆州张家去执行籍没的大批人马……此外因私交曾经到过这里的当朝显宦更是为数甚众。他们或是尊亲贺寿，或是岁时请安，或是专程拜望，或是馈送珍玩、趋奉巴结，络绎不绝。这些人当然知道张宅与辽王府完全无涉的事实，就连曾经对张居正极尽"溲溺垢秽"之能事的王世贞，也曾在其《嘉靖以来首辅传》中确凿地说："居正故窭无居第，乃大买地于江陵城，使缇骑百夫长庞某者假干阤显陵之便，而为督治舍宇。"① 对于张居正与辽王的关系，就连王世贞也有过较为公允的说法："（辽）王淫酗，暴横其国，远近皆苦之，弹劾屡上，后遂至削国身死。当削国时，居正虽在阁，然不甚当事。"怎么到了谷应泰的笔下，这事就变成"宪炜锢高墙，废其府，居正攘以为第"了呢？

显而易见，《明史纪事本末》的这种记述，无疑是一种不负责任的说法。

明清之际，士风浇薄，无论是在朝显宦，还是在野乡绅，都以能刻印一部文集而作为夸耀于人的乐事。所以，当时便有人将这种时尚风习十分鄙夷地概括为："刻一册稿，娶一个小。"私家笔记与个人修史的盛行，无疑在相当程度上促成了文化的繁荣，但由于个人的学识、阅历所限，许多人根本写不出像样的诗文，于是只好借东剽西掠来硬撑门面，此即所谓"书不够，抄来凑"，相应也助长了辗转传抄、以讹传讹的不良风气滋生蔓延。在明朝后期的万历、天启、崇祯这段时间内，但凡坊间惯常可见的私家笔记，几乎无人不谈张江陵，而其中真正有史料价值的内容，却有如凤毛麟角，这种现象，也就真应了"一犬吠影，百犬吠声"那句成语，一时间搞得甚嚣尘上、沸沸扬扬。

比如，万历六年（1578）六月，回乡葬父的张居正路经真定府时，当地知府钱普为尽地主之谊，先是以自擅厨艺而亲自下厨操刀，特意为这位老人做了几样时鲜菜肴，让他吃得称赞不已；之后，他将一座轿子经过改制，使其坐起来更舒坦、更便利，由此给张居正带来了一份新奇与受用。

此事原本不大，可后来不知怎么传进了王世贞的耳朵里，他竟在《嘉

---

① 王世贞：《嘉靖以来首辅传》，张舜徽主编：《张居正集》第四册，附录一，湖北人民出版社，1994年，第445页。

204

靖以来首辅传》中将此事恶意夸张与放大，居然将其编造为："传居正所坐步舆，则真定守钱普所创以供奉者。前为重轩，后为寝室，以便偃息；傍翼两庑，庑各一童子立，而左右侍为挥箑炷香，凡用卒三十二昇之。"

王世贞这段描述简直说豁了边，恐怕连他本人似乎也没认真想过，这座需要三十二个人抬的轿子既然有着如此庞大的体量，那么轿夫该怎样排列呢？

前两年，有位作家要以这则"典故"来说事，他就代王世贞为这座大轿的人力资源配备做出如下设想：这些轿夫的排列，可按"前八后八，左八右八"的方式配置，如此，其力量的分配相对均衡，走起路来也就十分稳健了。只是这位作家稍显粗心了些，他只想到了当下八车道、十车道的柏油大马路，而却没想过近五百年前的明朝驿路会有多宽。以古代青年壮丁在抬轿负重时的动作特点而考量，通常为每两个人抬一根轿杠，那些轿杠再以合理格局排列，分别承担总体的重量；各人想要做到既插得下杠棒又挥得开臂膀，那总得占用一定的空间。这样一来，其"前八后八"亦即分布在大轿前后的十六个轿夫只需顺着路走就行了；可是，"左八右八"那另外的十六个轿夫需要占用的空间，则显然太大了。试想，这轿子两侧各八个轿夫既需插好杠棒、抬起轿子，又还要能迈得开腿、挥得动臂，那得占用多宽的路面。

笔者曾不惮烦劳，仔细查阅了"公安三袁"中老三袁中道写的《游居柿录》一书，并逐日记下他在万历三十八年（1610）与二兄袁宏道结伴回乡，由京城抵达湖广荆州的沿途行止。当年，袁家兄弟从北京春明门出发，途经良乡、涿州、保定府清苑县、庆都、真定府、栾城、柏乡、内丘、于关、磁州等地，其每日行宿起止，皆依其居停处所逐一计数，遂发现在正常情况下要从京城回荆州，途中不做逗留，一般要花费三十天左右[1]。值得注意的是，当张居正于万历六年（1578）回乡葬父时，他在途中曾给神宗皇帝上过一份奏疏，其中报告："臣于三月十三日，蒙恩准假辞行，至间月初四日抵家。"（《请宽限疏》）依此而论，张氏走完这段路的行期只有二十来天。这就意味着张居正每天所要走完的行程，几近于袁氏兄弟的一倍半。那么，这至少说明张居正的此番归程确实是行色匆匆。倘若他真是坐着这座三十二人抬的大轿逢山开路、遇水搭桥，其在路途之

---

① 袁中道：《游居柿录》卷四，上海远东出版社，1996年，第86—94页。

中舒服则舒服矣，但想要如期抵达故土主持其亡父葬仪，恐怕比登天还难。

王世贞名扬天下，声望卓著，当他将关于这座大轿的"神话"创作出来后，经过了许多人的辗转传抄、以讹传讹，结果就令假的变为真的。比如，明朝万历十七年（1589）的科考状元焦竑在其撰著的《玉堂丛语》一书中，便对于此事的相关描述，又做了愈加细腻的拓展和延伸。书中写道："张居正奉旨归葬……传居正所坐步舆，则真定守钱普所创，前重轩，后寝室，以便偃息，旁翼两庑，各一童子立，而左右侍为挥箑炷香，凡用卒三十二舁之。"

拿焦竑的抄件与王世贞的原著两相比较，不难发现焦竑对这个谎言的加工愈加细密，所以也愈显精微，其传播力度也就更大。焦竑（1540—1620），字弱侯，号漪园、澹园，祖籍系山东日照，后来寓居顺天（即北京），因其自幼聪颖好学，十六岁即中了秀才，二十五岁举乡试，算是明朝中后期一位学力极健的硕儒耆宿。可是，他自中举后，一直熬过了二十五载寒暑，直到年至半百时才在春闱中脱颖而出，高中榜首，名扬天下。因此他始终认为，自己此前所遭遇到的一切厄运，都跟那位诸子连中金榜的前内阁首辅大学士张居正有关；毕竟他这困顿场屋的年份，居然有一半是笼罩在其阴影下。所以他对张首辅恨之入骨，不仅数度亲自撰文詈骂，同时还在其耗费了大半生心血的《国朝献征录》中，几乎收录了万历一朝所有官员及士大夫在所谓"行状""神道碑""墓志铭"中诋毁、诅咒、贬损、怨恨张居正的一切文字，反倒将张居正所写的那些同题材文章一概地弃如敝屣。

《国朝献征录》算得上是有明一朝碑传文字的集大成者。焦竑在编纂这部书的时候，将从洪武至万历前期共十四朝的各类碑传资料搜集起来，分为训录、方志、野史、神道碑、墓志铭、行状、别传等细目，通过悉心整理，将其总汇而成一部共一百二十卷的大书。在分目上，该书十分讲究。它以宗室戚畹、勋爵、内阁、六卿及其以下各属官分类标目；对于那些虽无官身却有事可传者，则分别以孝子、义人、儒林、艺苑等门类分目，俱一一抄录。这样一来，其搜罗既穷，涉猎又广，所以《国朝献征录》既保存下了当时的名人传记等各种珍稀史料，同时也为其原作的著述者集藏下了一批足以传世的文章。

比如，吏部尚书杨博于万历二年（1574）去世后，张居正曾为这位老朋友写过一篇墓志铭，题为《光禄大夫柱国少师兼太子太师吏部尚书赠太保（应为太傅，此系成书时的误录，笔者注）谥襄毅杨公墓志铭》。这篇文章是张居正平生遗留下来的少数碑铭之一，写得丰神饱满、沉凝大气，算得上是明朝同类型文字的上佳之作。可是，焦竑在搜集杨博的材料时，却对张居正的这篇文章视而不见，一定要另选两篇文章。他就是要通过这种方式，彻底清除张居正这一时期内在社会上留下的一切影响；如果不是万历四十年（1612）《张太岳先生文集》刻印成书，恐怕后人难以知道张居正曾经为杨博写过这篇文章。

焦竑到了晚年息影林泉，在家乡过着读书、讲学和著述的生活，因被士人推许为"士林祭酒""一代儒宗"而久享盛名。然而，在事涉真定府"用卒三十二昇之"大轿的问题上，他的做派与王世贞一样，实在是与儒学宗师所一再劝诫世人"己所不欲，勿施于人"的教诲大相径庭。

清朝顺治年间的吏部左侍郎梁清远（1606—1683）曾在其撰述的《雕丘杂录》中，记叙了关于这座轿子的有关真相。他记述道："野记言，江陵相预告还朝，真定守钱普创为步舆以之，步舆内数童子执拂供役，无异舟车。余记先祖言，曾亲见江陵公过真定所乘绢轿，无异恒制，但轿傍二童子执拂步随耳，无步舆之说也。此非先祖目睹，未有不信为真者，野史讵可凭乎？"[1]

梁清远的这位先祖，即为明万历时期的兵部左侍郎，总督蓟、辽、保定军务的梁梦龙。梁梦龙是真定籍人，他应当是从王世贞的《嘉靖以来首辅传》中看到过关于真定府"用卒三十二昇之"大轿的记叙，所以在张居正蒙受天下奇冤之后，才会不顾当时的那种政治高压，给儿孙说出这一事情的真相。王世贞与焦竑都称得上是明代中晚期的文坛大佬，而梁清远却据此而将他俩的相关著述一概扫入"野史"堆中，并发出"讵可凭乎"的质问，便足以得见后生学人对他俩这类自毁声望的造谣与诋毁是何等鄙夷。

当然，笔者在这里不是说张居正就没有缺点和错误，而是觉得如王世贞这样的恶意编造和焦竑的故意夸张，其行事实在过于拙劣。总之，在经过了由万历一朝数十年间的妖魔化之后，张居正的社会形象已经被践踏得

---

① 梁清远：《雕丘杂录》卷十，"过庭暇录"，《续修四库全书》，一一三五，子部，杂家类，上海古籍出版社，第342页。

一塌糊涂。历史毕竟是文人写的。文人的好恶，可以决定任何人物的生前风评、身后定论。即以张居正而论，他在执政十年中，曾多次以雷霆手段整饬教谕、严治学风、沙汰生员，乃至拆毁书院、严禁讲学等，像他这样一个曾经严重伤害过读书人的前任当权者，也注定会受到如王世贞、焦竑者流的詈骂与诋毁。如此一来，后来他被谷应泰在《明史纪事本末》中骂作"包藏祸心，倾危同列，真狗彘不食其余"之人，也就是事出有因的了。

诚然，明朝中后期大量出现的这些私家笔记，对于当时的社会舆论、人间世相、生活百态、民谣俚语、时谚小曲等，也予以了一定的关注。由于这些书的广泛采录，同时也通过它们的印行和传播，为后世保存了一些反映当年世俗风情的民间作品，至今读来，仍别有意趣。比如，万历五年（1577），张居正二子嗣修得中榜眼；万历八年（1580），张居正三子懋修得中状元，长子敬修也同期得中进士。当首辅的三个儿子在三年间连登金榜，这事早已让天下读书人为之侧目，非常愤慨。坊间传言："有无名子揭，口占于朝门，曰：'状元榜眼俱姓张，未必文星照楚郎。若是相公坚不去，六郎还作探花郎。'后俱削籍，故当时语曰：'丁丑无眼，庚辰无头。'"①

此文中的"揭"是为揭帖，至于那后两句民谚，乃是读书人采用一语双关的幽默手法，来嘲讽丁丑、庚辰这两届科考"暗箱操作"。后来，张嗣修、张懋修在家族逢难时不仅被皇帝除籍，而且还被打入"编氓"，这就意味着丁丑科从此没了榜眼，而庚辰科则失去状元。这种讽刺的矛头，同时也指向了神宗皇帝的翻脸无情与褊狭暴戾——若不是他刻意要拿科考这份恩典来笼络张居正，想必事情也不会闹得这么惨吧。

看起来，坊间传言对身为政治牺牲品的张家兄弟而言，绝非只有幸灾乐祸的快慰。他们的这些说法，在一定程度上反映了当时人们对官场、科考黑幕的深恶痛绝。

当然，私家笔记中的有些内容，也还有其较为中肯、翔实的一面。比如在《万历野获编》中，沈德符便记载了一件很有意思的故事：明万历二年（1574），张居正做五十大寿，其门生故吏纷纷上门致贺。在张居正曾经主持会试的辛未科（隆庆五年）进士中，有一个名叫刘珠的现职郎官，

---

① 冯梦龙：《古今谭概》，"丁丑庚辰榜条"，中华书局，2007 年，第 411 页。

也按官场惯例与同年们一道，来给座师贺寿。刘珠是公安县人，原本和张居正的父亲张文明为同年秀才，且二人颇有交谊；只因刘珠场屋困顿，屡试不中，而他又不像张文明那样已退出考场的角逐，直到古稀之年才获得一顶乌纱帽。现在，刘珠要以门生之礼，来向这位老朋友的儿子祝寿了，他心中之酸楚可想而知。没想到，在张家那天收到的如雪花翩翩而至的众多贺寿诗文中，写得最为俏皮者却正是他的一副喜联。其联语云："欲知座主山齐寿，但看门生雪满头。"

在这个原本十分尴尬的场合中，身为长者的刘珠竟以自己"雪满头"来称颂老师与山同寿的福祉，其构思之奇崛，创意之绝妙，尤为常人之所不及。在这副贺联中，既未流露出惯常所见的奉迎巴结之情，又十分体面地摆脱了自己以老贺少的窘困之态，从而充分显示出了作者在驾驭诗文表情达意方面的超卓功力。

第四节　黄宗羲推求"师傅"本义斥君权

清康熙六年（1667）春，在浙江宁波甬上证人书院里，一位老者正捧着一部书稿，坐在窗前逐页校订。一个青年走进来，双手奉上一盏香茶，对老者说："先生忙了半日，未曾稍有歇息，请饮一口水吧。"

老者放下手中的笔，活动了一下筋骨，又俯下身子诵读了一遍刚才写下的文字，略带喜色地端起茶，呷了一口，说："季野，你也来看看，我的这部书写到了张太岳，不知你有无他见？"

"弟子不敢僭越无礼。浙东一代，向称人文渊薮，可论及经史，迄今无人比得过您梨洲先生。不过，您的这部《明夷待访录》弟子能先睹为快，殊不失近水楼台之运数，堪称荣幸之至。"这位弟子名叫万斯同（1638—1702），字季野，在先生面前虽恭谦有礼，但从那炯炯有神的目光之中，看得出他是个颇有定见之人。

这位老先生本名黄宗羲（1610—1695），字太冲，号南雷，晚年后别号梨洲，为浙江余姚人。他出生在一个官宦家庭中，父亲黄尊素曾任明天启年间的监察御史，因东林党一案受到魏忠贤"阉党"的迫害，死于非命。黄宗羲早年间遵亡父遗命，外出游学，为东南大儒刘宗周的入室弟子。明朝即将灭亡时，他参加复社，为其中坚。清军南下后，黄宗羲曾一度参加反清复明的武装斗争，失败后潜归故里，闭门著述，课徒授业，终身不仕新朝，以布衣终老于乡。

黄宗羲的这位弟子万斯同，祖上原是归安人，其远祖万钟在宋代曾任龙图阁待制；明朝初年，他的五世祖万文因袭世职出任宁波指挥金事。两百年间，其家族子弟虽以武职世代承袭，但也始终坚持诗文传家，故历久不衰，为宁波一大旺族。万斯同有兄弟八人，皆奉黄宗羲为师，作为其门下高足弟子，万斯同在同辈人中虽排行最小，但学行兼优，史称："其学以慎独为主，专意古学，博通诸史，尤熟于明代掌故。"

此时，黄宗羲正在奋笔疾书的《明夷待访录》，是他关于中国古代政治思想史研究的一部重要著作。书名中的"明夷"语出《易经》，其本为六十四卦中第三十六卦的卦名，称之为"地火明夷"。依照易学家的解释，那"下离上坤"的卦象，意寓离为明，坤为顺；离为日，坤为地。当此光明已经消失，黑暗弥漫天空之际，前途不明，环境困难，故宜于遵时守道，外愚内慧，韬光养晦。另外，书名中的"待访"之义，是等待贤者来访，暗寓其有意让此书成为后人之师的意思。从书名的构思上，可见黄宗羲对当时社会黑暗现实的愤懑和指责，同时也包含着他对光明再度重返人间、辉映天下的冀盼。

其时，正当明清易代之际，黄宗羲自感壮志未酬，特撰《明夷待访录》，希望后世当国者能为天下苍生定国安邦。所以，他在自序中说："吾虽老矣，如箕子之见访，或庶几焉。"[①] 显而易见，黄宗羲是冀盼着能够遇到像周武王那样的明君圣主，以对待贤士箕子《洪范》的态度，来接纳这部书。

《明夷待访录》成书于清康熙二年（1663）。全书计十三篇，除了《原君》《原臣》《原法》等三篇之外，还有《置相》《学校》《取士》《建都》《方镇》《田制》《兵制》《财计》《胥吏》《阉宦》等，就是力图从各个方面来破解中国自秦以来皇权专制所带来的政治体制种种弊端。后世研究者普遍认为，黄宗羲的学说承袭了被称为"天地之大法"的《洪范》之治学精神，对我国近代民主思想的兴起产生过较为深远的影响；而他在史学方面为订正史事真伪、辨析史籍得失方面所做出的突出贡献，也为清初经史之学的兴盛而开启了一代新风。

这天，万斯同看书案上老师正在校订的段落，是为《原臣》的一节文字。其原文曰："万历初，神宗之待张居正，其礼稍优，此于古之师傅未能百一；当时论者骇然居正之受，无人臣礼。夫居正之罪，正坐不能以师傅自待，听指使于仆妾，而责之反是，何也？是则耳目浸淫于流俗之所谓臣者，以为鹄矣，又岂知臣之与君，名异而实同耶？"

在这一段文字里，黄宗羲所谓之"师傅"，是我国古代典籍中对太师和太傅的合称。《尚书·周官》称："立太师、太傅、太保，兹唯三公，论道经邦，燮理阴阳，官不必备，唯其人。"其三公之意，又各有所属；太

---

① 黄宗羲：《明夷待访录》，岳麓书社，2008 年。

师，传谓"师，天子所师法"；太傅，传谓"傅，傅相天子"；太保，传谓"保安天子于德义者"。太师、太傅、太保是我国古代朝廷中最为尊显的三个官职，自隋以后，三公便开始变为示以"优崇之位"的虚衔；宋明之后，则多为勋戚文武大臣的加衔赠官。

按照黄宗羲的意思，是说当万历初年张居正辅弼幼年的神宗主政之际，神宗皇帝待他在礼仪上虽然十分优渥，但是和上古时期帝王对待师傅的礼仪比起来，只不过为百分之一。可是，当后来人们在追论张居正之罪时，竟都指责他不该在神宗皇帝面前倨傲不恭，无人臣之礼；然而，真正说起来，张居正之罪，却正是在于他不能以古时师傅的职责与身份自持，反倒像一个仆役妾妇似的，听任皇上指使。这是因为多少年间人们皆被那种所谓君君臣臣的戒律所束缚，以致耳濡目染，浸淫日久所形成的流俗而造成的伤痛啊！其实，对于国家和民族而言，臣与君作为庶民百姓的父母，其责任和义务都应该是一致的，然而，这种名异而实同的权力关系，到如今又哪里能和那些人讲得清楚呢？

应该说，黄宗羲的这个观点，在当时确为石破天惊之论。其批判锋芒，直指中国儒家道统的本原——以忠君为"三纲"之首。这种论点，显然不是万斯同所能接受的。说来，宁波万家世受皇恩，一向视忠君为报国的唯一途径。可是，他一时又不敢面驳师尊，于是只好把话题引开："先生此论，似已脱出海宁观若老人所著《国榷》等撰述的窠臼之上，自是宏富深邃，学生不敢妄评。只是若以神庙待江陵而论，也确如先生所说，是其礼稍优的了。"

万斯同所称的海宁观若老人，本名谈迁（1594—1657），自称"江左遗民"。早在天启元年（1621），他即以《明实录》为底本，遍查群书，考订伪误，采用编年体完成了一部书稿，题为《国榷》。清顺治元年（1644），谈迁为南明弘光朝内阁大学士高弘图聘为幕僚，再被荐为中书舍人、礼部司务，还想罗致其参与修史。谈迁不愿"以国之不幸博一官"，力辞不就，不久即返回原籍。后来，终于以五年艰辛，完成了《国榷》的初稿。清顺治四年（1647）秋，已年逾半百的谈迁却遭遇大不幸，已经撰写出的手稿被窃，大半辈子心血付之东流。他对此痛心疾首，发愤重写，乃于顺治八年（1651）再度写毕。

谈迁毕生不仕，始终以佣书（缮写、代笔等）、做幕为生，以家贫无力藏书，常携笔墨步行百里，访书借抄。其间，他多次寻访前明遗老，四出搜求前朝邸报和公文档案，历尽磨难。他所悉心编修的《国榷》虽得友人多方资助，却因有违于当道而没能在生前公开流传。顺治十四年（1657）冬十一月，谈迁去世，殁年六十四岁。因黄宗羲曾为其表墓（给死者墓的碑石撰写铭文，以彰其善），故对其事知之甚详。

万斯同是个聪明人，当然不会贸然开罪于业师。然而，他的这一席话，却也表明了他跟老师之间在学术思想上的明显差异。谈迁在《国榷》之中对于神宗皇帝与张居正之间的关系，处理得最为绝妙者，莫过于书中卷七十一"神宗万历十年"条。该书在写张居正去世时，以追叙、补叙加倒叙的手法，概述了张居正的一生；之后原本照录前人议论，称道："于慎行曰：万历初年，江陵用事，与冯珰相倚，共操大权。于君德挟持，不为无益。唯凭借太后，携持人主，束缚钤制，不得伸缩。主上圣明，虽在冲龄，心已默忌。故祸机一发，遂不可收。世徒以江陵摧抑言官、操切政体为致祸之端，以夺情起复、二子及第为得罪之本，固皆有之，而非其所以败也。江陵之所以败，唯操弄之权，钤制太过耳。"

应该说，在此谈迁本人虽不着一字，却通过征引于慎行的原文，将神宗皇帝与张居正之间的恩恩怨怨，表达得一清二楚。

黄宗羲同时还知道，谈迁的史论笔锋犀利，鞭辟入里，有着极强的震撼力。比如，在"神宗万历十二年"条中，他便于潘季驯、杨巍等人分头上疏申救张家遗属的词条之后，开诚布公地写道："谈迁曰：江陵柄国，力十而罪一，身没之日，怨口方注；犹曰权相之常，自丁此吕诬以谋逆，祸同赤族，更激于辽邸之事，始籍其产。谓董氏之郿坞，元载之胡椒，不是过也；诸子累囚，阖门刑辱，也赀不逾十万，至流毒三楚，蔓延数年。以分宜之报，概于江陵，吾知江陵之目不瞑也。吴县因江陵起家，晚加溢罚，所谓树荆棘者蒙其刺耶。"表面上，这段话的结尾，初看是将针砭的锋芒直指申时行（其籍贯为吴县），说张居正当年培养他，擢升其进内阁，哪晓得这却是为自己身后种下了荆棘树，反被其刺扎。然而，深入去想，这"树荆棘者蒙其刺"之说，又何尝不是在痛斥神宗皇帝。张居正苦心孤诣地辅弼他十年，到头来却惨遭破家沉族的弥天大祸，由此，谈迁不能不发出感叹，"知江陵之目不瞑也"。

不知黄宗羲是否从谈迁之史论中，触发了自己的这一独特见解。他关于"夫居正之罪，正坐不能以师傅自待，听指使于仆妾"的论调，不仅使这个话题在思想高度上超越了儒学前辈的理论视野，甚至还从根本上质疑了当时社会君权至高无上的合理性。

黄宗羲认为，从法理上讲，谋求私利是人类的本性，但个人这种追求私利的本性，并不妨碍建立天下大公的合理社会；关键在于要让天下人的"私利"，通过协调而被整合起来，使之成为"公利"通行于全社会。那样，各人的私利既包含在公利之中，而人类社会也就足以健康而平和地顺利发展了。

黄宗羲说，在中国，最初的"国"，就是在统一私利而为公利的基础之上形成的。自然，那时的君主，就是在为天下人谋利，而不只是做天下的主人——当民众成为主人时，"君为客"也就是理所当然的了。

接着，黄宗羲举出中国历史上的许多实例来论证这个道理。如古代隐士许由、务光等，就都不愿意成为君主，担心的是自己会辜负天下人的重托；有的如尧与舜等，就算已被大家拥戴，他们却又谦让而去。因此，那时候大家全都乐于拥戴这样的君主。而许多有德之人，如大禹，他本来不想当君主，但被大家推举出来，也就不再推辞，肩负起了应该担当的责任（以上见《原君》）。

黄宗羲随即严正指出，到了后来，历朝历代的君主却把其个人的一己私利，与天下苍生的利益对立起来；他们把天下国家的财产当作私产传给子孙，并力图世世代代地延续下去。于是，这种君权便造成社会的种种罪恶："敲剥天下之骨髓，离散天下之子女，以奉我一人之淫乐，视为当然。"所以，黄宗羲在此发出无比大胆的质问："岂天地之大，于兆人万姓之中，独私其一人一姓乎！"

依此而论，黄宗羲的这一见解是中国政治思想史上的一个划时代的进步。首先，将社会的种种罪恶，集中归结到了封建君主专制方面，尽管其主观上并不能从封建私有制的基础，更不能从阶级对立的思想意识上来认识国家和君主形成的原因，但他的这一种思想在当时无疑具有"于无声处听惊雷"的强烈效果。

黄宗羲思想的形成，有其相当深刻的社会原因和历史原因。或许明朝灭亡的惨痛教训过于血腥、过于深刻，而万历年间，神宗皇帝与张居正之间的恩怨情仇，对于国家的政治走向及发展趋势的影响过于强烈、过于震撼，所以，这些历史事件以其巨大的冲击力，促进推动了如黄宗羲这样的中国古代先进知识分子开始把儒家学说中关于实现"治国、平天下"的目的，由单纯地强调以个体"修身、齐家"作为唯一途径的固有模式，发展成为对社会制度做进一步深刻审视与反思的探索。为此，在他去世的二百年后，我国著名近代思想家梁启超曾对其学说予以了高度的评价和赞扬。

1923年，梁启超在《中国近三百年学术史》中，激情洋溢地写道："梨洲（黄宗羲）有一部怪书，名曰《明夷待访录》，这部书是他的政治理想。从今日青年眼光看去，虽像平平无奇，但在三百年前——卢骚（即卢梭——笔者注）民约论出世前数十年有这等议论，不能不算人类文化之一高贵产品。"①

梁启超还说，他年轻时深受《明夷待访录》的思想影响，"我自己的政治运动，可以说是受这部书的影响最早而最深"。同时，他又称颂黄宗羲的学说："的确含有民主主义的精神——虽然很幼稚——对于三千年专制政治思想为极大胆的反抗。"

据悉，在我国近代旧民主主义革命时期，梁启超和孙中山都曾秘密印刷过《明夷待访录》，并广为散发。可见黄宗羲的学说对于我国鸦片战争后的戊戌维新运动和辛亥革命等旧民主主义运动，都曾起到过很大的思想启蒙作用。

黄宗羲治学有一大特点，即讲究实学，反对空谈，主张经世致用，这与张居正的追求极为接近。比如，对于治国大政，张居正主张："治理之道，莫要于安民"；黄的见解亦为："盖天下之治民，不在一姓之兴亡，而在万民之忧乐"。对于政治经济的指导思想，张提出："省征发，以厚农而资商；轻关市，以厚商以利农"；黄亦倡导："夫工固圣之所欲来，商又使其愿出于途者，盖皆本"。对于利益与道义的关系，张居正的提法是"义利之间在心不在迹"，强调的是以心理动机而不是实际行为来判断义利，这在思想史上是很有新意的论点。黄宗羲则主张："不以一己之利为利，而使天下受其利"。注重的是要以公利包容、化解私利……虽然他们二人在气质秉性、人生阅历、社会地位等方面大相径庭，但在上述事涉人生观、价值观等重大问题上的看法如此一致，可见黄宗羲在《明夷待访录》中对张居正的评价还是很有思想基础的。

黄宗羲的晚年，时值清朝立国未久，而中国南部及西南数省的抗清力量余波未息；且清朝在闽、粤、桂、黔、滇数省用以对付南明小朝廷的进剿大军，尚在平西王吴三桂、平南王尚可喜和靖南王耿精忠的掌握之中。

① 梁启超：《中国近三百年学术史》，北京联合出版公司，2014年，第47页。

更何况，清世祖福临亲政之初，震慑于摄政王多尔衮生前的威焰，又刚刚以"阴谋篡逆"的罪名，褫夺了这个前"诚敬义皇帝"的尊号，并诏谕削爵、平毁墓葬。所以，在这一时期内，朝野内外对张居正，尤其是他与明神宗朱翊钧关系的评价尤其谨慎。这是因为其时满族亲贵集团入主中原的阅历尚浅，朝廷对汉族知识分子的戒备甚严，倘若有人将福临、多尔衮的关系，与朱翊钧、张居正的关系予以对照联想，那注定会遭不测。总之，黄宗羲在这一点上通过《明夷待访录》完成的理性反思，无疑是明清易代之际尤为难得的重大思想成果。

或许正是以神宗皇帝为代表之一的封建帝王那种专横、暴戾、阴狠、贪婪的个性尤为突出，所以促成了黄宗羲对君权的合法性问题发起了前所未有的挑战。至于他的弟子万斯同，却并未能从这一思路上拓展开去。在黄宗羲经史学术思想的熏陶下，他以史学为主，兼治经学，与全祖望、章学诚等一道，成为浙东学派的重要代表人物。

康熙十六年（1677），侍读学士叶方蔼赋五古长诗一首，托人交给黄宗羲，诗中有"兴朝亟求贤，侧席心殷殷""勿着羊裘去，苍茫烟水滨"之句，意在规劝黄宗羲结束隐逸生活，出来为清廷效力。黄宗羲即次其韵答诗一首，称"斯民方憔悴，何以返夏殷""勿令吾乡校，窃议东海滨"，表明他不愿为清廷效力的志向。次年，清廷议修《明史》，特开"博学鸿儒科"，以延揽人才。叶方蔼当下便向康熙皇帝推荐黄宗羲。黄宗羲的弟子陈锡嘏当时也在北京任职，他深知老师的抱负和操守，为防止事态继续扩大，最后会造成黄宗羲与清廷的严重对立，于是及时代老师力辞其事，最后终于让黄宗羲逃过了这一劫难。

康熙十八年（1679），监修明史总裁徐元文、叶方蔼两位内阁学士，征聘黄宗羲的弟子万斯同、万言北上修史。黄宗羲从"国可亡，史不可亡"的观点出发，支持万斯同"以布衣参史事"。

康熙十九年（1680），康熙帝传旨谕示浙江督抚，"以礼敦请"黄宗羲参与修史。这时，黄宗羲已年逾古稀，他派儿子黄百家去明史馆应聘，与万斯同等人一道参与这项修史的"世纪工程"（清代修《明史》，经过了顺治、康熙、乾隆三朝，历时将近百年）。

万斯同在参与修撰《明史》时，坚持了老师黄宗羲传给他的民族气节，只同意以布衣身份参与其事，且不署衔、不受俸，但要求凡史局大事、纂修文稿，皆须让他审阅裁度。作为一个虽无总裁之名但得总裁之实

216

的学者，万斯同为这一部《明史》居然付出了长达十二年的艰辛努力。然而，在对于张居正的评价上，万斯同却始终与老师泾渭分明。

万斯同在编纂《明史稿》期间，曾写过一篇《书张居正传后》，为其罗列了二十四条罪状。他认为，张居正的万历新政"虽曰瑕不掩瑜，而瑕实甚矣"，但此人终究是"挟宫闱之势，以骄蹇无礼于其主""凌上无礼"，失去为人臣应该"以敬为上"之道，"大节一失，余无足观"。况且他实施的万历新政所有事项，都伤害到了文官集团的固有利益，"设施举措又多厌众心"，因此，万斯同一直将张居正视作"奸人之雄"①。

我国当代著名史学家、北京大学历史系教授郑天挺先生曾经说过："《明史稿》，主要出于万斯同（字季野）之手。万斯同熟于明代史事，以布衣参预明史的修撰，纂集《明史稿》三百一十卷……《明史》有许多篇目出自《明史稿》。但不同处亦颇多，如关于明末党争问题，明人认为起自隆庆间的张居正勾结宦官冯保，排斥高拱。《明史稿》持此说，对张居正大肆诋毁。这同万斯同个人经历有很大关系，他父亲万泰是党中人，他在写这一部分历史时有个人情绪和偏见。"②

官修《明史》虽然订正了万斯同《明史稿》的许多偏执之说，但仍在部分列传中保留下了"对张居正大肆诋毁"的一些片段；倘若当年万斯同遵从师教，放弃了这种"个人情绪和偏见"，那么作为一位经史大师，他对我国史学的贡献一定还会更为突出。

---

① 万斯同：《群书疑辨》卷一二，《续修四库全书》一一四五，上海古籍出版社，1996年，第636页。
② 郑天挺：《明史的古典著作与读法》（冯尔康整理），《及时学人谈丛》，中华书局，2002年，第68页。

第五节　孔自来景仰先贤秉公执论

在荆州古城东北方向的远郊，有一片浩渺的水面，俗称"三湖"。这个湖泊位于江陵县和原潜江县的接壤处，因其横贯两县，地处偏僻，所以拿当地人的话来说，历来都是个"天不管，地不收"的荒野湖区。

早在南北朝时期，郦道元著《水经注》即对"三湖"有过记载，书中称："杨水东北流，白湖水注之；湖在大港北，港南曰中湖，南堤下曰昏官湖；三湖合为一水，宋元嘉中，三湖下注杨水，以广漕运。"时至清朝顺治年间，在三湖中一处孤岛似的墩台（湖面上的岛形台地）上，移居来六七户人家，计约三十口人。在他们当中，年纪最长者乃是江陵县著名耆学宿儒孔自来。

孔自来这个名字，原本是说给官府或者是外来人听的；圈子内的人都知道，这老人姓朱，本名叫朱俨麚，是第一代辽王朱植的第八代孙①。

明洪武初年，太祖高皇帝朱元璋将第十五子朱植封藩辽东广宁，是为辽王。后来，高皇帝赐二十字为辽藩宗室谱系，为："贵豪恩宠致，宪术俨尊儒，云初祈保和，藻翰丽龙舆。"时值"靖难"之役军兴，辽王朱植的态度起初有些模棱两可，故明成祖朱棣即位之后，乃逼其内迁，移藩荆州以便羁縻。

孔自来的祖上，就是辽王朱植的旁系子孙。他的祖父早年间为镇国将军。依此推算，可见他是第五代辽王之后；若是按辈分数下来，他应该是

---

① 廖无度：《楚风补校注》（下册），卷四十七作者小传云："孔自来，字伯麚，江陵人，逸其本姓。将生之夕，父梦人谓之曰：'汝所生男也，宜姓孔，有文名。'旋生自来。蚤慧，嗜学，里人呼神童。后避乱，遂姓孔。浮家泛宅，口诵手编无虚日，著有《志余》《纪略》等书。"后出版时附注："孔自来，原名朱俨麚，字启宇，明王室后裔。明亡后，变姓名为孔自来，字伯麚，又自号句曲山人，放浪江湖，以吟诗著书为事。"湖北大学出版社，1998年，第1315页。

隆庆二年被废的末代辽王朱宪㸅的侄孙。

清顺治初年，李自成大顺军的余部相继在李锦等将领的率领下，联合明军残部，转战于荆、襄地区。其后，遂以鄂西神农架的兴山为根据地，对抗清军，号称"夔东十三家"。在辽王后裔诸郡王及旁系子孙当中，投降清廷者均遭无情虐杀，故使得那些有血性的朱姓男丁皆纷纷前往兴山投军。几仗打下来，他们当中的绝大多数人都死于国难，而幸存者也纷纷改名换姓，隐遁于草莽荒湖偏僻之地，以度残生。面对八旗军的残酷屠杀，孔自来为全身避祸计，乃携家逃难，来到三湖之中，在这处荒墩上安顿下来，筑室隐居。自此，他们男耕女织，日出而作，日入而息，过着自给自足的农耕生活。幸而此地物产丰富，可耕可渔，入冬之后还能狩猎，用围网或火铳捕获来此地栖息的野鸭、大雁。所以，这五谷丰登、六畜兴旺的三湖墩台，让他和他家人的日子倒也过得安逸自在。

孔自来年轻时便诗文俱佳，到老来更是日积月累，著作等身，成为荆州地方上的著名学者。晚明遗老、崇祯三年（1630）庚午科湖广乡试解元王文南称他："伯靡天才度越，自髫龄时，以沙文篆籀之胸，行月窟天心之思，其制举文字，卓绝一时。凡所以领人伦风坛坫者，故已向用三楚矣。"①

孔自来在隐居期间，将自己的居宅命名作"东湾草堂"，闲暇时便闭门谢客，以著书自娱。除去偶尔有五六位至交挚友前来拜望，相互间有些交往酬酢，他长年将时光均消磨于著书撰文的砚田生涯之中，因此著述颇丰。除《江陵志余》最为著名之外，其流传下来的著述还有《楚对》《以斋诗选》《江陵先贤传》《荆变记略》等二十多种。

孔自来撰著《江陵志余》的初衷，是为"存故乡之文献，补旧史之残缺"。身为明朝最后灭亡的历史见证人，当异族入侵、国破家亡之时，他拾掇起乡邦史乘，记叙成书，不仅是想要为地方上保存一息文脉，更是试图通过这种方式，让这块地面上的前朝故实得到保存和传播。由于该书史料详备，体例周全，所以《江陵志余》是荆州乃至湖北地方史志中较有价值的一部古籍珍本。后来当清朝地方当局编修《湖广通志》《荆州府志》时，从其中采录到了许多重要史料。

《江陵志余》的初稿成书于清顺治五年（1648），此后，孔自来又披阅

---

① 王文南：《江陵志余序》，湖北人民政府文史研究馆、湖北省博物馆整理：《湖北文征》第五卷，湖北人民出版社，1994 年，第 183 页。

十载，反复订正，于清顺治十四年（1657）付梓印行。当年，寄寓金陵的王仕云曾以撰《鉴略四字书》而家弦户诵，名重一时。当其研读《江陵志余》后，乃击节赞叹，慨然作序称：

> 言夫江陵，楚风之雄长也。远不具论，即如张文忠公雄才伟略，捧日擎天，相业之鸿，超于姚、宋。迄于今墓木拱矣，而徘徊其故宅，流连其碑版者，尚穆然有太平宰相之思焉![①]

王仕云是当时国内专治《资治通鉴》的历史学家。他从《江陵志余》中特意拈出张居正而与唐代名相姚崇、宋璟相提并论，无疑是因为这部书勾起了他对家乡故园的绵绵情思。

孔自来当然知道，荆州张家被前明神宗皇帝籍没查抄，是辽府次妃王氏上疏诬告的直接后果；身为辽藩宗室后裔的他，也不会不知道辽藩的"国除"被废，与张居正绝无干系。他始终对张毫无门户私见。翻阅《江陵志余》，即可发现书中对于张居正的褒赞之辞随处可见。如"纯忠堂"词条后，便特地附言褒赞其功。辞云："太岳博学多才，顾东桥识之于髫龄，以顾命元老，匡扶幼主，内安外攘，有社稷功，卒谥文忠。第因信任之专，群疑竟起，坐削籍；后以多难，追念老臣，复其谥荫。"[②]

尽管这段话寥寥未足百字，但却相当中肯地评价了张居正的一生。其持论之公允，堪称史家直笔。事实上，孔自来的青少年时期，荆州张家已经平反，其后世儿孙便将朝廷发还的旧宅改建为张文忠公祠，供人四时参谒。孔自来曾写有一首七律《江陵相公祠》，吟诵的便是他来参谒张居正神主时的感叹。诗云："维楚多材近帝宸，文章勋业见斯人。两朝定策安危系，十载阿衡肺腑亲。积毁可怜终铄骨，先忧谁信未谋身？只今圣主图功日，麟阁将无忆老臣。"[③]

这首诗集中地表达了青年孔自来对杰出政治家张居正身后事的痛惜之情。诗人认为，张文忠公的丰功伟绩，在有明一朝无人比拟。他从隆庆年

---

① 王仕云：《江陵志余序》，湖北人民政府文史研究馆、湖北省博物馆整理：《湖北文征》第六卷，湖北人民出版社，1994年，第624页。

② 孔自来：《江陵志余》卷五，"纯忠堂条"，清道光四年刻本。

③ 孔自来：《江陵相公祠》，张舜徽主编：《张居正集》第四册，附录一，湖北人民出版社，1994年，第540页。

间进入内阁，到万历年间做当朝首辅，实际上是两朝安危系于一身；尤其是明神宗继位时年仅十岁，张居正辅弼其十年，当时的君臣关系，可比肺腑之亲。古训中"积毁销骨"的谶言真是不幸而言中啊，当张居正死后被籍没抄家的事情发生之际，人们这才相信海瑞所说"工于谋国，拙于谋身"的话了。

在孔自来的心目中，张居正始终是一位"先天下之忧而忧"的忠臣，而一旦到了边关危急、山川破败、强敌入侵、国是日非之际，大明王朝就是想再整金瓯，那麒麟阁上却也无人可用，只是空余一声嗟叹而"忆老臣"啊。

孔自来写的这首《江陵相公祠》，是在特定历史环境下一位正直的知识分子忧国忧民发出的心声，其捐弃一家一姓的个人恩怨，以天下大计为己任的责任感和使命感，正是中华民族历经千年磨难而始终不为外部强敌所摧毁的凝聚力和向心力的真实写照。反过来，孔自来在《江陵志余》中，倒是对其从祖——被废的那个末代辽王朱宪㸅却毫不客气。如在《江陵志余》中设"宝训堂"词条，文曰："宝训堂，明辽邸内堂也，弘治中建，以藏列代所赐宸翰。末王宪㸅，博学能诗，任诞不检，万历初（此处原文有误，应为"隆庆初"——作者注）国除。有味秘草堂，藏书亦富，朱叔和诗：'从救身作书中蠹，万卷何曾救国亡。'"① 其字里行间，不无包含对那淫虐昏王的贬责之意。

说起来，依照孔自来对社会、对人生的基本理解，张居正和辽王朱宪㸅在人生之路上，根本就是两股道上跑的车，撞不到一块儿去。作为辽藩的族亲晚辈，他能够这样实事求是地称末代辽王朱宪㸅"任诞不检"，并将这四个字写入其传世之作中，已经算是一种极大的勇气了。

从已经揭露出的事实看，这个朱宪㸅在当时那种皇权至上的体制之下，即便身为龙子龙孙，也是个十足的恶棍、一个彻头彻尾的刑事罪犯！

孔自来或许并不知道，在明朝中晚期，那位万历十七年（1589）己丑科的状元公焦竑，尽管他对张居正的怨毒难释，但为着保存下这则史料，依然在其《国朝征献录》中，收录到了一种《辽王传》②。

从文字上看，这篇《辽王传》分为前后两段：前段标注为《吾学编》，

---

① 孔自来：《江陵志余》卷五，"宝训堂条"，清道光四年刻本。
② 焦竑：《国朝征献录》卷一，宗室一。

主要是介绍了自封藩以来前六代辽王的继嗣传承情形；后段则标注为《绳蛰录》，重点阐述了第七代辽王朱宪㸁的种种倒行逆施，乃至最后遭到"国除"下场的全过程。

《辽王传》之中《绳蛰录》的语言极其简约，在叙述中，全文既没有对某一事件的背景铺叙，又没有对来龙去脉做出交代，几乎全部是朱宪㸁罪行的简单罗列，就像今天对刑事犯罪分子宣布的判决书一样。

若是对其按内容依次归类，淫虐昏王朱宪㸁至少犯有以下九宗大罪：

其一，纠集歹徒，寻衅闹市。朱宪㸁豢养了一批无耻的清客、凶蛮的恶奴和残暴的打手，其手下人如监生钟应斗，生员宋章甫，方士顾通诚、刘洞玄、李一山等一贯鱼肉乡里，打砸抢骗、强买强卖等无所不用其极。由此，朱宪㸁成为荆州城内外为害一方的大恶霸。有一次，宪㸁穿上特制的法衣法冠，带领王府侍卫，排成一长列仪仗队，还高举着"诸神免迎牌""考鬼杖"之类的玩意儿，煞有介事地来到城内一位姓齐的商民家中，硬说这户人家出了凶神恶煞，他要在这里除鬼祛灾，勒逼这户人家拿出一大宗银子做谢礼才算了事。

其二，草菅人命，滥杀无辜。术士刘洞玄等在王府内设坛祭神，妄称请法书符咒时要用一颗还带有生气的人头，朱宪㸁居然下令校尉施友义到街上去随便抓个人来。施友义目无王法，带人走出王府，就将路边一个喝醉了酒倒卧在地的平民顾长保活生生地割掉首级，送进王府复命。这种强割活人头的做法，前所未闻，以致"一城惊视，不敢谁何"。

其三，巧伪不法，诬陷宗室。朱宪㸁在为前任王爷服丧的三年期间，府内之事均由其叔祖父光泽王朱宠㵂协助打理。后来，朱宪㸁服满袭封，朱宠㵂见他行事多恣睢不法，便时时开导。宪㸁对此怀恨在心，后来找了个机会诬蔑宠㵂之子致标与其共享一个小妾，弄得光泽王一家人灰头土脸，再也不敢出头说话了。

其四，僭越逾制，外设别宫。朱宪㸁搜罗到的美色妇人越来越多，王府内安排不过来，他乃"建三宫以处"：东边的那处叫双连宫，由一名艺伎陈五儿做领班；西边的那处叫芳华宫，派从扬州请来的一个老鸨顾氏做领班；还有一处叫裕昆宫，就由他自己安然坐镇。三处宫室各铸银质印信作为对外开支用度的收掌凭据，这就是说，只凭他这儿盖了章的一个条子，宫中人就可以到市面上的任何一家店铺，去拿任何一样东西。

其五，淫乱宗亲，秽污门第。辽王世系中的广元王朱致椹死了，若按辈分排，他该是朱宪㸅的叔父。然而，当朱宪㸅听说在这位老郡王身后府内还留有月娥、翠儿和兰香等三名少年美妾时，他居然不顾身份，将她们照单全收。

其六，逼奸族妇，杀人灭口。辽府宗室朱致梘从名义上讲是朱宪㸅的堂房叔父。致梘的母亲黄氏有天因事来王府觐见，胆大妄为的朱宪㸅居然看上了这个在名分上是自己堂房叔祖母的妇人，他将黄氏"哄至密室，逼奸不获，乃绝其食六日，不死；生置棺中，扛廊门外焚之"。

其七，淫污祖姑，大逆不道。辽王府内有个仪宾名叫赵儒，他娶的是王府千金小姐。这名赵朱氏除了王女身份之外，本身还有官封的爵位原陵县君，而且按辈分还是朱宪㸅的姑祖母。可那朱宪㸅一见之下，色迷心窍，魂不守舍，竟然对这位长他两辈的同族妇女伸出魔掌，"诱至府中奸之"。

其八，街市抢人，横行不法。朱宪㸅荒淫无耻，无论男女，只要看上的，没人能逃过他的手掌心。沙市是荆州城的一处外港市镇，自古商贸发达，人烟稠密，朱宪㸅"每出不备法驾，从数十辈，遇少年男女美色者拥入府中淫污"。

其九，违制娶娼，冒充世子。朱宪㸅曾经宠爱一个叫张大儿的妓女，并跟她生了个儿子。他先是把这个孩子寄养在门下清客宝鹏的家中，当孩子渐渐长大成人后，张大儿让他把孩子接回王府，他居然把这个小孩赐名朱术玺，冒充王府世子注册登记。事后，府内仪宾李世荣、张栋、郭兴爵等打算向朝廷举报，他竟然将李世荣亲自揪至宝训堂，吩咐堂前校尉将其活活打死。

诚如《绳蛰录》这个标题所言，蛰，是指伏藏洞穴不出的爬虫类动物；而绳，则是加以索套的意思。鉴于朱宪㸅的罪行已经惊动了地方官，所以当年的湖广巡按陈省不得不专程赴京，弹劾辽王横行枉法之事。

孔自来说得很对，朱宪㸅少年时聪慧敏颖，是个"博学能诗"的风流藩王。然而，自嘉靖三十年（1551）辽府正妃毛氏去世之后，已经成年的朱宪㸅少了嫡母的约束管教，变得愈加肆无忌惮。他率领着一批恶奴，在荆州、沙市招摇过市，无恶不作，成为当地一霸。

在嘉靖年间，由于朱宪㸅非常擅长巴结老皇帝，因此颇受青睐，甚至还被御封为"清徽忠教真人"，故地方官对他只有装聋作哑，不敢妄自生事。反正在上头有老皇帝给他罩着，他也才敢于胡作非为，寻衅肇事。后来嘉靖皇帝驾崩了，可这个淫虐昏王还不知悬崖勒马，那结局便只有用

223

《大明律》来伺候了。隆庆二年（1568）十月，穆宗皇帝接到湖广按察使陈省的奏疏，当即下诏，削了辽王朱宪㸅的"真人"名号；紧接着，又有巡按御史郜光先再劾辽王十三大罪。这下事情闹大了，隆庆皇帝命刑部侍郎洪朝选前往荆州实地核查。

其时，湖广按察副使施笃臣正在荆州，他一向嫌恶朱宪㸅，趁此机会，便不动声色地给这个淫虐昏王下了个套：先是假意表示可以居间去给刑部侍郎通通关节，让朱宪㸅给洪朝选送点礼；之后又找个借口将礼品全部查抄，纳为其"贿买关节"的罪证。这下一来，可叫朱宪㸅吃了苦头却又难以表白。想他一个堂堂亲王，何时受过这种挤对？于是当下便要开了那种王公贵族的惯常脾气，凶狠横暴地驱赶府、县差役，并在王府大院里高高树起一方大白幡，上书"讼冤之纛"。

施笃臣再度扩大事态，派出差役将王府团团围住。顷刻之间，"辽王造反"的消息便在荆州城内不胫而走。

洪朝选毕竟明些事理，还朝后并没说辽王朱宪㸅有造反之罪，而是据实奏报其种种淫虐劣迹。隆庆皇帝是个忠厚人，他觉得，这个辽王既是私纳乐妇，假充世子，而其又确无嫡传子嗣，故依律例从轻发落，宣布撤销辽藩的世袭亲王资质，将朱宪㸅废为庶人，永锢高墙①。

---

① 《明穆宗实录》卷之二十五，隆庆二年十月丙子朔，"己亥条"：辽王宪㸅有罪，削爵降为庶人，禁锢高墙，国除。洪武中，辽简王植始封于辽东，永乐初改封荆州。简子肃王贵烚嗣，六传至宪㸅。嘉靖十八年袭封。辽王性酷虐淫，纵或信符水，诸奸黠少年、无赖者多归之，恣为不法。隆庆元年，以湖广巡按御史陈省、礼科给事中张卤先后论劾，追夺嘉靖中所赐真人名号、金印，及禄米三分之一。既巡按御史郜光先复上，数其十三大罪；侍郎洪朝选等奉敕往勘，具得其实：以乐妇之子川儿冒请封名，以乱宗统；因而逼死承差等官，罪一。先帝哀诏至，越五日不举哀成服，更纵饮游猎，罪二。淫乱从姑及叔祖等妾，逼奸妇女，或生置棺中烧死，或手刃剔其臂肉，罪三。殴死仪宾，禁锢县君，勒诈宗人，戕杀官校，收人之妻，攘人之产，掘人之家，燔人之尸，不可计数，罪四。用炮烙、割剥等非刑，刳人目，炙人面，燀人耳，罪五。纵伶竖渎乱宫中，罪六。创立离宫，私造符玺，罪七。宪信私人，借用侯伯金吾等官名，赐蟒衣、玉带，罪八。凌辱府县等官，蔑视天子之命吏，罪九。诡请金印，刊刻妖书，与徽王通谋不轨，及奉诏追夺，匿不肯献，罪十。盖造美花等院，混藏恶少，罪十一。违例收买应禁器物，罪十二。假名游猎，阴演阵法，震惊远迩，罪十三。章入，上下礼部会同多官杂治。凡再覆，皆如其言。上曰：宪㸅僭拟淫虐，罪恶多端，背违祖训，干犯既多，官核实参奏本，当尽法，姑革爵禁锢，削除世封。其遣驸马邬景和告太庙，仍以书示各王府知之，拔置群党，俱下御史按问。

原来，明太祖朱元璋当年为了严厉打击胆敢冒犯皇权的宗室成员，曾在他的故乡凤阳设立了名为"高墙"的特种监狱，规定此处专门用以囚禁犯禁的宗藩。这种"藩禁"制度，在中国封建社会的历朝历代中，也算得上是一种最严酷、最苛刻的刑律。当那些自命不凡的"天潢贵胄"皇族子孙一旦定罪被发配到此，实际上便成了一群被圈禁在高墙坚壁之内的囚犯。所以，朱宪㸅被关进高墙之后，没有多久就郁郁而终。

对于这些事，身为后裔的孔自来显然是知道的。殊不知当他去世之后，到清乾隆年间才正式刻印成书的《明史》，却在《辽王传》中将辽藩"国除"事件竟写成："大学士张居正家荆州，故与宪㸅有隙，嫌朝选不坐宪㸅反，久之，属巡抚都御史劳堪罗织朝选，死狱中。其后居正死，宪㸅讼冤，籍居正家，而笃臣亦死。辽国除，诸宗隶楚藩，以广元王术俍为宗理。"①

这段文字，以补叙的方式，将朝廷最高决策中枢在废除辽王一案上所进行的部署，全都赖在了张居正一人头上。这像是在说，只是因张居正"家荆州"，所以就被断定"故与宪㸅有隙"，而张居正出于挟嫌报复之心，也就理所当然地成为辽藩"国除"的实际主使人。

关于刑部侍郎洪朝选所谓受牵连一事，2012 年 6 月在荆州隆重举办的"张居正国际学术研讨会"上，已有厦门大学博士江柳清撰文予以澄清，而他的这一学术成果，目前已经获得海内外明史学界的广泛认同。

总之，当辽王朱宪㸅受到惩处之时，辽藩就此被废。朝廷为图省心，便将辽藩遗留下来的那些旁系宗室，一概拨给楚藩代管了事。倒是有些人故意将朱宪㸅的被废，跟张居正缠混在一起而形成的冤案，则实实在在地纠结了四百多年。

此事延续下来，几成定论，幸而毕竟还是有孔自来的《江陵志余》流传后世，故有人能够借助于该书分别对张文忠公敕赐的纯忠堂、捧日楼等，以及对辽王府内宝训堂、成趣园、素香亭、曲密华房等亭台楼阁的形制、规模与具体位置的相关记载，深入辨析，最后终于逐步廓清了关于张居正没有攘夺辽王府的这一历史冤假错案。

事实充分证实，孔自来与他的传世著述《江陵志余》，对后世人的张居正研究功不可没。

---

① 张廷玉等：《明史》，列传第五，《辽简王植》，中华书局，2000 年，第 2373 页。

第六节　伏阙上书与诏毁谤戏

清康熙十二年（1673），在中国历史上注定是个不平静的年份。此时，康熙皇帝已严旨饬令，八旗贵族不得让属下奴仆随主殉葬，从而昭示着清朝最高统治集团开始全面遏制女真人的陈年陋俗，以承接汉族儒学道统。同年，朝廷明令下达撤藩决策，平西王吴三桂遂滋生反意，密谋叛清。不久，"朱三太子"杨起隆假借明朝遗孤之名，以宗教为掩护在京师举事，由他发动的武装举事成员主要由佃户和八旗奴仆构成，数量已有近千人。正是在这风云变幻、奇诡莫测之年的初夏时节，张居正五子允修的孙子张同奎来到北京，要为其曾祖辩诬。

张同奎以湖广荆州府儒学生员的名义，住进了位于北京宣武门附近的全楚会馆。这套宅院坐落在虎坊桥西南，前明之时原为张居正故宅，当他升任内阁首辅后，深知贫寒子弟出门在外的食宿之难，于是便捐出来建成全楚会馆。

会馆出现于明朝的嘉靖、隆庆年间，是同乡人士在京城及各大中城市设立的一种服务性联络机构。专设馆所，特供同乡、同行寄寓、集会之用，故自问世以来，受到了人们的共同赞誉，由此而在中国古代社会历经百年而不衰，成为乡党之间贫富共济、勠力同心的一个重要处所。

明、清两朝，每当到了干支属年为丑、辰、未、戌的春天，各省的举子都会云集京师，参加由礼部主持的会试。每到那时，京城内都会涌入数以千计的举子，这些人的吃、住、行等都是利之所在，商机极旺。所以，许多京城住户，特别是试场周围的居民见财喜临门，便都腾出住房，挂出"状元店"或"状元吉寓"的招牌，供举子们居住。由于三年才有一季生意，故其按人收费，租金昂贵。这时有许多寒门举子因囊中羞涩，往往只有傍依佛寺、道观而暂住栖身，这又给应考带来诸多不便。张居正起自民间，曾两次参加会试，深知其苦，所以他便做了这一大善事，堪称古今楷模。

张同奎住进全楚会馆之后，除了让会馆执事每日送两餐饭食进屋，他便足不出户，整天在房里抄写不辍。

执事对此十分纳闷，一日借送饭进屋之机，在室内有意多逗留了一段时间。他发现这个客人所书文状，题头皆为"上六部禀帖"，于是便好奇地问："客官可遇到什么冤案，专程来京城伏阙上书？"

张同奎惨然一笑道："学生一介寒儒，平素只知读书会文，与旁人全无来往，哪有什么冤案临头？此状所禀告者，乃是先祖身为前朝功臣，死后遭人毁谤，皇上降罪，全家倾遭覆巢惨祸一事，以求申雪。此案虽经前朝平反，可因人心窳败，士习浇薄，至今仍令先祖蒙垢，故特来京城向有司辩白，以告慰地下之灵。"

执事道："敢问尊先祖是为何人？"

张同奎回答说："湖广荆州府张文忠公。"

执事听罢，当即深深一揖，说道："不知客官为忠良之后，在下多有怠慢。说来，这全楚会馆即为尊先祖当年捐出故舍所置，迄今已逾百年。百十年间，它不知为多少三楚寒士遮风雨、避暑寒提供方便，执事也换了十几任，真是功德无量。上天好德，您此番来京伏阙上书，一定会功德圆满！"

张同奎还他一揖，连声称谢，说："托先生吉言，有言曰'公道自在人心'，若能办成此事，同奎死也瞑目。"

随后，执事请张同奎出门，陪他参观馆内各处设施。他们经宝善堂、楚畹堂和会客的风雨怀人馆，来到后院竹木成荫、花草丰茂的花园一侧。执事指着那口水井对张同奎说："此井据说原系尊先祖居住此处时所掘，百十年间，水质清冽，从未干涸；其尤有一绝，即每到夜半子午之交时，所汲之水特别甘甜可口，所以，周围民众常有人专候此时来汲水回家，供阖府老少饮用。"

从这天开始，执事对张同奎即以亲人相待。在他的帮助下，张同奎将抄好的十数份禀帖分别投送到六部衙门及国子监、翰林院、詹事府、大理院等各处。

作为湖广省荆州府的一名儒学生员，张同奎这一份上呈朝廷的《上六部禀帖》，其题额的全称为："温纶出自圣朝，先帝之洪恩广被，微功掩于

227

仇口，故相之幽迹堪怜，乞布仁慈、削史诬、革戏嘲，以维直道，以作尽
荩。"① 这时，距张居正身后蒙难已有近九十年了，由于改朝换代，社会上
流传的《明史》稿本以及一些传奇戏文，都对这位前朝首揆多有嘲讽、诋
毁，甚至是诬蔑、贬损。对于这种状况，张同奎乃以血性男儿的胆识伏阙
上书，慷慨陈言，要求朝廷"削史诬、革戏嘲"，以维护天下大义，矫正
人心。

在当时的社会背景下，张同奎此举不仅需要勇气、器量，更是需要智
慧和见识。原来，清朝立国之初，顺治皇帝即于登基后的第二年（1645）
五月，也就是清军刚攻下扬州之时，就饬命设立史馆，着手开始修撰《明
史》。后来，由于主持此事的冯铨、洪承畴都是明朝降臣，在许多事情上
难以公允持论，所以舆情汹汹，不服者甚众。由此，修史之事一拖二三十
年，未有定论。在此期间，市面上又有许多诸如《明史》《明书》《明史
纪事本末》之类的个人私修明史稿本流传。这些书良莠不齐，叙述零散，
观点杂乱，其中虽然也保存了部分资料，但在许多重要史实上皆各执一
说，甚至还相互抵牾。这样一来，社会上关于张居正的种种邪说谬论就在
坊间广为流传；另外，还有许多是非混淆、黑白倒置的内容甚至进入说部
曲词之中，弄得沸沸扬扬。张同奎所担忧的，也就是怕这些谬说会误导官
修正史对先祖张居正的评价，于是执意要向朝廷讨回公道。

这时，张同奎从谈迁的《北游录》中读到一则史料，说是在清朝顺治
初年，清世祖顺治在与僧人道忞和尚的对话中，曾谈到过古往今来的几位
名臣宿将。道忞和尚说："宋明两代享国灵长，多由大臣辅弼之力。如赵
普之逢君，张居正之揽权，姑置不论，至若韩琦之调停两宫，梁储之迎立
世庙，不可谓非精忠练达也。"

顺治皇帝并不同意道忞和尚的这个见解，他逐一驳论道："老和尚许
二臣精忠练达，所谓其知可及也。朕许二臣精忠练达，其愚不可及也。即
老和尚罪居正揽权，误矣！彼时主少国疑，使居正不朝纲独握，则道旁筑
室，谁秉其成？亦未可以揽权罪居正矣。"

顺治皇帝福临六岁登基，十四岁总揽朝政，不久即着手清除前摄政王
多尔衮笼罩在他头上的政治阴影，是历史上公认的一位守成创业的英明帝

① 张同奎：《上六部禀帖》，张舜徽主编：《张居正集》第四册，附录一，湖北人
民出版社，1994 年，第 547 页。

王。在其短暂的政治生涯中，他虔诚地信奉佛祖，据说是二十岁时猛地惊觉世间无常，随即成为一位执意"了达僧家事"的佛教徒。那位时常陪顺治皇帝修行讲道的道忞和尚系广东潮州人，俗姓林，字木陈，号山翁。此人自幼习儒，前明之时曾于二十岁左右考取生员（秀才），后因遭逢乱世，转而皈依佛教，入庐山开先寺出家。后来，他来到位于浙江宁波太白山麓的天童寺，向圆悟禅师问学。天童寺号称"东南佛国"，为我国"五大丛林"之一。圆悟逝世后，道忞即承其衣钵，住持天童寺。他因精通儒、释之学，且擅长诗词、书法，故极受顺治皇帝的敬重。

这次，顺治皇帝跟道忞和尚研讨古往今来的文史掌故，在谈及宋、明两代的名臣宿将时，他俩所提到的韩琦，是北宋时期历仁宗、英宗和神宗三朝的一位元老重臣。韩琦的突出政绩为大力整顿吏治，选拔人才，且于英宗即位之初妥善地调处好慈圣太后曹氏垂帘听政与新皇帝之间的关系，从而使北宋中期积贫积弱的国势得以迅速改观。那位在谈话中被提到的梁储，则是明武宗朝的吏部尚书、华盖殿大学士。当正德皇帝朱厚照驾崩后，他配合首辅杨廷和与定国公徐光祚等一道赴湖广安陆，迎兴献王世子进京承袭大统，这便是后来的嘉靖皇帝，继而一举扭转了正德朝的混乱政局。顺治皇帝以宋、明两朝元老重臣韩琦、梁储对朝廷政局走向带来巨大影响为契机，当面反驳道忞"老和尚罪居正揽权"之说，其见解极具才器。他认为，明朝万历初年正当主少国疑之时，若是张居正不出面担当大局，主持政务，那么国家诏令政务便犹如古谣谚"筑室道旁，三年不成"说的那样，成为久议难决而又无所事事的一纸虚文了。

顺治皇帝的这番话，实在是出乎道忞和尚意料之外。因为他甫一亲政，即彻底清除了"皇父摄政王"多尔衮留给他浓重的政治阴影；而这一对皇家叔侄之间的矛盾冲突，又跟前明神宗皇帝与张居正的纠葛尤为相似。谁知顺治皇帝竟以"使居正不朝纲独揽，则道旁筑室，谁秉其成"之语，来肯定张居正在国家危急之时所表现出来的勇于担当的精神及其所建树的丰功伟绩，这实在令人深感意外。

可以说，正是有了顺治皇帝大力褒奖张居正的这一席话，才使得清朝初年对这位历史人物做出的评价基本上是客观公正的；而张居正的著作及其文化遗产，才不致因明、清易代而为历史的尘埃所湮没、泯灭。

张同奎向朝廷上呈禀帖的主要动机，也就是要促成当下的主流社会对其先祖张居正的历史地位予以明确公正的评价。为此，他在禀帖中就张居正身后遭人毁谤的几件主要"罪迹"，诸如陷害辽王案、王大臣案以及贪位固宠、恋栈夺情等事项，逐一廓清，并提出两点请求：一是请求重新删订明史初稿中所采信的诸多诬蔑不实之词，二是对当时社会上广为传唱的《朝阳凤》剧本予以明令毁禁。

据查核史籍，可知这部名为《朝阳凤》的传奇，为清初戏曲家朱佐朝所作。朱佐朝，字良卿，江苏吴县人，生卒年不详。相传，此人的传奇剧作曲词通俗，风格粗犷，终其一生著有传奇三十余种，大都取材于历史传说，现存目作品，计有《渔家乐》《夺秋魁》《艳云亭》《乾坤啸》等十三种①。这部《朝阳凤》的详细情节因失传太久，迄今无人可道其详，但其基本剧情乃是以张居正为反面形象，且"污蔑尤甚"，这无疑是张同奎请求朝廷出面查禁的主要原因。

张同奎的这一状，确实告得正是时候。那时节，政局初定，清廷急欲缓和民族矛盾，改善满汉关系，并且又刚刚宣布要崇祭明代各帝王陵及各地贤良祠，以收揽人心。另外，吴三桂正联络尚可喜、耿精忠等在南方蠢蠢欲动，图谋造反。康熙皇帝考虑到为稳定天下政局所需，须尽量笼络汉族知识分子，使他们为清廷效力。所以清廷六部及国子监、翰林院、詹事府、大理寺等各处衙门一接到张同奎的《上六部禀帖》，便当即上奏皇帝并商议对此事的处置办法。

这时，礼部尚书分别为满尚书哈尔哈齐与汉尚书龚鼎孳。哈尔哈齐为护军统领，实乃一介武夫，再加上对明朝旧事不太清楚，所以将此事推给了龚鼎孳。

龚鼎孳倒是一位熟知前朝掌故的大学者。他是安徽合肥人，是崇祯年间的进士，曾任兵科给事中。在李自成的大顺军攻入北京后，他先是投井自杀，想要殉国，不期被人救起，后来投降大顺军；清军一进关，他再投降多尔衮，被原职留用。此人极富才气，行为旷达，不拘陈俗。自屈事新朝后，他因能克职尽忠，故颇得康熙皇帝的赏识，再加上他博学多识，诗文俱佳，曾与钱谦益、吴伟业并称"江左三大家"，算得上声望卓著，所以屡得升迁，直至礼部尚书。

龚鼎孳看过《上六部禀帖》，觉得既然有本朝先皇为张居正说话，于

---

① 上海艺术研究所、中国戏剧家协会上海分会：《中国戏曲曲艺词典》，上海辞书出版社，1981年，第274页。

是对张同奎所请求的各个事项一一照准。再说，他在年轻时，曾于明崇祯时期出任过湖广蕲春知县，经常听楚地父老说张居正功高招祸、破家沉族的遭遇；他本人也还搜求过一些张氏的散佚文稿，悉心研究，故对其治国理政的方略、筹策，心存敬服之念。由此，他便对满尚书哈尔哈齐讲，此事既是世祖皇帝有言在先，前朝所谓张居正"擅权专政"之说，乃为妄断是非的诬蔑不实之词；而眼下又有张氏子孙出头来给先祖讼冤，正好说明本朝在广大士人心中已被奉作正朔。再说，张居正一案，原在前明天启、崇祯年间便平反昭雪，那么民间戏文仍对其擅为诋毁辱骂，则有违本朝法纪，故对此事应予澄清，以正视听。

这一公案既经礼部满、汉大臣会商已定，于是哈尔哈齐、龚鼎孳二人当下便将会商结果拟成奏疏上呈康熙皇帝。康熙皇帝八岁登基，十四岁亲政，幼年时在宫中学习儒家经史，使用的教材就是当年张居正为神宗皇帝亲自编写的《四书直解》《尚书直解》等，因他对张氏的学问素养、行政能力一向颇有好感，于是当下做出御批，对哈、龚二人奏疏中的所列各项一一照准。

礼部派来一个主事，专程到虎坊桥全楚会馆看望张同奎，并嘉勉他说："前朝万历首辅张文忠公功在社稷，史家久有定论，自不必说；今君不惮险阻，劳心竭力，亦可算得上真正的忠良之后。禀帖所云事涉《明史》修撰一事，责权有定，朝廷一定宣付史馆秉笔直书，至于禁演《朝阳凤》一项，马上便有回音。"

张同奎见事已成功，便辞别全楚会馆的执事，登程返乡。一路上，他心情激奋，昼夜兼程，巴不得将此事尽快告诉全族父老亲人。他走到半路，因旅途舟车劳累，偶染风寒，又未能及早诊治，于是病势日渐沉重，眼看要卧床不起。

张同奎强撑病体，刚进家门，没来得及喝一口热汤，只是挣扎着讲述了此番进京告状的过程，话没说完，他便一头栽倒在地……这个秉性刚烈的汉子终于没等到喜讯传来的那天。不久，礼部的文告就传谕天下："令严劈《朝阳凤》戏板，永不许做。"另外，荆州府衙又派人给荆州张家送来礼部行文，内称需取用家中所存《张文忠公行略》《张太岳文集》《诸名公传叙诗文》，以及张敬修《血书》、张允修《纪略》和张同敞的《浩气吟》等文稿，以备朝廷史馆修纂《明史》采录。

张家全族老少闻讯，无不欣喜若狂，奔走相告。众人赶紧分头准备，将几代人悉心收藏的家乘史籍全部集中送往官衙，上呈朝廷。

清康熙十七年（1678），康熙皇帝在开博学鸿词科的同时，再度饬命由学士徐元文、叶方蔼等为总裁，重新设馆，修撰《明史》。殊不料这部史书的纂修，前后三起三落，历时几近百年，算得上煞费苦心。在徐元文、叶方蔼等人之后，朝廷又再度任用王鸿绪、张廷玉等人为总裁，主持修撰此书。到了雍正十三年（1735）十二月，《明史》初步定稿；而直至乾隆四年（1739），此书才正式定稿，由大学士张廷玉等会衔向乾隆皇帝进呈御览。至此，前前后后经过了九十五年的修撰，这部《明史》方告功成，可谓是中国史籍中纂修最久的一部书。

应当看到，在这部官修史书中，虽然有张同奎以生命为代价，给先祖辩诬所建树的成果；同样也包含了如"布衣总纂"万斯同聚数十年之心血，而倾注的史学见解。无论从哪一个角度讲，出现在《明史》中的张居正，应当说是位被基本肯定了的历史人物。至于在《张居正传》中仍然留有的这样或那样的缺憾，那只是少数明季士人试图假朝廷威命而挟个人一己之私而造成的流毒所致。总之，张居正的幸运或不幸，总算都在这部官修《明史》中，得到了较为恰如其分的反映。

第七节　楚地俊彦的奔波呐喊

清朝康熙二十四年（1685），当胡在恪合上终校已毕的《荆州府志》，准备报呈地方当局各级官员审定之时，不由得长舒一口气。

胡在恪（1621—1703），字念蒿，明末清初湖广荆州府沙市人。作为一个经历了明、清两个朝代的文士，他是当时地方上一位杰出的学者和孝子。在本地，乡邦父老口碑相传地说，胡在恪从三岁起，就被人们视为神童，塾师教他《三字经》，一天下来他便能诵会写，倒背如流；他到六岁时就能写文章，七岁应童子试，十二岁就考上了秀才，是继张文忠公之后的又一个楚地俊彦。

顺治五年（1648），胡在恪在乡试中一举中魁，荣膺解元；七年后进士及第，在朝中当上了秋官郎（刑部郎中）。顺治十五年（1658），为笼络汉族文士，皇帝敕吏部挑选各省提学使。吏部通过铨叙，报上一批人的姓名，可皇帝就是不予朱笔批复。满、汉大臣一个个丈二金刚摸不着头脑，正纳闷间，宫中传旨，在朝京官聚集在太和殿，皇帝想要亲自考试，从中挑选头一批赴全国各地出任提学使的新晋官员。

提学使，是中央派到各行省主持儒学督导政务的省级最高教育行政长官，通常为每省一人，三年一任。它由朝廷直接委派，一般由翰林院的翰林或进士出身的侍郎、京堂、詹事、科、道及部属等出身的京官担任。当其在任期间，不问官阶大小，皆与总督、巡抚平行，与布政使、按察使等同，迎来送往则须按钦差大臣的礼遇相待，但任职之前的品级不变。各省提学使的正式官称叫提督学政，简称学政，地方官尊称其为学台。清朝立国之初，因人才匮乏，故不得不从新晋官员中直接选拔。这场考试下来，胡在恪受到顺治皇帝的格外赞赏，把他分派至当时儒林士子仇恨情绪最为强烈的江南，敕命即时莅任。

清朝的江南辖区范围较大，包括浙江、江苏（含上海）的大部，江西、福建、安徽的一部分，掌管着朝廷的财富重地。当满蒙八旗平定全国之初，唯于江南一地，杀戮尤重，历史上惨绝人寰的"扬州十日""嘉定三屠"等暴行均发生在这一带。战火之中，读书人引颈就戮的成百上千；南明小朝廷彻底败亡后，众多士人抱着对清廷极度仇视的态度，绝不与当局合作，不少人拼死抵制科举，甚至携家带口遁隐山林。如今，虽是天下一统，大局甫定，但前明的遗老遗少在民间依然还占据着主导地位：民心不服啊！

胡在恪莅任之初，见到这一带的士习文风，意识到自己肩头的责任可不轻松。他想，如今山河易帜，已历时两代。战乱过后，普天之下的百姓苍生总得要安定下来，自身既膺学政之职，就应当给社会培养出一批能够治理好天下的优秀人才，如此才可使国家长治久安。此时，他正当盛年，精力充沛，于是决心从幼童开始抓起。他马不停蹄，当下到各府、县巡视，物色了一批好苗苗，开始办学，期待着这批青少年学子成人之后能够高中科甲，然后分赴各地，居官任职，教化民心，共同营造一个太平盛世。

对于胡在恪在这段时期的政绩，有位叫叶梦珠的江南学人在其私家笔记《阅世编》中记叙说："本年（顺治十八年，1661 年）冬，学臣胡在恪岁试，所存在册与试者，每学（府设府学，县设县学）多者不过六七十人，少者二三十人，如嘉定学不过数人而已。胡公唱名，为之堕泪，以为江南英俊，销铄殆尽也。"[1]

面对着生员凋零、学业荒疏的困境，胡在恪旰食宵衣，兢兢业业，在职期间，时时注重仁义教化，开启人心。不久，他即相继在苏（州）、松（江）、常（州）、镇（江）等地将几所府属书院开办起来，很快打开了局面。没过两年，各府、县学犹如雨后春笋，接连开办，入学读书的孩子从四面八方汇聚过来，由此江南一带的人们便渐渐熟悉和了解了这位操沙市口音的学台大人。

常州人赵申乔就是胡在恪亲自挑选、培养出来的一位尖子学生。他是一个官宦人家的子弟，祖上两代都曾在明朝做官，可谓家学渊源。当年，迭经战乱，天下风云变幻，时局动荡，其父忧心忡忡，原以为孩子将荒疏一生，没多大出息。没想到胡在恪审阅赵申乔的初试考卷时，便相中了他，当下喜出望外，取他为常州府学第一名生员。从此，赵申乔就在这位恩师的辅导下，悉心攻读，学业大进。

---

① 叶梦珠：《阅世编》，《历代史料笔记丛刊》，中华书局，2007 年，第 30 页。

在提督学政期间，胡在恪批改学生作文，绝不假手于书案师爷。他每天端坐衙署，批阅生员文卷，发现优秀的便当堂讲评；到了傍晚散学之后，他则将全部文卷集中起来，反复比较，分析各个学生的长处和短处，通常一直要忙到半夜。到了发榜那天，他就会和学生一起站在榜前，指到谁，就把谁的文章进行一番讲评，手上没有拿卷子，完全靠记忆一一指陈得失利弊，侃侃而谈却从不曾张冠李戴，而其评议则无不剀切中理，贴切精当。经过他悉心教导，在此后不长的时间内，江南士子接连登第，以致吴中大地一时官盖如云。赵申乔于康熙九年高中进士，先后担任河南商丘知县、刑部主事、浙江布政使、偏沅巡抚、左都御史、户部尚书等。居官期间，他清正廉洁，法不阿贵，朝中有许多人对他又怕又恨，不断地设法攻击他。康熙皇帝说："申乔甚清廉，但有性气，人皆畏其直。朕察其无私，是以护惜之。"他去世时七十有七，朝廷赐祭葬，谥恭毅。雍正元年（1723），加赠太子太保，后入祀贤良祠，成为清初有名的贤臣廉吏。

除赵申乔外，由胡在恪选拔出来的优秀人才还有文渊阁大学士兼礼部尚书王掞和礼部尚书掌翰林院学士韩菼等。韩菼，字元少，长洲（今苏州）人。此人个性倔强，不盲从，凡他不喜欢做的事，任谁劝说，决不心动。康熙十一年（1672）八月，韩菼考中顺天乡试，成为一名举人；翌年二月，他循例参加礼部会试，夺得第一名会元。四月间，在参加殿试时，考题为策对。韩菼针对时务，在策文中指斥"三藩"拥兵自重，图谋不轨，应尽快撤销。殿试结束，担任评卷的读卷大臣把前十名的卷子送呈康熙皇帝。皇帝这时正在筹划撤藩之事，韩菼的对策正中下怀，于是遂在韩菼卷的卷首朱批"第一甲第一名"六个大字。由此，韩菼成为有清一朝的第十四位状元，时年三十七岁。后来，他任翰林院传讲学士、内阁学士，成为一代名臣。

胡在恪在江南的学台任满，循例被升调为江西提刑按察使。此时，他总揽全省之刑名与驿传，并负责监察各级属官等。由于提刑按察使和承宣布政使同级，可参与省内一切政务，故亦称参议道。在职期间，他严于职守，惩贪肃贿，以振扬风纪，澄清吏治。时值康熙皇帝以武力平定吴三桂等"三藩之乱"，江西为平叛的前线地区，军需民用，负担极重。胡在恪在保障军队后勤、整饬治安方面忠于职守，对部属弁吏严加管束督察，为百姓弭祸消灾，做了不少好事。

胡在恪生性淡泊，不擅逢迎，四十多岁便以母老为由，辞官返回故乡沙市。自此，他在老家侍奉母亲，悠游林泉，造福桑梓，著书立说，先后参修过《湖广通志》，主持修纂过《荆州府志》等地方史志。

在编写《荆州府志》时，因当时战乱方休，民困未解，这部府志的修纂体例相对简略。尽管如此，胡在恪依然于"人物"卷中，不仅简要介绍了前朝名臣张居正的生平事迹，而且还专设"张敬修"条，对万历十二年（1584），司礼监太监张诚、刑部侍郎丘橓等来荆州籍没张家时，以刑讯"追赃"逼死张敬修一节，做出了言之凿凿的明确记载，填补了史籍上的一大空白。

胡在恪于《荆州府志》中保存下来的这一节文字，载录了由地方父老口碑相传的当时详情："刑部侍郎丘橓等至荆，方酷暑，暴诸子烈日中，掠治惨烈，因讽以诬所不快，且旁摭荆大姓。敬修《狱中报橓书》有'先人在国数十年，赉赏之外无私人，赐第之外无别椽，刚介之节，海内共知'等语。"①

正是在地方史志的这段叙述中，一方面展示一介文弱书生张敬修在为先父鸣冤的抗争中，最终以自己的生命，殉了张居正"赉赏之外无私人，赐第之外无别椽"清正一生的伟岸风姿；另一方面也显示出乡邦父老对前朝先贤张文忠公无比景仰，为其家族儿孙在明神宗朱翊钧刻意打压下遭受旷古奇冤无比同情的真切情怀。

当此明亡清兴之际，胡在恪以其深刻的史学见解和广博的阅历见闻，呕心沥血地主撰了清季以来的第一部《荆州府志》，由他所开创的方志事业，对乡邦文化的传承与发展，发挥了极大的促进和推动作用。所以，后来枝江士人李世蔚曾在送他的一副对联上，这样概括其一生的主要功绩："全楚贞淫存史笔，三吴台阁半门生。"②

---

① 清康熙二十四年刊本《荆州府志》，"张敬修条"，湖北人民出版社，2014年，第1076页。

② 王百川：《沙市志略》，人物第七，"胡克敬条"："字孟常……长子在恪，第顺治戊戌进士，受世庙特拔，以主事差江南提督学院。在恪亦勤慎奉职，在任奖拔寒俊，杜绝竿牍苞苴，所行条约，刊载治安文献。门下士玉笋联班，金貂满座。枝江李世蔚赠句有：'全楚贞淫存史笔，三吴台阁半门生。'纪实也。改任江西驲盐道，力却陋规。韩文懿（菼），亦前江南所取士，寄集句云：'恭承古人意，乃知吾道尊。'镂以伽楠，致辩香尸祝之义。及摄臬篆，案多平反。顾性耽丘壑，不慕宠荣。以母老，四十余即乞养。"沙市市地方地编纂委员会办公室编印，1986年，第167页。

当然，胡在恪这种"全楚贞淫存史笔"信念的形成，也是有其特定时代背景的。明清易代之际，不过数十年的工夫，拥有两百七十六年国祚的大明王朝在内忧外患双重重压之下，哗啦啦似江堤溃决，几乎于眨眼间便轰然坍塌。胡在恪通过反复阅读《张太岳先生文集》，不仅充分感受到了张居正的人格魅力，同时也通过对这部书刻印出版过程的了解，接触到楚地先辈如夷陵雷思霈、石首曾可前等为了传承先进文化甘冒锋镝、迎难而上的献身精神。

雷思霈（1565—1611），字何思，为万历二十九年（1601）辛丑科进士，官至翰林院检讨。他善吟诗，喜访名胜，写景抒怀，是"公安派"诗文理论的积极支持者和实践者，为晚明文坛"竟陵派"掌门人钟惺的座师。

大约在万历三十二年（1604）左右，雷思霈因友人介绍，结识了尚在戴罪之中的张懋修。雷思霈生性直率，为人豁达，并不因张懋修系罪人之身而稍有轻慢。此时，朝廷虽未给张居正平反，但基层府、县官吏对于身为"编氓"的张懋修，管束则稍为减轻。张懋修在农耕之余，写了一部书稿，题名《墨卿谈乘》，因见雷思霈胸襟坦荡，就让在跟前问学的国子监生员徐从善将这书捎过去，请为作序。

雷思霈是个爽朗人，他在《墨卿谈乘序》中开宗明义地写道："故张江陵相国，是李赞皇、王临川以上人。方之本朝若泰和、永嘉，庶几近之。大抵英雄作事，有识力，有智力，有胆力，有忍耐力，即破绽处亦质任自然，不作鄙儒愿子遮曲护短。盖才高自视太大，法太峻，体势太重，故当时或以为过当；而至今思焉，想二十年以前光景，令人不得不思。此其功在社稷，犹将十世宥之矣。"①

这就是说，在他的心目中，早已将张居正视作李德裕、王安石一类的杰出人物。接下来，雷思霈回顾了与张懋修交往的经过。他说，尽管张家遭逢"破家沉族"的大难，但家中儿孙仍一心向学，这样的家风，就如东晋时期的王家、谢家一样，子弟优卓，人才辈出。随后提到徐从善送书稿之事："余过江陵，与两太史谈天下事，未尝不酸鼻，泪数行下也。已而，诸郎出所作时艺，阅之，如王、谢家子弟，举止真自不俗。及余返棹西峡，而太史唯时所善宜都徐太学从善，持太史《谈乘》来。"如今看来，

---

① 雷思霈：《江陵张惟时墨卿谈乘序》，湖北人民政府文史研究馆，湖北省博物馆整理：《湖北文征》，第四卷，湖北人民出版社，2014年，第113页。

《墨卿谈乘》只是张懋修的一部读书笔记，写的多为古往今来一些故实、逸闻。可能当时府、县官吏会不定期地来检视张家的"服罪"表现，故他在行文之中绝少谈及时政，也基本不谈家中实况，唯恐授人以柄，令家族景况愈显雪上加霜。

雷思霈在《墨卿谈乘序》的最后一节写道："尝一脔肉，可以知九鼎之味也。政如相国雅不喜作，而辛未一录，亦足以雄当代，何必多为哉！况相国功在社稷，亡论其他？即款虏近四十年矣，而称臣互市，解甲悬戈，不知其活几百万人生命。公卿必复，余固知江陵之后，尚有兴者矣。"

综合《墨卿谈乘序》全文，可见到了雷思霈的青壮年时期，由于国是日艰，民生益困，人们开始思念万历前期的安宁生活，即如雷思霈所说的那样，由于跟鞑靼俺答部缔结边关"互市"的合约，消弭了战争灾害，蒙、汉两族军民"不知其活几百万人生命"。显而易见，在张居正去世二十多年之后，民间百姓的舆论方向，已经在朝着偏向张家的趋势转移。

现在所见到的张居正文集版本，以曾可前、高以俭校诗，雷思霈、马启图校文，而由绣谷唐国达梓（刻印）的明万历版刻印本较为罕见。

高以俭，字牧仲，号潇湘梦人，其生平事迹不详。据湖北省文史研究馆、湖北省博物馆整理的《湖北文征》第四卷在收录其《太师张文忠公集跋》时称，他是湖广荆州府江陵人。其跋文曰："潇湘梦人以俭偕石首曾太史可前校役将竣，旧史氏嗣修、懋修，金吾简修，文学允中辈以书来谓，校毕宜惠一言简端。梦人曰：太史书来，可前病矣，牧仲先生宜有以复。唯时先生伯仲者，慎无赘辞。于是，以俭拜手稽首而言曰：小子何敢言？无已，举所知先宗工之言一二，就仁人君子证焉。"

在此文的开篇处，高以俭即已说明，最早刊行于世的张居正文集，应当是高以俭与曾可前共同校订的版本。曾可前（1560—1611），字退如，号长石，湖广荆州府石首人；万历二十九年（1601）辛丑科探花。

接下来，高以俭在跋文中略述了事情的缘起："庚子夏，楚臬使盱眙冯公索观江陵相业本末，贻书乡绅。其略曰：会间谭楚中文献精华，正观风者所乐茹也。独江陵末年蒙谤，微独不知者群然哗之。即当时蒙其泽者讳而不言，于今慕其高者湮而无考。不肖感今追昔，张公一段苦心，脉脉在臆，而欲备闻其平台暖阁之敷陈，金马玉堂之谋议，了不可得；辟日沉于海，终当丽天，而不肖望明念切，直欲上泰山以求见光景。倘谅微忱代为搜览，探其辅治之原，而并及其得祸之状，庶几公论不失其平，而后生

238

有观法焉。他日朝廷求遗稿，未必不基之乎此？"①

这高以俭是个非常聪明练达之人，他将自己跟曾可前校订张居正文集的事，直接置之于湖广佥事，分巡武昌、汉阳、黄州三府的冯应京写给荆州府耆老硕儒的一封书信之后，颇见心机。文中的庚子为万历二十八年（1600），也是曾可前赴京参加会试的前一年。这样一来，事情就算做得不合时宜，但具体承办的人便多少对当局有个交代。

冯应京，万历二十年（1592）进士，曾任户部主事。他来湖广做官，正是万历二十八年（1600）。按说其职责乃为按察佥事，分巡武昌、汉阳、黄州三府，原本与荆州府不搭界。那么，这位主管监察的官为什么管起这事来了呢？看来，高以俭确实是原文照录了冯应京来信的部分内容，其大意是说：我来湖广，与僚友闲谈时涉及"楚中文献精华"。作为一名主管监察的官员，"观风"（即查访当地的风俗民情）也是我的重要职司之一。张居正毕竟在朝廷主政十年，他去世后其家族倾遭大难，先前得过他好处的人讳莫如深，以致今天想了解他何以踞此高位的人也找不到有关记载了。我觉得，张居正的那段苦衷，只有他自己才明白，而若是要考察他当年在平台暖阁与皇上的交谈内容，于内阁堂署为国是操劳谋划的议论，均不得而知了。太阳落山，总会有再升起的时候；我就想像"上泰山以求见光景"一样，弄明白这些事情的前因后果、来龙去脉。再说，将来朝廷想要寻求这个人的遗稿，总会是要有东西做基础的吧？

或许，那时冯应京瞅准了神宗皇帝倦勤荒政，管不了这些琐事，而他本人也确属对张居正"慕其高者"，于是采用堂堂正正的名义，请荆州府的乡绅出面，来"代为搜览"其存世文档。曾可前、高以俭正是抓住了这个稍纵即逝的大好良机，及时地将张居正文集联手校订出来，从而为这个世界保存下了"张公一段苦心"。

引人注意的是，为先父张居正出版文集，原本是张嗣修、张懋修、张简修、张允修等兄弟毕生的追求，在这里，高以俭却十分巧妙地将施事者转换为受事者，从而令这件事办起来受到的阻力愈小，而成事的可能性愈大。应当说，在《张太岳先生文集》一书刻印出版的事情上，湖广佥事冯应京功不可没。

---

① 高以俭：《太师张文忠公集跋》，张舜徽主编：《张居正集》第四册，附录一，湖北人民出版社，1994年，第505页。

更为可贵的是雷思霈、曾可前、高以俭和马启图等人。正是这一干人以桑梓后学对先贤的一片崇敬之心，奔波呐喊，不计得失，奋力推毂，不遗余力，这才有了在朝廷未给张居正平反之前，《张太岳先生文集》即已问世的可能。而当胡在恪领衔编写《荆州府志》的时候，必定也是了解到了张居正的生平著述，方可于专设"张敬修条"之外，再设"张懋修条"以专叙此事："（张懋修）积学好古，清约如寒素。宵小遭难，因愤投井不死，不食者累日，又不死，遂脱屣一切，自抱文忠手迹，每日感触则呜咽，哭不成声。崇祯间，公谕昭雪，年八十卒。"①

荆州一地，自古即为人文渊薮，历代名人排列起来，何止成百上千。然而当胡在恪于清朝康熙二十四年（1685）主持修纂《荆州府志》时，在"人物卷"中，出于对乡邦先贤的景仰之心，他将荆州张家列入词条的即有张居正、张敬修、张懋修、张允修等父子四人。其实，对于张嗣修，胡在恪也做了简要介绍，只是未列专门词条，而是在张懋修词条中附有一言："仲兄嗣修，丁丑榜眼，齐名一时。"

说来，张嗣修、张懋修兄弟在编辑、整理《张太岳先生文集跋》时，确实是匠心独运。那时，先父尚未平反，许多想说的话又不能说，真叫煞费苦心。比如，王世贞写了一部《嘉靖以来首辅传》，对张居正伤害尤深。张家兄弟以戴罪之身，无由辩白，于是在王世贞《弇州山人文集》悉数毁弃其写给张居正书牍的前提下，单方面公布了其先父写给王世贞的十五封信件底稿。这样一来，真叫王世贞始料未及。常言道，礼尚往来。老友写信，必是一启一答，那边无来信、这里有回书的状况，明眼人一见便知。这王世贞趁荆州张家遭难而落井下石、痛诋旧日老友之卑鄙心术，昭然若揭于天下。胡在恪于《荆州府志》中，以极其简省的笔墨，对张嗣修、张懋修兄弟赞一声"齐名一时"，其意蕴是何等的警策、丰富与深刻。

清朝康熙年间，本邑学人胡在恪在主撰《荆州府志》时为张居正父子四人所设词条一事，反映出在经过明、清易代之后，绝大多数知识分子追求天下治平、痛恨前朝窳败的共同理想与追求；在一定程度上，也是对明朝彻底覆灭前雷思霈、曾可前、高以俭、马启图、徐从善和官应震等湖广籍士人甘冒锋镝、敬仰乡贤而做出壮烈义举的传承和发扬。

---

① 清康熙二十四年刊本《荆州府志》，"张敬修条"，湖北人民出版社，2014年，第1076页。

楚地士人这种代代相传、百折不挠的做派，若是从人文精神的渊源上予以考证，分明可见以屈原为代表的那种"亦余心之所善兮，虽九死其犹未悔"的楚人风范，高标卓荦，绝世兀立。应当可以认定，张居正的事迹到今天尚在一再传播，他的文集被人们广泛诵读与研究，乃至已成"显学"，明清以来湖广籍尤其是荆州籍士人数百年间不遗余力地奋起呼号、热心奔走，注定是功不可没。

第八节　袁枚眼光独到辨"夺情"

在政治斗争的旋流中，张居正一向以善于隐忍著称。和他同一年考中进士的老朋友王世贞就说他这个人"沉深有城府，莫能测也"。后来，当他主持政局之后，也曾多次在写给友人的书信中，说到自己立身处事的原则，是进止雍容、稳健大度。如在《答两广殷石汀》一信中，他即写道："所幸主上年虽幼冲，聪睿异常，又纯心见任，既专且笃，即成王之于周公，恐亦未能如是也。但自愧菲劣，不足以堪之。目前景象，似觉穆清，自今而往，唯当益积悃诚，恒存兢业，恪循轨辙，按辔徐行耳。"①

然而，就是这样一位自诩为"恪循轨辙，按辔徐行"之人，到了其执政晚期，却变得骄横、傲慢、冷漠、暴戾，乃至完全不近人情起来。张居正这种性格上的变化，固然有权势欲的发酵、功业心的鼓舞以及自我意识的膨胀等内在的主观因素，而外部环境的刺激及其随之而产生的情绪反应，也是一个重要的条件。比如，万历五年八月入阁的文渊阁大学士张四维，就是应冯保之请，为张居正亲自选拔出来的。可是，自从张四维进了内阁之后，他就几乎没有给过人家好脸色看。尤其是在还有其他下属在场的时候，他更是没给张四维留一点面子，"以四维等轻之，遂厉色而待"，连张四维代朝廷起草的票拟，偶有不合意处，他提起笔就涂抹删改，将对方视若书吏文案，这势必加重了对方的怨怼之心。结果，当他一死，真正发动御史出面对其发起攻击的幕后主使人，就是这个在他面前唯唯诺诺当了几年孙子的张四维。

如果说张居正的个性果然有一个转折点的话，那么，恰如清朝著名文学家袁枚所分析的那样，其契机就在其父张文明亡故后朝廷上发生的"夺

---

① 张居正：《答两广殷石汀》，张舜徽主编：《张居正集》第二册，书牍四，湖北人民出版社，1994年，第330页。

情"事件。万历五年（1577）秋，张居正的父亲在家乡去世，噩耗于九月二十五日从荆州传至北京。按照儒家礼教的规制，张居正应当立即停职"丁忧"，回家守孝三年，至少也得二十七个月。

此时，神宗皇帝不过十五岁，朝中大事的擘画无一离得开张居正。按朝廷规制，此时倘若国家军政要务离不得某人，即可由皇帝出面慰留，也就是以"强迫"的办法将其留在职位上，这就叫作"夺情"。这时，张居正本人也知道，他所主持的新政也到了推行的关键时刻，他唯恐前功尽弃，由此而萌发了恋栈之心。于是，便由宫中秉笔司礼太监冯保传旨，令吏部尚书张瀚出面挽留居正，令其"夺情"。

可是，张瀚却未予合作，他推托说："首相奔丧，应予殊典，应由礼部拟奏，与吏部无涉。"张居正面子上挂不住，只好接着一再上疏，请求依制奔丧。

冯保赶紧请示神宗皇帝和皇太后，太后决定，必须慰留张居正。皇帝便将张居正恳请奔丧的一道道奏章又逐次批回；并命令太监传示午门，让六科廊房发抄，使大小官员得以阅读原文，深入了解"夺情"的真相。

最后，张居正只好以"在职居丧"的身份署理政务。在此期间，他将一品官员的袍服佩饰全部收拾起来，穿一身青色的粗布袍子，系一条牛角缀片的腰带，以衰服（即以为亡灵服丧的衣着）入阁办理朝廷政务。与此同时，他不再收受朝廷发给的禄俸，以示不再具有公务身份。对此，他曾向友人倾诉心曲，说："但孤暂留在此，实守制以备顾问耳，与夺情起复者不同。故上不食公家之禄，下不通四方交遗，唯赤条条一身，光净净一心，以理国家之务，终顾命之托，而不敢有一毫自利之心。"[1]

神宗皇帝见这位元老重臣光干活不领薪酬，心里挺过意不去，于是传谕光禄寺，命给张家发放实物补贴。他吩咐道："元辅张先生俸薪都辞了。他平素清廉，恐用度不足，着光禄寺每日送酒饭一桌，该衙门每月各送米十石、香油三百斤、茶叶三十斤、盐一百斤、黄白蜡烛一百支、柴二十扛、炭三十包，服满日止。"[2]

---

[1]　张居正：《答蓟镇巡抚陈我度言辞俸守制》，张舜徽主编：《张居正集》第二册，书牍九，湖北人民出版社，1994年，第729页。

[2]　张居正：《谢内府供给疏》，张舜徽主编：《张居正集》第一册，书牍六，湖北人民出版社，1994年，第293页。

然而，朝廷中大多数官员都不相信张居正疏请回乡守丧的诚意，怀疑其所谓"在职居丧"之举乃是花招，于是群起而攻之。其中，最显情辞恳切、义愤填膺的是那些翰林院的官员，如编修吴中行、检讨赵用贤等。因为，他们历来认为自己的职责就是要代圣贤立言，矢志不渝地要让天下所有人都来遵守儒家礼教的所有规制，于是不顾朝廷旨意，亢声指责张居正"位极人臣，反不修匹夫常节，何以对天下后世"，大有一种不达目的誓不干休、以命相搏的架势。

儒学经典《左传》将"太上立德，其次立功，然后立言"，视为士人追求"三不朽"之圭臬。然而，对于一般读书人而言，以立德而万世流芳，固然人人渴望，但立德之义高不可攀，历史上公认能立德不朽的圣贤只是凤毛麟角，所以机会极其有限；立功之义平实切用，上益国家，下益生民，中益己身，虽人人可求而得之，但其中的穷通逆顺之机微，一言难尽。在这"三不朽"之中，唯有"立言"似可拼死一试。更何况，自明中叶以后，由于王阳明学说的传播和影响，知识分子中流行"满街满巷都是圣人"的说法。这对智力平平且沉沦下僚而又好为圣人之徒的士人们而言，似乎有着一种极大的蛊惑作用。所以，明代的士林有一个十分引人瞩目的现象，那就是有些士大夫往往以风节自诩，为了直博清名，明知是抗旨犯上，哪怕会死难临头也会慷慨陈言，上疏抗辩，即便将批判的锋芒直指当朝权贵或皇帝也在所不辞。

这些迂阔而又执拗的士人认为，大丈夫立身处世，如果能通过维护儒家礼教、犯颜谏争而创下惊天动地的一番业绩，即可使其言论从此便具有了不朽的价值，为此纵使碎尸万段，也在所不辞。

这种风气的形成，不但影响了在朝为官的士大夫的道德操守，而且影响了在野文人的精神气质和个性。由此，朝野内外就涌现出了一些以不怕死硬汉子自居的卫道士。由他们组成的谏争团队，往往会抓住某个当朝权贵或皇帝有悖于儒家礼教的问题，死咬不放，前仆后继，亢言相争，从而便可以让自己"赢得生前身后名"。比如，在嘉靖初年，世宗皇帝为尊皇考一事，惹得士人们跟他较上了劲，进而酿成明朝历史上有名的"大礼议"之争。吏部尚书乔宇等率群臣近二百五十人，在左顺门跪请，一同进言。世宗皇帝雷霆震怒，令锦衣卫逮捕为首者八人，下诏狱治罪；另将四品以上官员八十六人停职待罪，五品以下官员一百三十四人拷讯，当廷杖责而致死者十六人。正是在这一次震动朝野的上疏抗辩中，士人们以其血肉之躯与皇帝的廷杖大棒相抗衡，充分显示出士人的凛凛傲骨，成为当时一代读书人所极力仿效的楷模。

翰林院的吴中行、赵用贤二人与刑部的员外郎艾穆、主事沈思孝等，与张居正并无私怨，他们在指责张居正时所说的那些话，无非要他以儒家礼教为念，对亡父守制以尽人子之道，归根结底，不过是追求言论的"不朽"罢了。

皇室的权威受到了挑战。神宗皇帝大怒，决定对上疏的这四个不识相之人给予处罚：概加廷杖！

在诏谕中，神宗皇帝严厉指出："奸邪小人藐朕冲年，忌惮元辅，借纲常之说，肆为谬论，欲使朕孤立，得以任意自恣，兹已薄处。如再有党奸怀邪，必罪不宥。"① 这时，礼部尚书马自强见皇帝把四个人看作是有组织、有目的的奸党，自知事情闹大了，便急奔至张居正的府第，试图进行营救。

"在职居丧"的张居正此时尚在"孝帏"之中，他接见马自强，听完缘由，表示无能为力。二人略谈数语，翰林院掌院学士王锡爵也赶了来。对于当时发生在孝帏中的这一幕情景，后来坊间流传下来的许多私家笔记，大抵都是以王锡爵刻意传播并大肆扩散的言论为蓝本，再度发挥肆意的想象，总之是对张居正做了十分不堪入目的描写。说这个毕生非常顾惜自身形象的内阁首辅，竟一反常态，疯了似的跟跄跪倒地上，"勃然下拜，索刀做刎颈状，曰：'上强留我，而诸子力逐我。且杀我耶！'"②

马自强是个厚道人，加之死得早，这事就由着王锡爵作为见证人来予以编排。反正张居正死了，神宗皇帝又要彻底清算他，由此王锡爵便老是跟人提起这事，仿佛他于此时真正窥见了张居正的另一面。这个道貌岸然的首辅简直就是个撒赖的泼妇，既粗俗不堪，又鄙陋至极，其情态之刁蛮无耻，令人难以想象。

至于张居正这时是否真已神经错乱，后人未敢蠡测。反正，至少是在此事的叙说者王锡爵的心目中，已是对其充满了难于尽言的鄙夷、讥诮、蔑视和怨恨。附带提一句，到万历二十一年（1593），王锡爵也当了首辅，但凡他为治国理政之事有点见解，只要话一出口，则必是举朝哗然；大小

---

① 《神宗实录》卷之六十八，万历五年十月甲申朔，"丙午条"。
② 《神宗实录》卷之六十八，万历五年十月甲申朔，"乙巳条"。

官员们纷纷把矛头直接指向他，弹章如雪片而至。他不无抱怨地说："当今所最怪者，庙堂之是非，天下必欲反之。"① 不知这时他是否为当年极力排揎、诋毁张居正而略存悔意？

然而，无论张居正的神经错乱是真是假，吴、赵、艾、沈等四人的刑杖是终不可免的了。十月二十二日，吴中行、赵用贤二人同受廷杖，各杖六十；行刑之际，各人被打得血肉横飞，拖出长安门，惨不忍睹。经筵讲官许国为了彰显二人敢于直言的道德风范，在吴、赵离京之时，赠吴中行玉杯一只，赠赵用贤犀杯一只，上面各题铭文，以颂其志。玉杯上镌着的铭文道："斑斑者何卜生泪，英英者何蔺生气，追追琢琢永成器。"犀杯上镌着的铭文道："文羊一角，具理沉黝。不惜刻心，宁辞碎首？黄流在中，为君子寿。"这位许国为安徽歙县人，字维桢，殁后谥文穆，在张居正去世后也曾入阁为相，后因政见纷争，与诸多言官发生冲突。他屡屡"与言者相攻"，并且几次三番地"再疏求去，力攻言者"②，吃够了言官的苦头。然而，时当明朝中后期，尤其是在万历一朝张居正去世后，言官纠结成伙，党同伐异而左右政局的恶劣风气已蔚然成习，而许国本人便是这一政风形成的重要幕后推毂人。"搬起石头砸自己的脚"，正是许国者流在张居正身后对言官态度历经冰火两重天情形的真实写照。此为后话，姑不详叙。

艾穆、沈思孝二人更惨，各杖八十，打完后手铐脚镣地枷槛三日，然后发配充军；艾穆遣戍凉州，沈思孝遣戍神电卫。在这种严厉的高压之下，居然还有更不怕死的：新科进士、观政刑部的邹元标再度出头，上疏力谏，"亦坐杖戍"——廷杖八十，打完后遣戍都匀卫。

自此，一度闹得纷纷扬扬的"夺情"事件，虽然初告结束，但张居正在朝廷中的"人气指数"，一下子就跌到最低点。其间，不仅张瀚等一大批正直官员纷纷找借口辞职离去，而且连许多为他一向亲近的官员，也对他颇有腹诽。

其实，这件事的直接受害者，倒是张居正本人。当他最终离开人世的时候，众官员之所以几乎全部抛弃了他，这个"夺情"事件当中的是是非非应当是一个相当致命的因素。他过于迷信权力，而一旦权力的重心偏

---

① 谷应泰：《明史纪事本末》卷六十六，"东林党议"，中华书局，1977 年。
② 张廷玉等：《明史》卷二百十九，岳麓书社，1996 年，第 3204 页。

离，他也就不得不遭逢灭顶之灾了，乃至事隔百年之后，还有许多士人仍在探讨其是非曲直。

清乾隆年间，袁枚（1716—1797）曾就"事师之道"一节，在写给洪亮吉的一封书信中，为前明首辅张居正与弟子吴中行的恩怨情仇，发过一通议论。

袁枚，字子才，号简斋，钱塘（今杭州）人；以进士而入仕途，曾做过江宁（今南京）县令。他为官清正，推行法制，不避权贵，政声卓著，还是一位杰出的文学家。作为一位腹笥极富、器识超群的知识分子，袁枚对于明代士人那矫情做作的风气颇为反感。在这封写给洪亮吉的信中，袁枚认为："史称江陵相万历，二十余年，四夷宾服，海内充实，有霍子孟、李赞皇之遗风。然则中行果有爱国之心，方宜留护，为贤者讳过可矣。"①

显而易见，袁枚的这一观念，乃是以"爱国之心"作为看问题的出发点，来评说明季士大夫如吴中行之流喜好沽名钓誉，乃至不近人情的心理。他的这一观点，无疑是十分进步的。

洪亮吉（1746—1809），字君直，又字稚存，清乾隆年间进士，曾做过翰林院编修，是清朝著名学者，尤精于史、地之学。在这篇《答洪稚存书》中，袁枚以学界长辈的身份，向洪亮吉详细辨析了史籍中所记载的关于张居正"在职居丧"的历史细节。他说，吴中行在上疏指责张时，曾在递上奏本的当天晚上，到过张府，并说了自己奏章的基本内容，又奉上副本。张居正看了大惊失色，问道："奏章已经递上去了吗？"吴答："不递上去，不敢来告诉老师。"接下来，袁枚便义正词严地说，假使《明史·吴中行传》中写的这一段话是真实的，"则中行不但不谏其师，并欺蔽之，使不知其过而突出其不意以相攻击，其心术尚可问乎"。

袁枚的分析是中肯的。在古时候，座师与门生，往往有如父子。吴中行是张居正在隆庆五年任主考时录用的进士之一，在其同科进士中，傅应祯、刘台等早于一二年前，就曾因挟嫌报复攻击张居正而受到神宗的责罚。如今，一向被张居正视为得意门生的吴中行，却又以这样卑鄙的手段，发动突然袭击，以哗众取宠，这种心术偏移的无情之举，不啻给张居正正在滴血的心又插上一刀。因其举止过于形迹昭彰，故袁枚拈出他来，

---

① 袁枚：《答洪稚存书》，张舜徽主编：《张居正集》第四册，附录一，湖北人民出版社，1994 年，第 531 页。

以作例证，将其为谋求所谓"直声清名"而有意伤害恩师的下流做派，通过详细剖析，继而将批判的锋芒直接指向明朝的士人风习，并有力鞭挞了这种"尤为可嗤"的阴暗心理。

隆庆五年（1571）辛未会试，张居正任主考官，依照明代官场习俗，这批入仕的进士，都该算是他的门生弟子。然而，正是在这批进士中，首先出了个傅应祯，于万历三年（1575）岁末上章攻击张居正的改革，接下来是傅的同乡好友刘台于万历四年（1576）初弹劾这位大权在握的座师。这两位门生妄言乱政，或下诏狱服刑，或被发配充军，也都是咎由自取。尽管张居正性情刚烈，也不能不为此黯然神伤。现在，除吴中行上疏攻击之外，又加上另一个同科进士赵用贤出头响应，这就更让张居正受不了了。用袁枚的话来说，这位受到诸多门生接踵背叛、反复打击之后的内阁首辅，精神上迭受重创，自制力已大为受损，乃至"刚愎之性，遂止倒行而逆施"。所以，面对这伙或挟嫌报复、结党营私，或沽名钓誉、妄博清名的门生弟子，张居正的个性也就不能不发生了深刻的逆转。对此，袁枚深表同情。他在信中设身处地地为其发出了痛楚悲吟，"（张居正）及闻疏以上，则大名已裂，状如被逐……"即是其苍凉心境的真实写照。

在《答洪稚存书》中，文学家袁枚对史学家洪亮吉在历数吴中行等败坏士风的行迹后，最终做结论说："此后，台臣（谏议官）、阁臣（大学士）水火偾兴，互相诽诋，无一日休，必至国亡而后已，如庸医治病，专务斗药净方，而不顾其人之元气命脉也。扬其波者，中行与有罪焉！"

袁枚以他独到的眼光，对吴中行、赵用贤、艾穆、沈思孝等人为博取一己"清名"，将自身情感的宣泄，凌驾于国家利益之上的做法，予以了尖锐的批判；并对其由此所造成"互相诽诋，无一日休，必至国亡而后已"那极为恶劣的影响，也进行了深刻的揭露。可以说，这是自明万历五年（1577）"夺情"之议的百年纷争后，主动站出来为张居正说了一句公道话的正义之举，其识见不同凡俗，同时也从另一个角度，简明扼要地论证了明朝灭亡的一个重要原因。袁枚的目光之犀利，见解之独到，言简意赅，堪称史论。

第九节 湖广二贤臣的仗义盛举

清道光八年（1828），驻节松江的从三品衔苏松太道观察使陈銮来到南京的江苏巡抚衙门，拜会他的恩师陶澍。前一年，陈銮受陶澍的委派，在上海县创设蕊珠书院，以遴选敬业书院优等生来此深造。目前，书院草创初成，他此番前来，就是要与陶澍共议章程。

陈銮（1786—1839），字芝楣，为湖广江夏府蕲春县人。他在嘉庆二十五年（1820）进士及第，为殿试第三名，入选为翰林院编修。他曾任武英殿协修、浙江乡试副考官等，因其办事勤勉，颇有政绩，深得嘉庆皇帝赏识，称其"具经济才，可大用"，因此一直官运亨通，仕途一帆风顺，先后担任过江苏松江府知府（松江在明清两朝时所辖区域，即是今上海市）、苏州府知府、江西督粮道、江苏苏松常镇太粮储道等职。因其仕宦履历始终偏重于江南松江、苏州一带地区，故当陶澍出任江苏巡抚后，为彻底整理两淮盐政，特地恳请朝廷将他调来任职。

陶澍（1778—1839），字子霖，又字云汀，号髯樵，湖南安化人。他在嘉庆七年（1802）的会试得中进士，授翰林院编修，擢升监察御史，先后出任户部、吏部给事中。由于他为官清廉，办事精明，此后一路升迁，相继任山西、四川、福建按察使，安徽布政使。道光元年（1821），陶澍担任安徽巡抚，此地正当水陆冲要，俗称吴头楚尾，纵贯大江南北，人文鼎盛，但民情虽质，刁狡亦多，江北各属，历来皆匪患尤剧。陶澍不畏艰辛，到任后当即雷厉风行地清查钱粮，抑制贪官；救济灾民，治理河堤；兴修水利，保障良田；设置义仓，以备荒年；注重实绩，整饬吏治；筹集经费，倡修省志……经他全力整治，振衰起隳，不过四五年的工夫，使安徽政局大有改观。朝廷见此人确为能臣贤吏，继而将其迁任江苏巡抚，兼总理粮储、提督军务。到职之后，他筹划海运，剔除弊政，设义仓以救荒年，疏浚吴淞江、浏河以宣泄太湖诸水，因政声卓著而颇得僚属敬重。

陶澍见陈銮此番前来，非常高兴。他虽说在年龄上大陈銮七八岁，但由于二人颇谈得来，算是僚属之中最为相得、亦师亦友的一对好伙伴。陈銮谈完公事，将随身携带的深蓝色蜡染花布包打开，取出一函书簿奉到陶澍面前。

陶澍拿起书，顿时觉得眼前一亮，随即逐册翻看，面露喜色地连声赞叹道："好，好书！此前虽曾多次听人提起，但缘悭一面，你是从何处得到的？"

这是一部在封面上印有"江陵邓氏藏板"的《张文忠公文集》。全书共四十六卷，其中诗六卷、文十四卷、书牍十五卷、奏对十一卷，是此前从未见过的最为完整的张居正文章总汇。陶澍捧在手里翻了翻，觉得此书在编排上也很有讲究：它于编年之中，还有些分类的意味。比如，其奏疏十三卷之中，前十一卷为张居正入阁以后的作品，后两卷为入阁以前的作品。书牍十五卷，前十三卷为张居正入阁以后的作品；第十四卷为张居正与徐阶书三十一篇，以及与高拱书四篇等相关书牍……总之，捧之在手，他真有些爱不释卷了。

陈銮见到他如此喜爱，倍感欣慰。他立于一边，指点着"江陵邓氏藏板"那几个字，深有感慨地说："云汀公请看，此真可谓公道自在人心哪。这邓氏本籍原在荆门蛟尾，于明中叶迁至江陵商贸重镇沙市，后以商贸发家致富。其财势最盛时，这个家族所经营的铺面、房产，居然占去沙市繁华商业区九十埠的大半条街，实为本地望族。特别难能可贵的是，此书付梓于万历四十年，当时神庙尚乾纲独断，像这样一个普通的商民之家，居然敢冒天下之大不韪，筹集重金，将已被褫夺谥号的张文忠公之个人诗文总汇，以《张太岳先生全集》的名义刻印出来，这需要何等之胆魄！当然，于中可见张太岳之宜民便俗、因民立政的主政方略，无商无以利农、无农难以资商等利民裕国之主张，确实深得民心。"

陶澍翻看书前扉页，发现此书序言果然为当时朝廷重臣、礼部尚书文渊阁大学士沈鲤及吕坤所作。他手抚书页，若有所思地说："张太岳挈领提纲，综核名实，法肃于庙堂之上，而令行于万里之外的坚毅果决，应当是为人臣者服膺的圭臬。可惜，当时的吏治甚差、士风尤堕，此人虽可称精明能干之至，但为人近乎刻板而操切；而他任其劳怨、在所不辞的担当精神，又被时人疑之于专擅。既是已为恶声所垢，故一旦身殁之后，便落下了一个巢倾而卵覆的可悲下场。"

说起楚地的这段前朝旧事，二人相对唏嘘不已。陶澍叹息了一通，像是突然想起了什么，蓦然问道："芝楣，这部书当年初版的印数太少，其间兵燹交加，甚为珍稀，你这番携书而至，意欲何为？"

"莫非恩师您臆断我想借此来求您疏通关节？"陈銮见他脸色骤变，知道有些误解，随即朗声一笑，回答说，"啊，也算下官来求通关节吧。事情是这样的：前段时间，我去上海蕊珠书院，刚到不久，即有一位在该县南市列肆开店的湖广同乡登门求见。此人是专门做荆庄大布生意的，在贸易上和江陵邓氏有些来往。因到邓家说事，在书案上见到这部书，所以当下用重金求购。谁知邓氏分文未取，径自以书相赠。所以，他这也就送给了下官，谁让我俩都是湖广老乡呢。"

"老乡见老乡，两眼泪汪汪。"陶澍淡淡一笑道，"张文忠公是我们的乡贤，受人景仰，此事于江陵邓氏而言，初衷可嘉，但亦不可尽信。倘若是冲着你这个观察使衙门来的，有什么苞苴之约，可不准把我扯上啊。"

陈銮略带戏谑地说："孔夫子还说窃书不为偷呢。敝同乡送来的一部书，就是收下来，也不算什么贪墨。不过，我拿这部书来送给您藩台大人，倒也绝不是冲着这布政使司的衙门来的呀。"

随后，陈銮一五一十地说了自己的打算和安排。原来，嘉（庆）、道（光）年间以来，本属松江府辖区的上海县商贸业大有发展，如今是货列充栋，舟车辐辏，百业兴旺，日进斗金。一年下来，松江一地的富余银子可达七八千两。这笔钱，就算被各级衙门的管事官吏私分下去，朝廷也不会追查，但如此一来，势必导致众人贪欲大起，贿门洞开，为害甚烈。所以，他打算呈请巡抚衙门给个批文，将这笔钱用作刻印书籍之用。一则为蕊珠书院添点庋藏，再则想趁便将这套《张文忠公文集》翻刻出来，为将来培养更多的经邦济世之才。

陈銮的一席话还没说完，陶澍击掌说道："妙！芝楣，你有这个设想，就极为可贵，更兼之传承的还是楚地之杰张文忠公的文集，就更值得我们尽心来办啦。如今，有好多事都不好办也办不好，那些弊政陋规相沿成习，积重难返。我们还真该学学文忠公的手段，来一番扫除廓清了。"

陈銮笑道："有您给我当后台，我义无反顾。"说罢，二人哈哈大笑。

这年秋天，由南京重新刻印的《张太岳全集》面市了，陶澍为这部书写了篇序，对张居正予以了高度评价。他执论公允地写道："明至嘉、隆时，上恬下嬉，气象苶然，江陵张文忠公起而振之，挈领提纲，综核名实，法肃于庙堂之上，而令行于万里之外。其时海内殷阜，号为乂安。迄今读其奏疏及手牍诸书，洞中窥要，言简而虑周，卓然见之施行。其精神气魄，实能斡旋造化，而学识又足以恢之。洵乎旷古之奇才，不仅有明一代所罕觏也。唯是精能之至，近乎刻核；劳怨不辞，疑于专擅。恶声所蒙，道至巢倾而卵覆，其亦可哀也已。"①

陶澍身为官场中人，他的见解自然高出常人。在序言中，他说，自古以来，但凡面对危局而敢于挺身而出的贤人，生前身后都免不了为流言所伤。就像古代的周公，在周武王死后竭诚辅弼侄子成王，佐理朝政，到头来也遭恶人中伤。张居正没有周公那样的王叔身份，"而欲以天下之重，自处于伊尹之任，岂不难哉"？随后，他还以犀利尖锐的口吻，痛斥了那些诋毁、辱骂张居正的人，他说："由是推之，彼曹恶者之心，岂独昧江陵之功哉，特劫于众，而相率为违心之谈耳。或题江陵故宅云：'恩怨尽时方论定，边疆危日见才难。'呜呼，有旨哉！有旨哉！"

陶澍提到的这两句诗，为明代石首诗人王启茂所作《拜江陵张文忠公祠》，全诗为："袍笏巍然故宅残，入门人自肃衣冠。半生忧国眉犹锁，一诏旌忠骨已寒。恩怨尽时方论定，边疆危日见才难。眼前国是公知否？拜起还宜拭目看。"② 明末清初，江陵士人孔自来在其《郢书》中，曾记叙有王启茂的小传："石首王天庚（王启茂的字），闲雅淹博，有古名士风。饮不一蕉叶，而能竟夜快谈。"

在这首诗中，王启茂以满腔悲愤，倾诉着自己对张文忠公身后遭遇无比痛惜的心境。这位当朝首辅生前的一切恩恩怨怨都因所有当事人都死去后，才得以盖棺论定，可为什么非得到了边关危急、国是日非之际，朝廷才会想到忠臣难得呢？由于这诗说出了人们共同的心声，所以陶澍连声赞叹："有意义！有意义！"

在我国历史长河中，杰出的人物层出不穷。在清朝两百多年的历史内，正是这一位后来官至两江总督的陶澍，开启了庙堂的一代新风。

陶澍出生于湖南安化资江河畔的一户农耕之家，父亲陶必铨是个生活在乡间的底层知识分子。据说，在儿子呱呱落地时，当地因旱情严重，冬

---

① 陶澍：《重刻张太岳先生全集序》，张舜徽主编：《张居正集》第四册，附录一，湖北人民出版社，1994年，第514页。

② 清康熙版刻本《荆州府志》，湖北人民出版社，2014年，第1346页。

谷骤贵，其父认为"天下能苏万物者，莫如雨"，于是给他取名曰澍，字子霖，"盖其以泽苍生也"。陶澍果然没有辜负他父亲的殷切期望，他从小聪明颖敏、勤奋好学，年未弱冠，便深受王船山经世致用学风的影响，小小年纪便随父亲一起就读于岳麓书院，给当时学界流传下一段父子同窗共读的佳话。

清嘉庆七年（1802），陶澍高中进士，选翰林院庶吉士，散馆后授职编修，其后迁任御史、给事中。道光元年（1821），三十二岁的陶澍调任福建按察使，再升安徽布政使、巡抚。道光十七年（1837），是陶澍的六十寿辰，林则徐为其亲书一幅喜幛相赠，题诗其上："重镇南天半壁雄，良臣干国奏肤公。许身社稷经纶大，度世佺乔位业崇。孤宿联辉依北斗，海筹添竿耀江东。廿年开府垂名久，才是平头六十翁。"这可算是对其毕生勋业的充分肯定。

作为一位出类拔萃的封疆大吏，陶澍一生跨清乾、嘉、道三朝，既是清王朝由盛转衰的经历者，也是我国由封建社会转变为半殖民地半封建社会前夕、社会矛盾日益尖锐并最终走向破败的历史见证人。

陶澍毕生以父亲"以泽苍生"的嘱托为己任，锐意开拓，奋发进取，先后指导培养出了如林则徐、魏源、贺长龄、李星沅、邓廷桢、陈銮、包世尘、汤鹏、黄冕、申启贤、胡林翼、左宗棠、曾国藩等中国近代史上的一代英杰，成为鸦片战争前我国古代最后一名卓有成就的改革家，同时也是近代经济改革的先驱。

时至今天，学术界依然公认陶澍为一位标志着封闭的、封建的古老中国挣脱了陈年的枷锁镣铐，奋身走向开放、迈入近代社会的里程碑式的杰出人物。

陈銮和陶澍一样，也是个平民家庭出身的读书人。他父亲早年亡故，唯有寡母伴他苦读。乡试中举后，他到南京投亲，本想借点银子作为进京参试的盘缠，不料却遭人唾弃，不由悲愤交加；后于穷途潦倒之际，竟然得到一位侠义豪爽的风尘女子资助，才得以如期北上。春闱放榜，他高中探花郎，可当其南来迎娶那位红粉知己时，她却于不久前因故夭亡。事实上，他比陶澍更懂得下层人民的疾苦。

陈銮是陶澍晚辈，他俩入仕后的经历也差不多。自从嘉庆二十五年（1820）进士及第，他也是先在翰林院任职，再外放为地方官，中年之后的陈銮历经宦海风波，深知官场黑幕。他与陶澍不仅为湖广同乡，而且也气味相投，道义相许，所以虽属上下级关系，但情同师生，胜似友朋，故对其每以恩师相称。

陈銮也为重刻这部书写了篇序。他开宗明义地说："明《张文忠公太岳先生全集》若干卷，公子懋修编订行世，镂板久亡，传者殆日见其少。安化云汀师以为公之经纶勋业，彪炳一代，此则其囊籥也；公之生平心迹，传闻异辞，此则其征验也，俾重刊以行，剞劂告成，谨识之曰：'……大臣身系社稷，虽天下之毁誉，不足以动之。'"①

接下来，陈銮引经据典，在序言中逐一批驳了明朝前人泼在张居正身上的那些污言秽语、蔑称陋见，且以雄辩的姿态，对其分别予以解说和廓清。他意犹未尽，乃大义凛然地写道："（张居正）功业章章，具在方策。然而弹章满公车，谤议腾中外……甚矣！忧慨任事之难，而大臣谋国之心不易白也！"

相比较而言，陶澍所写之序到底有重臣气度，其进止雍容，出语发声不怒而威；而陈銮的序则意态激烈，亢言申辩，宛如披坚执锐，奋勇闯关。然而，无论他俩的言辞语气有何区别，但所阐述的观点却是一致的，比起乾隆朝修撰《四库全书总目》时纪昀等人对《张江陵集》的评价要鲜明得多。

总之，正是由于有了这次《张太岳全集》的重刻再版，这才使清朝在进入中晚期后有些胸怀天下、奋发有为的士人有条件从张居正的文化遗产中，寻觅到更为得心应手的思想武器，从而促成了道（光）、咸（丰）、同（治）、光（绪）四朝张居正研究的又一个高潮。

附带说一句，重刻《张太岳全集》事毕不久，陶澍即升任两江总督，江苏巡抚一职由陈銮接任；后来，陶澍逝世于两江总督任上，陈銮乃于清道光十六年（1836）接手其职，继督两江。这两位湖广籍的官员作为清朝中晚期封疆重臣，都在自己的任期内以雷厉风行的手段，依法行政，整饬风纪，赏罚严明，奖励农耕，从而为东南一带的社会进步和经济发展，做出了突出贡献。

显而易见，从陶澍、陈銮的执政理念、施政措施和行政手段等方面来看，皆可发现他们从《张太岳全集》吸取到的丰厚营养。

---

① 陈銮：《重刻张太岳先生全集又序》，张舜徽主编：《张居正集》第四册，附录一，湖北人民出版社，1994 年，第 515 页。

第十节 梅曾亮褒扬"缘百尺之竿而不息"

清道光二十六年（1846），又一个湖广籍的官员陆建瀛继陶澍、陈銮之后，到南京走马上任，出任江苏巡抚。

陆建瀛（1792—1853），字立夫，湖北沔阳人，道光二年进士。当他来到六朝古都南京的时候，早有一位同是道光二年的进士且又长住南京的同年梅曾亮前来拜访。陆建瀛喜出望外，交谈之中，才知道梅曾亮是受河道总督杨以增所邀，以资深户部郎中的身份，前来参与赞画政务的。有一天，他俩的另一位同年蔡季瞻也来到江苏巡抚衙门，同时还携来一部《张太岳全集》作为礼物，郑重相赠。

陆建瀛见《张太岳全集》是湖广先贤的手泽，而这部文集更是由前代名臣陶澍、陈銮所主持刻印的，故对其特别珍爱。自此，他们三个人经常聚在一起，共同在一起讲评各自研读《张太岳全集》的体会，相处十分欢洽。

不久，蔡季瞻又喜滋滋地捧来一套《帝鉴图说》，对陆建瀛说："当年，安化陶公、江夏陈公二人在刻印《张太岳全集》时，未曾收录此书。今日在书肆谋得一套，我发现此书亦为太岳先生主持编印，与那部《张太岳全集》堪称双璧。"

他们打开函套，各人抽出一本，仔细地翻阅，陆建瀛发现此书很有意思，采用一文一图的特殊样式，读来颇有意趣。

原来，明穆宗在隆庆六年（1572）驾崩时，皇太子朱翊钧才刚刚十岁。为了"以成君德"，张居正与讲官马自强等用最短的时间，为已经继承了皇位的朱翊钧编印了这部书，让它做小皇帝学习"为君之道"的教材。该书以"圣哲芳规"为题，以阳爻九数为准，选取九九八十一个前代帝王的知人善任、从谏如流、勤政尚德等正面故事，为前单元；再以"狂愚覆辙"为题，以阴爻六数为准，选取六六三十六个前代帝王的信任奸佞、拒谏避贤、怠惰荒淫等反面教训，为后单元。全书一共绘编了一百一十七个故事，用来教育、引导小皇帝朱翊钧，以利于他从小就朝着明君圣主的方向健康成长。

由于《帝鉴图说》的阅读对象是个十岁的小皇帝，为了提高小皇帝的阅读兴趣，该书采用一文一图、图文并茂的特殊样式编排。这些画图由当时的画师与雕版匠共同合作完成，力求线条简单，轮廓清楚，朴拙中带有稚趣，可爱又不失于传神。它们的作用，除了用以吸引小皇帝的好奇心之外，更主要的还在于辅助教学，以求功效倍增。文字则除了故事的史籍原文外，张居正与马自强等另外还做些注释与评议，以帮助小皇帝充分理解其中的意义。

比如《圣哲芳规》中，有一则《敬贤怀鹞》，是说丞相魏征劝唐太宗勤谨政务的一个故事。有一天，唐太宗得到一只训练有素的鹞子，便十分高兴地把它架着把玩，不料这事被魏征撞了个正着，太宗深恐魏征批评自己玩物丧志，于是将鹞子藏入怀中。魏征假装没有看见，故意东拉西扯地拖延奏事时间，久久不肯离去，时间一长，那只鹞子竟闷死在太宗怀里。画图中的太宗一副尴尬神情，正准备把鹞子往怀里藏，那动作既笨拙又羞赧，表现出对贤臣魏征的敬重；魏征则只管低头奏事，滔滔不绝地不停讲话，脸上却似乎颇露得意之色。一幅画将君臣二人的内心活动刻画得活灵活现。

在《狂愚覆辙》中，有一则《游幸江都》是说隋炀帝巡游扬州乘坐用金玉和檀木雕饰的龙舟的故事。画图中，随行的王公贵戚、嫔妃宫娥、文武百官为数众多，上千艘彩船组成的船队顺流而下延绵两百余里，加上拉船的纤夫八万多人，沿途上贡的山珍海味堆积如山，所耗费的人力、物力难以估计。张居正与马自强等在释文中说："夫炀帝只为一己之快乐，不顾百姓之困穷，为巡幸之事，一至于此。岂知民愁盗起，祸生肘腋，江都之驾未回，而长安、洛阳已为他人所据矣。岂非千古之戒式哉？"

梅曾亮诵读着书前所载张居正亲笔所撰《进帝鉴图说疏》，击节赞叹，不由大声朗读起来："臣等尝因是考前史所载治乱兴亡之迹，如出一辙。大抵皆以敬天法祖、听言纳谏、节用爱人、亲贤臣远小人、忧勤惕厉即治；不畏天地、不法祖宗、拒谏遂非、侈用虐民、亲小人远贤臣、般乐怠傲即乱。出于治，则虽不阶尺土一民之力，而其兴也勃焉；出于乱，则借祖宗累世之资，当国家熙隆之运，而其亡也忽焉。譬之佩兰者之必馨，饮

256

鸩者之必杀。以是知人主欲长治而无乱，其道无他，但取古人已然之迹而反己内观，则得失之效昭然可睹矣。"①

蔡季瞻也是个性情中人。他说："这张文忠公到底是翰林院编修的功底，两朝帝师，拿出他的任何一篇奏疏、书牍来看，皆不经意为文而文采斐然；其用词之精准，炼字之警策，取譬之独到，命意之高远，实在让人佩服得五体投地。好一个'其兴也勃''其亡也忽'，其典故虽出自《左传·庄公十一年》，但于此诚为妙手偶得，其文意畅达、神脉贯通，实在是珠联璧合啊。"

他二人一边翻看着《帝鉴图说》，一边连连称赞其文好、图好、刻印好。同时，还一唱一和地极力怂恿陆建瀛，让他也仿效陶澍、陈銮刻印《张太岳全集》的旧例，从江苏巡抚衙门划出一笔银子，将这部书翻印出来。

陆建瀛口里直打哈哈，心中却在谋划：刻这一部《帝鉴图说》，须是连文带图同时开雕制版的，而这图板刻工的工价，要比文字版高四至五倍。这样算下来，《帝鉴图说》的花费似乎会超过《张太岳全集》。再说，近年来江苏地方上治安维艰，尤其是苏北一带，因淮河河岸逐年淤高，偶遇上游大雨，山洪陡泄，下游便会泛滥。两淮难民大量涌入江南一带，藩库存银早已捉襟见肘。今非昔比，好事难成啊！可是，面对两位老友，他不愿驳了人家的面子、坍自己的台。忽然，他灵机一动，冲着蔡季瞻说："啊，这书原是太岳先生印给小皇帝看的，今上春秋鼎盛，正值盛年，我朝断不会出现那种事，翻刻此书，大为不祥。我说，季瞻你擅长作诗，不妨依此书体例，一一吟哦成章，让伯言再写一篇序，这样一来，我们就将这部《帝鉴图诗》刻印出来，以附骥先贤可好？"

梅曾亮沉思片刻，点点头连声附和。梅曾亮，字伯言，江宁府上元县人。他自幼在钟山书院就读，极受山长姚鼐赏识。姚鼐为清代散文名家、桐城派巨擘，他与刘大櫆等所发起的复古主义文学思潮，一度影响到清代上百年间文坛的发展趋向。梅曾亮在京任职期间，虽是做了二十多年的户部郎中，但在与曾国藩、朱琦龙、宗稷辰等人日夕讲求古文义理时，俨然以大师自处，以至"京师治古文者，皆从梅氏问法"。后来，曾国藩等转

① 张居正：《进帝鉴图说疏》，张舜徽主编：《张居正集》第一册，奏疏三，湖北人民出版社，1994年，第103页。

而讲求"身心克治之学"，让他备受冷淡，这才南下归籍。如今，梅曾亮见陆建瀛如此推重自己，自然乐于俯就。于是，关于三人协力刻印《帝鉴图诗》一事，就这样定下来了。

不久，蔡季瞻所写一百一十七首《帝鉴图诗》已相继完成，梅曾亮打好腹稿，当下搦管濡墨，挥洒起来。因愤于张居正身后被神宗皇帝搞得"破家沉族"的可悲遭遇，梅曾亮大发感慨，他慨然写道："自霍光、诸葛武侯、慕容恪后，如李文饶、张太岳皆几乎可以为重臣。而太岳之在明，尤可谓总己以听者矣。然一则祸发于身前，一则势败于身后，论者遂与怙权窃位者同类而共笑之。"[①]

所谓"总己"一语，典出《尚书·伊训》："百官总己以听冢宰。"也就是总摄己职、总揽大权的意思。梅曾亮的感叹在于，张居正担当起了为天下苍生治国理政的重任，却被别人视之为怙权窃位而嘲讽他，这应该是其取祸之始吧。

写到这里，梅曾亮再也控制不住自己的情绪了，他以扬声发问的态势，似乎是对冥冥之中那些正冲着张居正泼脏水的魑魅魍魉诘难道："嗟夫！缘百尺之竿而不息，虽甚愚者，知其终一跌而靡也，况智士哉？"

梅曾亮到底不愧为桐城派散文大师，他这句话用现代汉语转换过来，即是说：啊，倘使有一根高入云端的竹竿，有人现在已经攀爬到了尽头，即使这人是个至蠢至愚之徒，他也知道再爬上去只有摔下来跌得要死的道理，何况像张居正这样堪称人中之龙的豪杰高人？

应当说，梅曾亮的这一反问，是对那些多年来诋毁张居正"怙权窃位"之人最好的驳诘。接下来，他即以高屋建瓴之势，展开议论："夫负高世之才者，不惮糜烂其身，而必一出其胸中之奇；宁负跋扈之名，而不使有所牵制者之败吾事。"

看来，梅曾亮是真正地懂了张居正。作为一位"高世之才"，他注定就是"缘百尺之竿而不息"之人。试想，当他以顾命大臣之身，接掌朝中大权之后，便于万历元年（1573）开始整顿北部边防，颁布考成法，整饬吏治，力挽颓风；万历二年（1574），他即着手治理司法混乱，严惩重犯；到了万历三年（1575），他便整饬学政以振兴人才，严禁浮言力戒空谈，

---

① 梅曾亮：《帝鉴图诗序》，张舜徽主编：《张居正集》第四册，附录一，湖北人民出版社，1994 年，第 517 页。

并部署迁徙辽东六堡的国防要务，巩固蓟辽防卫；万历四年（1576），他粉碎刘台的攻击，稳固了自己的改革阵脚；万历五年（1577），他主持平息了南方的地方豪强反叛势力，重创犯境倭寇……假如其见好就收，功成身退，或者是借丁忧之机，明哲保身，退出政坛，从此息影林泉，悠游岁月，也必定是可得善终的，又何须"夺情起复"？不仅使自己劳碌致死，而且让别人抓住辫子，身后还落得个"破家沉族"的下场。说到底，他就是个"必一出其胸中之奇"的伟男子，他要做的，就是一番轰轰烈烈的大事业。

梅曾亮的这篇《帝鉴图诗序》，以一位后世知音者的口吻，酣畅淋漓地抒发了自己的感慨，这对于在事业上矢志不渝、高蹈远举的张居正，不啻是一种心灵抚慰。若张文忠公的灵魂有知，一定会含笑于九泉之下。

事实上，张居正生前就已经预测到身后的悲剧了。他是何等的"智上"之人，多年的宦海风波，使他深知官场的险恶黑暗。为此，他曾反复多次地在致友人书中流露过自己义无反顾、舍身许国的决心与襟抱：

> 受顾托之重，谊当以死报国；远嫌避怨，心有不忍；唯不敢以一毫己私与焉耳。[1]
>
> 草茅孤介，拥十龄幼主立于天下臣民之上，国威未振，人有侮心，仆受恩深重，当以死报国。宋时宰相卑主立名、违道干誉之事，直仆之所薄而不为。[2]
>
> 天下事非一手一足之力。仆不难破家沉族，以殉公家之务；而一时士大夫乃不为分谤任怨，以图共济，将奈何哉？计独有力竭而死已矣！[3]
>
> 既已忘家殉国，遑恤其他？虽机阱满前，众镞攒体，不之畏

---

① 张居正：《答张操江》，张舜徽主编：《张居正集》第二册，书牍十四，湖北人民出版社，1994年，第1186页。

② 张居正：《答李太仆渐庵》，张舜徽主编：《张居正集》第二册，书牍五，湖北人民出版社，1994年，第430页。

③ 张居正：《答总宪李渐庵言驿递条编任怨》，张舜徽主编：《张居正集》第二册，书牍九，湖北人民出版社，1994年，第648页。

也。如是，少有建立耳。①

不谷弃家忘躯，以殉国家之事，而议者犹或非之；然不谷持之愈力，略不少回，故得失毁誉关头若打不破，天下事无可为者。②

这些语调悲怆、心绪苍凉的言语，曾为其子张懋修等在《先公致祸之由敬述》中予以转录，不仅流露出张居正那极其忧愤的内心独白，同时也反映出他们父子两代人在国家前途、百姓生计等大事面前，那一种义无反顾、勇往直前的高尚情操。

张居正实践了自己的诺言。然而，尤其可悲的是，与他同时代的那些在朝公卿，以及那个翻脸不认人的皇上，居然也真的如他预想的一般，叫他"破家沉族""众镞攒体"，惨遭籍没之祸了。

梅曾亮确实读懂了张居正饱蘸心血写出的这些话。他以一位作家的良知，在《帝鉴图诗序》中，充分地表达了对张文忠公的全部认识、理解和评价："吾以是知其不随俗为毁誉也。"

令人无比痛惜的是，时值今日，有好多当代人的历史观还远远比不上几百年前如梅曾亮这样的见解水准。不妨读一读眼下仍在坊间广为流行的那些杂书，个别作者以职场拼抢、尔虞我诈为话题，借着张居正的名号，来推销那些带有浓厚负面色彩的思想货色："任何人都不得不承认，张居正绝对是超一流的权术高手，揆诸历史，能够与之比肩的，绝对找不出第二人。他谙熟官场牌理，又不按牌理出牌；他既把韬光养晦之术玩得炉火纯青，城府深不可测，又懂得把握时机，该出手时就出手；他既敢冒天下之大不韪，毫不犹豫地挑战道德底线，又巧妙地进行掩饰，表面上俨然是遵纪守法、重情重义的楷模……"

认真地说，仅凭"权术"来衡量张居正，真是小瞧了他。

殊不知，这位荆楚人杰的心胸广着呢——当俺答汗受封为顺义王之后，曾向明朝中央政府要求赐给佛经。张居正一边派人将明太祖朱元璋钦

① 张居正：《答河槽按院林云源言为事任怨》，张舜徽主编：《张居正集》第二册，书牍十，湖北人民出版社，1994年，第737页。

② 张居正：《答南学院李公言得失毁誉》，张舜徽主编：《张居正集》第二册，书牍十二，湖北人民出版社，1994年，第962页。

定的佛经送过去，一边给边关要员写信，叮嘱他们要抓紧时机，做好仁义教化工作。他在信中写道："天佑中华，故使虎狼枭獍皆知净修善业，皈依三宝。"①

旧时代传说之中的枭，乃为恶鸟，生而食母；而獍是为恶兽，生而食父。对于如虎狼枭獍这样的天生坏种，张居正尚且存教化之心，要促成其转化为皈依"三宝"的善类，何况是他对个人功名利禄的去留取舍？

何谓三宝？禅宗六祖惠能尝于韶州大梵寺讲道，在由他口述、弟子法海集录而成的《六祖坛经》中便称："自心归依觉，邪迷不生，少欲知足，能离财色，名两足尊；自心归依正，念念无邪见，以无邪见故，即无人我贡高，贪爱执着，名离欲尊；自心归依净，一切尘劳爱欲境界，自性皆不染着，名众中尊。"张居正少年时的恩师——前荆州知府李元阳平生即在释、儒两家的道义中参悟人生的真谛。他秉承恩师教诲，在这处所说要引领俺答汗"皈依三宝"的话，事实上也是自剖心迹，就是强调要将自己的心归依至"觉""正""净"的三种纯粹境界，进而将自己做人的格调提升到"邪迷不生、念念无邪见、自性皆不染着"的高尚品性上来，如何会降低人格，仅因权术而怙权窃位？

所以，对这些试图以权术定义张居正，并以此话题来指导、告诫年轻人的"导师"们，不妨劝各位抽空真正读一读《张居正集》的妙著华章，如此，则对于社会、对于青年，都幸莫大焉。

因为，张居正天资聪慧，凭借他对人生、对社会、对国家，包括对儒学佛理的独到见解，其所传递给他人的，是中华民族优秀思想文化传统的神髓精华。

---

① 张居正：《答宣大巡抚言虏求佛经》，张舜徽主编：《张居正集》第二册，书牍三，湖北人民出版社，1994年，第246页。

第 四 辑

风华再展　墓园重光

第一节 曾左李私淑太岳讳莫如深

在清末历史上，有三个举足轻重的重要人物，他们是曾国藩、左宗棠和李鸿章，人们尝称"曾、左、李"。对清王朝统治集团而言，他们都是曾先后接近政权中枢的汉族知识分子，都被授予殿阁大学士的荣衔。更何况，他们当中的前两位还是湖广籍，而李鸿章虽原籍安徽，但其地久有"吴头楚尾"之称，因而他们三个人与张居正的渊源亦颇有意趣。

作为晚清名臣，曾国藩的前期阅历，跟张居正最为接近。曾国藩（1811—1872），字伯涵，号涤生。他自幼勤奋好学，六岁启蒙入学，八岁粗通五经大义，十四岁参加长沙的童子试，二十三岁中举人；此后，赴京会试一再落榜，乃于道光十八年（1838）在春闱中以三甲第四十二名的考绩，被赐同进士出身。其后，在朝考中被选入翰林院为庶吉士，接着相继升为侍讲学士、内阁学士兼礼部侍郎兼兵部右侍郎，再往后兼署工部右侍郎。咸丰二年（1852），兼署吏部左侍郎的曾国藩因丁忧回湘乡老家，若不是太平天国起义，他奉诏以侍郎衔帮办团练、建湘军而去镇压太平军，他大约也会走一条与张居正基本相似的文官之路。尽管如此，他却极少在公共场合谈到张居正。

曾国藩私下里非常景仰张居正，但除了面对最为亲近的朋友，他对这个前朝名人讳莫如深。这一现象，有着极其深刻的社会历史原因。众所周知，清朝立国之后，为了更好地统治中原大地，朝廷采取了一系列民族融合政策。其中最为显著者，当为顺（治）、康（熙）、雍（正）、乾（隆）四朝，这四代皇帝推重儒学，崇祀孔孟，从而将在中华大地上推行了两千多年的儒学道统继续推向意识形态的主导地位。与此同时，在施政措施上则承袭明制，将中央集权制与科举制度有机地结合起来，进而令天下所有士人为之心悦诚服，全心全意地为新王朝服务，使整个社会形态并不因政权的更迭而发生剧烈震荡。

然而，清朝统治者毕竟是入主中原的外族，为了维护其自身的核心利益，他们在大量吸纳汉族士人参与政权管理的同时，也设立了相对完善的防范措施。比如，清初内阁设大学士四人，协办大学士二人，满汉各半；到了雍正初年，则别立军机处，军务、庶政悉归其总理承旨裁决，而以皇帝的名义推行之，内阁则形同虚设。军机大臣常为四人或五六人，历来均以满员居多。再如，明代设吏、户、礼、兵、刑、工六部，其权甚重；清代名义上是各部尚书及左右侍郎皆为满汉各一人担任，但满员的实权则明显在汉员之上。

满洲的兴起，全仗其特创的八旗军，实施以旗统兵、兵民一体的独特体制。在调处旗人与汉民之间的关系上，清廷历来将旗人的地位凌驾于汉民之上。这种不可移易的等级观念，在相当程度上伤害了占全国绝大多数的汉民的切身利益。清朝末年的宗室子弟、国子监祭酒爱新觉罗·盛昱也对这一"首崇满洲"的祖制颇有非议。他说："夫八旗之人不及汉人什百之一；八旗之官乃多于汉人数倍，荒陋贪鄙，动为人笑。"[1]

在思想意识及文化领域当中，满洲贵族集团在提倡、推行理学方面，虽有过于明，其必欲天下士人皆俯首帖耳而后已，但对这些在科举制度下选拔出来的汉族知识分子，仍严加防范。所以，曾国藩哪怕是心中服膺张居正那经世致用的英拔才智，但为着恐触时讳，招致物议，也就除去多年的贴心挚友，在他人面前便绝不敢谈张居正。毕竟，在众多封建士大夫的眼中，张居正的"专擅"之嫌，是极难洗刷得清的。尤其是咸丰皇帝驾崩后，继位的同治皇帝才六岁，此时朝中大权渐渐地集中到其生母慈禧太后的掌控之中。当此"主少国疑"之际，曾国藩也就变得愈加小心谨慎了。

依笔者所见，曾国藩所见诸文字而正面说到张居正者，就是一封书信——《复欧阳晓岑》。这信大约写于咸丰三年（1853）二月，应该是他给对方的一封回信。信中说："顷奉赐书，不特识解度越吾辈，即文气之深厚，亦似夫张子厚之理窟、张太岳之书牍。尊兄宏量精思，近日道尔臻此！"[2]

欧阳晓岑，本名欧阳兆熊，湘潭县人。此人家庭富庶，性情豪爽，为

---

① 罗继祖：《枫窗三录》，大连出版社，2000年，第234页。

② 曾国藩：《复欧阳晓岑》，《曾国藩书信》第十三卷，中国致公出版社，2001年，第4744页。

人仗义疏财，周贫济儒，所以在地方上颇孚人望。据说，那年曾国藩进京赶考，途中骤发重病，全仗精通医道的欧阳兆熊尽心调理，才得活命，可称有再造之恩。

在这封回信中，曾国藩对欧阳兆熊的热心快肠，表达出赞许之意：您对事物的识见与剖析，已超过了我们这些人；而您来信所展示的行文气度，更是犹如张载说理的透辟精粹、张居正表情达意的酣畅淋漓。老兄您的宏量精思，近来竟已完善到如此境界，真是叫人佩服得五体投地啊！

曾国藩的这两句话，是将明朝万历首辅张居正，与宋朝理学家张载相提并论；其语意虽不过是借先贤来褒赞朋友，但至少表达出了两层意思：首先，宋人张载是明、清两朝士人无比景仰的儒学宗师，他那"为天地立心，为生民立命，为往圣继绝学，为万世开太平"之说，更是久已脍炙人口；对张居正这样"誉满天下，谤满天下"的政治家，能够如此品题，乃至将他提升到这个地步，殊为尊崇。其次，曾国藩显然是深入研读过张居正的书牍，因此能够用它来褒赞老友书信的文气丰盈、表意畅达。

欧阳兆熊与曾国藩算是深交。后来，曾的官职扶摇直上，尤其是他在依靠师生、亲戚、朋友等关系建立起湘军后，在镇压太平军的战斗中屡立战功，经他保举、引荐而被朝廷封为督、抚的人，多达二三十人。可是，尽管曾国藩与欧阳兆熊情同手足，但却从不曾荐举过他。欧阳兆熊是曾国藩岳父欧阳凝祉的族亲，为避嫌疑，曾国藩刻意不让有欧阳姓氏之人列入自己上呈朝廷的保荐名单中。这表明，曾国藩在严密防范他人猜忌方面，切实做到了"慎于谋身"。也就是说，他从张居正身后留下的教训中，探索出了一条足以全身而退的平安之路。

比如，同治四年（1865），北方反清的主力捻军在赖文光、张宗禹、任化邦等将领的率领下，于山东曹州（今菏泽）高楼寨全歼僧格林沁的蒙古骑兵；而太平军余部则在康王汪海洋等人的率领下，已攻入福建，占据漳州、汀州一带，坚持抗清斗争。在这种情况下，清政府原本已经改变了其历来奉行的"事终勇撤"政策，打算部分保留在镇压太平天国起义中发展起来的湘、淮勇营，并以之作为沿海各省的主要防军，但是，曾国藩为避免树大招风，率先大力裁削湘军，因而造成淮军一枝独秀的显著优势。应当说，曾国藩正是从张居正"破家沉族"的弥天灾难中，悟出了当功成名就之后要全力避开权高震主"骖乘"之祸的秘诀，继而将急流勇退置于首要地位，由此终于让湖南湘乡的曾氏家族得以善终，赢得了儿孙后代平安度险的最佳结果。

左宗棠也是湖南人，他和曾国藩年龄相仿，性格也差不多，都有着那种耿直、倔强、勇于任事、敢于担当的楚人秉性。他们两人在清末的政治舞台上，在一起共事的机会并不多，但在处置政务的价值取向上，同样十分看重张居正经世致用的执政理念。同治十一年（1872）二月初四日，曾国藩在南京病死，终年六十二岁。此时，左宗棠正以年逾花甲的高龄，被朝廷任命为钦差大臣，督办新疆军务，亲自坐镇甘肃兰州，指挥部属打响了收复新疆卫国戍边的自卫战。

在军务倥偬之际，左宗棠接到曾国藩去世的噩耗，即刻派人赶到南京，在曾国藩的灵柩前献上一副挽联："知人之明，谋国之忠，自愧不如元辅；同心若金，攻错若石，相期无负平生。"① 这副挽联写得非常精当，可谓较为准确地称颂了曾国藩毕生勋业，同时也对两个人之间的恩怨，给予了一个明晰的界定。

尤其值得一提的是，左宗棠挽联上那句"谋国之忠"一语，恰似自海瑞评价张居正的"工于谋国，拙于谋身"中点化而出。

对于曾国藩而言，左宗棠称他"谋国之忠"，可谓恰如其分。曾国藩自咸丰三年（1853）奉命帮办团练、编练湘军以来，此后首战即败于靖港，差一点愤而投水自杀；其后，再败于湖口，其水师损伤过半，可他终究咬牙硬撑了下来，以"屡战屡败，屡败屡战"的精神，先后陷安庆，克九江，直至同治三年（1864）六月督率湘军攻破太平天国的天京（今南京），算得上劳苦功高。但是，要说左宗棠称曾国藩为"元辅"，还是有过誉之嫌。因为曾国藩终其一生，其爵禄也仅止于加太子太保衔，封一等侯爵，官拜两江总督，授大学士；就是在其死后，清廷也仅为追赠太傅、谥

---

① 过常宝等：《中国稗官秘史》第八册。"国藩卒于江督任，优旨赐恤。宗棠家书（致其子孝威）中论及云：'曾侯之丧，吾甚悲之。不但时局可虑，且交游情谊，亦难恝然也。已致赙四百金，挽联云："知人之明，谋国之忠，自愧不如元辅；同心若金，攻错若石，相期无负平生。"盖亦道实语。君臣朋友之间，居心宜直，用情宜厚。从前彼此争论，每拜疏后即录稿咨送，可谓锄去陵谷，绝无城府。至兹感伤不暇之时，乃复负气耶？"知人之明，谋国之忠"两语，亦久见章奏，非始毁今誉，儿当知我心也。丧过江干时，尔宜往吊，以敬父执。牲醴肴馔，自不可少，更能作诔哀之，申吾不尽之意，尤是道理。吾与侯所争者，国事、兵略，非争权竞势比。同时纤儒妄生揣拟之词，何值一哂耶！'"燕山出版社，1998年，第145页。

268

文正，其勋业跟张居正比仍差一大截。

或许，曾国藩、左宗棠都曾暗地里悉心研究过张居正，所以他俩也都秉承张居正的楚人余烈，怀着"相期无负平生"的宏大志向，在"工于谋国"方面，建树起了赫赫功勋。与此同时，他们同样也是竭尽全力地做好了"慎于谋身"的防范与戒备工作，以求儿孙后代福祉永驻，康乐长存。比如，左宗棠在平定太平军、捻军以及陕、甘回民军之后，亲率六万湖湘子弟入疆平定中亚浩罕汗国阿古柏的入侵势力。这时，他统领的大军翻天山，穿沙漠，历时两年，收复新疆全境，维护了国家统一和领土完整，可谓功勋卓著。他有四个儿子，分别名为孝威、孝宽、孝勋、孝同等。在教育儿子方面，左宗棠历来严格要求，却并不鼓励他们求取功名。他曾亲笔给老家的左氏家塾门楣上写过一副对联："要大门闾，积德累善；是好子弟，耕田读书。"[①] 故他的后世儿孙当中多学者、多名医。

李鸿章是曾国藩的门生，曾在曾国藩的行辕中做幕僚，后来为了赴救上海，受命回安徽老家招兵，并仿湘军体制组建淮军。在镇压太平军的战斗中，他以军功加官晋爵，至其恩师曾国藩死的那一年（1872），他已经担任了直隶总督兼北洋大臣，加授武英殿大学士。自此，李鸿章在北洋（长驻天津）秉政达二十五年，参与了清季末期朝廷有关内政、外交、经济、军事等一系列重大举措，成为清廷倚作畿疆门户、恃若长城的股肱重臣。

李鸿章在国家政务方面所建树的勋业，同样未能达到张居正的高度。虽然光绪皇帝承绪大统时年仅四岁，但朝中大权牢牢地掌握在慈禧太后手中。这时，虽是国势衰败、内外交困，但并不存在所谓"主少国疑"的问题。尽管如此，李鸿章也遭到和张居正同样的困扰，即谏议官事事掣肘，弄得他防不胜防。

清朝承袭前明旧制，虽然也在相当程度上借鉴了明代言官往往误事的沉痛教训，但基本上还是维持了其基本职能。事实上，这些言官的职权说到底，皆是为至高无上的皇权服务的。因为当言官以其独特的身份与职权行事时，朝中所有的臣僚均须仰承皇帝的鼻息而决定去留取舍，所以清代学人赵翼在《廿二史札记》中说："盖明祖一人，圣贤、豪杰、盗贼之性，

---

① 杨书霖编：《近代中国史料丛刊续辑》，《左文襄公全集》，文海出版社，第2675 页。

实兼而有之者也。"就是因为由太祖高皇帝朱元璋所主持设计的这一制度，对明、清两代的官场政治运作，产生了极大的影响。

事情就是这样，皇帝的专制程度越高，人们说实话、说真话的空间就越狭窄，如此，言官的存在便变成士大夫们结朋党、斗意气、搞阴谋、闹政争的工具。即使是像李鸿章这样位高权重的大臣，对言官也莫不深怀忌惮之心。以致他曾于同治五年（1866）在写给弟弟李鹤章的信中口出怨言："言官制度，最是坏事。明朝之亡，乃亡于言官。言官大凡少年新进，不通世故，不考究事实得失、国家利害，但随便寻个题目，信口开河，畅发一篇议论，借此以出露头角，国家大事，已为之阻挠不少。"①

李鸿章对言官的深恶痛绝，固然是他愤于时艰，私下里对弟弟李鹤章发的牢骚，但是信中所称"明朝之亡，乃亡于言官"则显然是实话实说。

明朝万历十二年（1584）八月十三日，神宗皇帝在给张居正定谳时，所强加给他的罪名，即有"钳制言官"一语。联系到李鸿章的言论，人们不难看出，在中国封建社会的皇权至上体制之下，所谓言官的陈言畅达，并不完全等同于言路放开。在许多情况下，往往仅因个别人的哗众取宠，或者是褊狭议事，就会使本可于时局略有小补的政务决策议而不行。长此以往，小隙微缝没能得到及时补救，最终便酿成大祸患、大灾害。朝廷政治生态的持续恶劣，便使得那些有责任感的热血之士根本做不出一点有益于国家民族的事。到了这种时候，政治就被从根本上严重扭曲了，而现实体制的垮台也就为期不远了。明朝时张居正的遭遇是这样，清朝时曾国藩、左宗棠和李鸿章的遭遇也是这样。

正在曾国藩、左宗棠和李鸿章等立朝显宦以崇阶厚禄而讳言张居正之时，他们三人有位共同的朋友——湖广监利籍荆南书院主讲王柏心却在大力宣扬张居正的执政理念，以及经世致用之学。

王柏心，字子寿，号螺洲，监利县螺山（今属洪湖市）人，清嘉庆四年（1799）出生于一个书香世家。其曾祖父王秉道是乾隆乙酉举人，祖父王文模为庠生，父亲王为典博览群书，于诸史研究尤详，为清廷奉直大夫。王柏心自幼随父祖识字读书，聪颖过人，过目不忘。他于道光二十三年（1843）中举，次年春闱得中进士，以主事分发到刑部任职。青年时

① 李鸿章：《致鹤章论言官之坏事》，王竞成主编：《中国历代名人家书》第六卷，国际文化出版公司，2001年，第1701页。

代，王柏心曾追随湖广总督林则徐。作为总督府幕宾，他长住武昌，陶冶出关注民生、忧国忧民的博大胸怀。出任刑部主事后，他无意仕途，乐于穷经，到职不过一年，为"远揽古今，勤求时要，日思所以振厉一世之人心"①，即以"家有老母，无人奉养"为辞，告养乞归。

王柏心返回荆州后，主持荆南书院，一面讲学，一面著书立说。其挚友湘军创建者之一郭嵩焘曾称赞他："未逾四十文章已冠绝海内，湖南湖北讲论经史文艺，必归先生；即有所述造，老师大儒皆咋伏，莫敢与并……以其道德文章，独步江汉间五十余年。"

荆南书院作为一座府属书院，集中了荆州所属七县的精英俊彦，其人文之盛，鼎甲荆湖。王柏心生活的年代，正是我国封建专制主义走向最终没落的社会大动乱前夜。其时，清王朝的社会危机空前加剧：内有太平天国定都南京，军威甚炽，几成燎原之势；外有英法联军集重兵于珠江口，试图再一次以武力逼迫清政府就范。面对着势如累卵的艰危政局，王柏心与一部分有政治远见的正直知识分子，如湖北布政使庄受祺、御史朱琦伯、韩临桂等聚集起来，悉心研修楚地先贤张居正的执政理念，希望能从中寻求出一条振衰起隳、刷新政治的救国之道。

与此同时，王柏心还专程往谒张居正的墓冢，并特撰《悯忠赋》一篇，以达崇敬之忱。赋文的开篇一句即云："伟上宰之迈迹兮，挺时栋于南荆。月符梦而流耀兮，岳降神而炳灵。蕴王霸之奇略兮，信命世之豪英。应在田之龙德兮，扬弼亮之休声……"接下来，作者为了褒赞张文忠公赤心谋国的忠肝义胆，特地在这篇楚骚体的赋文中，抒写其振衰起隳的突出功业，及其招祸缘由。赋中吟咏道："振蛊极之颓纲兮，怫众情而不惜也。犯危机而履深穽兮，夫唯党人之激也。荃不察夫人之精忱兮，盛震电之严威。得殁身以为幸兮，及恩礼之未衰。功则隐而罪彰兮，福已盈而祸基。朝阿衡而久浑敦兮，怨者又构之以南箕。旦揃爪而蒙谤兮，霍骖乘而积衍。元成既踣其丰碑兮，文饶流窜夫海边。勋烈轻于纤埃兮，衅罪积于邱山。怀忠信而攘诟兮，固自古而已然。"②

① 郭嵩焘：《王子寿先生墓志铭》，梁小进主编：《郭嵩焘全集》十五，岳麓书社，2012年，第587页。

② 王柏心：《悯忠赋》，张舜徽主编：《张居正集》第四册，附录一，湖北人民出版社，1994年，第535页。

这篇《悯忠赋》，充分展示出了王柏心的胸襟、抱负和才华。当此之时，一批朝廷重臣如曾国藩、左宗棠、胡林翼等都与其有着十分密切的接触和交往。郭嵩焘曾经在介绍他的交游行谊时说："大帅如曾文正、左文襄、胡文忠诸公有事焉，必就咨；有谋焉，必待断，而终不能以一官强使相就也。"与此同时，还对于他的人品给予了极高的褒赞："先生亦自以其诗文启诱后进才隽，诲化谆谆见人一技之长，誉不容口，推毂而策励之，必使有所兴发，以成其善。容接故人子弟尤厚，家无儋石储，其急人之忧，尝倍甚于忧其私。"

应当说，当清朝进入衰败期的时候，像上面提到的那些士大夫能够从张居正"致理之要，唯在于安民"的执政理念以及经世致用之学中来寻求应对之策，这本身便说明了中华文化优秀遗产有其特定的精神魅力。至于曾国藩、左宗棠和李鸿章等虽然心仪张文忠公"振蛊极之颓纲兮，怫众情而不惜也"的铁腕手段，却也仅限于只做不说，这完全是特定社会历史时期的独有现象。

大约也正是出于同样的缘故，当时的主流社会对张居正的著作与思想，通常仅限于既不特别褒扬，也不过分贬斥这样一种既定评价上。比如，在其老家荆州，当张家的原有宅基地连同整个东半城均于康熙二十二年（1683）划给满蒙八旗驻防军，作为八旗军校尉弁卒及其眷属生活的"满城"之时，乾隆版《江陵县志》乃在"郡城全图"中，还为张居正故居留下一处标注："大书院暨张相旧址。"

第二节 王闿运皮里阳秋书院题碑

　　清光绪二十六年（1900）岁尾，湘中名士王闿运应荆宜施道观察使奭良的盛情相邀，乘坐一艘大官船越过洞庭湖，来荆州参加张居正祠堂的落成仪式。

　　奭良（1851—1930），字召南，满洲镶红旗人，姓裕瑚鲁氏，其祖父乃贵州按察使承龄；少年时颇负盛名，向有"八旗才子"之称。作为旗人中的文职官员，奭良在前一年刚至荆州莅任荆宜施道观察使，即利用清明之机，前往荆州城东门外的天井渊去参谒张居正墓。回来后，他便和江陵知县张振纲说起墓园衰败之事，二人对坐，叹息良久。为了追思地方先贤，彰显一方教化之功，他俩最后议定从龙山书院的东边划一块地出来，修一座张文忠公祠堂。

　　与此同时，奭良还动员本邑贡生、大财东田桢出资，重新翻刻《张太岳全集》。田桢为人爽朗，毫不推辞，遂斥巨资请耆宿硕儒重新修订校勘全书原文；与此同时，他们还改变了原书结构，另增后人评论、缅怀诗文作为附录二卷。全书由初版四十六卷，增订为四十八卷，并更名作《张文忠公全集》。

　　随后，他请来刻匠高手，开工雕版，阅时一年，甫告功成，且将新书依张居正故居的御赐堂额，定名为"纯忠堂藏板"。这时，祠堂的修建工程也随之竣工了。为了将祠堂落成与《张文忠公全集》首发仪式两桩大事操办得有声有色，这次奭良不惜工本，派人携重金把誉满天下的大名士王闿运从湖南请了来，想仰仗他老人家的大手笔，写一篇《张文忠公祠堂记》。

　　王闿运（1832—1916），字壬秋，湖南湘潭人。此人幼时读书识字，好像并不出色，起初每天学习不及百字，又不能全都接受理解，几乎读不下去了。后来，受到良师激励，他折节下帷，发愤苦学，每天读的书不能背诵就不吃饭，未能理解就不睡觉。如此苦学数年，果然学业大进。他十九岁补诸生，治经通训故章句，二十余即有志于著述，作《仪礼演》十三篇。咸丰七年（1857），举本省乡试。以家贫就食四方，给大官们做幕僚。两年后，他在山东巡抚崇恩的衙门里当书办，入京会试不第，寓居法源寺，受御前大臣、总管内务府大臣、户部尚书、协办大学士、宗室贵族肃顺的赏识，聘邀为家庭教席，并约为异姓兄弟，优礼有加。

这段时间，似乎成为王闿运一生当中的黄金时期，肃顺遇到朝廷机要政务，也会垂询于他，请其参与赞画机要。"祺祥政变"之后，肃顺被慈禧太后处死，王闿运为全身避祸，怏怏离京。时值太平军定都天京，曾国藩率湘军在祁门与太平军对峙，他于仓皇间投奔到曾国藩帐下，只称是做客，并不出面协理军政事务，故湘军将领上上下下对他都以老师相称。

光绪四年（1878），王闿运应四川总督丁宝桢之邀，至成都主持尊经学院。光绪十二年（1886），他离川返湘，先后主讲长沙思贤精舍，任衡州船山书院山长。因此人成名较早，为人又非常自负，且又终生郁郁不得志，所以养成一副名士脾气，一时发起噱来，谁都拿他没办法。

这次来到荆州，王闿运兴致勃勃地游览了各处名胜古迹、山水胜景，然后在一群人的簇拥下，于冬至这天来到新落成的张文忠公祠堂。他在祠堂内外及其西侧的龙山书院看了一趟，在酒醉饭饱之后，乘着酒兴走近书案，提笔濡墨，挥腕就在纸上洋洋洒洒地写了起来。

侍候一侧的道台奭良、知县张振纲等凑近书案一看，顿时傻了眼：不是让他写《张文忠公祠堂记》的吗？怎么把个题目写成了《江陵书院记》？

起初，奭良想或许是王老爷子把话听拧了，没弄懂这祠堂尽管占的是书院的地，供奉的却是前朝先贤张居正的神主。可是，即使要为书院写碑记，也该是以"龙山书院"为题，怎么他就擅自做主，顺便把书院的名字也改啦？

可是，事情发展到这地步，谁也不敢出面提醒王闿运："哎，您老写错了！"谁都怕将他惹恼，猝然发起名士脾气而愈加胡来。于是，也就只好任他老人家将错就错地写下去。

王闿运毕竟是一位学问渊博、著作等身的耆宿硕儒，他于信手挥洒之间，笔走龙蛇，了不容思，一篇锦绣文章可谓一气呵成："江陵之重于天下，自周以来，非独山川形胜之奢，盖必有与国俱立者，贤才应时，则兴育之为亟。"

奭良、张振纲等看到这里，才明白老先生这篇文章命意之所在。原来，他是从大处着手，先自地方上山川形胜、钟灵毓秀、人才辈出的角度，来称颂张居正这"与国俱立"的超卓贤才的！

　　接下来，王闿运笔锋一转，接着写下了这样一段话："自承平时观之，循循随流，亦无以辨人才。及夫临大节，任重道远，盘根错节，乃别利器。往者寇难，海内波靡，湖广之士起里塾，弃帖括，饥困奔走，以成大勋。及天下丰乐，物力绕衍，诸生从容讽议，以谋策海外，言必笼宇宙，目必营四海，畿甸小警，颠仆失据，夫非空言与实行之异欤？"① 原来，老爷子有一肚皮牢骚，要对清朝末年欧风西渐之时倾慕西学者狠狠地予以一记痛击。当然，言中之意，总算归结到了"湖广之士"愤于时艰、勇于担当的这个中心话题；而这一点，正是荆宜施道道台奭良、江陵知县张振纲所殷殷期待的内容。

　　事实上，王闿运心中对张居正还是非常景仰的，正如他在这篇《江陵书院记》中所说的那样："江陵近代名人，未有如张叔大相国者也。昔闻曾文正言，以张公与唐李太尉文饶，皆以恢瑰负俗谤。而李承强固之余，张当窾鹾之极，其功尤伟。曾亦名臣，爵位事望，如在张公右。世之以夺情訾张者，未达权耳。"

　　王闿运虽褒赞"湖广之士"，但他毕竟是湖南人，于是赶忙便扯上此时社会声望极高的曾文正公，再用曾的话来歌颂张居正。

　　王闿运这样做，收到了一石二鸟之功：首先，彰显了张居正"当窾鹾之极，其功尤伟"的历史勋绩，给东道主一个极为完美的交代；同时，似乎不经意地顺便提及曾国藩，如此便自然而然地提高了自己的身价。

　　上一节写到，曾国藩因囿于所处的政治及社会环境，绝对不在公开场合或者是外人面前谈议张居正，而对像王闿运这样的乡邦子弟，却会做推心置腹的交谈。所以，至少可以肯定的是，王闿运在这里转述曾国藩所说的话，在内容上不会掺假；不过，他特意于此时来突出地叙写这一件事，是在自抬身价。

　　中国社会自古即重"官权"，世间士人若不是官，则便为"布衣"，亦可谓一文不名。王闿运充其量只是个教书先生，尽管也主持过川省一级的

---

　　① 王闿运：《江陵书院记》，张舜徽主编：《张居正集》第四册，附录一，湖北人民出版社，1994年，第538页。

尊经学院，说到头仍是一介平民。由此，他不得不在这道台和知县面前，借用曾国藩的声望，给自己的名士身份摆摆谱。

文章写到这里，王闿运便好好地给东道主奭良着实说了几句赞美之词，可这"迷汤"刚一灌完，他却又将批评的锋芒指向了张居正。文中写道："（奭良）是用更辟堂馆，增置公田，因立书院，祀张公为先师，与公欲废书院之意，适相成也。夫通经所以致用，张公知之；不通经则不足用，公或犹未知也。诚知之，则无忿于攻己，而益免于咎谤，以全令名，多士勉乎哉！"

身边的人将他写的文章读到这里，才都恍然大悟：原来老夫子是要借这个机会，到新祠堂里来教训本邑先贤张文忠公的啊。

王闿运寒窗苦读二十秋，憋着一肚子的"帝王之学"，就是准备荣膺大任，要做朝廷股肱之臣，以立不世之功。殊不知，时运不济，他只给肃顺当了两年幕友，还没施展开身手，此后便连遭霉运了。他投奔过曾国藩，却不料曾只想做清廷忠臣，不愿招惹"帝王之学"。王闿运这一辈子仕途不顺，也没有任何功名，枉负一腔才华，到老来只是在几个书院里做一做主讲，教一教士人学子读书作文章。刚好张居正生前又曾以雷霆手段禁毁私学，关闭书院，削减生员名额，所以仅从职业的尊严感上来考量这事，王闿运便对张居正腹诽不已：当年这事倘若落到今天的王闿运头上，这大明首辅岂非正是要敲自己的饭碗？

于是，他老人家故意不写《张文忠公祠堂记》，而偏写《江陵书院记》，就是要借这个机会来诘难张居正：您张大阁老又不是不懂，要想经世致用，就一定要"通经"，您倒好，把天下私人的书院全部关了，这就自己惹祸上身了吧？假使您当初不这样做，死后就不会有这么多的人都来攻击您，而您也能在千秋万代拥有一个好名声。这不，现在您家乡的官员建起了房子，凑出了银子，奉您为老师，在这里办学校，不是正好与您当初"欲废书院"的主张相悖了吗？

这老爷子是个典型的楚人性情，要骂张居正还非得坐到人家身后供奉神主的祠堂门口，向着其儿孙后代公开地骂。其实，张居正当年"欲废书院"原因非常复杂，也是为其以全力施行新政，不得不排开阻力而采取的一种权宜之举。然而，此事毕竟涉及我国两千年的人文教化重大举措，若是这样动用公权简单粗暴地予以裁决，显然是一大失策。

荆宜施道奭良是个心思极灵巧的聪明人，他将江陵县知县张振纲拉到一边，耳语了几句。这时，王闿运的文章已经写完，并落上了款识："壬秋湘潭。"他踌躇满志地将笔放下，奭良、张振纲带头鼓掌，在场的耆宿硕儒、缙绅乡宦皆同声叫好，把个王老夫子喜得眉开眼笑，摇头晃脑地将全文当众又诵读一通，一群人开开心心地闹得兴尽方散。

奭良、张振纲忙了几天，这才好不容易送走了大名士王闿运，随后依其所写碑文，先把这样一方写得别出心裁的碑立起来。随后，为了自圆其说，他俩只好再设法做了些补救措施：奭良写一篇《张文忠公祠堂记》，张振纲写一篇《张文忠公祠堂落成祭文》，把其间有关事项略做解释和说明。另外，再在王闿运写成的《江陵书院记》结尾，由奭良另外作一则附记，叙说一通"先生揭救时之义，实足昭前人之大烈，而垂来哲之正轨也"① 云云。通过二人这一番努力，总算把张文忠公祠落成的事情周到圆满地办好了。

其实，王闿运将张居正与曾国藩相提并论的这种想法，倒是其发自内心深处尊崇之情的自然流露。他本身就是这样认为的，即楚地俊彦，唯此二人，明朝有湖北的张居正，清朝有湖南的曾国藩，他们二人有如天上的星宿下凡，给楚地的历史天空增添了一南一北两颗璀璨夺目的明星。

这一点在王闿运为曾国藩作的挽联中表达得十分充分："平生以霍子孟、张叔大自期，异代不同功，戡定仅传方面略；经学在纪河间、阮仪征之上，致身何太早，龙蛇犹憾礼堂书。"②

王闿运到底是位腹笥丰厚、文思绝佳的大名士。他的这副挽联，作得极见功底：从事功上说，王闿运将曾国藩比作霍光、张居正；以学术而论，即将其比作纪昀、阮元。霍光与张居正，前文已有交代，无须赘言。仅论下联，也可算恰如其分。

纪昀，字晓岚，河间（今河北献县）人，博学多才，机敏幽默，主修《四库全书》，整理文献，功劳巨大。阮元，号芸台，江苏仪征人，历官所至，以提倡学术自任，主编《经籍纂诂》，校刻《十三经注疏》，汇刻《皇清经解》等典籍。拿曾国藩和他俩比，应该说得过去。

---

① 奭良：《江陵书院记代》"倚装识"，张舜徽主编：《张居正集》第四册，附录一，湖北人民出版社，1994 年，第 539 页。
② 王闿运：《挽曾国藩联》，武道房：《曾国藩学术传论》，安徽大学出版社，2012 年，第 203 页。

王闿运为曾国藩作的挽联，颇有盖棺论定之意。后人评价说，王壬秋这样论定曾国藩，似乎有点"心怀不满，杂以讥嘲"的意味，依笔者所见，此论多少是因为对王闿运本人有点鄙薄之见。或许是平素他耍名士派头太过分了些，比较讨人嫌，所以众人有些排斥且贬损他的意味。

钱钟书先生早年间曾追随闽籍著名诗人、杰出的诗评家陈衍问学。在那里，他听人讲过一句俏皮话，说是王闿运逝世后，上海某报刊出一条恶作剧式的挽联："学富文中子，形同武大郎。"钱先生说，这话尤为陈衍所津津乐道。

王闿运个头不高，故有"武大郎"之比；而"文中子"，则是隋朝学者王通的弟子给老师私拟的谥号。据说，这位王通好以圣人自命，平素喜模仿孔夫子而自得其乐。他居然自作六部"经"书，妄称《续六经》。按这副挽联的说法，王闿运在他人眼中，显然是一副妄自尊大、丑恶不堪的形象，着实可悲！

联系到王闿运受荆宜施道观察使橆良之托，前来荆州参加张居正祠堂的落成仪式，并在现场题写碑文时的行止举动，看来他的个性也确有乖张的一面。

倒是这位橆良颇值得一提。他来荆州出任荆宜施道观察使，走的是上层路线——他是时任湖广总督赵尔巽的表侄。此前他虽说屡试不举，在科甲上没能谋到个正途出身，却也真有点才学，至少比那些颟顸昏庸的满员们不知强到哪儿去了。辛亥革命后，他应清史馆之聘，曾参与修订了《清史稿》中的部分内容，因其熟悉清史掌故，另著有《野棠轩文集》《史亭识小录》等著作传世。民国时期，《清史稿》纂修、近代历史学家张尔田称他："于满洲文献，十朝掌故，矢口指陈，不待翻检陈籍，唯论事刻深，喜与人立异，又文笔差弱，不长于编纂，至讨论之事，则时有独到也。"[①]看来，如橆良这样一心向学，更兼崇尚文教的良吏，也该在荆州地方史志上据有一席之地。

① 朱诚如，王天有：《明清论丛》第十一辑，紫禁城出版社，2011年，第218页。

第三节 梁启超盛赞"委政受成"

在中国近代史上,杰出的思想家梁启超是位勤奋好学、才华横溢、学识渊博、成就卓著的奇才。在他一百四十八卷总计一千四百万字的《饮冰室文集》中,几乎遍涉中国历代政治、经济、思想和文化等各个不同学术领域的诸多问题。

1901 年底,清政府直隶总督兼北洋大臣李鸿章去世,梁启超写了一篇十万字的《李鸿章传——四十年来中国大事记》长文,以抒其心志。这篇以李鸿章传记为名目的撰著,大体上是以传主的政治、军事、外交活动为主干,其间纵横捭阖、臧否人物、评述时政、抒发感慨,写得豪气十足。其中,有一段章节论议到历朝历代曾一度主宰过朝廷政务的"权臣们"及其在历史上的功过是非,更是显得雄健宏阔、议论横生。当述及张居正时,梁启超将其与"秦之商鞅,汉之霍光、诸葛亮,宋之王安石"等相提并论。他认为,这几个历史名人有个共同的特点,那就是"皆起于布衣,无所凭借,而以才学结主知,委政受成,得行其志,举国听命,权倾一时"[①],都是中国历史上屈指可数的杰出政治家。

中国古代的社会结构相对板结沉滞,上流社会中人极重门第、家世,所以历朝历代能以布衣而跻身豪门者为数寥寥。作为我国近代史上著名的资产阶级改良派政治家,梁启超认为,像张居正与商鞅、霍光、诸葛亮、王安石这几位古代杰出之士,大多是在国事艰难的时候,受命于危难之中,肩负起了振衰起隳、挽狂澜于既倒的重任。所以,称这些人为"委政受成",其意思也就是指他们因缘际会,平步青云,而以匹夫骤升高位,直接执掌朝纲,继而肩负起了揆度天下的重任。对这些人而言,尽管他们也是"功定天下之半,声驰四海之表,俯仰顾盼,则天命可移",但绝非

---

① 梁启超:《李鸿章传》,东方出版社,2009 年,第 10 页。

等同于梁启超所称"贵族柄权"的霍、邓、窦、梁，也不同于"以武功而为权臣者"如曹操、司马懿、桓温、刘裕、萧衍、陈霸先、高欢、宇文泰之流；至于那些以"巧言令色，献媚人主，窃弄国柄，荼毒生民"的秦之赵高，汉之十常侍，唐之卢杞、李林甫，宋之蔡京、秦桧、韩侂胄，明之刘瑾、魏忠贤等辈，那便是非常时期骤然冒出来的异类，令人唾而弃之。

看得出来，梁启超对"委政受成"者如诸葛亮、王安石、张居正等人，都是十分敬重、钦佩的。他们位高权重，威加海内，在替代帝王行使权力的时候，都于政务施加了极其巨大的影响，故"庶几有近世立宪国大臣之位置"。

其实，这是梁启超的一种误解。

在近代实行君主立宪制的国家里，国王的权力已被国会所颁宪法削弱，如英国于1832年颁布的改革法令，便使其政治体制朝着更适于全面现代化的议会制度过渡，进而逐渐取消并化解了专横、暴戾的封建王权。可是，在中国封建皇权的控制和约束之下，那些古代的大臣们在帝王面前，永远都只能扮演一种极为可悲的角色。即如梁启超自己在本书中所言："天子执长鞭以笞畜之。虽复侍中十年，开府千里，而一诏朝下，印绶夕解，束手受吏，无异匹夫。故居要津者无所几幸，唯以持盈保泰守身全名相劝勉，岂必其性善于古人哉？亦势使然也。"

梁启超进一步分析道："以此两因，故桀黠者有所顾忌，不敢肆其志，天下借以少安焉。而束身自爱之徒，常有深渊薄冰之戒，不欲居嫌疑之地，虽有国家大事，明知其利当以身任者，亦不敢排群议逆上旨以当其冲。其所谓做一日和尚撞一日钟者，满廷人士，皆守此主义焉，非一朝一夕之故，所由来渐矣。"所以，在他看来，置身于中国古代的政治格局中的大臣们，无论是宰相还是内阁首辅，若是想得其善终，就只能"持盈保泰守身全名""做一日和尚撞一日钟"。正因为如此，他特别敬佩鞠躬尽瘁、以身报国、激浊扬清、厉行改革，且"委政受成，得行其志"的张居正与商鞅、霍光、诸葛亮、王安石等不计一己得失、尽心竭力操劳国务的杰出人物。

或许，张居正身后即遭"破家沉族"弥天灾难的严重事件，对梁启超的刺激太深，所以他以一位民主主义思想家的立场，对中国古代政治皇权至上的腐朽性与黑暗性，予以了深刻的揭露与批判。

梁启超的人生遭际，在他生命的前半叶，几乎和张居正一样。他自少年时代即有"神童"之誉，居然也是十六岁中举。幸运之处在于，他比张居正要迟三百五十多年来到中华大帝国——毕竟，时代进步了！

梁启超虽然生活在千疮百孔的晚清时期，但此时西方文明已经开始在渐次消解君权至上、皇国永昌的思想基础与社会基础；民主主义思想的广泛传播，已经从根本上动摇了所谓"君权神授"的陈腐说教。人们注定不再会像张居正生活的年代那样，对世袭的皇权顶礼膜拜了，而一场全社会翻天覆地的大变革，就要在这片古老的国土上蓬勃开展。

其实，张居正在生前何尝不知道身为人臣，须"常有深渊薄冰之戒，不欲居嫌疑之地"的道理？在他的文集中，我们读过一封他于万历三年写给宣府巡抚吴兑的一封信，就曾为其发自内心的孤苦哀愁而深有感触。

在这封信中，张居正以无比苍凉的心境，写出了自己"大破常格"地推行新政而蒙谤招怨的深深苦衷："仆以菲薄，待罪政府，每日戴星而入，朝不遑食，夕不遑息，形神俱瘁，心力并竭，于国家岂无尺寸效？然自受事以来，力辞四荫，独守旧官，每一蒙恩，则夔夔悚栗，不能自宁。非矫也，诚以国恩难报，而臣子鞠躬尽瘁，不过自尽其所当为，本无功之可言也。"①

吴兑，号环洲，浙江绍兴人。他正好与张居正同龄，且因与张的关系较为亲近，所以被派往北部边防重镇宣府出任封疆大吏。明朝中期之后，北方蒙古军势力大增，致使中原边警频繁。嘉靖二十九年（1550），蒙古部族首领俺答率铁骑破关斩将，直犯京师，朝廷不得已增兵设戍，饷额过倍，京畿一带的国防费用每年已增至五百九十五万两白银，而朝廷的总税收每年也只能应付支出的半数。由于多年的收支逆差，太仓积累赔补殆尽，另外再加以朝廷在土木、祷祀、恩赏、河工、赈灾等方面的用度，所以国家财政日渐衰竭。张居正在主政初期，手头接下的这副烂摊子使他长年穷于应付，忙得焦头烂额，而身为一个肩负重任的当朝首辅，他心里有些话又不宜为外人道，因而只有把自己一肚子苦水，倾注给这样一位与之多少能说一说知心话的僚属。

应该说，张居正的这番内心独白，是他竭尽全力为国家投力报效、为黎民忍辱负重执着信念的真实写照。可是，要想完成富国强兵的伟业，他

---

① 张居正：《答督抚吴环洲言敬事后食之义》，张舜徽主编：《张居正集》第二册，书牍七，湖北人民出版社，1994年，第567页。

就只能死死地把握住手上的那一份权力，借助于并不真正属于他的"举国听命，权倾一时"的威势，矢志不渝地尽自己最大努力，全心全意地将事情做到极致。

张居正确实聪慧过人，才华卓荦。早在他十多年前还是翰林院的一个编修时，就曾多次在给朋友的私人书信中，透露出了自己以天下为己任的凌云壮志。

湖广黄安人耿定向在当时是位著名的学者，主修王阳明的"心学"，尤重泰州学派王艮的学说，并自诩为其"私淑"弟子。嘉靖四十三年（1564），时任右春坊右谕德的张居正，给在甘肃当巡按御史的耿定向写了一封信。在信中，他先是和耿定向谈了一阵学问上的事，随即对时局大发感慨：

> 长安（指京城）棋局屡变，江南羽檄旁午。京师十里之外，大盗十百为群。贪风不止，民怨日深。倘有奸人乘一旦之衅，则不可胜讳矣。非得磊落奇伟之士大破常格，扫除廓清，不足以弭天下之患。[①]

这个"磊落奇伟之士"是谁呢？张居正在信中没有明言，只是说："顾世虽有此人，未必知；即知之，未必用。此可为慨叹也。"可是，接下来又叮嘱道，"中怀郁郁，无所发舒，聊为知己一吐，不足为他人道也。"

明眼人一看就知道，张居正是在以这种"磊落奇伟之士"自许。他相信，就在机会到来的时候，自己便一定有胆魄、有能力来廓清天下。

那时，翰林院有个同事胡杰被调到河北广平府任通判，此人对《易经》的考究，达到如醉如痴的地步。张居正曾写信跟胡杰交流自己研读宋人杨万里《易传》的体会。他颇为自得地写道：

> 窃以为六经所载，无非格言。至圣人涉世妙用，全在此书。自起居言动之微，至经纶天下之大，无一事不有微权妙用，无一

① 张居正：《答西夏直指耿楚侗》，张舜徽主编：《张居正集》第二册，书牍十五附录翰林时书牍，湖北人民出版社，1994年，第1284页。

事不可至命穷神。①

张居正于这段话的字里行间，无不流露出一种发自内心的自信："至命穷神"的易学奥秘，全在于"微权妙用"。若非具有"经纶天下"之志，岂可由一般人随口断言！果然，时至隆庆六年（1572），张居正以因缘际会，走上了治国理政的前台。一旦权柄在握，他当即大展宏图，在奋力刷新朝政之际，他妙用心机，指挥若定，揆度天下大政方针，调理海内巨细政务，实可谓胸有成竹，富于韬略。鉴于其在力挽狂澜、振衰起瘵的施政举措上所显示的举重若轻的气度，使之真正达到了"无一事不有微权妙用，无一事不可至命穷神"的超妙境界。

为了厉行新政，他不惜得罪朋友、冷落恩师，甚至将试图抵制新政的门生、僚属罢黜的罢黜、放逐的放逐、远谪的远谪……他这样做的唯一目的，就是"一切付之于大公，虚心鉴物，正己肃下。法宜所加，贵近不宥；才有可用，孤远不遗。务在强公室，杜私门，省议论，核名实，以尊主庇民率作兴事"。②

可以理解的是，在当时那种皇权至高的政权体制下，"尊主"是任何一个理政者所必须奉行的基本准则，而对张居正而言，"庇民"则是他所需要切切实实地予以兑现的政治纲领。所以，即便是对其权力的主人——皇帝和太后，他也会在为着实现"庇民"的目标而想尽办法让他们接受自己的意见或建议。

万历七年（1579）夏，礼科左给事中顾九思、工科都给事中王道成于奏疏中反映，苏州和南京两地的织造衙门近期提出又要为宫中制作龙袍的动议，可恰好在这一年江南遭逢特大水灾，地方糜烂，民生凋敝，老百姓穷得连饭都没的吃，再要制龙袍，恐怕容易激起民众的怨愤，因而建议取消这项计划。

本来织造事务历来均是由皇帝派遣太监到江南一带去主持的，其经费有一部分出自皇宫内库，另一部分则由两淮盐税充抵。管事太监依照宫中

① 张居正：《答胡剑西太史》，张舜徽主编：《张居正集》第二册，书牍十五附录翰林时书牍，湖北人民出版社，1994年，第1286页。
② 张居正：《与李太仆渐庵论治体》，张舜徽主编：《张居正集》第二册，书牍五，湖北人民出版社，1994年，第430页。

预定的样式和纹样，由北京发给苏州和南京两地的织造机户如式制作便可。神宗皇帝看了顾、王二人的奏疏，心里多有不快，派文书官到内阁传谕，让阁臣提出处理方案。

第二天，张居正和次辅张四维、申时行等阁臣入宫，行礼以后，君臣双方就针对要不要做龙袍的事进行了讨论。依照神宗的意思是，既是宫中需用龙袍，而且花的又不是百姓之银，就是做一做也无关紧要。

张居正说，苏、松那一带地方官早有奏报，各处水灾严重，百姓困苦流离，朝不保夕，甚至还有人群聚劫夺，委实难以承差。再说，"地方多一事则有一事之扰，宽一分则受一分之赐"。这意思很明确，即是希望皇上多为百姓着想。

君臣之间谈了一阵，后来双方均做出让步：已经开工了的龙袍，抓紧赶制完成；还没有着手施工的，就暂缓一步再考虑制作。

时隔两天，承运库太监孔成上奏，因为宫中需要缎匹用作赏赐，所以需要请南京、苏松、浙江等处再增织七万三千匹绸缎。皇帝的圣旨一发下来，工科都给事中王道成知道事情又发生了变化，只好再度上疏，请求酌减增造缎匹。

张居正于是再次入宫，再跟神宗皇帝继续谈论这个话题。他通过算细账的方式，反复和皇帝申明江南织造业与地方税赋之间的利害关系，最后甚至义正词严地说："民穷财尽，赋重役繁，将来隐忧诚有不可胜讳者。"[1]

话既已说到"隐忧诚有不可胜讳者"这个份儿上，其语意便已经几近于在用"官逼民反"之类的威吓要挟对方。最后，神宗皇帝终于不得不再做让步。

类似于这样跟皇帝算细账的情况，于张居正而言，似乎已成为家常便饭：万历五年，全国的收入近三百三十六万两，支出却为近三百五十万两；万历六年，收入近三百五十六万两，支出却为近三百八十九万两……张居正紧紧扣住"量入为出"作为算账的中心环节，既简捷明了，又通俗易懂。张居正说："夫古者王制，以岁终计国用，量入以为出。计三年所入，必积有一年之余，而后可以待非常之事，无匮乏之虞。乃今一岁所出，反多于所入，如此年复一年，旧积者日渐消磨，新收者日渐短少，目

① 张居正：《请酌减增造段匹疏》，张舜徽主编：《张居正集》第一册，奏疏九，湖北人民出版社，1994年，第398页。

前支持已觉费力，一旦有四方水旱之灾、疆场意外之变，何以给之?"①

接下来，张居正以当家人的口吻说道："此时欲取之于官，则仓廪所在皆虚，无可措处；欲取之于民，则百姓膏血已竭，难以复支。而民穷势蹙，计乃无聊，天下之患，有不可胜讳者，此臣等所深忧也。夫天地生财，止有此数，设法巧取，不能增多，唯加意撙节，则其用自足。"

应该说，张居正关于"民穷势蹙，计乃无聊，天下之患，有不可胜讳者"的警告，是对明朝中晚期每一个执政者均应设法规避社会动乱的确切训诫，而他劝谕皇室"加意撙节"的说法，乃是站在天下苍生的立场上，有效遏制了皇权肆意扩张。可惜，其间唯有他一个人切实履行并实践了这一理财理念。当年，因他的全力回护，由皇室强加给江南机户的沉重负担虽有所减轻，然而经过了这两次三番对皇室的加意抑遏，他同时却于不经意间给自己身后即遭"破家沉族"的弥天灾难，埋下了莫大的祸患。

"世间再无张居正。"其后，众多当国者均如梁启超在《李鸿章传》中所指斥的那样，"常有深渊薄冰之戒，不欲居嫌疑之地，虽有国家大事，明知其利当以身任者，亦不敢排群议逆上旨以当其冲"②。而大臣们尸位素餐，贪禄保身，不啻是整个社会士风颓败且无可挽救的一大根源。因此，不过短短六十年的时间，大明天下的国祚，也就走到了尽头。

张居正那种忧国忧民的心境，构成了他后半生执政期间一切思想和行为的重要依托。也就是说，为了让已呈颓势的整个大明王朝能够从"百姓膏血已竭，难以复支"的窘困中解脱出来，他殚精竭虑，煞费苦心，尽了个人的最大努力。因此，明代著名平民思想家李贽在同时代人中，最为崇敬张居正，尊称他为"胆如天大"的"宰相之杰"。

1911 年，梁启超撰《中国六大政治家》，将张居正与管仲、商鞅、诸葛亮、李德裕、王安石同列，并说只有张居正，方可称之为明代政治家的唯一杰出代表。

---

① 张居正：《看详户部进呈揭帖疏》，张舜徽主编：《张居正集》第一册，奏疏八，湖北人民出版社，1994 年，第 385 页。

② 梁启超：《李鸿章传》，东方出版社，2009 年，第 12 页。

第四节　张难先感叹"工于谋国"

1938 年春，中国人民伟大的抗日战争进入了第七个年头。八路军在华北敌后全面开展游击战，神头岭一战，共歼灭日军一千五百余人；台儿庄会战，方兴未艾，七万余日军在中国军队的抗击下，寸步难行。为了部署鄂西各县的抗战工作，国民党的辛亥元老、湖北省民政厅长张难先在筹备汉口保卫战的紧要关头，前来荆州巡视。

张难先（1873—1968），湖北沔阳（今仙桃市）人。他本名张辉澧，号义痴，以字行世。1904 年，刚逾而立之年的张难先赴省城武昌，参加革命团体科学补习所从事反清活动。不久，投湖北陆军第八镇工程营当兵，曾与反清志士密谋，要趁慈禧太后七十生日时与湖南方面的同人同时起义，因事泄逃回沔阳，开办仙桃镇集成学校以蓄积力量，继而参加日知会。1907 年，他再赴武昌，谋划响应萍浏醴起义，因事机不密，被湖广总督张之洞派密探逮捕，解送武昌监狱。出狱后，他加入革命团体文学社，在武昌、汉川等地从事革命活动，并与友人在沔阳创办"勤业蚕桑公司"策动革命。辛亥武昌起义后，为反对黎元洪将政权让予袁世凯，愤而辞去黎之秘书要职，后返乡以教书度日。1928 年，南京国民政府从名义上统一中国，张难先任国民党湖北省政府委员兼财政厅厅长。在抗日战争初期，他抵达荆州，当下便偕随员参谒张居正墓，要以楚地先贤"工于谋国"的担当精神，振奋全体军民的抗日斗志。

张难先在参谒墓后，关切地向陪同谈话的张氏后裔张仲琳先生详细打听数百年来荆州张家的情况，并问道："早年间，史书上曾记有令先祖文忠公在荆州城里修建府邸的记载，这次莅荆何以没听说相府遗址？"

张仲琳回答说："先祖蒙难后，神宗已命官府借查抄之机，将原宅罚没入官。清朝立国之后，东城虽设有先祖祠堂，但鉴于整个东部郡城皆被辟为满城，全住着满蒙八旗及其眷属，而汉民悉数迁出，故祠堂屋宇早已再无往日模样了。"

张难先听了，深为喟叹。当年，他留心时务，罢科考而奋力探寻救国之路，故对地方先贤张居正的生平业绩久怀崇敬之心。尤其是在民国年间，当其出仕为官之后，因接触到的官场黑幕令人痛心疾首，于是愈加体会到张居正当年推行"万历新政"之难。遥想万历初年，张居正掌握官员任免大权，在日常政务中，不可避免地要处理关于故乡各级"父母官"的任命考评等事宜；毕竟事涉家乡父老，因而他在决定某个湖广或荆州地方官员去留取舍的问题上，难免多犯踌躇，而此事也是其生前死后最遭人诟病的一处"软肋"。

比如，在明万历四年（1576），当辽东巡按御史刘台在攻击张居正"作威作福"时，便将"游仕省郡"（湖广或荆州的地方官）与"亲戚""里闬"（同乡）和"门生属吏"相提并论，说是其"握大柄，威福颐指，势倾中外"而收罗的对象云云。其实，张居正在推行新政之时，重在不拘一格擢用人才，这其中无疑也包括这些先后在湖广或荆州做过官的人。明隆庆六年（1572），原湖广巡抚汪道昆离任，浙江按察使赵贤升为新的湖广巡抚。几年前，赵贤做过荆州知府，张居正在其赴任之初，即写信勉励他说："唯公去楚数年，楚人思公，不啻慈子之恋慈母也。兹得再借，万姓同心欣，岂止仆一人之私庆哉！比来楚土凋瘵，视昔更甚，连年涝垫，民罔攸居。目前诸务，水利为亟，望公留意焉。"[1]

可以说，张居正在安排、调处湖广以及荆州地方官的行政举措方面，始终有其持执如一的章程和规则。这就如同他在给原荆州知府徐学模的信中所说："知贤不敢蔽，是非不敢枉。公非有求于仆，仆非市德于公，行吾道，直而已。"[2]

张居正这话说得再明确不过了。当时，徐学模做荆州知府，政声远播，口碑极佳，沙市商民为了感激他的德政，还联名上书湖广布政使司，要求改"沙市"为"徐市"。然而，张居正在任命徐学模为刑部右侍郎时说的这一番话，确凿无误地表达出了自己"知贤不敢蔽，是非不敢枉"，

---

① 张居正：《答湖广巡抚赵汝泉》，张舜徽主编：《张居正集》第二册，书牍四，湖北人民出版社，1994年，第327页。

② 张居正：《答宪长徐太室》，张舜徽主编：《张居正集》第二册，书牍四，湖北人民出版社，1994年，第274页。

率先垂范的政治态度。

倒是有个叫刘秉仁的郧阳巡抚，此前曾多次向荆州张家送礼，迹近行贿。张居正就亲自写信告诫他说："若必欲为流俗所为，舍大道而由曲径，弃道谊而用货贿，仆不得已，必将言扬于廷，以明己之无私。则仆既陷于薄德，而公亦永无向用之路矣，是彼此俱损也。"后来，这位刘巡抚果然因失职被免官。

张难先还知道，荆州有张居正的老家，住着他的亲人。可是，尽管他牵挂故宅亲人，但是当他家在荆州修建居舍时，张居正却一再写信恳辞地方官员的资助，要求他们不必为自家的事增加故乡父老的负担。

张家修屋之事缘起于隆庆六年（1572）八月，即明神宗即位之后不久。当时，高拱遭逐，高仪去世，内阁中仅剩少师兼太子太师、中极殿大学士张居正，而吕调阳新入内阁，刚由文渊阁大学士晋少保、武英殿大学士。小皇帝朱翊钧为了对这两位内阁大学士示以恩宠，便为张、吕二人各赠御笔大字。赠张者为"元辅""良臣"；赠吕者为"辅政"。次年（1573），神宗登基，改元万历。当年，张居正凛遵受赏"御笔大书"时做出的"谨各摹临入梓，悬匾居第""当世袭珍藏，永为世宝"的承诺，准备"恭建楼堂，尊藏宸翰"①。由此，便在老家府城荆州的东门内开始兴建居舍。

此时，张居正大权独揽、炙手可热，小皇帝朱翊钧感其劳碌国事、勤谨有加，不仅为他亲笔书写了楼名"捧日"、堂名"纯忠"的御题匾额，同时，还另为他特颁御笔大字两幅、对句一联。此外，又"特赐御前银一千两，少给工费"，且特遣文书官尚文，将这诸多赏赐恭捧到张居正的家里。

皇帝也出面为张家修屋之事提供赞助，许多官员尤其是湖广以及荆州地方官更是乐于捐输。张居正诚惶诚恐地赶忙写信给各位官员表示："小宅原拟赐金构一书舍耳，不意锦衣庞君遂慕京师第宅，大事兴作，费至不赀。屡辱垂念，给予频繁，既乖本图，复益罪过，赧怍之衷，口不能悉。此后更无烦存注，以重不肖之罪。"另外，他还请地方官严加督察，但凡发现有人以此事招摇撞骗者，一定缉拿归案，从重严办。

---

① 张居正：《谢御笔大书疏》《再谢御书疏》，张舜徽主编：《张居正集》第一册，奏疏二，湖北人民出版社，1994年，第99—101页。

张家修房子，开支上略有亏空。湖广巡抚赵贤写信称，可否让众官员从各自的养廉银中凑一凑数"助工"，补上这个窟窿？张居正再度给其写信表示，他将谢绝人们任何方式的资助，"即有不足，以后逐年赐赉及俸入、田租，陆续凑办。需以二三年，可得苟完矣"。与此同时，他一再告诫赵贤："若诸公创行此意，则官于楚者，必慕为之，是仆营私第以开贿门，其罪愈重。"①

万历二年（1574），荆南道道员施华江、荆州知府王元敬向张居正写信示意，说是长江边新冒出一方沙洲淤地，作为无主地亩可允张家报领。张居正此时却考虑到，江边所淤沙洲必定会有许多人垂涎，假若自家出面报领，必定会与他人发生纠葛。于是他在《与荆南道府二公》中恳切地写道："擅众所利，则怨必丛积。家有薄田数亩，可免饥寒。老亲年高，子弟驽劣，诚不愿广地积财，以益其过也。"②

张居正的这些做法，无疑打破了明朝官场相沿成习那套相互遮掩、相互回护的"潜规则"，所以不能不遭到当时整个封建士大夫的反感与鄙弃，因而招怨尤甚，乃至后来他的生前好友——大诗人王世贞在其死后还恶狠狠地责骂他："居正天资刻薄，好申韩法，以智术驭下。"③

王世贞所谓"申韩法"，是指战国时期法家的代表人物申不害和韩非主张的苛严峻烈的施政手段。其核心即是以政治权术而调处各种人际关系，为达目的而不择手段，这与儒家一向倡导以"礼"治天下的道统是背道而驰的。应当说，王世贞的这一诋毁极具杀伤力，因为他针对的乃是张居正执政理念的核心——"民心固结，邦本辑宁"④ 的治国总纲。

张难先在与张仲琳的交谈中，感触极深。所有这些围绕荆州张家所展开的话题，都令他对故乡湖北的先贤张居正倍增崇敬之情。记得在七七事变发生后，他曾写过《论中华民族之橡皮性的民族精神》一文，考虑到为

---

① 张居正：《与楚中抚台辞建第助工》，张舜徽主编：《张居正集》第二册，书牍五，湖北人民出版社，1994 年，第 362 页。

② 张居正：《与荆南道府二公》，张舜徽主编：《张居正集》第二册，书牍六，湖北人民出版社，1994 年，第 466 页。

③ 王世贞：《嘉靖以来首辅传》，张舜徽主编：《张居正集》第四册，附录一，湖北人民出版社，1994 年，第 449 页。

④ 张居正：《请蠲积逋以安民生疏》，张舜徽主编：《张居正集》第一册，奏疏十一，湖北人民出版社，1994 年，第 472 页。

着鼓舞全体军民的抗日斗志，光强调所谓坚忍不拔、百折不回的"橡皮性"顽强精神是不够的，还应当要像张文忠公那样，要"工于谋国"，即在当此民族危亡的紧要关头，将全副身心都运用到共赴国难、抗日逐寇的伟大斗争之中，方可真正实现中华民族全面复兴的伟大事业。

想到这里，张难先应张仲琳所邀，为张家祠堂保存了数百年的那帧彩绘画像，题写了一帧条幅："戊寅春出巡荆郢，既谒江陵文忠公墓，复蒙哲裔仲琳先生示公画像，令小子不禁泫然。曰：此真千古伟人也！貌严整，修髯垂腹部，令人肃然起敬。公处上恬下嬉、主少国疑之时，慨然以天下为己任，振刷纲纪，严明赏罚，使明业中兴，岂拘生鄙儒所能测其高深者哉！海忠介瑞称其工于谋国、拙于谋身，旨哉斯言！今吾国衰败至此，正由工于谋身之多也。一叹。"①

张难先是一位将自己毕生心血，都奉献给了国民革命的杰出民主主义斗士。他入仕民国后，眼见得民主革命遭人践踏，孙中山先生的"三民主义"只剩下一个空架子，为之痛心疾首。他数度愤而辞职，又几度出山，对于国民政府那些尸位餐素的衮衮诸公，他深有所知。近年来，南京国民政府深知中日之战势不可免，一旦战幕揭开，位于华中腹地的广大区域必将会以武汉为中心，构筑起抗击日本侵略军的战略纵深支撑堡垒，于是便别出心裁地安排了三位辛亥元老，即以清廉、耿介而闻名的"湖北三怪"（严立三、石瑛和张难先）为主干组建湖北省政府。有鉴于此，张难先有感而发，特别提出"今吾国衰败至此，正由工于谋身之多也"的话题，乃是将那些在国家危亡之秋，投靠日寇的汉奸、大发国难财的蠹虫，以及消极避战、贪图安逸的懦夫，一概咄斥，这显然是对时政的莫大讽刺。

1949年，张难先先生在武汉解放前夕，毅然与国民党政权一刀两断，参加第一届新政协，积极投身于新中国的伟大建设事业。1968年9月11日，他在北京逝世，享年九十五岁。

张难先于1938年春在张居正家祠传世画像上亲笔留下的这一帧条幅，是其对张居正予以准确评价并借以抒发心志的不朽之作。它在一定程度上反映了民主革命时期一位世纪老人渴望政治清明，呼吁"工于谋国"，并祝祖国富强的宏图大愿的慷慨心声。

---

① 见荆州博物馆藏《张居正家祠传世画像》题签。

第五节　熊十力非议"禁毁私学"

1949 年 10 月，在广州解放后的第十天，隐居在城郊化龙乡的著名爱国民主人士、湖北黄冈籍著名哲学家熊十力就接到了老朋友董必武、郭沫若等人的联名电邀，请他即刻北上共商国是；同时，董必武还特别关照沿途各级军政部门，对他要热情接待，妥善安排。次年 3 月，熊十力抵京，政务院秘书长齐燕铭到车站迎接，不久他即以特约代表的身份，参加中国人民政治协商会议第一次会议。

1950 年初，熊十力先生重回北京大学，被聘为该校教授。这年夏天，熊十力偶尔觅得一套《张江陵集》，初读之下，即爱不释手，于是便静下心潜心苦读起来。这时，老朋友傅岳棻得知其正在研读张居正的著作，写信来跟他交流自己对这套书的一些评价与构想，于是引发了熊十力对这个课题的深刻思考。

傅岳棻（1878—1951），字治芗，武汉江夏人。清末新政期间曾在北京担任过学部总务司司长，辛亥革命后相继出任北洋政府国务院铨叙局佥事、参事，教育部次长，并代理部务；其后曾先后在国立北平大学、北京大学、北京师范大学等校执教。作为一位长期从事教育研究工作的学者，傅岳棻先生对《明史》有意贬斥张居正的一些做法颇有非议。他写信对熊十力说，这部官修史书不为张个人设立专传，仅将其附之于徐阶与高拱间姑且不论，且其"集谤语以诬之，缺史识，败史德，莫甚于斯矣"。由此引发熊十力对明清以来中国思想史研究的密切关注。

熊十力认为，自明、清迄至民国以来，虽然有不少人在研究张居正，"但于之学术与政策向无意考辨"，倒是借"禁理学，毁书院"等事由，不仅刻意苛严地来诘难、拷问这个历史人物，甚至是采用"群恶而贱之"等非学术态度，来诋毁其人格。为了拨乱反正，他在短时间内奋力写出了《与友人论张江陵》。

作为曾被《大英百科全书》誉为与冯友兰一道，堪称"中国当代哲学之杰出人物"的一代学界宗师，熊十力先生在祖国迭经战乱，重归一统之际，见新兴的人民政权如此尊重学界人士，他那发自内心的欣慰之情真切感人。由此，在《与友人论张江陵》中，他有感而发，不仅高度评价和褒赞了张居正的"学术与政策"，同时对当下新政权的种种举措也予以了殷切的期望，其激赏之情每每溢于言表。

在熊十力看来，张居正因缘际会，于隆庆末年主持朝廷政局，据此而在万历朝的前十年"大破常格，扫除廓清"，得以一展身手，终于将自嘉靖、隆庆年间以来萎靡不振、颓丧衰败、贪墨成性、文怡武嬉的风习振厉一新。他认为，张居正这种全力推进新政的做法，乃是"承孔门之遗教，而欲实行其所怀抱之社会主义，故以法令重惩贪污，摧抑豪强兼并，而保育天下劳苦小民"。由此可见，熊十力认为张居正之所以能够在政务上取得如此辉煌的业绩，全是因为他具有坚定的精神支柱，以及符合社会主流文化即孔孟之学的厚实理论素养之所致。

作为一位旧学根底非常厚实的老知识分子，熊十力在写作《与友人论张江陵》这一时期，精神上显得十分亢奋。他为祖国的百年战乱终于消弭而倍感欣慰，又为自己得逢盛世而尤为欢悦。

熊十力（1885—1968），字子真，原名继智，晚年号漆园老人，系黄冈（今团风）县上巴河张家湾人。他十四岁从军，1905 年考入湖北陆军特别小学堂，在校期间，加入武昌"科学补习所""日知会"等秘密反清革命团体，辛亥首义后参加了光复黄州的战斗。后来他奔赴武昌，被任命为湖北军政府参谋，其后脱离军职，并于 1917 年赴广州协助孙中山工作。1923 年，熊十力因对国民党颇觉失望，遂愤而退党，专心致力于学术研究。1920 年，他进入南京支那佛学院，师从欧阳竟无研习佛学，经过三年时间潜心苦修，因独具慧心，故颇有创获。1922 年，受梁漱溟等人的赞扬与举荐，他被蔡元培聘为北京大学的特约讲师，此后在该校升任副教授、教授。抗战军兴，熊十力到四川宣传抗日，弘扬民族精神，讲学于乐山复性书院。抗战胜利后，他重返北大，后又应邀赴浙江大学讲学。

1948 年秋，熊十力移住广州郊外，当全国解放前夕，他曾一度彷徨不安，其本意或想回北大，或想去湖北老家专心治学，但又心存疑虑，甚至还动过念头，打算去印度或港台工作一段时期。但令他万万没有想到的是，共产党并没有忘记他这位时贤大哲，当董必武、郭沫若代表人民政府专门安排他抵达北京后，主管部门还在什刹海、后海一带，为他准备了一套小四合院住宅，以利安顿家小。

在这十分难得的安定环境中，熊十力便于1950年仲秋写出了《与友人论张江陵》，其后由时任中央财经委员会主任、政务院副总理的董必武，中央人民政府委员会秘书长林伯渠等领导人安排有关部门，协助他印刷发行。

在这部书中，熊十力全面评价、分析张居正"学术与政策"等方面的思想基础、行为方式以及施政措施、执政理念，热情洋溢地赞扬张居正说："独江陵当国，以庇佑贫苦小民为政本，而一切法令皆以裁抑统治层，使之不敢肆……二三千年间政治家真有社会主义之精神而以法令裁抑统治层、庇佑天下贫民者，江陵一人而已。"最后，他得出的结论："当嘉、隆、万历间，如无江陵再造之功，亡国惨祸绝无幸免。江陵力任艰危，扶中夏独立之气，解生民涂炭之厄，只手撑天，大雄无畏，卒致四海清晏，四夷率服。奇哉奇哉，江陵真天人也，大乘菩萨乘愿而来也。"①

这位识见卓荦的老学者慧眼独具，在书中不仅极力赞扬了张居正深厚的学术素养，同时又全力推重其作为大政治家的胸襟、才华与远见卓识，以及治国理政的优异才能；另外，他还对张居正身后即遭家难的沉痛境遇，深表叹息。他说："窃叹江陵湮没三百年，非江陵之不幸，实中国之不幸！"

然而尽管如此，熊十力也绝无偏心，对张居正一味说好，而是尊重历史的本来面目，对其个性心理品质及行为方式，予以了中肯的概括与评判。他认为，张居正心胸不够开阔，故为他的性格缺憾与行为失误不胜悲叹，深表痛惜。由此，他在该书"卷头增语"的末尾不无感慨地说："学术思想，政府可以提倡一种主流，而不可阻遏学术界自由研究、独立创造之风气，否则学术界思想锢蔽，而政治社会制度何由发展日新？江陵身没法毁，可见改政而不兴学校之教，新政终无基也。毛公恢宏旧学，主张评判接受，是纠江陵之失矣。"

在这里，熊十力的话说得非常委婉，但于中可见他对正在蓬勃兴起的社会主义建设伟业所抱有的炽热情怀与无限期待。

确如熊十力所言，张居正在执政期间，也曾全力秉承明太祖朱元璋的

---

① 熊十力：《韩非子评论·与友人论张江陵》，上海书店出版社，2007年，第128页。

法统，以雷霆手段，厉行整饬学风，并采用行政手段，禁绝以"别标门户，聚党空谈"的游谈之士四出讲学。

早在明朝初年，明太祖朱元璋即发布饬命："天下利病，诸人皆许直言，唯生员不许。"[①] 到了万历三年（1575），鉴于嘉（靖）、隆（庆）年间士人游学之风甚炽的现状，张居正曾特意上呈《请申旧章饬学政以振兴人疏》，极具针对性地提出："圣贤以经术垂训，国家以经术作人，若能体认经书，便是讲明学问，何必又别标门户，聚党空谈？"[②] 他的这一举动，在士人中产生震撼力极大的反弹效应，许多人或公开或隐蔽地集会、结社，予以强力抵制和对抗。

张居正使的这一招，在当时的社会上，尤其是在士大夫阶层，引起了轩然大波。明朝中晚期，正是人类社会即将走进一个新里程的巨大历史变革时期。此时，西方诸国通过以马丁·路德和加尔文为旗帜的宗教改革，开始了一场广泛的反封建斗争，代表新兴力量的群众运动蓬勃兴起，由天主教会所代表的神权和由贵族统治集团所把持的王权受到沉重打击；而这个时期的中国，也进入了一个社会发生剧烈震荡的高峰期：由于土地兼并、国家赋税包袱极为沉重，以文官集团为代表的乡宦地主及豪门望族将社会财富高度集中在极少数人手中，阶级矛盾日益加深，水旱灾害旋踵而至，民变动乱此起彼伏……在这样一个时代里，有一些以天下为己任的知识分子为着探索未来的出路，开始反思宋、元以来国家传统政治和文化，其杰出的思想界人物，便是以王阳明为核心的"心学"理论家们。

王阳明的学说，尤其是王门泰州学派的流行，与当时社会所处的时代风潮相契合。比如，作为王门中最为激进的一个门派，泰州学派认为人的良知都是现成的，所谓圣人也是现成的，每个人只需注重修炼，即"人人皆为圣贤"。泰州学派的创始人王艮，字汝止，号心斋，本系盐户灶丁出身，三十八岁时因仰慕王阳明的"良知"学说，前往江西的平叛军中拜时

---

① 冯克诚主编：《明代儒学教育思想与论著选读》（上），《卧碑》："明太祖洪武二年，诏天下立学。遂命礼部传谕立石于学：天下利病，诸人皆许直言，唯生员不许。今后生员本身己事情，许家人抱告。其事不干己，辄便出入衙门，以行止有亏，革退。若纠众扛帮，骂詈官长，为首者问遣，余尽革为民。"人民武警出版社，2010年，第169页。

② 张居正：《请申旧章饬学政以振兴人疏》，张舜徽主编：《张居正集》第一册，奏疏四，湖北人民出版社，1994年，第172页。

任赣州巡抚的王阳明为师。王阳明死后，王艮自立门户，自此即以四出讲学为业；因其为泰州人，故这个门派被称为"泰州学派"。王艮将王阳明的"良知说"加以引申，认为良知就是每个人的天然率性，是个体的感性的自然存在。他强调"身尊则道尊"，看重的是个人自身的人格尊严和独立的思想意志。在他看来，生而为人就应该有"治生"的能力，能够"安身立命"之后，才可以谈其他的事。泰州学派为阳明学说中一枝独秀的翘楚，它既是王门最有影响的学派，也被视为王门异端。它的传播，意味着王阳明学说自此转入个人主义的范畴。

事实上，张居正在少年时代结识的一位老师——当时的荆州知府李元阳，就是个以释门弟子而兼儒家学者的泰州学派传播人。由于受李元阳的影响，他在早期，尤其是在翰林院供职期间，就曾在一定程度上接触到了泰州学派的学说，并通过认真研读王艮的著作，考虑过这种学术在政治上实用的可能性。他发现其学说虽然也注重个性的解放，但无论是其理论还是行动，都没能对社会产生促进作用，相反却因过早地瓦解了旧有的道德体系和价值系统，而致当下社会发生混乱。在致友人信中，张居正便明确指出："夫昔之为同志者，仆亦尝周旋其间，听其议论矣，然窥其微处，则皆以聚党贾誉，行径捷举，所称道德之说，虚而无当。"①

也就是说，张居正通过与这个学派中的同人相互交往，研究发现泰州学派的学说对当下社会并不能产生积极的主导作用，再说它本身也包含着难以排解的内在矛盾，即如其核心之"致良知"说，甚至还具有反智识主义和神秘主义的倾向。而在流传之中产生的诸如轻视修养功夫、崇尚玄虚之谈的弊端，更是使其流于一味强调巧斗机锋、互作驳诘的文字游戏之中，进而消解掉人们经世致用、积极有为、自强不息的奋斗精神。

明朝嘉（靖）、隆（庆）时期，各种社会矛盾急剧恶化，各地讲学之风盛行，即如前首辅徐阶，也是这种民间讲会活动的重要领导者和参与者，其最盛时，一次聚会的会期便长达十数天，会众逾千人。与此同时，各地由私人组织、开办的书院也应运而生，并得到了蓬勃的发展。这种私人书院的出现，一方面弥补了官学的不足，使得大量青年学子有了求学的门径，但同时往往也背离了官学的主流轨道，以阳明心学替代了程朱理

<hr>

① 张居正：《答南司成屠平石论为学》，张舜徽主编：《张居正集》第二册，书牍九，湖北人民出版社，1994年，第716页。

学，进而与主流思想的差异愈演愈烈。

明末清初思想家黄宗羲其后在《明儒学案》一书中，曾援引万历时期学人耿定向的记叙，讲述了这样一段史实：泰州学派的巨擘王畿与罗洪先曾结伴相约，一同向道明山道士、自称为"黄陂山人"的方舆时去研修静坐的功夫。入山未久，王畿先返，而罗洪先则留下继续修行。

王畿与罗洪先在结识方舆时之初，都把他看作天下奇士。其实，这人年轻时也为儒生，后来弃学习道，自称曾至太和山修习道家的摄心术，并吹嘘于此道颇有心得。王畿与罗洪先拜方舆时为师的消息不胫而走，令方一时名声大噪，相传为"车辙所至，缙绅倒屦，老师上卿，皆拜下风"①。耿定向说，他本人跟方舆时倒是邻居，起初也曾在他门下做过弟子，时间一长，发现此人仅擅长自吹自擂而已，没什么真本事，故久而知其伪，乃不辞而别。由此，耿定向在讲到罗洪先向方舆时研修所谓静坐摄心术时说："即使是方外之学，亦有秘诀，需待人而传；至于圣贤之学，谈何容易？"这就意味着，他本身便颇为瞧不起方舆时这样的江湖骗子。后来罗洪先听了这话，也表示赞同。

耿定向（1524—1596），号天台，字在伦，又号楚侗，也是名噪一时的学界人士。有一次，耿定向与何心隐相约，打算聚众讲学。到了那天，人们纷至沓来，方舆时也乘坐一顶蓝幔轿子，带着两个书童，气派十足地来到会场。

耿定向发现，当时众人刚刚相见，作完揖尚未及落座，何心隐就一把拉住方舆时的手臂，神情诡异地说："请借给我一百两银子。"正诧异间，没想到方舆时竟会当众唯唯称是，事后果然将银子如数给了何心隐。耿定向心中私下忖度，莫非方舆时有什么短处被何心隐攫住？要不，他怎会在这猝不及防的敲诈之下，居然一下子便能舍出一百两银子？显然，在这二

---

① 黄宗羲：《明儒学案》卷三十二《泰州学案一》载："方与时，字湛一，黄陂人。弱冠为诸生，一旦弃而之太和山习摄心术，静久生明。又得黄白术于方外，乃去而从荆山游，因得遇龙溪、念庵，皆目之为奇士。车辙所至，缙绅倒屦，老师上卿，皆拜下风。然尚玄虚，侈谈论。耿楚侗初出其门，久而知其伪，去之。一日谓念庵曰：'吾侪方外学，亦有秘诀，待人而传，谈圣学何容易耶？'念庵然之。湛一即迎至其里道明山中，短榻夜坐，久之无所得而返。后台、心隐大会矿山，车骑雍容。湛一以两童儿一篮舆往，甫揖，心隐把臂谓曰：'假我百金。'湛一唯唯，即千金唯命。已入京师，欲挟术以干九重，江陵闻之曰：'方生此鼓，从此揦破矣。'"

296

人中间，或许有不可告人之处。

事后没过多久，有消息说，方舆时潜入京师，"欲挟术以干九重"。这时，人们私下传言：严嵩在嘉靖皇帝面前开始失宠，其子严世蕃听说了方舆时的奇才异术，想要找他排忧解难。然而，方舆时此时已探明风声，再不敢擅入严家去蹚这坑浑水，只好躲起来，此事最终不了了之。耿定向和张居正因系湖广同乡，二人私交一直很好，耿定向将此事说给张居正听。张居正听后，不禁哂然失笑，当即便对耿定向说："方生此鼓从此掴破矣。"

这事对张居正而言，不啻令他彻底看穿了这帮"游学之士"的真实嘴脸。当时，由于"缙绅""上卿"等趋奉得如蝇逐臭，方舆时名声之大，确如重槌擂响鼓，声震遐迩。张居正称其"此鼓从此掴破"，便是对这种欺世盗名江湖骗子的彻底鄙弃。至于王畿、罗洪先，包括何心隐等人在内的游谈讲学之士，他们一向标榜信奉阳明学说，认为人人皆可成圣贤，最后怎么会去迷恋这种似是而非的摄心术呢？可见，这么多人"聚党贾誉"，实非社稷之福。

明末清初的杰出思想家黄宗羲在《明儒学案》中，之所以将此事娓娓道来，同样也是觉得它确实映现出了明朝中后期士人群体的精神风貌。王畿，人称龙溪先生，官至武选郎中，因忤首辅夏言罢官，后专以讲学授徒为业；罗洪先，字达夫，号念庵，翰林院修撰，曾官拜春坊左赞善，平生喜好阳明学说，门生弟子遍布朝野。按说，这二位都是以传播阳明学说为己任的大学者，而王畿还是王阳明的入室弟子，他俩怎么也被一个四处行骗的方舆时蒙蔽呢？阳明心学流落到这种地步，恐怕也不宜一味指责张居正何以要刻意打压游谈讲学之士了。

事实上，熊十力先生认为张居正就是一代大儒。虽然张居正本人不一定充分意识到哲学在社会生活中的地位与作用，而是一以贯之地据其"富国强兵"执政目的为旨归，但他毕竟在儒、佛、道、法等学术上皆有参悟独到的功夫。所以，熊十力在《与友人论张江陵》中曾不无惋惜地说："江陵盖有哲学天才，而未能多尽力于学术。其出入儒佛道及法术诸家，规模宏大矣，惜乎皆未入细密。于佛法虽得大旨，而无上甚深微妙之蕴与条理万端处，则非仅通大旨者所与知也。"[①]

----

① 熊十力：《韩非子评论·与友人论张江陵》，上海书店出版社，2007年，第113页。

或许，这恰好是历史的一种错位：张居正没有成为哲学家，只是以政治家扬名于世，但身为内阁首辅的张居正权衡事物的首要标准，即为是否有利于社会稳定。于是，他出于对黄陂山人方舆时等人的厌恶与鄙弃，进而采用简单粗暴的行政手段处理罗洪先、王畿、何心隐这样游学传道之人。万历七年（1579），"适常州知府施观民，以造书院科敛见纠，遂遍行天下拆毁"①，由此共拆毁全国私人书院六十四座，犯了政治家之大忌。

　　尽管熊十力先生同样也对张居正的"学术界思想锢蔽"之举坚执非议，但他在研读过《张江陵集》之后，还是对其予以了异常之高的评价。他称赞这部书说："格高境高，浩气潜运。直是盛德积中，英华外发。"

　　因而，无论从哪个角度看，熊十力先生皆不失为张居正的隔代知音。

---

① 沈德符：《万历野获编》卷二十四，"书院条"，中华书局，1979 年，第608 页。

第六节　朱东润发奋著"范本"

1981 年，一本题名为《张居正大传》的书，在刚刚开始起步搞改革开放的中国，由湖北人民出版社出版后广泛发行。这对刚刚经历过十年"文革"的祖国大陆来说，可真是读书界的一件大事。可是对该书的作者朱东润，广大年轻读者却都不知道其为何许人也；及至读了序文，才知道此书乃是留学英国归来的朱东润写于抗战中最为艰危的 1941 年。

朱东润（1896—1988），原名朱世溱，江苏泰兴人，是我国现代著名的文史学家、教育家、书法家。民国二年（1913），他受俭学会之助赴英留学，次年进伦敦私立西南学院攻读英国文学；1916 年回国后到上海《中华新报》任编辑，后至广西二中、南通师范等校任教，民国十八年移教于武汉大学。

1941 年，武汉大学迁至四川乐山，朱东润先生当时住在郊区，开始着手准备写《张居正大传》。这一年，抗日战争进入相持阶段，日本当局为了逼降蒋介石，派空军对重庆进行了不间断的大规模轰炸。仅 6 月 5 日晚，因敌机来袭，重庆公共防空大隧道中的避难民众便有近万名因窒息而死。在这种时代背景下，朱东润先生历时将近两年，写完了这部堪称现代中国的第一部传记文学。

1943 年，朱东润迁居重庆，在"柏溪寓斋"里为刚刚杀青的《张居正大传》写了篇一万多字的长序，详细回顾了他写这部书的心路历程。他说，自己是在二十余年前读到鲍斯威尔的《约翰逊博士传》之后，才开始对传记文学感兴趣的。为了做前期准备，他大量研读了中国古典传记作品，此外对于西方文学中的传记予以了广泛的涉猎。他认为："西方三百年来传记文学经过不断的进展，在形式和内容方面，起了不少的变化，假如我们采取这一条路线，我们究竟采取哪一个方式呢?"①

---

①　朱东润：《朱东润传记作品全集》第一卷，《张居正大传序》，东方出版中心，1999 年，第 4 页。

朱东润说，中国所需要的传记文学，看来只是一种有来历、有证据、不忌烦琐、不事颂扬的作品。所以，作者对于他要为之立传的特定人物，唯有运用细腻的文学技巧，从人格分析方面着手，使读者对于传主的性格感到深切的同情，之后始能了解世界上任何一个人都有独特的价值。他说："抗战期间的图书馆，内部的损失和空虚，是尽人皆知的事实；抗战期间的书生，生活的艰苦和困乏，也是尽人皆知的事实。"

朱东润最终决定以张居正为对象，实践自己对于"中国所需要的传记文学"的创造性见解，此事发轫于1941年秋，也就是"重庆隧道惨案"事发之后。

事实上，自从1931年发生九一八事变，日本人强占了东三省，进而重兵压境，对华北虎视眈眈，而积弱积贫的中国却正处于新军阀的你争我斗之中。这时，稍有良知的中国人都在为救亡图存而苦苦探索。当此之时，有许多学人不期然地将目光投向了"慨然以天下为己任，振刷纲纪，严明赏罚"的明朝先贤张居正。1934年，陈启天出版了他评介这位万历初年内阁首辅生平业绩的《张居正评传》。

陈启天（1893—1984），湖北黄陂研子岗人。他早年入私塾读书，于光绪三十一年（1905）入武昌高等农务学堂附小及附中学习。1911年武昌起义爆发后，乃投笔从戎参加北伐；同年，考入武昌中华大学政治经济科，毕业后先后任教于中华大学、文华大学及长沙湖南省立第一师范学校。1919年，他积极参加五四运动，同年秋，加入"少年中国学会"。1924年6月，他从南京高等师范学校（后改称东南大学）毕业，即受聘上海中华书局任编辑，主编《中华教育界》；同年秋，与曾琦、左舜生等创办《醒狮》周报，宣传国家主义，于翌年7月加入中国青年党。此后，他一直在该党活动，是国家主义学说的中坚分子，1969年夏担任中国青年党的主席。

在《张居正评传》中，陈启天对张居正予以了极高的评价。他说："文忠在智力上是个天才家，有善于求学说理、知人晓事的聪明；在思想上表面是个儒家，骨子里却是法家，有力求综覆名实、信赏必罚的理论；在事业上是个政治家，有认清时势、贯彻主张、任劳任怨、不顾一切的魄力；在军事上是个统帅者，有妥定兵略、善用将领、巩固边防、剿平内乱的计谋；在行政上是个主持者，有确定权责、特予信任、勤加指导、严覆实效的办法；在志行上是个特操者，有恳辞爵禄、严拒贿赂、不计毁誉、尽瘁以死的精神。汇合文忠独具的天才、思想、精神和事业，遂成功一个大政治家。"① 或许是受陈启天《张居正评传》的影响，中国国民党军委会乃于 1935 年翻印《张江陵全集》，用作"干部读物"，在其卷首，有蒋介石为翻印此书而写的一篇序。

应当说，朱东润先生写《张居正大传》的动机与目的，跟陈启天等民国时期的政治人物大不相同。他说："中国历史上的伟大人物虽多，但是像居正那样划时代的人物，实在数不上几个。从隆庆六年（1572）到万历十年（1582）之中，这整整的十年，张居正占有政局的全面，再没有第二个和他比拟的人物。这个时期以前数十年，整个的政局是混乱的，以后数十年，还是混乱；只有在这十年之中，比较清明的时代，中国在安定的状态中，获得一定程度的进展，一切都是张居正的大功。他所以成为划时代的人物者，其故在此。但是张居正的一生，始终没有得到世人的了解。"

朱东润苦心孤诣地全面研究了他所能收集到的资料，最后得出了自己对于历史人物张居正的准确评价："誉之者或过其实，毁之者或失其真，是一句切实的批评。最善意的评论，比居正为伊、周；最恶意的评论，比居正为温、莽。有的推为圣人，有的甚至斥为禽兽。其实居正既非伊、周，亦非温、莽。他固然不是禽兽，但是他也并不志在圣人。他只是张居正，一个受时代陶镕而同时又想陶镕时代的人物。"② 为了"把这样的为国为民的人写出来，作为一个范本"，朱东润可谓呕心沥血，煞费苦心。

"五四"以来，白话文在现代中国传媒中已经获得了绝对的主导地位，可本书的传主张居正却又是一位生活在几百年前的历史人物。如何来驾驭、调控这两种语言模式在同一部书中的协调与平衡呢？朱东润进行了认真的思考与探索。

朱东润认为，用语体（白话文）写的时候，也有两种困难。第一，本文和引证显然用两种文体，读者最易感觉文字的不谐和，这是无可避免的困难。第二，语体的语汇比较贫乏，因此在叙述的时候，常时有借用文言语汇或另行创造的必要，这个困难也是同样无可避免。

通过反复权衡，朱东润认为，传记文学既是文学，同时也是历史；而

---

① 陈翊林：《张居正评传》，中华书局，1934 年。

② 朱东润：《朱东润传记作品全集》第一卷，《张居正大传序》，东方出版中心，1999 年，第 7 页。

正因为传记文学写的是特定人物在特定历史条件下的个人生活史、政治史，所以在语言上首先应当追求切实地反映事实真相，这一风格显然就与小说家那一番凭空想象的特色绝不相同。由此，当他基本确定了写作的大纲之后，便将一切可以利用的时间都消耗在这本书上。经过了两年的奋笔疾书，这部书终于在 1943 年 8 月 6 日完成，而这时抗日战争已进入战略反攻的新阶段。所以，当朱东润在写到《张居正大传》的最后一节文字时，他无比亢奋地写道："整个的中国，不是一家一姓的事，任何人追溯到自己的祖先，总会发现许多可歌可泣的事实，有的显焕一些，也许有的黯淡一些。但是当我们想到自己的祖先，曾经为自由而奋斗，为发展而努力，乃至为生存而流血，我们对于过去，固然看到无穷的光辉，对于将来，也必然抱着更大的期待。前进啊，每一个中华民族的儿女！"

这一段气壮山河、铿锵有力的话语，是特定历史时期民族精神的生动体现，也是中国现代知识分子在接受西方文化思潮的熏陶之后，反思本国历史所迸发出来的心灵的呐喊。

正因为朱东润教授以他的艰辛探索和深层思考，为张居正研究打上了鲜明的时代烙印，所以自该书于 1945 年在开明书店印行之后，连连再版，行销天下，由此也奠定了朱东润作为"开一代风气"的领军式人物，在中国现代传记文学领域中所占有的突出地位。

中华人民共和国成立后，朱东润先后在江南大学、齐鲁大学、上海沪江大学等处任职。朱先生八十四岁时加入中国共产党，1988 年因病逝世，享年九十二岁。

时至今日，历经了半个多世纪岁月的洗礼，《张居正大传》仍是海峡两岸重版印刷得最多的人物传记专著。这部书写得气魄宏大、波澜壮阔、思想精辟、议论纵恣，是朱先生自己颇为得意的著作。陈思和教授曾在《上海的教授们》一文中介绍说："朱先生对这部传记也很自负。朱先生那时（指 20 世纪 60 年代）做学术报告，讲人物传记，自认为世界上只有三部传记是值得读的：第一部是英国的《约翰逊传》；第二部是法国的《贝多芬传》；第三部就是中国的'拙作'《张居正大传》。"[1] 可见朱先生对自己的这部传记作品挚爱之深。

---

① 陈思和：《文学是一种缘》，《上海的教授们·朱东润》，江苏文艺出版社，2013 年，第 25 页。

湖北是张居正的故乡。《张居正大传》早在 1957 年便由湖北人民出版社出版，当时朱东润先生写过一篇《重版后记》。在文中，他谦逊地说："一本书的写成和写作的时代有关，因此在不同的时代里，对于这本书，已经是另写而不是改正的问题。谢谢湖北人民出版社的盛意，《张居正大传》获得和读者大众重新见面的机会，但是除了对于个别的字句加以修订之外，我只能重复一下当初的希望。"

　　到 1981 年，朱东润先生再写了一篇《三版后记》，或许是他老人家年事渐高，或许是刚经过了十年的磨难余悸难消，那言辞愈加简略，只说："感谢湖北人民出版社的又一次好意，这本书获得和读者大众再行见面的机会。我在这里对于个别字句和标点符号做出一定的修改，同时也希望广大读者给予批评和指正。"然而，只要细读全书，人们依然可以感觉到当朱东润先生正处在青春鼎盛时期为写这部书所迸发出来的那种激情。

　　比如，当叙及神宗皇帝部署查抄荆州张家一节时，书中这样写道："这一次查抄的动机，当然还是出自神宗。居正当国十年，效忠国家，但是居正所揽的大权，是神宗的大权。居正当权是神宗的失位，效忠国家便是蔑视皇上。这是最显然的逻辑。所以居正当国十年之中，居正和神宗站在对立的地位，纵使双方在当时未必意识到，这是一件无可否认的事实。居正死了，神宗开始尝到复仇的滋味。居正的法制推翻了，官荫、赠谥削除了，甚至连诸子的官职都褫革了。张先生、张太岳、张文忠公这一类的名称都搁起，只是一个平常的张居正。复仇的要求应当感到满足，但是感到满足的只是神宗的一个方面。"

　　末了，朱东润先生还特意附缀一笔："神宗是高傲，但是同时也是贪婪。一个小农的外孙，禁不住金银财宝的诱惑。"由此，穷形尽相地活画出了独裁者神宗皇帝那褊狭而贪婪的可耻嘴脸。

第七节　张舜徽"读之气壮"的楚人风情

　　1984 年，七十四岁高龄的华中师范大学教授、历史文献研究所所长张舜徽先生（1911—1992）受命组织本校的一批学者专家和青年教师，着手整理、校注《张居正集》。这是在党的十一届三中全会精神指引下，由湖北省政府受国务院古籍整理出版领导小组的委托，将该书作为本省社会科学领域的重点科研项目，下达到华中师范大学的一项重要任务。

　　张舜徽（1911—1992），湖南沅江人。他出生于一个书香门第，幼承庭训，接受了系统的国学教育。他在父亲的引导下，自青年时代起即致力于自学，掌握严谨的治学方法，主张走博通之路，乃以声韵、训诂之学而入于经学。其后，他转益多师，初到长沙，后到北京，自而立之年先后在国立师范学院、民国大学、兰州大学任教。他在华中师范大学执教四十年，曾任中国历史文献研究会会长，是新中国第一位历史文献学的博士生导师。张舜徽不只是历史学家，同时在文字学、声韵学、训诂学、经学、哲学、文献学等方面均卓有成就，一生完成学术著作二十四部共计八百万字。学界人尝言，钱穆（字宾四）先生虽受海外学人推崇，被尊之以国学大师，可著名作家、教授、资深记者曹聚仁却在《中国学术史随笔》中称："张舜徽先生的经史研究，在钱宾四之上。"

　　华中师范大学自 1984 年开始组织历史系、中文系的骨干力量，着手整理、校注《张居正集》时，除主编张舜徽教授外，另由该校历史系吴量恺教授全面负责日常工作。至 1994 年 9 月，该书以全四册二百万字的规模由湖北人民出版社出版发行，其间经历了整整十年时间；而此时该书主编张舜徽教授却在 1992 年 11 月 26 日已归道山，这不能不说是一个莫大的遗憾。

　　《张居正集》出版之后，在海内外学术界产生了巨大的反响，许多港台地区的学人都对这部书给予了较高的评价。香港大学历史系教授陈学霖在撰写《张居正集·闽广海寇史料之分析》一文时，就是利用《张居正集·书牍》中收录的张居正就进剿海盗一事征询或回复闽、广两地封疆大吏时所写的函札，不仅补充了过去史料记载之阙遗，同时还纠正了《明史》与《明神宗实录》的有关偏差罅漏。

1987 年 7 月，在《张居正集》后三册尚未校注完毕的情况下，湖北的荆楚书社为满足读者的需求，就率先出版了第一册。书中有张舜徽先生的一篇序文，至今读来都令人倍感亲切。在序文中，张舜徽先生曾动情地回顾了他最初读张居正诗文作品时的感受。他说："我早年读张居正全集时，特别重视其中书牍部分，认为短小精悍，中多激励之语，是以立懦廉顽，使人读之气壮。"①

张舜徽先生是湖南沅江人，地属益阳，也位于荆楚文化积淀丰厚的古云梦之泽畔。常言道："一方水土养一方人。"同为楚人的张舜徽先生，自然对"楚蛮"的群体性格有着真切的了解。早在公元 1 世纪时期，西汉的著名辞赋家、哲学家扬雄曾在概述"楚人风骨"时就这样评价说："包楚与荆，风剽以悍，气锐以刚，有道后服，无道先强。"② 张舜徽先生从张居正书牍中所领悟到的"使人读之气壮"，实际上正是为楚人这种群体性格浸润和感染所产生的精神共鸣。

时至今日，若是重读张居正的信函，仍可深入了解到当年他身为当朝内阁首辅，在大明王朝面对内外交困、干戈四起的危局时，为着践行"民心固结，邦本辑宁"的理想，是如何苦心经营、缜密擘画与精心部署的。比如书中收录的《答两广殷石汀》，就是张居正于万历二年时写给殷正茂的一封信，其全文虽寥寥七十余字，但其中不仅包含着相当丰富的历史文化信息，同时似乎还别有深意。文曰：

---

① 张舜徽：《张居正集序》，张舜徽主编：《张居正集》第一册，湖北人民出版社，1994 年，第 1 页。

② 扬雄：《荆州牧箴》。全文为："幽幽巫山，在荆之阳。江汉朝宗，其流汤汤。夏君遭鸿，荆衡是调。云梦涂泥，包匦菁茅。金石砥砺，象齿元龟。贡篚百物，世世以饶。战战栗栗，至桀荒溢。曰：我在帝位，若天有日。不顺庶国，孰敢余夺！亦有成汤，果秉其钺。放之南巢，号之以桀。南巢茫茫，包楚与荆。风剽以悍，气锐以刚。有道后服，无道先强。世虽安平，无敢逸豫。牧臣司荆，敢告执御。"李兆洛：《骈体文钞》，上海古籍出版社，2001 年，第 64 页。

顷得闽台刘疑斋书，言林贼遁出海洋，为西南风阻泊广中。向仆固患其出海难制，今若此，殆天亡之矣。闽帅既过境，计今想已成擒了。此则广中可望宁定，忌者亦无所容其喙矣。①

殷正茂，字养实，号石汀，安徽歙州人。因他与张居正为同年进士，故二人交谊颇深。早年间，殷正茂先后担任过兵科给事中、广西云南湖广等处兵备副使、江西按察使等职，因阅历甚丰，更兼精明强干，所以政绩超人，屡获超迁。

先是，广西地方豪强韦银豹、黄朝猛等在隆庆初年举旗造反，以致兵连祸结，民不聊生。其时，明军屡战屡败，战事一拖数年难以救平。后来，内阁首辅高拱征求张居正的意见，要选人率兵出征。张居正力主调派殷正茂以右佥都御史衔巡抚广西，前往西南平叛，但是，这项任命遭到了一些朝廷大员的反对。这些人认为殷生性好贪，"岁受属吏金万计"。一向以精明强悍著称的高拱听到这种议论，不以为然，公开扬言："吾捐百万金予正茂，纵干没者半，然事可立办。"②

这种议论传到张居正耳里，他心头凛然一颤：假若事情果真如此，高拱此举岂非一箭三雕？他让殷正茂去平叛灭贼，宁可划出一百万两银子做军费，就算被其贪污掉半数，只要事情办成就行。可是，天下哪有这样的便宜事？其最后的结局，必定是让殷正茂先搞掉韦银豹、黄朝猛，然后高拱再以贪污军费罪将殷正茂除去，之后还可用重用贪污犯的罪名来指责张居正……如此这般，广西平叛之功，就会轻而易举地都划入到高拱的名下去了。

张居正一旦意识到自己在政治上面临的极大风险，马人便派人送一封急信给正在湖南任职的挚友李义河，让他以商洽供应军粮事项的名义，赶赴广西前线，面见殷正茂。张居正通过李义河一再叮嘱殷正茂，要求他在军前立心大公，执法如山，一定要激励将士，争取及早奏功凯旋，切不可因小失大，为满足一己私利而断送前程。殷正茂接信之后，洗心革面，并

---

① 张居正：《答两广殷石汀》，张舜徽主编：《张居正集》第二册，书牍六，湖北人民出版社，1994年，第467页。
② 张廷玉等：《明史》，列传第一百十，《殷正茂传》，中华书局，2000年，第3907页。

于隆庆三年（1569）冬亲率大军征剿，遂以三战三捷，终于平定了韦银豹、黄朝猛的叛逆势力。战后，以军功官升兵部右侍郎，仍兼右佥都御史巡抚广西。如今，五年过去了，高拱早已离职返乡，而殷正茂平叛灭盗，尽收全功。当此之时，广东潮州澄海籍海匪首领林道乾由福建移兵海外，中途为季风所阻，遂在广东一带沿海登陆。由此，张居正便给殷正茂写下这封短信，安排他领军清剿林道乾的残余势力。

张居正信中所称的"林贼"亦即林道乾，乃是明朝中晚期一个传奇性人物。此人青年时期曾为广东澄海县衙的一名小吏，粗通文字，家道小康，原来也是个安分守己之人。后来，他因得罪官府，便亡命天涯，时间一长，组建起一支一度纵横东南亚疆，数十年间往来于暹罗、柬埔寨间无可阻挡的庞大船队。其势力最盛时，曾拥有部属两千余人，白艚船一百只。历史上有记载，最早派船队驶往台湾高雄港，并使之成为台湾地区来自大陆的第一批大规模移民社团成员的首领，就是这个林道乾。

然而，无论林道乾如何率先拉开了大规模开发台湾的序幕，但对于历行"海禁"的大明王朝而言，他却是个截杀商旅、祸害百姓、四处为患的海匪头子。张居正在万历前期主持政局期间，曾先后选派殷正茂、凌云翼、刘尧海等人提督两广、坐镇广州，一门心思地想要剿灭林道乾这个海上武装割据集团。

现代有学者研究认为，林道乾其实是大明王朝第一个从海上安全出发，注目于国家利益、国土完整，以及海外贸易巨大商机的杰出代表人物。其研究成果表明，明中期之后，中华大地的社会生产力因商品经济的勃兴，呈现出了极好的发展势头，而丝绸、瓷器、茶叶等传统的"中国品牌"产品，已经在西方诸国尤其是东南亚牢固地占领了市场。可是，自明宣德年间以来，朝廷却持续多年采用高压手段，严厉推行其闭关锁国的"海禁政策"，致使中华大国丧失了走向海洋、建立海上商贸通道的发展之路。

当时，闽广一带沿海地区因地瘠人贫，难以为生，许多人便铤而走险，组建成亦商亦盗的走私集团，开始以武装护卫的方式，积极运货出海交易。这些武装船队的出现，极大地改善了沿海民众的生存状况，故而得到人们的普遍拥护与支持。与此同时，西方的大航海时代正风起云涌，葡萄牙人已经打到了中国的大门口，西班牙人也在吕宋（菲律宾）基本站稳了脚跟，可由于大明王朝因政治腐败、朝纲不振，直至嘉靖年间仍对闽广沿海地区的这些武装船队持续用兵，直欲以彻底剿灭这些不服王法之"海寇"而后快。其结果，便如福建巡抚许孚远在奏疏中所称："市通则寇转而为商，市禁则商转而为寇。"① 不仅是年复一年地耗费了国家大量资财，而且海寇越剿越多，最终彻底断送了中国的海上崛起之路。

林道乾及其后继者在大明王朝的持续驱逐、屠戮下，终于失败了。此后，出海华人再也没能在东南亚地区占据主导性地位，而他们所体现出的这种开拓海外的执着精神，只能落得个悲剧性的结局。历史的吊诡之处也正在于此：当大明王朝的残余势力在大陆中国再也难以立足之际，最后一个亡国之君明永历帝朱由榔只能通过陆路跑到缅甸去寻求庇护，其下场竟是被缅王由外邦缚送回国，最后被吴三桂在昆明城郊篦子坡用弓弦绞死。

张居正当年肯定未能料到，他那时对林道乾海上武装集团的无情扑杀，会让中国在时隔二三百年直至进入近代世界之后，陷入海上商贸通道全为外人所掯扼的可悲境地；然而，他却能以杰出政治家的睿智目光，看出闽广"海寇"的猖獗，肯定与当地的吏治紧密相关。

由此，在写给两广总督刘尧诲的信中，张居正曾一再指出："广中数年多盗，非民之好乱，本于吏治不清，贪官为害耳。夫官贪，则良民不怀，奸民不畏，而盗贼利足以诱之，威足以慑之，何惮而不为盗……节财用、察吏治、安民生，乃其要者也。"他又耳提面命地叮嘱道，"根本切要，在精察吏治，使百姓平日有乐生之心，则临变而作其敌忾之气，唯高明图之。"②

张居正显然不可能在四百多年前的农耕社会时期，预见到当社会化大工业生产出现后给全球政治经济格局带来的巨大变化，也不可能在陆上国土广袤、疆域辽阔的全封闭自然经济结构的古代中华帝国的土地上，看到海洋文明给人类活动带来的不可抗拒的极大诱惑。可是，他能够清醒地意识到"多盗"与"官贪"之间的直接联系。

所以，张居正向东南沿海数省官员及时发出了"非民之好乱，本于吏治不清"的告诫。应当说，在中国两千多年漫长的中央集权制封建社会

---

① 许孚远：《疏通海禁疏》，宋烜：《明代浙江海防研究》，社会科学文献出版社，2013 年，第 313 页。

② 张居正：《答两广刘凝斋条经略海寇四事》，张舜徽主编：《张居正集》第二册，书牍十，湖北人民出版社，1994 年，第 790 页。

中，能充分意识到这种"根本切要，在精察吏治，使百姓平日有乐生之心"重要性的政治家，亦属凤毛麟角。

今天，当人们重读张居正书牍时，其中这些情真意切且又洞见明晰的文字，是不是也能像张舜徽先生所说的那样，"使人读之气壮"呢？

清末民初，面对着国势日衰、吏治窳败的危局，许多有识之士在纷纷介绍西方先进思想文化的同时，也力图从我国传统的思想武库中，探寻足以起衰振飚的利器。在这种情况下，由梁启超等人大力资助的上海广智书局，从久已成书的《张江陵集》中抽出一部分内容，单独出了一套两册装的《张江陵书牍》。

上海广智书局的老板冯镜如，系广东南海人，为清末著名资产阶级民主主义革命者冯自由之父。清光绪三十三年（1907），在出版《张江陵书牍》时，冯镜如延聘潘博复核全部书稿，并为之作序。

潘博（1869—1916），字弱海，是清末维新派主将康有为的得意门生。他曾积极参与维新变法活动，在变法失败后东渡日本，和梁启超、蒋智由等人协力筹办政闻社。归国后，奔走国事，鼓吹革命。辛亥革命后，因策划反对袁世凯的复辟活动，心力交瘁而逝。在这篇《张江陵书牍序》中，他说：

> 汉唐以来，以功业炳史册者夥矣。至若意量广远，气充识定，志以天下为己任而才又能副其志者，则唯明张江陵一人而已。方明隆、万之际，明之政已弛矣。自世宗西内静摄，君荒于上，臣纵于下，将嬉于边，士嚣于庠。纪纲万事，群堕于冥昧之中，而瓦解土崩之祸，将隐中于晏安无事之日。自非有雷霆之力不足以集上下涣散之势，非有整齐严厉之法不足以起积久疲顽之习。江陵知其然也，慨然出其身以任之。奋乾刚，行独断，宫府内外，一听于己，赏罚予夺，悉决于心。不以逼上为嫌，不以死权为讳，推其意岂不以为大丈夫。亦即乘时遇主，得行其志矣。则天下之责当于我任之，任之而当，虽挟无上之威权而不疑；任之而不当，虽蒙莫大之戮辱而不悔。夫岂特无保爵位顾妻子之心？即邀名誉之心而亦无之。所患者，吾志不行，事功不立，而至于众谤丛于生前，奇祸发于身后，则已于任事之初，逆睹而熟计之矣。呜呼，世之君子，欲立非常之功，则莫务为一切之计，

309

莫徇众人之论，当机而立断，独立而不惧。……江陵一生相业，其大指在六事疏，而时时见于与人书中，虽寥寥尺幅，而论政筹边，规划详尽；吏私民隐，亦罔有遗匿，万里外皆惴惴然，若有一相君伺察其旁。①

潘博的这篇序文写得气势贯通，激情酣畅，充分表达出在国难当头之际志士仁人那种勇为天下担千钧的壮志豪情。至于序文对张江陵书牍"虽寥寥尺幅，而论政筹边，规划详尽；吏私民隐，亦罔有遗匿，万里外皆惴惴然，若有一相君伺察其旁"的评价，那更是准确精当，切中肯綮。通观《张居正集》中所收录的这些"书牍"，人们不难发现，当时有许多重大政务，几乎都是他预先向有关地区的总督、巡抚或按察使等以私人函件相通报；或者是以事前吹风的方式，向这些封疆大吏解释自己对有关政策的拟定、官员的任命等谋略的筹策与思考，甚至还包括对具体事务的处理意见或建议。然后，再授意他们须如此这般地将其相关预案，采用奏疏的形式，呈奏给神宗皇帝；最后他再以内阁大学士"票拟"职权，批准这些其实是他自己首先提出来的建议。

后来有人曾严厉批评张居正，说他揽政擅权，但是，若不是如他这样"奋乾刚，行独断"，明朝自嘉、隆之后国是几不可为的现状，根本就无法改变。

明太祖朱元璋早在洪武十三年，便借口宰相胡惟庸造反，就此废掉了宰相，并且还说，以后子子孙孙也永远不准再设宰相。后世有人称张居正为"宰相之杰""救时之相"，其实都只是一种比附或嘉许的说法。因为，张居正虽为万历初年的内阁首辅，但实际上他并没有法定许可的政务决策权和官员任免权。他只不过是以皇帝的顾问或者是秘书长之类的身份，在奋力地推动着整个国家机器的正常运转而已。由此，我们完全可以说，张居正是在不具备宰相权力的情况下，仅凭借楚地先民那筚路蓝缕的创业精神，在切实贯彻自己富国强兵、近民便俗的政治主张和施政方略。

然而，一个国家、一个政府，毕竟是在特定时期、特定地域维系着天下苍生的主宰。张居正的伟大之处，正在于他面对时代的召唤，没有犹豫，没有彷徨，而是以勇于担当的精神，迎难而上，并竭尽全力地奋力推

---

① 蒋廷黻：《近代中国外交史资料辑要》中卷，东方出版社，2014年，第238页。

动着庞大的国家机器，使之在前行的道路上缓缓行进。或许，张居正本人也已经充分地意识到这份担当有可能危及自身安危，但为了实现多年来的奋斗目标，他便置个人利益于不顾，坚持在自己选定的道路上踽踽而行。

因而，在写完《答两广殷石汀》之后不久，张居正又紧接着写了一封信《答殷石汀言宜终功名答知遇》，向那位远在广州的老友倾诉心曲。他写道："自公当事以来，一切许之便宜从事；虽毁言日至，而属任日坚。然仆所以敢冒嫌违众而不顾者，亦恃主上之见信耳……此大丈夫不朽之鸿业也，他何足惜！"[①]

此时，身为两朝帝师、当今首辅的张居正与其说是在劝勉、激励殷正茂，毋宁说是他对自身胸襟、情怀的真情表白：尽管是"毁言日至"，但为着实现"大丈夫不朽之鸿业"，由此竟"敢冒嫌违众而不顾"，肩负起了担当天下的重担。

张居正这种全副身心操持国家政务的担当精神，反映在书牍部分的特别多；而在全部888封书信之中，直接写给各地总督、巡抚、布政使、按察使等地方官的信件，就达707封，占总数的79.6%。

张居正这一封封写给各方官员的书信，因其对象不同，所采用的方法也不同：有的是正言开导，喻之以礼义；有的是危言苛责，胁之以法绳；有的是善言抚慰，劝之以温情；有的是恶言威逼，驱之以刑狱……总之，正是从其身后留下的诸多书牍之中，人们真切地感受到了他那富有韬略的决策水平、严于律己的高尚节操、勤于探索的务实品质、精明干练的工作作风，以及凛然不可侵犯的恢宏正气。其中，除了交代政务、切磋世情、关注民生、防范动乱等要事之外，同时还有相当数量的内容，关乎个人的品德修养、人格涵育、节操砥砺、情致陶冶。这正如潘博在评价其书牍时说的那样："自古国家治未尝不以修明，乱未尝不以废弛。法积久，则必敝，在有人焉。率作而兴废之，雷厉风行，与天下更始。然而其人又岂易得哉？"张居正的确就是这样一位"与天下更始"的杰出政治家，其"不朽之鸿业"，必将永载史册。

---

① 张居正：《答殷石汀言宜终功名答知遇》，张舜徽主编：《张居正集》第二册，书牍六，湖北人民出版社，1994年，第475页。

第八节　为楚地先贤承续"香火缘"

2005 年 1 月 15 日，修复后的张居正墓园正式开园，在同日召开的"张居正生平暨执政思想学术研讨会"上，来自北京、上海和武汉的专家学者王春瑜、王家范、许纪霖、吴量恺、周国林、谢贵安、王玉德、周国林、童恩翼、杨昶等，连同本地的专家学者，在会上都做了热情洋溢的发言。

会议由华中师范大学历史文化学院院长王玉德教授主持，齐聚一堂的到会专家学者就张居正的生平、执政思想以及其身后评价等争讼百年的诸多话题，进行了深入研究和探讨。

研讨会上各位专家学者的发言，观点鲜明，论据充分。既有对张居正生平、阅历、政见、性格的微观分析，也有对张居正所处时代的宏观探讨；既有人把张居正和王安石改革做了一些相关比较，也有人提出了有关"张居正研究与现代荆州三个文明建设的互动关系"的建议；还有的学者认为，目前对张居正的研究还不够，应该从新的角度来研究张居正，要继续深入地发掘张居正执政理念的精髓，例如他曾经成功地处理了蒙古及西藏与明朝政权之间的关系问题，把多年的隐患变成了外援，彻底消除威胁边境的敌对力量等。

上海华东师范大学教学委员会委员、人文学院教学委员会委员、上海市历史学会副会长、博士生导师王家范教授说，对张居正的研究，首先要结合当时的历史背景来展开。张居正是一个杰出的政治家、文学家，是中国古代士人的典型代表；深入研究张居正，也就是对中国古代士人共性的把握。他说，从史籍上看，历代各方面的人对他的评价都不一样，如明朝文坛上有名的"后七子"代表人物王世贞，还有后来写《明史纪事本末》的谷应泰等。过去说，盖棺论定，但对张居正却不是这样。

王家范说，我看过一些史料，最大的感慨是在封建时代，做官难，做好官更难，做清官尤其难；做大臣难，做能臣更难。张居正非凡的政治才能，不仅表现在他卓有成效的改革上，同时也体现在他对自己生前身后际遇的认识、评价和预测上。我佩服张居正，他写的那些书信，展示出了一位为国舍身的政治家的远见卓识。王教授指出，张居正绝对是个聪明人，他对官场上的一切事情都看得明明白白；在去世前曾经把自己跟前朝霍光和宇文护进行对比，曾经预感到自己去世以后的灾难，但是他仍旧把自己的改革推行了下去。这是一种忘我的伟大精神，具有一个改革家的魄力！

王教授对一些史书上有关张居正所谓"贪污"的论述进行了批判。他认为，张居正身居首辅十年，一人之下万人之上，再加上几个儿子都有功名、有官职，有合法正当的收入途径，但后来被查抄出来的家产还不足严嵩的二十分之一，这只能说明他是一个比较清明的官吏，应该给予平反。

王家范说，张居正的改革不能成功，是明王朝自身的问题，这样的制度不改革是不行的，但又不能靠其自身来完成，这就构成了张居正的最大悲剧。

上海华东师范大学中国现代思想文化研究所教授、上海都市文化研究院研究员、博士生导师许纪霖教授指出，对于中国古代的读书人来说，作为一个君子，在立德、立功、立言这三个方面都要有所成就，才算是抵达了最高境界。在立德方面，张居正高风亮节，修身养性，这一点他是做得比较好的。而在当时，士大夫觉得似乎比较容易立德，只要个人注重修身养性就能做到；恰恰是在立功方面，却往往不是以个人的主观愿望为转移的，涉及社会制度、个人环境等多方面因素。在立功方面，张居正以改革为核心，整饬吏治，使万历新政得到了巨大的收益，这是得到大家包括他的对手公认了的；他推行改革的阻碍，在于因循守旧的体制。在立言方面，张居正讲经世致用，也有他十分独到的建树。然而，和商鞅、王安石一样，他推行的改革遇到了相当大的阻力。应该说，他的立功远远超乎于立德、立言之上。

许教授说，中国古代讲"敬天法祖"，任何改变旧制的做法，都没有合法性。再加上任何制度都有既得利益者，而要说改革，就一定要有所凭借，那无非一是道统——儒家学说，二是正统——君王势力，否则不足以服天下士民。古代舆论不开放，张居正推行改革的既得利益者是沉默的大多数（没有说话权的黎民百姓），所以在当时就形成了这样一种奇特的现象：越是离国家权力中心近的人（贵族、官员、儒生等），对张居正改革的评价就越低。所以，张居正的悲剧，是当时制度的悲剧。中国的改革，除了靠人以外，制度也是非常重要的。

华中师范大学资深老教授吴量恺，是本次参加会议人士中对张居正研究贡献最大、学术资望最高的一位年高德劭的长者。他生于1929年12月，是吉林省吉林市人，曾于1992年以超卓的学术成就获国务院政府特殊津贴。

吴量恺教授于1954年从东北师范大学中国古代史专业研究生毕业，现为中国明史学会顾问、湖北省中国史学会副理事长。他长期从事历史教学工作，并致力于研究明清时期的经济、政治等课题，多次参加国际学术会议，并承担了多项国家、教委、省社科基金的规划项目。其最有影响的古籍整理，以及对改革人物研究的史学论著，乃是由张舜徽教授任主编、他任副主编且主持实际工作整理、校订、出版的四卷本两百余万字的《张居正集》。

在整理、校订《张居正集》的过程中，吴量恺教授带领一批中青年学者经过近十年的艰苦努力，通过标点、分段、校勘、注释，改编整理了张居正全部的文稿，并编定了整部书的附录，增加了很多高质量的资料和发人深省的论说，是当前海内外学者研究张居正其人、其事、其思想的案头必备参考书。

在会上，吴量恺教授说，他对这个研讨会盼望已久，希望将来能在张居正的故乡举办一次研究张居正的国际性会议。

吴教授说，明朝到了中后期，其朝廷的权力不集中，很分散，下级对上级的政策置若罔闻，当时国困民穷、贪污腐败现象非常严重，府库空虚，入不敷出，如果不改革，明朝就将是一座将要倒塌的大厦。由此足以说明，张居正的改革在当时事关重大，是他所处时代的要求，是必须要进行的。同时，那也是人民的意愿。

吴教授说，过去不少官员空谈老庄、孔孟之道，还有些人利用空谈沽名钓誉、结党营私。张居正反对不着边际的空谈和空论，认为空谈不能解决实际问题，危害很大，朝政必须改革。同时，他重用抗倭名将戚继光，并派他去北部边防坐镇蓟辽，进一步巩固了国防；由他提出的开边贸、通利市的招抚和议，促成了蒙古部族势力的归附，使明朝享有了五十年的和平；他重视商业和农业的发展，商人的地位有了很大的提高，国内市场迎来很多海外客商，白银大量流入了中国。

吴量恺先生还指出，全国有很多历史学家，但目前将全部精力放在研究张居正执政思想上的学者还不多，他主张用新视角、新理念去分析研究张居正。事实上，万历新政时期，社会的经济、文化都有了很大的发展，张居正重视农业，也重视商业，《商书》就是万历新政后出现的新事物。明朝永乐年间有郑和下西洋，张居正改革后就有民营商业船队下西洋。总之，对张居正的研究，要有新观点、新视角。

华中师范大学教授、博士生导师周国林说，张居正的治国方略，基本上遵循的是法家的路子，即因任而授官、循名而责实、信赏必罚、以法治国等，其前提是富国强兵。从历史上看，前秦的王猛、唐初的魏征、宋代的王安石，都是以此力救时政之弊。张居正的改革思想，可以归纳为"尊主权，苛吏治，信赏罚，统号令"。张居正身居要职，能够对国家加以改革，并取得很好的业绩。特别是他推行的"一条鞭法"，是值得后人借鉴的。

周教授说，他很赞同前面几位发言人的观点，并认为，张居正是湖北荆州人，对此，荆州应加以重视，省里也应当重视，要加强对张居正的宣传。

武汉大学中国传统文化研究中心暨历史系教授、博士生导师谢贵安说，张居正是湖北的重要历史人物，也是荆州的骄傲。在湖北籍历代官员中，张居正是唯一一个既有实权又为国家做了许多实事的人。在近代湖北人物中，虽然还有曾做过"代总统"的黎元洪，但此人一直没有掌握实权，也没有为国家做多大的贡献，只是为自己谋私利；而张居正处于国家中央的位置上，他行事光明磊落，并把衰败、混乱的明王朝治理得国富民安。

谢教授说，在明代之前，历朝治国，主要以儒家思想为主，但君权与相权的相互斗争、相互消长，此起彼伏。秦代与法家联姻，其经济基础、上层建筑和意识形态，都不相匹配。汉代时，起初崇奉黄老无为学说，过于柔弱，所以汉武帝"罢黜百家，独重儒术"，讲求中庸之道。宋代讲究"帝王之师"，尊重文士；而到了明朝朱元璋却断然废除宰相，严禁士人议政，但"相"并没有消失，而是以内阁的形式出现，继续进行着君权与相权的权力斗争。张居正时期，因神宗年幼，使得朝廷的执政大权落在首辅身上。这一时期，是皇室处于无成年君主的断层时期，使内阁作用发挥到了极致，铸就出一代辉煌。在张居正时期，他积极号召修订史录，主要是用于记载官员的言行举止，这对官员起到了一个很好的监督作用。张居正修史时，严格管理，馆内风气尚好；张居正去世后，馆内日益腐败、涣散，许多文人为之惋惜。

华中师范大学教授杨昶十多年前曾参与张舜徽教授任主编、吴量恺教授任副主编的《张居正集》整理、校订工作，为完成该书的标点、分段、校勘和注释，付出了自己的青春和才华。

杨教授在发言中，将张居正和王安石的改革做了一些相关比较。他说：首先，张居正的改革成就，大大地胜过了王安石，而他们的结局却很不一样，王安石安享晚年而张居正则惨遭不幸。张居正身居要职，官职要大于王安石，这是张居正改革成功的一大优势；在改革中，张居正并没有打着改革的旗号，使得改革能顺利进行，而王安石则是要从上到下彻底改变社会体制。

杨教授说，明季中叶，朝政腐败，君权、相权、文官集团处于三方博弈的混乱格局之中，张居正打着"法祖"（崇奉明太祖）的旗号，使得改革取得阶段性的成果。从这个角度上看，张居正是个精明的政治家。他提出的"法后王"口号，实则以恢复洪武祖制为号召，减低改革阻力，规避变法风险，很讲究政治策略，具有很高的政治智慧。然而，无论如何，他所推行的改革，在当时的封建社会中是不可能彻底地进行下去的。

江汉大学教授宋传银在会上提出了"将张居正和现在的荆州三个文明一起建设"的建议。他说：张居正不只是荆州的，也是湖北的，这是一种重要的文化资源；我们要充分地利用这种文化资源与名人效应来宣传荆州、建设荆州。

宋教授说，目前，在世界性产业调整的进程中，旅游业是可持续发展的重要文化产业，我曾经带学生来荆州考察，多次寻找张居正墓地，但都没有找到。现在，荆州可以利用张居正来发展旅游业，如博物馆、古城墙、章华寺等，都可以和张居正墓地串在一起，形成文化产业链来发展旅游业，提升荆州的文化品位，提高旅游收入。荆州的旅游业发展要有创新的思维，可以给有关名胜古迹贴上张居正的"商标"，以充分发挥这种文化资源的优势作用。

湖北大学历史系教授童恩翼说，明朝王权和相权之间存在着深刻的矛盾，当王权逐渐加强时，相权就会逐渐减弱。张居正和商鞅、王安石一样，都是用人治的方法推行法治，张居正的命运便是时代的悲剧。

童恩翼教授在会上激情洋溢地特别介绍了张居正的曾孙——明末兵部右侍郎、总督诸路军务张同敞在历史上的英烈事迹：崇祯十五年（1642），同敞奉命调兵云南，不久北京失陷。不到一年，南京也失陷了。他于是投奔隆武政权，隆武帝恢复同敞官职，将他派往湖南，但尚在途中时，就听说汀州失陷的消息，一时间，整个国家除西南角以外，都沦陷在清军的手里。同敞到广西投永历帝，于是领导抗击清军入侵的重任，又落到张居正后裔的肩上。然而，此时大明朝气数已尽，只剩下这西南一角残山剩水，弱兵败将……永历五年（1650），敌人攻进广西，严关失陷，前线的将士溃败下来，永历帝退到梧州去了，桂林的军队也溃散了，只剩下大学士瞿式耜一人留守。恰巧同敞从灵川赶到，见面以后，同敞毅然地表示愿与之共赴国难。叛将孔有德抓住他们后，要他们降清，他们断然拒绝；要他们削发为僧，他们也拒绝——他们要把自己的热血，为民族浇灌正气之花。永历五年（1650）闰十一月十七日，敌人把他们杀了。据说在行刑的时候，同敞衣冠整齐，昂然站立。头颅落地后，他向前跃起三步，方始倒下。直到现在，桂林东关还留着这位民族英雄的坟墓。

　　童教授说，张同敞临被害前，曾留下两首有名的诗。其一《自诀诗》："弥月悲歌待此时，成仁取义有天知。衣冠不改生前制，姓字空留死后思。破碎山河休葬骨，颠连君父未舒眉。魂兮莫指归乡路，直往诸陵拜旧碑。"其二《自誓诗》："翰林骨莫葬青山，见有沙场咫尺间。老大徒伤千里骥，艰难胜度万重关。朝朝良史思三杰，夜夜悲歌困八蛮。久已无家家即在，丈夫原望不生还。"童教授说，在那个天崩地裂的时代，一个人纵使再有本事也无力回天。整个的中国，不是一家一姓的事，能穿戴着本民族的衣冠去死，也成了一件值得骄傲的事。任何人追溯到自己的祖先，总会发现许多可歌可泣的故事，有的显焕一些，有的也许黯淡一些。但是我们不应忘记，自己祖先曾经为自由而奋斗，为发展而努力，为生存而流血。张同敞壮烈地死了，这种死的作用不在于改变当日的大局，而在于要承前启后，传递舍生取义的伟大精神，向后人证明，我们民族从古至今，从不缺少舍身求法的人。对于过去，我们已经看到无穷的光辉；对于将来，也应该抱有更大期待。四百年后的今天，我们仍然可以用张同敞热烈的鲜血，去灌溉民族复兴的萌芽！

　　中国社会科学院历史研究所资深研究员、我国著名明史专家王春瑜先生在会上做了总结性发言。他说，前一天因飞机误点，他直到晚上10时才到达荆州。在宾馆看到 1 月 11 日《荆州晚报》上报道的关于张居正墓园修葺一新的消息后，十分振奋。此前，他对张居正墓园重新修复一事不无担忧，说是"千万不要搞得荒腔走板"，当此番看到修葺一新的墓园，感到非常满意。他说："修得太好了，荆州人应该管理好、维护好张居正墓园。"

王春瑜先生是江苏建湖人，生于苏州，1963 年毕业于复旦大学历史系研究生班，是中国社会科学院历史研究所研究员。在会上，他说，从历史上看，在我国古代实行的改革，都是自上而下的改革。张居正代行了皇帝的权力，而皇权是不可能分割的，这就注定要构成一种悲剧。明朝的万历皇帝史称其贪财好货，他抄了大宦官冯保的家，抄得很多银子；再找机会发难，又抄张居正家。他可以制造各种各样的借口，其最大的罪名是"谋国不忠"，这完全是不对的。谁都知道，张居正为国鞠躬尽瘁，是个了不起的政治家，而历史对张居正的评价，也包括对他平反的过程，是一个十分漫长的过程。先秦时期秦国的改革家商鞅到魏晋南北朝才开始平反，而直到辛亥革命时才真正平反。张居正在明朝天启时就开始平反了。中国古代曾经由后人呼唤过两个历史人物，一个是关羽，一个是张居正。凑巧的是他们都和荆州有关联：关羽十年镇守荆州，张居正本身就生在荆州、长在荆州。有史书记载，张居正平反前，其墓地"三天白气不散"。这时已离他的逝世大约有半个世纪了。前不久，王元化先生说要给张居正墓园题字，我写给他两句话，那也是你们荆州的石首诗人王启茂说的："恩怨尽时方论定，封疆危日见才难。"胡适曾贬斥岳飞，吹捧秦桧，后来他就在编全集时把这篇文章抽出来了。可见历史的辩证法就是这样，公道自在人心。

王春瑜先生意味深长地说，关于进一步研究张居正的问题，目前的情形我看还是比较粗放，"一条鞭法"不是张居正的首创，张居正的功绩是将其在全国推广。山西一位同志写了一篇文章，专门谈"一条鞭法"在山西推行后所取得的成果。总而言之，对于张居正的研究，现在做得远远不够。在张居正的雅量方面，应当充分肯定，至于他的生活作风，西方的做法就好得多。政治家应以政治成就来考量他，克林顿生活作风出了事，也并没有影响他当总统嘛。对于张居正也一样。至于张居正的曾孙张同敞，是明末的一位烈士，在墓园中陈列他的事迹还是很有必要的。

王春瑜先生建议：

一、熊召政的作品《张居正》现已改编成电视剧，湖北应成立张居正研究会。这事要有人去做，这是很有必要的。可以邀请海外学者参加，进一步扩大荆州的影响，扩大张居正墓园的影响。

二、去年我到江西吉安看了看文天祥的纪念馆怎么样。那里就能借文天祥纪念馆在海外的凝聚力、向心力，把整个地方的文化和经济发展结合起来。马来西亚、新加坡的张氏宗亲，就可以说是张居正的后代嘛，海外华人来国内认祖归宗的不少，应该欢迎他们回来看一看。

三、应当重视熊召政的长篇历史小说《张居正》所造成的历史影响。现在，他正在为电视剧的剧本改编第二稿。估计会用《雍正王朝》的原班人马，由胡玫导演，唐国强饰张居正。熊召政对张居正的研究有独到之功。比如，他考证张居正有洁癖，吃了饭要用刷子刷胡子，这些细节都会在电视剧中得到全方位的反映。总而言之，张居正墓修起来适逢其时，既是历史契机，又是商业契机。

王先生主张成立一个专门的张居正研究会，把张居正的生平和思想研究做得更具体、更真实，让这位彪炳千古的历史人物真正得到人们的认可。最后他对这次会议总结说，今天参加这个会，心情十分振奋，修建张居正墓园，促成了学术研究的深入发展，是个功德无量的事。

会议结束时，"张居正生平暨执政思想学术研讨会"由主办单位之一、华中师范大学历史文化学院院长王玉德教授宣布会议取得了圆满成功。王教授本人与其合作者黄永昌向大会提交的一份题为《近五年来张居正研究综述》的书面发言，简明扼要地概括了海内外学人研究张居正的学术成果，具有极高的文献价值。此外，本市长江大学史学教授魏昌、原荆州区文联主席张世春、市社科联青年学者谢葵和荆州日报社主任编辑陈礼荣等，分别在会上做了口头或书面发言。

魏昌教授在题为《从时代的高度评价张居正改革》的发言中，比较全面而中肯地评价了张居正推行的"万历新政"，并提出："应当吸收其有益的经验，总结出其反面的教训，为今天的发展做出贡献。"张世春说，在1935年即日本全面发动侵华战争的前两年，国民党军事委员会曾以"党内干部读物"的形式，主持编印过《张江陵全集》，蒋介石还曾为之作序。这一史实从另一个角度证明，张居正的著作是中华民族的共有财富。

第九节　海外及港台学人的"张文忠公情结"

1949 年中华人民共和国成立之后，中国台湾、香港两地的文史学家以及海外的华人学者都丝毫没有放松对华夏文明上下五千年纵贯古今文化遗产的研究，而是借助于全球东西方文化大交流、大碰撞之机，超越政治与意识形态的局限，进行了更为深入的探索与研究。

特别是在祖国大陆进入改革开放的新时期以来，为着实现民族复兴的宏伟事业，国内外专家学者在学术上进行文化交流的活动日益频繁。许多在海外和台港地区出版的华文读物，也被相继介绍进国内，其中影响最大、传播最广者，莫过于美籍华裔历史学家黄仁宇先生所著的《万历十五年》。

从题材内容上看，《万历十五年》是一部明史研究著作。它的基本特色是，全书以一度活跃于历史舞台上的代表性人物，如明神宗朱翊钧，内阁首辅张居正、申时行，清官海瑞，杰出将领戚继光和名士李贽等为主线，采用一个章节重点写一个主角的手法，将这些不同地位、不同身份、不同性格且又代表着不同社会责任与使命的突出角色，与那个特定时期大明王朝的政权结构，以及明朝中晚期以上流社会为主的皇权统治之特点、风气及发展趋势，予以全方位的再现与展示，继而以综合归纳的方式，将这个朝代所面临的历史困境最终显现出来。

从这个意义上讲，《万历十五年》给国内读者在心灵上带来的撞击力是相当强烈的。因为在若干年间熟读过众多高头讲章似的史学著述之后，人们几乎于同时发现：原来，历史还可以这样写！

黄仁宇先生《万历十五年》对于华文史学著述从内容到形式的这种创新，在相当程度上改变了人们对传统史学的看法。它虽然是采取传记体的铺叙方式，从因人系事的表达方式入手，然后再从一个特定的年份切入明朝中晚期历史，但是其所重点阐述的，却是一个时代的发展趋向，甚至是整个中国历史的关键所在。

黄仁宇说："书中所叙，不妨称为一个大失败的总记录。因为叙及的主要人物，有万历皇帝朱翊钧，大学士张居正、申时行，南京都察院都御史海瑞，蓟州总兵官戚继光，以知府身份挂冠而去的名士李贽，他们或身败，或名裂，没有一个功德完满。"其本意旨在说明，"明朝采取严格的中央集权，施政方针不着眼于提倡扶助先进的经济，以增益全国的财富，而是保护落后的经济，以均衡的姿态维持王朝的安全"；"这种维持落后的农业经济，不愿发展商业及金融的做法，正是中国在世界范围内由先进的汉唐演变为落后的明清的主要原因。"①

据说，《万历十五年》从计划撰写到定稿，历时七年，1974 年由英国剑桥大学出版；八年之后，该书经由中华书局推介，首次在中国大陆发行；1993 年，此书台湾版由陶希圣所主持的食货出版社出版。在此后八年的时间里，其初版印了二十五次，改版后直到当前又有了五十多次的印刷记录。1997 年，三联书店版的《万历十五年》开始上市，从初版到现在，其销售总量已达四十多万册。

作为一位历史学家，黄仁宇先生在《万历十五年》中写得最为出彩的，是第三章：《世间已无张居正》。

可以说，肉身的张居正，早在万历十年（1582）的六月二十日便自然消亡；而他的显赫勋业，也在万历十二年（1584）五月五日因张诚、丘橓等人率领锦衣卫实施"籍没"查抄之举，而被明神宗朱翊钧碾作尘泥。自此，由张居正所体现的勇于担当、忠心谋国的精神，也因此而为其继任者申时行、王锡爵们彻底摒除与唾弃。随后，作为历史人物的张居正，甚至被大明王朝的精英阶层即士大夫们詈骂了数十年，直至整个王朝覆灭。

唯有在万历四十年（1612）由张懋修等整理、编纂的《张太岳先生文集》出现之后，这种对张居正评价"一边倒"的状况才有所改善。

穷尽余生编完先父诗文集的张懋修在书的"编修凡例"中说，他的目的就是："留此一段精诚在天壤间。古人所谓知我罪我，先公意在是乎?"②

古人言：知父莫如子。张嗣修、张懋修兄弟以"知我罪我"一语，作

---

① 黄仁宇：《万历十五年》，《中文版自序》，中华书局，1982 年，第 2—4 页。

② 张嗣修等：《书牍凡例敬题》，张舜徽主编：《张居正集》第四册，附录一，湖北人民出版社，1994 年，第 499 页。

为向父亲致以孺慕之情的真诚表白，事实上也就是出于对亡父精神伟力的无限敬仰。

"知我罪我"这话是由孟子转述孔夫子说的话。意谓当其编完《春秋》后，曾感慨地说："《春秋》，天子之事也。知我者，其唯《春秋》乎？罪我者，其唯《春秋》乎？"① 其意思就是说，我编出这本书，至于身后之毁誉，也就在所不惜了。无论是"知我"抑或是"罪我"，皆全系于它。

由于万历一朝君臣的一误再误，时势终于无可挽回。可《张太岳先生文集》的问世，毕竟将张居正这种"精诚"留在了"天壤间"；为此，作为历史学家的黄仁宇先生无比痛惜地说："张居正的不在人间，使我们这个庞大的帝国失去重心、步伐不稳，最终失足而坠入深渊。它正在慢慢地陷于一个'宪法危机'之中。在开始的时候，这种危机还令人难于理解，随着岁月的流逝，政事的每况愈下，才真相大白，但是恢复正常步伐的机会却已经一去而不复返了。"②

黄仁宇在《万历十五年》中，以"世间已无张居正"的警言谠论，深刻地揭示出了中华大地一个庞大帝国最终成为自身的掘墓人的关键所在。

1968年，台北中华书局出版了唐新专著《张江陵新传》。此书分为二十五章，约为十一个印张。它主要叙述了张居正所处之时代背景、他的读书时代，以及担当大任以后的行事举措、政治观念、治术成就、用人本领、经略国事等种种重要业绩，包括他后期宦海浮沉的景况以至被抄家的原因、一生是非功过的评价等专辑。书后还另附张居正的身世简表等。

1993年12月，台湾福田出版有限公司出版发行了戚宜君先生所著《大政治家张居正》一书。全书约十万字，相对全面地介绍了明万历初年内阁首辅张居正的生平业绩。据作者自述，他是河南宜阳人，1930年生，有散文、小说、专论、传记、杂文等著作计四十八册出版，当地传媒介绍他"文笔瑰丽，广征博引，读之如饮醇醪，使人齿龈留香，普获大众之喜爱"。

《大政治家张居正》分为十四个章节，分别为：一、家世与科名；二、时代背景状况；三、翰林院中读书观政；四、归田养疴潜修习农；五、一帆风顺的再入仕时期；六、切中时弊的《陈六事疏》；七、艰苦奋斗与稳

---

① 孟轲：《孟子》，天宜：《孟子浅释》，齐鲁书社，2013年，第169页。
② 黄仁宇：《万历十五年》，《中文版自序》，中华书局，1982年，第76页。

扎稳打；八、政治艺术的巧妙运用；九、平实的从政理念；十、雷厉的措施和卓越的成就；十一、知人与用人的诀窍；十二、移孝作忠与进退臣节；十三、一门忠烈经得起考验；十四、永垂不朽万古不磨。该书的主要特色是从历史政治学的角度，对张居正做了恰当评说与介绍。比如，在《前言》中作者即这样介绍道：

> 若就一位大政治家所具备的条件而言，张居正的学问不亚于王安石，其志量不亚于李德裕，其才略不亚于王猛，其忠诚不亚于诸葛亮，而其睿智明毅与坚忍不拔亦不亚于商鞅及管仲；然其负荷之艰巨，以及所遭遇环境之复杂且尤有过之。当他秉政之时，丝棼基布，集于一身而能正本清源，随俗救弊，剑及履及，毫不放松，正其谊不谋其利，明其道不计其功，生死以之，置毁誉于度外，终于将国家治理得井井有条。

戚宜君说：

> 张居正的政治主张是以"勤政爱民"为根本。以讲学、亲贤、爱民、节用为急务，而以尊王权、课吏职、信赏罚、一号令为实施纲领。在他执政以后，政令十分贯彻，确实做到了"虽万里外，朝下令而夕奉行"的地步，一扫往昔荒嬉弛缓，纪纲败坏的弊病。
>
> 综观张居正一生行事，大开大合，敢作敢当。为国家行法，如沧海扬万里之涛；为社会除暴，如惊风摧万仞之木。其魄力之雄奇，足以令人震慑，使天下无不奉法之人。顾其律己，则又束身如处子，清明在躬，纤尘不染，冰雪自保，使奸佞小人无隙可钻，确实做到了"朝房接受公谒，门巷闲可罗雀"的标准。
>
> 张居正的政绩，在《明史》本传中仅有寥寥数语，在《明史稿》中更是贬多于褒，原因是执笔者囿于书生之见，视儒、法为截然不同的二家，因此看不出张居正的难能可贵之处。正如有些人谓诸葛亮为"外儒内法"，谓王安石为"急功近利"，岂不知孔子当年不谈政治则已，一谈政治即强调"足食足兵"与"富而后教"。孔子诚然是以"导之以礼，齐之以业"为提高政治水准与

社会秩序的途径，但是也从来不曾主张过以姑息为政啊！

中国几千年来重人情而不重法律，重私谊而不重公义，因而养成了一种泄沓之风。张居正施展铁腕，大力予以廓清；治国坚持法家的严明，应世酌用兵家的权变，处事力守儒家的忠诚，养心独信释家的超脱，四种学术混合并用，遂获致了辉煌的成就。

应该说，戚宜君这种评价是基本中肯的，它至少代表了台湾地区学人在张居正研究中摒弃门户之见的陈规陋习。众所周知，在"文革"期间，"四人帮"一伙曾包藏祸心，搞了一场"评法批儒"的闹剧，向为海内外学人所不齿。戚宜君先生却并不讳言张居正是历史上法家学派的传人及其执政理念的执行者，这一点实属难能可贵。

通过综览全书，似可以推断戚宜君先生没有到过湖北荆州。但是，当他在书中写到张居正告假返乡、归田学农的一节时，却通过第二手资料，对荆州的风物建置，做了如下大胆的描绘：

江陵就是荆州，三国时代留下了许多古迹，巍峨的城门楼上祀有关公的塑像，城墙上的"三佛不烧香"及"三管笔"，城内曹操留下来青石饮马槽、张飞的铜鞭，以及城北七里"三气周瑜"的芦花荡，还有西城"彩衣娱亲"的老莱子故里，都印上了张居正凭吊低回的足迹。江陵城厢内外庙宇特多，画栋雕梁的承天寺、金碧辉煌的玄妙观、红墙碧瓦的景明观、建筑奇巧的七仙观、古香古色的开元观、宏伟雄奇的太晖观、古香古色的龙山寺以及香火鼎盛的武圣庙，还有南北两处分别以钟鼓驰名的多福寺，到处都是张居正经常徜徉流连的所在。士民等遇到家喻户晓的张翰林前往庙中随喜，大伙儿便赶忙准备好文房四宝请他题句留墨，感于乡亲的热情，张居正经常一张又一张地大事挥毫。据说时至今日，荆州有名人家，大都挂有张居正的遗墨呢！

应该说，此中所述，除对个别景点有点似是而非外，其主体部分还是较为适当、确切的。看来，远在台湾而又来写《大政治家张居正》的戚宜君先生，此前曾花过不少案头功夫来了解远在海峡对岸的古城荆州，甚至还包括向荆州旅台人士征询、了解这里的风俗习惯与名胜古迹。

作为一部传记文学作品，《大政治家张居正》的基本特色，似乎更侧重于议而稍轻于叙。换句话说，即是对于张居正事功业绩、执政理念的评价，更重于对传主生平阅历的介绍。这样的一种做法，在史学界、传记文学界也许还有争论，但以此书而论，却也基本上反映出台湾学人对于这位明代的先贤的总体认识。如在全书的末尾，作者激昂亢奋地抒发了自己的感慨：

> 张居正宏遂之养、精明之识、剀割之才与笃实之学，博大精深，无人能比，在智力上是天才，在思想上则外儒内法，在事业上是一个伟大的政治家，在军事上是一个善于将将的统帅人物，在行政上是一个卓越的经营管理者。在他死后，为恩怨所蔽，多以罪掩其功。崇祯年间迫于国危，多追思其功；清代中叶则大事推崇，多赞其功而惜其罪；清末以迄现在，更认清了他的真价值，汇合其独具的天才、思想、精神和事业，遂认定他是一个杰出的大政治家，不只在中国，即使世界历史上也颇为罕见。①

我们期待着，戚先生如尚健在，能够在他方便的时候到荆州来观光游览，真正深入地了解一下张居正生活过的故土家园。

进入21世纪后，香港中文大学协理副校长、大学教务长、历史系主任苏基朗博士，以香港研究资助局直拨资助的项目研究为依托，于2001年至2003年，完成了《中英比较贪污史研究：张居正与培根》。

兹因条件所限，目前我们还无法得知这一项研究的全貌，但仅从香港大学《中国文化研究所学报》2003年新第12期全文刊载的苏基朗、谭家齐合撰《首辅贪污？——从反贪思想和法律角度论张居正的贪污罪状》一文中，可以清晰地了解到二位作者在为张居正辩诬方面所做的积极努力。

事情的缘起为：20世纪90年代末期，我国史学界为配合反腐倡廉、惩贪除恶的现实斗争，从历史上"揪"出了几名贪官，其中就有张居正。

王春瑜主编的《中国反贪史》在评论明代中后期政府的反贪污措施时，肯定了穆宗隆庆（1567—1572）、神宗万历（1573—1619）时代首辅张居正（1525—1582）的功绩，指出他能从大局出发，推行了不少惩贪倡

---

① 戚宜君：《大政治家张居正》，台湾福田出版有限公司，1993年。

廉的措施。他本人有时还能做出若干清廉自律的表示，对澄清晚明吏治、抑制贪风做出了贡献。可是，该书也毫不讳言地指出，"张居正的从政生涯中，自己有不少贪贿劣迹"。此外，韦庆远在其巨著《张居正与明代中后期政局》的绪论里，不满近人把张居正描绘成"完人"。他反驳时人以为张居正"在志行上是个持操者，具有恳辞爵禄、严拒贿赂、不计毁誉、尽瘁以死的精神"，指出这些是"过誉"。因为在张居正"柄政"期间，他的私德出现了不少问题，当中更有涉及苞苴馈遗的贪迹。他认为张居正的贪污证据，是他身殁后被万历皇帝抄家时，抄出的黄金万余两、白银十余万两。这雄厚的财富，"绝非是其合法官俸所能获致的"。

在该文中，苏基朗教授与他的合作者分别按下列章节展开论述：

一、张居正与贪污；二、张居正的反贪污思想；三、行贿的手段与纳贿；四、防贿之道；五、取受之道；六、家门之防；七、惩贪之术；八、廉吏是倡；九、张居正的贪污罪状。

其间，苏基朗教授与他的合作者在充分地占有材料方面，做了大量的基础工作。如在《取受之道》一节中，文章写道：

> 要杜绝贪污，除堵塞行贿之途外，尚要培养廉洁之心和消除受贿的可能性。因此，张居正努力持守廉洁之道，先修己身：拒绝假公济私，减少交际应酬；再齐其家：勤诫家人少收赠礼；进而公心治国：停止地方向大臣送礼的常例。
>
> 不过，张居正并非是由始至终"不近人情"的。在隆庆时期，他仍会少量收友人礼物。在万历期间，也会接受知心者所赠金银以外的礼品。只有在夺情期间推却绝大部分的馈赠。他的取舍原则，可从他与同年名士王世贞（1526—1590）的交往中看出来：王氏在隆庆五年（1571）向张居正送礼，他回复"雅惠不敢例辞，辄用登领，附谢"。在六年则为只取部分，"谨领佳绢二端"。可见在隆庆初年，他仍不太执着于礼物的往来。但到万历年间，尺度便大为收紧了。迨万历五年（1577）守制之时，在王氏的授礼中，他只"谨领尊章，先寄宣先人枢侧"。翌年再收礼时，则更回应"厚惠概不敢当，仍璧诸使者"。当年他自述了平生的授受之道："但孤自念受事以来，四方馈遗，虽已概却，然于一二相知，间有量受者。今（丧服期间）则虽至相知者，亦不

敢领。"

为了印证这一说法，苏基朗教授与他的合作者甚至从《张居正全集·书牍》中，发掘出张居正与他人交往中事涉礼品授受的片段，编制出两个表格：《张居正全数收下的献礼》《张居正收取部分的献礼》，以正视听。

对于荆州城张氏故宅被抄家后查收的金银财物，苏基朗教授与他的合作者所做的结论，是中肯的、有充分说服力的。文中写道：

> 以首辅在京府第的价值，加上本人的俸给和皇帝三宫多年的特别劳赐而言，不能说是生前广为贪污的铁证。问题出在江陵老家的家人。张家被抄的其他一百一十杠"金物第三"，要到是年七月才运抵户部收纳，可是从楚地运往京师路途需时。由此可见，一直居住在北京的张居正，很有可能真的没有收受大额金银，但江陵家人则有不当之财源广进之嫌。
>
> 侍讲于慎行在刑部丘侍郎前往楚地主持抄家前劝他手下留情。他写给丘氏的信函中，反映了时人对张居正贪污问题的看法："江陵平生，显为名高而阴为厚实，以法绳天下而间结以恩。其深交密戚则有赂，路人则不敢。债帅巨卿，一以当十者则有赂，小吏则不敢。得其门而入者则有赂，外望则不敢。此其所入亦有限矣。且彼以盖世之功自豪，固不甘为污鄙。而以传世之业期其子，又不使滥其交游。其所通关通窃者，不过范登、冯昕二三人。而其父弟家居，或以间隙微有所网罗，则所入亦有限矣。"
>
> 将于氏的言论与张居正的反贪污思想结合在一起看，可知他本人大体做到拒收献礼，禁绝贿门，因而京师宅内并无大量金银蓄储。不过他在修身之余，却未能齐家。他祖家的家人轻于接受献礼，无视张居正拒纳礼物的严训。远在祖家千里之外的张居正，无法监管家人，最终破坏了自己所定的反贪污方针。①

从以上引述中可以看出，苏基朗教授与他的合作者由于种种原因，并

---

① 苏基朗、谭家齐：《首辅贪污？——从反贪思想和法律角度论张居正的贪污罪状》，香港大学《中国文化研究所学报》2003 年新第 12 期。

未对荆州张家被查抄出的"黄金万两，白金十万余两"的由来之源，给予相对适当的解释，仅含糊其词地称之以"问题出在江陵祖家的家人"云云。

尽管如此，苏基朗、谭家齐二位还是在张居正研究中这个"瓶颈"问题上，取得了突破性进展。他们在这篇论著中得出的结论说："万历皇帝对居正绝不仁慈。他清算张居正的起点，是怀疑他纳贿营私。所以，任何证据可以指证张居正曾经贪赃枉法，万历皇帝也不会轻轻放过。"

第十节　海内珍稀秘籍展示出的张家风范

　　2014 年清明前夕，张氏宗亲会的几位牵头人会聚于张居正墓园，商讨有关编修"太岳宗谱"的大事。我得缘结识了来自江苏兴化的张培元先生。先是，有位青年朋友通过网络，向我出示过一份署名作"十四世孙其鉴"的手抄件。那是在一个笔记本上用红笔工整抄写的陆师贽撰《张文忠先生略》。

　　当时，刚看到这篇文章的标题"张文忠先生略"，就令我振奋不已。原来我曾于网上见过辽宁教育出版社出版的一本《桑园读书记》，系由北大著名教授邓之诚先生撰述。邓先生说，"二战"时期太平洋战争爆发后，他曾蛰居于北京西郊桑树园胡同。因闲居无事，唯有读书自遣，秉承先贤有关"书贵细读，尤贵慎思"遗训，乃右持卷、左持笔，随手将心得或考证信笔书之于眉侧，于是辑录成篇，后来付梓成书，故以此为书名。

　　据说，此书在 1955 年 11 月由生活·读书·新知三联书店出版过，可惜印数太少，书脊太瘦，没能引起学界的足够关注。此番承热心人将辽宁教育出版社的版本发来，由此引起读书界的普遍关注。我看《桑园读书记》，发现其中有概述明代江陵乡宦陆师贽《过庭随笔》的一节文字："陆师贽所记《张文忠先生略》，为张居正讼冤，最有关系，自来称引未及。"

　　令人痛惜的是，邓之诚先生早于 1960 年初去世了，关于《过庭随笔》如何"为张居正讼冤"的相关情节，他在《桑园读书记》中又偏偏没能展开。或许，是因为《过庭随笔》传世量极少，所见之人相当有限；而自明末以降，所有论及张居正的相关著述，对《过庭随笔》及其相关情节又都未予征引。这样一来，陆师贽的《张文忠先生略》似可称为罕为人知的"古今绝唱"了。

　　一般来说，藏书家都有一种爱书如命的癖好，尤其是对珍本图书，往往更是束之高阁，秘不示人。邓先生私淑明末清初杰出的思想家顾炎武，最喜收藏明、清两代士人的集部和清季禁书，也较为中意有关风俗民情、乡土资料一类的书。他虽性喜抄书，又喜藏书，却没有那种拥书自重的毛病。在他去世前，便将藏书分别捐赠给了中国社科院及北大图书馆，而这一堪称海内珍稀秘籍的《过庭随笔》，也就保存在了北大图书馆中。正是因为有了这个因缘，所以使得这位张文忠公的"十四世孙其鉴"，于在京期间借出原书，然后坐在图书馆里一笔不苟地抄完了《过庭随笔》中的那篇《张文忠先生略》全文。

来自江苏兴化的张培元先生说，他本人乃为张居正第六子张静修的第十三世孙，近年来刚办了退休手续，便悉心沉潜于对先祖生平事迹的收集、整理与研究之中。他说，他们这一族祖上几辈人大约于清朝康熙年间迁入兴化，到如今已是人丁兴旺、俊彦辈出。三十多年来，他自费深入考据"寻根"，并曾三次前来荆州寻访祖籍地。张培元带给我的这份珍贵抄件，也就是那位青年朋友通过网络向我出示过的手抄件。以目前所知的情况而论，应当说它就是海内唯一可见《张文忠先生略》秘藏文献的珍稀复本。

在这份全文为三千五百字（未记标点符号）的重要抄件中，展示出来的乃是此前为外部世界所罕见的历史故实。明末清初，江陵士人陆师赟以家乡后学的身份，简要记叙了有关张居正本人与其父亲、弟弟造福桑梓、泽被乡亲的种种事例。他说："余生也晚，何能知先生？唯是生与同乡，见闻熟习先生居乡立朝之概。除余咿唔章句之日，及解绶归林之岁，中间几乎四十年，漫游四方，交接把臂，谈及先生者无虑百千万亿。无怨无德之口因多，怀私抱恨之语亦复不少。"

陆师赟，明湖广江陵人，以孝廉入仕，历万历、天启、崇祯三朝，先后任南京河南道等御史、尚宝司司丞。明末清初史学家计六奇在《明季北略》中，曾写到过他。计六奇说，崇祯十五年（1642）十二月十四日，农民军占领荆门州（今荆门），明朝偏沅巡抚陈睿谟此前已护送惠王朱常润等弃城而走，逃往岳州（今湖南岳阳）。两天后，农民军占领荆州（今江陵），执杀湘阴王全家。在家乡宦陆师赟曾主张抵抗，却无人响应，只得以自杀而殉了朱家皇室。可是在地方志中，对于陆师赟的记叙却是另一种说法。据光绪版的《荆州府志》记载："壬午（崇祯十五年，1642年）冬，流寇陷荆州，师赟渡江避乱……师赟既遁入山，戒子孙勿渡江，后终于澧阳（即今湖南澧县）。"

据邓之诚先生考证，陆师贽活到了八十多岁，按行年推算，他至少应当是嘉靖晚期或隆庆年间出生的人。依照他那"无怨无德之口因多，怀私抱恨之语亦复不少"的说法，可见其在人生的几个不同阶段中，对荆州张家的掌故多有所知。一则是他自少年时代起，至退休返乡、闲居养老，分别从乡邦父老口碑相传的那些故实之中，熟知了许多张家往事；再则是当他在青壮年时期的宦游生涯中，他又通过另一些人之口，同时了解到张居正因推行"万历新政"，伤及许多人的切身利益，遭人痛恨，故发现对其"怀私抱恨"者亦委实不在少数。

面对这两种截然不同的评价，已至晚年的陆师贽不甘沉默，于是便自己动笔来写《张文忠先生略》。其初衷也就是要将"先生立朝处乡之概，余之习见习闻尽于此"，以期"欲人尝一脔概全鼎耳"，让后人较为全面地了解乡先贤张居正。

陆师贽所生活的时代，正是社会上对张居正进行妖魔化和丑角化的最狂躁时期。除了大量的士人以传播茶余饭后的谈资为名，借刻印出版家乘笔记的手段对其肆意诋毁污蔑之外，有些把持着国家主流媒体的当权人物，还要刻意抹杀张居正在主政前后的一切功绩。

比如，在明嘉靖朝中后期对朝政有过杰出贡献的前吏部尚书杨博去世后，张居正曾亲笔为这位官场前辈写过一篇《光禄大夫柱国少师兼太子太师吏部尚书赠太保谥襄毅杨公墓志铭》。这篇文章，既是张居正生前写的为数极少的墓志铭之一，又是他充分展示个人胸襟、抱负的一篇光彩夺目的重要文献。可是，当明代后期著名的学者焦竑在编纂其传世之作《国朝献征录》时，却仅收录徐阶为杨博所撰写的一通"神道碑"，而将张居正的那篇文章弃若敝屣。

按理说，张居正乃为翰林院前辈，不仅曾为十年首辅、两朝帝师，更兼其才华盖世、文笔雄健。焦竑既是以博学淹通而称著于世，再加之他本人还是翰林院的修撰，要说是从浩如烟海的文章当中挑选出一批应时佳作，应当为其看家本领。再说，焦竑身为万历十七年（1589）的状元，且又一向有志于"学道者当扫尽古人刍狗，从自己胸中辟出一片天地"，可为什么到他着手编纂《国朝献征录》这样篇幅巨大、内容宏富、几乎涵盖了整个明代中前期一切人物的文稿与撰述时，却偏偏容不下对天下社稷立有大功的张居正的区区几篇文章？

反过来看，张居正死后，神宗皇帝对他进行了彻底的清算，满天下几乎所有的士人，都在不遗余力地要与他划清界限，许多官员，包括张生前赏识、提拔、信任、重用过的一批官员，如前荆州知府王元敬等，也会在身后留下的所谓"行实""行状""墓志铭""神道碑"等文字中，表明自己绝非张居正一类"货色"的相关记叙，而对于这些东西，焦太史的《国朝献征录》则是照单全收，搜罗无遗。

说起来，也不光是焦竑本人要刻意打压张居正（尽管在其《澹园集》里，但凡有提到张居正的地方，他必然要骂张几句，再转归正题；其所称张之为"鸷相"的说法，或许便是骂其为"九头鸟"的源头），他的这一举措，有着十分深刻的时代背景与社会根源。其症结就在于：在当时那种皇权至上的社会体制下，明万历一朝对张居正妖魔化、丑角化的巨大风潮，已经形成了气场强大的社会氛围。常言道：一犬吠形，群犬吠声。当张居正在蒙受无数人詈骂的时候，这位前任首辅的社会声望与个人名誉，无疑早就被"零落成泥碾作尘"了。陆师赞在这种时代背景下将近走完自己的人生，抚今追昔，不胜感慨，故他在《张文忠先生略》中，开篇即以"功高不赏，震主身危，自昔谈之，吾乡张文忠先生罹此苦矣"之说，发出了第一声呐喊。

接着，陆师赞写道："以余习闻习见之真衷，参酌吠影吠声之茫渺，历年既久，辩论且熟，虚心静观，卓有定议，同乡先达冤沉海底，亦吾辈后死者之责也。况先生当年作相，国而忘家，公而忘私，实实有之。倘肯一二分念家，一二分怀私，当不至有今日。"这就是说，他写这篇文章，是通过深入思考、沉潜思辨而得出的结论，其中心意思，也是立足于国家的整体利益予以思考。他认为，假如不是神宗皇帝听信谗言，误以为荆州张家的"宝藏逾天府"，继而对其进行彻底的清算，当时的世道，也不至于恶化成这样。

陆师赞所谓的"当不至有今日"，是种什么样的景况？这便如清乾隆二十二年（1757）《荆州府志》于"纪兵"中所记之言那样，当农民军、八旗军等各路兵马在这一带"纵兵大掠，毁城垣，烧庐舍，百里内外无复烟火"之时，哪里还有平民百姓生活下去的出头之日。

随后，陆师赞说："余，乡里后生，不能具述先生之大全，犹能习熟先生之一二，必真见闻然后书，非实事迹不敢记。"这就意味着，其文中所叙，实事求是乃为基本准则。凡是稍有出入者，均未敢采录。由于其事实均采撷自乡邦父老的口碑相传，故其说多数为荆州张家与周边乡邻相互交往的一些往事。比如，那时有个名叫刘怀楚的秀才，其家父母的坟地，正好跟张家的田地毗邻。刘怀楚觉得坟前的地域过于狭窄，就来到张家，跟掌管家务的张居正之弟张居易商量，看可否将田里的地出让一点。张居易听后，二话没说，当下便叫来管家张顺，吩咐沿刘怀楚父母的坟地，将四周的田各让开一丈，并"定其界，永永为业"，且分文未取。陆师赟又说，张居易听说有户人家生有三个儿子，个个都爱读书，却因家世清寒，未能入学受业。他马上亲自登门拜望，"延与乃郎同馆课业，每年供应不缺，礼数有加"。后来，这户人家的男主人过世了，张居易又"三生之父死必吊，葬地之风水为筹。虽荜门圭窦，常过而问焉。后见漏不堪居，四百余金之房即付之"。与此同时，他还亲自去府、县衙门，找地方官求情，给这三个少年进学应考提供方便。后来，他们三人皆学有所成，成为地方上的可造之才。紧跟着，陆师赟说道："太仆父子（指张居易与张文明）居乡之善，皆先生立朝之善所默化也。以故，甲申籍没，城间内外，无论知与不知，皆为流涕，岂易得哉？"

陆师赟又谈到张居正在主政期间"国而忘家，公而忘私"的一系列感人事迹，并分别对其奉旨"夺情"、三子连中高第等尤遭世人诟病的种种说法，一一予以深入辨析，并以事实逐一驳斥了外人泼洒在这位杰出政治家身上的种种诋毁。由此，陆师赟于最后发出了沉痛的悲叹："奈何（张居正）才超一世，每每见忌于庸人；功高天下，定然遗恨于仇口！"并且，他还严正申言："先生虽未必即登圣贤之域，而真英雄真豪杰、天下后世未有敢与争者欤！"

显而易见，当历史的车轮进入明清易代之际，原有的社会体制，在民变蜂起、外敌入侵的生死存亡关头，于眨眼间轰然坍塌。发生在荆州大地上的一切事件，使陆师赟感受到了前所未有的巨大压力。作为历史的见证人，他自忖已到了人生的最后关头，为了真切地反映出被皇帝、被众臣、被整个士大夫阶层背离、抛弃、清算并使之"破家沉族"的张居正本来面貌，不顾年老体衰，奋笔亲撰了《张文忠先生略》一文，以传诸后世。

陆师赟做了他所能够做的一切。身为桑梓后学，他用自己已成余烬的生命，写出了这篇文章。诵读全篇，觉得它不仅思路绵密，字字珠玑，更是显示出了一种雄健的气势，给人一份足以拨乱反正之神魄。可惜，他的这部《过庭随笔》竟于四百多年间少人问津，若非邓之诚先生在其《桑园读书记》中略有所记，可能会任其湮没于旧时岁月的尘埃灰土之中了。

如今，足以告慰张文忠公于九泉之下的是，陆师贽的这篇文章，终于为署名作"十四世孙其鉴"的张家后裔誊录出来。由此，我们不仅全面了解到了乡邦故实之中一位真实的张居正，同时也知道了桑梓后学中有这样一位陆师贽。

壮哉，"先生虽未必即登圣贤之域，而真英雄真豪杰，天下后世未有敢与争者欤！"[1] 陆师贽在该文中的这句结语，语调铿锵，掷地有声，真切地表达出一位桑梓后学对乡里先贤的无比景仰之情。

---

① 陆师贽：《张文忠先生略》，张居正研究会编：《张居正研究》第二辑，"史料辑录"，湖北人民出版社，2014年，第136页。

结束语 传承民族精神的宝贵文化遗产

时运交移，质文代变。当前，我们正处在一个伟大的历史变革时代。历史前进的洪流撼人心扉，社会发展的脚步催人奋进。我们要全面建成小康社会，加快推进社会主义现代化，实现中华民族的伟大复兴，这就要求全体人民必须始终保持昂扬向上的精神状态。这就是说，积极倡导和弘扬一种奋发向上、积极进取的民族精神，对于今天的中国来说，显得特别重要。

中华民族是一个伟大的民族，渊源流长的中华文化，是华夏儿女从远古以来凭借自身的辛勤劳动与无穷智慧凝聚而成的宝贵结晶。在中华文明大系统中，以人的思想意识、精神风貌、心理气质等精神形态所构成的文明系统，无疑占据着主导、支配的突出地位。可以说，我们所共同拥有的民族精神，既是炎黄子孙在千百年间形成的民族文化、民族智慧、民族心理和民族情感的客观反映，又是全体民族成员共有价值目标、理想信念、思维方式和文化规范的集中体现与精神支柱。在中国历史上，历来便不乏英雄豪杰、仁人志士堪称民族的脊梁，为了民族大业，他们不惜抛头颅洒鲜血，肝脑涂地，将自己的全部聪明才智都贡献给了国家的富强、民族的振兴等宏伟事业之中。

当历史的车轮进入 16 世纪之际，中国的命运面临着新的转折：一方面，由明王朝统治下而构成的社会形态，已经远远滞后于时代的要求，生产力、生产关系等各方面的矛盾日益激化，封闭型的自然经济不可避免地开始走向衰亡；另一方面，由于商品经济开始萌生并发展，在中国也同期出现了带有资本主义某些特征的萌芽。然而，由明太祖朱元璋所建立起来的这个王朝，却是将皇权至上的封建专制推向了极致。这种以皇帝为核心的高度中央集权制，原本便带有极大的风险，再加之明朝中后期的历代皇帝或低能、或懒惰，便使得最高权力往往为与皇帝走得愈加亲近的宦官所

335

把持。

在这种情况下，由平民家庭走出来的张居正当其刚进内阁不过一年之时，便于隆庆二年（1568）八月，向明穆宗进呈了他的《陈六事疏》，系统地提出了其政治主张：省议论，振纲纪，重诏令，核名实，固邦本，饬武备。在这篇珍贵的文献中，不能说张居正在这里所提出来的种种政纲都是卓异的、不容推敲的，但可以说他能够做出的这些抉择，乃是在当时情况下最可行且最容易被采纳、接受的。抚今追昔，我们不能不看到，张居正后来之所以被誉为"救时之相""宰相之杰"，是因为当社会出现一系列突出的重大问题时，他能够以宏大的抱负和卓荦的眼光，勇敢地站出来迎接挑战，进而担当起天下的兴亡。难怪后来吕坤在《书太岳先生文集后》慨然赞叹："（太岳）丰功伟绩，昭揭宇宙，至今不可磨灭者，则一言以蔽之，曰：任！"

这个"任"，既是指张居正当年敢以个人的血肉之躯，挑起负责推动整个国家安宁、社会稳定和民族团结的行政责任；同时也意味着他要在当时社会所允许的条件下，以赴汤蹈火的精神、百折不挠的毅力去实现自己的政治追求和理想目标。从这个意义上讲，由张居正所体现出来的这种坚守和忠于信念的执着精神，不计个人毁誉、甘做牺牲的高洁操守，早已化作民族精神的重要组成部分，这对于今天的中国，仍然具有较为深远的作用和影响。

张居正在《陈六事疏》中慷慨陈词：

> 自古虽极治之世，不能无夷狄盗贼之患，唯百姓安乐，家给人足，则虽有外患而邦本深固，自无可虞；唯是百姓怨苦思乱，民不聊生，然后夷狄盗贼之患乘之而起。盖安民可与行义，而危民易与为非，其势然也。①

由此可见，他所倡导的执政理念，首先是立足于"百姓安乐，家给人足"基础之上的。于是，尽管他的施政措施和行政方略在许多问题上都存在一定的局限性，但不容否认，它首先植根于中华先进文化的沃土之中，同时也汲取了前代先贤的元精神髓，故可说是特定时期、特定社会背景下

---

① 张居正：《陈六事疏》，张舜徽主编：《张居正集》第一册，奏疏一，第7页。

出现的以爱国主义为核心的民族精神的集中体现。

唯其如此，后世之人才会在《张居正集》之中，发现有关于"天佑中华"的祈祝与颂祷，这是这位楚地热血男儿发自内心深处的强烈呼唤。

隆庆五年（1571），因缘际会，出现了一个天赐良机：蒙古土默特部俺答汗的孙子把汉那吉，要娶姑母的女儿三娘子为妻。俺答汗见这个外孙女容貌艳丽，乃夺为己有。把汉那吉恚恨不已，他本是汗王第三子铁背台吉的儿子，但从小为祖母即俺答汗的正妻抚养成人，因无处发泄心中的愤懑，遂于隆庆四年（1570）十月率其部属投降明朝。此时，大同巡抚方逢时一方面接纳款待把汉那吉，另一方面将此事紧急呈报给总督王崇古。王崇古不敢怠慢，火速密报朝廷。王崇古的这道奏疏，在朝廷激起一场争辩。大学士高拱、张居正主张抓住这一稍纵即逝的时机，为赢得因此而出现的政治、军事及社会之重大转机，须马上招抚把汉那吉。他俩的建议得到了穆宗大力支持，当即"诏授把汉指挥使，赐绯衣一袭"。当时，俺答汗正率兵西掠吐蕃，闻讯疾速引兵东还。他拥众十万，大军压境，索要把汉那吉。王崇古趁机派人前往鞑靼军中，表明朝廷诚意。俺答汗派人去把汉那吉处秘密打探，发现他果然"蟒衣貂帽，驰马从容"，大喜过望，随即派遣使者向明朝乞封，并恳请开展边境地区的互市交易。

高拱、张居正等及时奏请明穆宗，并尽力说服始终持反对意见的英国公张溶、户部尚书张守直等勋戚重臣，对俺答汗所请一概允准。当年十二月，蒙古土默特部的武士们遂将叛逃至板升城（今呼和浩特）猬集的赵全余党，如赵宗山、穆教清、张永保、孙大臣及白莲教徒李孟阳等叛逆缚送明朝；而王崇古乃以皇帝的敕命为由，礼送把汉那吉重回蒙古土默特部。

自此，俺答汗运用其在蒙古各部族的巨大影响力，带动老把都、吉能、永邵卜诸部均遣使来朝，皆一并"请通贡开市，以息边氓"。隆庆五年（1571）三月，明穆宗诏封俺答为顺义王，赐红蟒衣一袭；其余蒙古诸首领也都分别被封为都督同知、指挥同知、指挥金事、正千户、副千户、百户等职。由此，俺答汗遂"约束诸部无人犯，岁来贡市，西塞以宁"，基本上结束了明朝与北方蒙古诸部近两个世纪的武装冲突局面；"东起延永，西抵嘉峪七镇，数千里军民乐业，不用兵革，岁省费什七"对万历初年国力的舒缓起了重要作用。

对于这次"俺答封贡"之举措，张居正在政策制定、策略运用等方面，与高拱配合默契，获得了巨大成功。由此，《张居正集》书牍部分所收录的《答王鉴川（崇古）》《与王鉴川议封贡之事》《答王鉴川计贡市利害》《与王鉴川计四事四要》《答蓟辽总督王鉴川言边屯》等十数封信，便都是他在这一时期所写下的重要历史文献；而正是在这期间，因俺答汗给明朝的宣大巡抚捎来书信，请求朝廷为蒙古诸部颁赐佛经一事，便由张居正亲自写下了这封应当永垂千古的著名书信：《答宣大巡抚言虏求佛经》：

> 虏王求经求僧，此悔恶归善之一机也，南北数百万生灵之命，皆系于此。天佑中华，故使虎狼枭獍皆知净修善业，皈依三宝。①

随后，张居正还对此事持续过问，并深为关注，还特别叮嘱承办人，一定要选由明太祖朱元璋"御制序文者"，奉送蒙古诸部。

原来，当明朝立国之初，太祖皇帝朱元璋确立的佛教政策，也与其立国的基本准则保持高度的一致性：在利用中有所整治，而整治的目的乃是让其更好地为皇权专制服务。所以，当朱元璋在位期间，先后"御制"了许多"振扬佛教"的论文和诗谒，如《心经序》《三教论》《谕天界寺僧》《习唐太宗圣教序》等。张居正全力支持向俺答汗颁赐佛经，其用意非常明确，用他在信中的话说："俾益坚向化之心，则亦调伏凶人一大机括也。圣人之道，苟可以利济生民，随俗因其教可也，何必先王之礼乐法度而后为哉？"

由此可以看出，张居正在调处与周边少数民族的关系上，所提出的"以利济生民，随俗因其教"的友好交往、和睦相处原则立场，对当时及此后团结蒙、藏等民族最终汇入大中华多民族共同体，产生了重大的作用和影响。

至于他在这封信中以"虏"而称俺答汗，似并非轻慢、羞辱的意思。因为蒙古土默特部在古代即为鲜卑拓跋部族，而这个部族的人自古梳有发辫，故久而久之便形成"索虏"之族称。至于张居正在这封信中情不自禁地用"天佑中华"之语，来颂扬华夏大地汉蒙边境得来不易的和平局面，

---

① 张居正：《答宣大巡抚言虏求佛经》，张舜徽主编：《张居正集》第二册，书牍三，湖北人民出版社，1994年，第246页。

无疑是他矢志不渝地始终将国家、民族与人民的根本利益放在第一位的真情流露。

自俺答汗请求朝廷颁赐佛经，"净修善业，皈依三宝"后，对佛教的信仰日益虔诚。万历六年（1578），他邀约藏传佛教格鲁派宗教领袖索南嘉措（1543—1588）来到青海湖畔在恰必齐庙（仰华寺），聚集汉、蒙、藏各族人民举办了一场盛大法会。在这里，俺答汗与索南嘉措结盟并互封号：俺答汗赠索南嘉措为"圣识一切瓦齐尔达剌达赖喇嘛"（意寓超出尘世洞悉天人，且在显宗、密宗诸方面均取得最高成就，即如大海一样学识广博的上师圣徒）；而索南嘉措则回赠俺答汗为"咱克喇瓦尔第彻辰汗"（意寓聪明智慧的汗王）。从此之后，蒙古族各部逐渐皈依了格鲁派藏传佛教，而在俺答汗的劝慰之下，第三世达赖喇嘛（即索南嘉措，前两世达赖喇嘛皆追尊）与明朝中央政府建立了更为密切的联系。

换句话说，正是有了以张居正主张为代表的中华文明各民族友好共处的原则立场，才促成了蒙、藏等少数民族最终完全融入大中华多民族共同体中的新局面的最终形成。

在关键的时刻能够挺身而出，义无反顾地肩负起历史的重任，这无疑是张居正身上尤为可贵的一种担当精神。

近代中国的杰出学者胡适于1936年曾经在一封写给友人的信中自我表白："生平自称'多神信徒'，在我的神龛里，有三位大神：一位是孔仲尼，取其'不可为而为之'；一位是王介甫，取其'但能一切舍，管取佛欢喜'；一位是张江陵，取其'愿以其身为蓐荐，使人寝处其上，吾亦欢喜施予'。"[①]

联系到张居正执政十年忠于谋国、不恤家身的精诚果毅、刚烈狷介，他这种"愿以其身为蓐荐，使人寝处其上，吾亦欢喜施予"的献身精神，实可谓肝胆相照，直薄云天。

万历二年（1574），主持江南苏州、常州、松江、镇江、徽州、太平、宁国、安庆、池州与广德等十府一州的应天巡抚宋仪望写信给张居正，反映地主豪强侵占隐瞒田亩、拖欠赋税、掠夺百姓、坑害国家的种种不法行

---

① 胡适：《致周作人》，民国廿五年一月九日，中国社会科学院历史研究所、中华民国史研究室：《胡适往来书信选》（中），社会科学文献出版社，2013年，第613页。

迹，言语间多有推诿、惧难的情绪。张居正对此深为忧虑，因苏、常、松一地，向为国家财赋重地，不可等闲视之。于是，他饱蘸心血、披肝沥胆地给宋仪望回复了一封信，倾诉了自己忧时愤俗的一腔激情。信中写道：

> 来翰谓苏松田赋不均，侵欺拖欠云云，读之使人扼腕。公以大智大勇，诚心任事，当英主综核之始，不于此时别刷宿敝，为国家建经久之策，更待何人？诸凡谤议，皆所不恤。
>
> 即仆近日举措，亦有议其操切者。然仆筹之审矣，孔子为政，先言足食；管子霸佐，亦言礼义生于富足。自嘉靖以来，当国者政以贿成，吏朘民膏以媚权门。而继秉国者，又务一切姑息之政，为逋负渊薮，以成兼并之私。私家日富，公室日贫，国匮民穷，病实在此。
>
> 仆窃以为贿政之弊，易治也；姑息之弊，难治也。何也？政之贿，唯惩贪而已。至于姑息之政，倚法为私，割上肥己，即如公言：豪家田至七万顷，粮至二万，又不以时纳。夫古者，大国公田三万亩，而今且百倍于古大国之数，能几万顷而国不贫？故仆今约己敦素，杜绝贿门，痛惩贪墨，所以救贿政之弊也。查刷宿弊，清理逋欠，严治侵渔揽纳之奸，所以砭姑息之政也。上损则下益，私门闭则公室强。故惩贪吏者，所以足民也；理逋负者，所以足国也。官民两足，上下俱益，所以壮根本之图，建安攘之策，倡节俭之风，兴礼义之教，明天子垂拱而御之。假令仲尼为相，由、求佐之，恐亦无以逾此矣！

这封信比较集中地表达出张居正郁积于胸的忧虑和愤慨，同时也是他本人剖白心迹的一段内心独白。看得出来，为了实现"官民两足，上下俱益"的目标，张居正已将个人的得失毁誉皆置之于不顾，正气凛然地发出了"诸凡谤议皆所不恤"的坚强誓言：一则以惩贪杜绝纳贿之门，二则以考成禁止姑息之患。由此以依法治国的霹雳手段，进一步加大国家机器的运作效率，将此前形成的沆瀣一气、上下其手、损公肥私、祸国殃民等弊政恶习直接置之于行政监管的查勘之下。到了这时，他不无自豪地宣称：假设能请孔圣人来做宰相，由他两名最有能力的弟子子路与冉有来协助他，也不过如此吧。

说到这里，张居正意犹未尽，他继续写道：

今议者率曰，吹求太急，民且逃亡为乱，凡此皆奸人鼓说以摇上，可以惑愚暗之人，不可以欺明达之士也。夫民之亡且乱者，咸以贪吏剥下，而上不加恤；豪强兼并，而民贫失所故也。今为侵欺隐占者，权豪也，非细民也；而吾法之所施者，奸人也，非良民也。清隐占，则小民免包赔之累，而得守其本业；惩贪墨，则闾阎无剥削之扰，而得以安其田里。如是，民且将尸而祝之，何以逃亡为？公博综载籍，究观古今治乱兴亡之故，曾有官清民安、田赋均平而致乱者乎？故凡为此言者，皆奸人鼓说以摇上者也。愿公坚持初意，毋惑流言。

异时，宰相不为国家忠虑，徇情容私，甚者辇千万金入其室，即为人穿鼻矣。今主上幼冲，仆以一身当天下之重，不难破家以利国、陨首以求济，岂区区浮议可得而摇夺者乎？公第任法行之，有敢挠公法、伤任事之臣者，国典具存，必不容贷。①

试观中华两千多年文明史，有几个中央政权的实际执政者对民瘼的关怀体察如此之真切而深刻！读到这里，张居正那一腔为国家、为民族、为天下苍生情愿"身为蓐荐"的忠诚浩然之气，直贯斗牛。面对着威逼恐吓、造谣中伤，他不得不豁出一切，哪怕是"破家""陨首"亦在所不惜，唯一想做的，不过就是"官清民安""田赋均平"。作为封建时期一位杰出的改革家，张居正的政治抱负，就这样与国家、民族和人民的利益紧紧地联系在了一起。

一个国家、一个民族，每当到了社会即将发生重大转型的严峻关头，能够以超前意识洞察时弊、率作兴废的杰出人才每为罕见，这也是孟子所称"五百年必有王者兴"② 时所慨叹的难得机运；而当此之时，能够亲力亲为、肩劳任怨，且又能举废饬弛的更属凤毛麟角。综上所述，张居正在

① 张居正：《答应天巡抚宋阳山论均粮足民》，张舜徽主编：《张居正集》第二册，书牍六，湖北人民出版社，1994 年，第 481 页。
② 孟轲：《孟子·公孙丑下》，白平注译：《孟子详解》，人民文学出版社，2014 年，第 108 页。

十年间推行"万历新政"所崇奉的施政理念与执政措施，始终都是以"邦本辑宁，民心固结"的核心价值观为其旨归；而他所体现出来的担当精神，就是将维护国家、民族和人民的根本利益放在第一位，而以自身的"破家以利国，陨首以求济"为牺牲。所以，他完全称得上是中华民族优秀传统文化的集大成者。

其间，有一个引人注目的文化现象，即是在诅咒、诋毁张居正的敌对势力中，曾有一种将他称为"九头鸟"的说法。这些人认为，这种不祥之鸟应同《孔子集语·博物》引《白户录》所称的一样，"鬼车，昔孔子、子夏所见，故歌之，其头九首"；或如《三国典略》所记"齐后花园中有九头鸟，色赤，似鸭，而九头皆鸣"。它形象丑陋、性情凶暴、滴血降灾、摄人魂魄云云，总之会给人间带来灾难。然而，据在台湖北籍学者朱介凡先生考证，从其搜集到的一首为余远谋所作《九头鸟歌》① 的内容看，"九头鸟"之说，与其说是对他的妖魔化，毋宁看作是通过对其兀立特行高标风范的状摹，反倒彰显出了他那不随流俗、傲然屹立于世俗恶习险风恶浪之中的伟岸形象。

事实上，神话中九头鸟形象的出现，最早源于楚人的九凤神鸟。相传，出自战国至汉初时楚人之手的《山海经》，就是记载九头鸟形象的最早文献。《山海经·大荒北经》中说："大荒之中，有山名曰北极柜。海水北注焉。有神九首，人面鸟身，名曰九凤。"② 这里所称的"大荒"，该书也自有解释："东北海之外，大荒之中，河水之间，附禺之山，帝颛顼与九嫔葬焉。"另外，书中的《海内东经》又有说法："汉水出鲋鱼之山，帝颛顼葬于阳，九嫔葬于阴，四蛇卫之。"③

众所周知，传说中的颛顼，就是楚人的先帝；而屈原在《离骚》中，

---

① 余远谋：《九头鸟歌》，其歌曰："天上九头鸟，地下湖北佬。谁将此鸟比鄂人？齐东野语无稽考。我在乡贤口得之，从头说与君知道：明祚递传至世宗，官规不整忠良少，贪污风俗人人深，朝士无人不中饱。只有鄂人张居正，忧君忧国心如捣。隆庆年间初入阁，有心尽把污尘扫。后相神宗做少师，才施铁腕整群小。江淮地主不完粮，千家万户被打倒。排斥权豪修庶政，乱未发生防得早。为此与人结怨多，被人祝诅九头鸟……九头徽号称鄂鸟，鄂人听了不烦恼。"王先霈主编，陈建宪著：《神话解读：母题分析方法探索》，湖北教育出版社，1997年，第248页。

② 余伟：《山海经真相》，华中师范大学出版社，2012年，第315页。

③ 陈建宪：《九头鸟与楚文化》，宁锐、淡鹥诚：《中国民俗趣谈》，三秦出版社，1993年，第28页。

也是将自己说成是"帝高阳（即颛顼）之苗裔"。故神话中的九凤，便是楚人所崇拜的九头神鸟。然而，自秦灭楚之后，楚文化的传承发生了断裂和错位的现象，所以从汉末至唐宋，古文献中的"九头鸟"的神话意象，便开始显示出了负面的文化效应。诸如鬼鸟、鬼车之类那种种诡异的称呼，正是折射出了一些人对楚风楚俗的惊悸与畏惧心理。两千年来，随着楚文化在民间传承中的强盛定势，九头鸟的传说在经历了其自身的演变历程后，最终完成了由神变妖、由妖变仙的嬗递与演进。如今，九头鸟神话意蕴的复归，同时也体现了张居正百折不挠、刚烈狷介的强悍形象为后人所充分认同。比如，当下有西方政治经济理论界的知名人士认为，张居正的改革，不仅在一定程度上缓和了明朝中晚期的社会矛盾，促进了经济的发展，同时也顺应了资本主义经济的某些特点。因而，他也成为受西方关注的"中国经济第一人"[1]，从而在世界经济发展史上占有一席之地。

我们应当看到，中华民族的民族精神，历来都有一个十分重要的特质，那就是把握时代发展脉搏，顺应历史进步潮流，自始至终地引导人们去追求真、善、美，废黜假、恶、丑，进而将中华民族的传统美德，同与时俱进的时代精神结合起来，不断地丰富中华民族以爱国主义为核心的团结统一、爱好和平、勤劳勇敢、自强不息的伟大民族精神。当下，我们要把继承优秀文化传统，与借鉴人类进步文明成果有机结合起来，在实践基础上不断创新，发展面向现代化、面向世界、面向未来，民族的、科学的、大众的社会主义文化，以不断提升人们的精神境界，增强人们的精神力量，使之真正成为引导民族精神的火炬、鼓舞人民奋进的号角。

从这个意义上讲，我们今天来追思历史人物张居正的功绩，缅怀他为国家的强大、为民族的兴盛、为人民的富足所建树的成就，旨在引导和教育下一代，要通过重温历史，来真正认识和评价在民族发展的历程中，我们的先辈们曾经做出过何等的努力、付出过何等的代价，进而肩负起振兴中华的重任，为了人民的利益，为了中华民族在新世纪的绵延、赓续和伟大复兴，为中国特色社会主义事业的蓬勃发展，做出应有的更大的贡献。

---

① 尹汉宁主编，刘玉堂、张硕执行主编：《湖北读本》，湖北人民出版社、九通电子音像出版社，2012年，第115页。

图书在版编目（CIP）数据

张居正：大明首辅的生前身后／陈礼荣著. — 北
京：中国文史出版社，2019.3

ISBN 978 - 7 - 5205 - 1000 - 4

Ⅰ. ①张… Ⅱ. ①陈… Ⅲ. ①张居正（1525 - 1582）
- 传记 Ⅳ. ①K827 = 48

中国版本图书馆 CIP 数据核字（2019）第 006777 号

责任编辑：牟国煜

出版发行：**中国文史出版社**

社　　址：北京市海淀区西八里庄 69 号院　　邮编：100142

电　　话：010 - 81136606　81136602　81136603（发行部）

传　　真：010 - 81136655

印　　装：廊坊市海涛印刷有限公司

经　　销：全国新华书店

开　　本：720×1020　1/16

印　　张：22　　　　字数：343 千字

版　　次：2019 年 3 月第 1 版

印　　次：2019 年 3 月第 1 次印刷

定　　价：75.00 元